GOLINEH ATAI

DIE WAHRHEIT IST DER FEIND

Warum Russland so anders ist

ROWOHLT · BERLIN

2. Auflage Juni 2019
Copyright © 2019 by
Rowohlt · Berlin Verlag GmbH, Berlin
Gesetzt aus der Minion Pro
Gesamtherstellung
CPI books GmbH, Leck, Germany
ISBN 978 3 7371 0061 8

INHALT

«Ich bestehe darauf,
wahrhaftig zu berichten,
nicht neutral»

Christiane Amanpour

RUSSLAND UND WIR

«Vor fünfzig Jahren lernte ich eine Regel in den Straßen von Leningrad: Wenn der Kampf unvermeidbar ist, dann schlag als Erster zu.»
(Wladimir Putin, 2015)

Im Frühjahr 2018, nach den letzten Präsidentschaftswahlen, so erzählt der liberale russische Oppositionelle Grigorij Jawlinski, habe er sich mit Wladimir Putin getroffen und ihm gesagt: «Wladimir Wladimirowitsch, verstehen Sie, dass wir an einem Punkt angekommen sind, an dem ein Krieg stattfinden kann?» Der Präsident Russlands soll dem Oppositionellen mit einem Lächeln geantwortet haben: «Ja, ich verstehe das. Machen Sie sich keine Sorgen, Grigorij Alexejewitsch. Wir werden den Krieg gewinnen.»

Eine Entgegnung, die uns zwingt, uns nicht mehr länger mit dem Russland zu beschäftigen, das wir uns wünschen, das wir gerne sehen würden und das wir uns lange schöngeredet haben – sondern mit dem Russland, das sich in der dritten Amtszeit Wladimir Putins herausgebildet hat. Mit jenem Russland, in dem ich mehr als fünf Jahre gelebt und gearbeitet habe. Mit jenem Russland, in dem der Gedanke an Krieg, Apokalypse und Sieg allgegenwärtig geworden ist und mit bemerkenswerter Leichtigkeit geäußert wird. Niemand hat Russlands Grenzen in den vergangenen dreißig Jahren angerührt. Aber spätestens seit 2014 wähnt sich der Kreml im Krieg. «Man hätte uns gerne in das jugoslawische Szenario von Zerfall und Aufteilung geschickt», ist Wladimir Putin 2018 überzeugt. «Wir haben erst spät die Waffe gesehen, die ihr, der Westen, entwickelt habt. Und als wir sie sahen, dachten wir, sie käme nur in

7

instabilen, peripheren Ländern zum Einsatz. Dann sahen wir, dass ihr sie auch auf uns richten konntet.»[1], sagt ein Militär.

Von welcher Waffe redet Moskau? Dass im Nachbarland, in der Ukraine, Bürger aufstehen und ein Leben in Würde fordern, interpretiert der Kreml als heimtückischen Angriff des Westens auf Russland. Er traut dem ukrainischen Volk kein eigenständiges Denken und Leben zu, sondern sieht in seiner Forderung nach Würde eine hinterlistige westliche Anstiftung, eine westliche «Informationsoperation» – und einen Versuch, den Präsidenten Russlands von jenem Tisch auszuschließen, an dem die zukünftige Weltordnung verhandelt werde.

Russland sieht sich von Feinden umzingelt. Die Welt soll wissen: Der Präsident hat keine Angst vor dem Krieg. «Wenn jemand die Entscheidung getroffen hat, Russland zu zerstören, dann haben wir das gesetzliche Recht, zu antworten», erklärt Putin einige Wochen vor den Wahlen im März 2018. «Ja, für die Menschheit wäre das eine globale Katastrophe. Aber – als Bürger und Staatschef Russlands – möchte ich fragen: Warum bräuchten wir diese Welt noch, wenn darin kein Russland mehr ist?» Es geht Putin offenbar nicht nur darum, den Gegner zu vernichten, sondern auch darum, ihn in der ewigen Verdammnis zu wähnen: «Jeder Aggressor sollte wissen, dass Vergeltung unvermeidbar ist und dass er vernichtet wird. Wir, als die Opfer der Aggression, gehen als Märtyrer in den Himmel, während der Aggressor einfach krepiert, weil er nicht einmal die Zeit haben wird, seine Sünden zu bereuen.» Ein Satz, der eine Mission offenbart, ein «Wir sind die Guten». Demnach ist Russland im Recht, weil es angeblich die Wahrheit besitzt.

Niemand hat Russlands Grenzen angerührt. Und doch sagt Wladimir Putin, unmittelbar nach dem *Maidan*-Aufstand in Kiew sei er kurz davor gewesen, die Nuklearwaffen seines Landes in Alarmbereitschaft zu versetzen. Auch ohne eine nukleare Aggression hätte der rote Knopf also gedrückt werden können. «Russland ist die größte Atommacht. Aber nein, mit uns wollte niemand ernsthaft reden. Niemand wollte uns zuhören. Jetzt hört uns zu», fordert Putin 2018 den Westen auf. Offenbar scheint diese Nuklear-Rhetorik für den Kreml der einzige Weg zu sein, ernst genommen zu werden von einem konventionell weitaus mächtigeren Rivalen.

Russland sucht die Konfrontation mit dem Westen. Zu Beginn seiner vierten Amtszeit verkündet der Präsident, dass Russland die neue, «unbesiegbare», atomwaffenfähige Interkontinentalrakete «Avangard» erfolgreich getestet habe; eine Waffe, mit der Russland den USA um Jahre voraus sei, eine Rakete, die nicht abgefangen werden könne und mit der Großstädte und Infrastruktur zerstört werden könnten – ein «hervorragendes Neujahrsgeschenk für das Land», schwärmt Putin. Es wird offen spekuliert, dass sich Moskau im hypothetischen Fall eines NATO-Einsatzes in der Ostukraine oder auf der Krim ohne den frühen Einsatz von Atomwaffen ja gar nicht verteidigen könne.[2] Die Senatoren des Föderationsrates empfehlen Putin 2018, den nuklearen Erstschlag gegen die NATO in der Militärdoktrin zu verankern. Die großen Militärmanöver üben Simulationen begrenzter Nuklearschläge. Das Konzept, zu eskalieren, um eine Aggression zu beenden, ist dabei von zentraler Bedeutung. Grigorij Jawlinski, der alte Liberale, warnt die Öffentlichkeit 2018 mehrfach vor den Sackgassen der russischen Außenpolitik: «Präsident Putin und der Kreml sind der Überzeugung – ich betone, der Überzeugung (…) – dass, wenn notwendig, ein begrenzter Einsatz taktischer Atomwaffen möglich sei. Meiner Meinung nach ist es nicht möglich, sich etwas Gefährlicheres und Falscheres vorzustellen.»[3]

2014 erlebe ich eine Zeitenwende. Der Kreml beginnt, im Namen eines mythischen «Neurusslands» den ukrainischen Staat anzugreifen. Seither erhöht Wladimir Putin den Einsatz, durch Rhetorik und Nadelstiche, bis an den Rand der Konfrontation, wie wir sehen werden. Der *Maidan* scheint wie der sprichwörtliche letzte Tropfen, um eine «Ideologie der globalen Revanche»[4] vollends auszuformen. Ein ideologisches Projekt, das die politischen Ränder Russlands in die Mitte spült. Jene bizarre, «rotbraune» Minderheit der 1990er Jahre, die damals wie übriggeblieben wirkte – erzkonservative Orthodoxe, Alt-Kommunisten, Imperial-Nationalisten – wird zunehmend zur Triebkraft der patriotischen Mobilisierung. Daher habe ich diesen ultrakonservativen Randfiguren, die nun im Staatsfernsehen auftauchen und sich mit Ministern und Spitzenbeamten treffen, mehr Platz eingeräumt. Sie prägen als Medienunternehmer und Informationskrieger, als Paramilitärs, als Geistliche, Kuratoren und politische Strategen den Zeitgeist der dritten Amtszeit Wladimir Putins. Ihre alten Ideen von der «konservativen Revolution» erleben eine Renaissance, parallel dazu verblasst der Pragmatismus, der Putins erste Jahre kennzeichnete.

Einer meiner letzten Berichte aus Russland dreht sich um die Frage, warum so viele meiner Interviewpartner seit 2014 das Land verlassen haben: Akademiker, Journalisten, Aktivisten, Kulturschaffende, Unternehmer. In den Monaten zuvor habe ich das Gefühl, dass sich die gesellschaftliche Atmosphäre noch weiter anspannt, noch weiter verengt. Orthodoxe Fanatiker reagieren auf einen Film über eine Liebelei des letzten Zaren mit mehreren Brandanschlägen, bei denen wie durch ein Wunder niemand ums Leben kommt. Ein geisteskranker Mann sticht eine kritische Journalistin mit einem Messer nieder. Ein Starregisseur landet in Hausarrest, das Bolschoi-Theater sagt dessen mit Spannung erwartete Aufführung über einen homosexuellen sowjetischen Balletttänzer plötzlich ab. Russlands Parlament weicht die Strafen für häusliche Gewalt gegen Frauen und Kinder auf, weil körperliche Züchtigung ein «wichtiges Recht» sei. Der Oppositionelle Alexej Nawalny verliert in einem Anschlag mit einem Antiseptikum fast sein Augenlicht. Und zum ersten Mal seit dem Ende der Sowjetunion wird ein amtierender Minister zu acht Jahren Lagerhaft verurteilt – in einem absurden Strafprozess, mit dem ein mächtiger Putin-Vertrauter einem Technokraten eins auswischen will. Kurze Zeit später kommen vier Journalisten unter mysteriösen Umständen ums Leben, ein weiterer wird vergiftet.

Niemand ist sicher. Jeden kann es erwischen. Stanislaw Kutscher, selbst Journalist und Filmregisseur, damals Mitglied im Menschenrechtsrat des russischen Präsidenten, macht Wladimir Putin im prachtvollen Alexander-Saal des Kreml auf eine bedrohliche Entwicklung aufmerksam: «Herr Präsident, allein aus meinem Bekanntenkreis sind im letzten Jahr ungefähr zwanzig Menschen ausgewandert. In erster Linie junge Menschen. Die haben das Gefühl bekommen, dass ein kalter Bürgerkrieg läuft. Das Gefühl einer zunehmenden Rückwärtsgewandtheit, die sich nach der Präsidentenwahl nur verstärken wird.» Die Vorfälle der letzten Zeit fühlten sich an wie eine Verfolgungskampagne gegen Andersdenkende, sagt Kutscher. Und das vertreibe viele junge Menschen, darunter die besten, aus dem Land. Der Präsident stimmt zu, dass die Auswanderung ein beunruhigendes Phänomen sei, zumeist aber wiegelt er ab, man dürfe nicht alles in einen Topf werfen. Schließlich antwortet Putin mit einem *Whataboutismus*, einer für ihn typischen, in der Sowjetunion oft genutzten rhetorischen Technik der Ablenkung auf ausländische, nicht vergleichbare Missstände: «Schauen Sie, was in den USA passiert. Oder in Europa. Brexit, Katalonien, Terror, Flüchtlinge, Gott weiß, was – dort herrscht echtes Chaos!» Darüber denken viele Russen offenbar anders. Die Zahl der Auswanderer hat sich seit 2012, seit Beginn der dritten Amtszeit Putins, verdoppelt.[5] 15 Prozent der Russen säßen auf gepackten Koffern, sagen unabhängige Meinungsforscher kurz vor Putins vierter Wahl. Als Beweggründe nennen die Auswanderer die instabile ökonomische Situation in Russland, den Mangel an Schutz vor der Willkür der Behörden und den Wunsch, ihren Kindern eine Zukunft mit Würde zu ermöglichen.

Im Interview mit mir spricht Stanislaw Kutscher, wie einige andere russische Intellektuelle auch, von einem «orthodoxen Talibanismus», einem «schleichenden Obskurantismus», der das

Land teilweise erfasst habe. Er habe Putin auf diesen Ungeist der Intoleranz aufmerksam machen wollen: «Einige Leute in seiner Umgebung treiben die Dinge zu weit. Ich wollte, dass Putin diesen Leuten sagt, dass sie das lassen sollen.» Der Journalist meint damit jene Ideologieproduzenten, die seit 2012 ein Comeback feiern und mit ihren Einflusskanälen und Netzwerken den Nährboden für Putins «Russische Welt» und seine «traditionellen Werte» bereiten. Die Synthese von Sowjetreich und Zarenreich in einen neuen Konservatismus, in ein imperiales Projekt der Zukunft, gelingt ihnen mühelos. In einem Wahlkampffilm, in dem der Präsident sein aufwändig restauriertes Lieblingskloster Walaam im Ladogasee besucht, vergleicht er wie selbstverständlich die in einem Mausoleum liegenden Gebeine des Revolutionsführers Lenin, eines militanten Atheisten, mit orthodoxen Heiligenreliquien. Stalin, Lenin, Orthodoxe Kirche, der Patriarch und Putin verschmelzen gleichsam zu einer bizarren patriarchalischen Mythologie, die Putins Herrschaft legitimiert. Entwickelt wurde sie von den Verlierern von 1991: «Sie standen da und verkauften diese Zeitungen, sie sagten etwas von Stalin, Lenin, Scheißjuden, und daneben hielt irgendjemand das Porträt von Nikolaus II. hoch. Das war damals ein Häufchen *Misfits* mit Sehnsucht nach dem, was sie verloren hatten. Und plötzlich sind diese Freaks zum Mainstream geworden», erinnert sich der Journalist Andrej Loschak, der in den 1990er Jahren auf seinem Weg zur Fakultät für Journalistik am Manege-Platz gegenüber dem Kreml oft den Links-Rechts-Nostalgikern begegnete. Wie kann es sein, fragt mich Loschak im Interview, dass ein Mann, der damals den Anti-Perestroika-Roman «Der letzte Soldat des Imperiums» schrieb, heute Kommentator im Staatsfernsehen geworden ist? Wie kann es sein, dass der Kreml gerade in diesem Milieu Menschen findet, mit Hilfe derer er Stellvertretergruppen und Sachwalter entwickelt, um seine außenpolitischen Ziele umzusetzen? Eine Auswahl dieser – vordergründig nicht-staatlichen, aber staatlich finanzierten – Akteure wird im Buch vorgestellt.

12

Die Wahrheit über die sowjetische Vergangenheit, die Wahrheit über die Machtverhältnisse der Gegenwart ist mit Beginn dieser dritten Amtszeit Wladimir Putins zunehmend unerwünscht. Mittels «Geschichtskriegen» und «Informationskriegen» manipuliert die Elite die Wahrnehmung der Wirklichkeit, verdreht Tatsachen, sucht Ausflüchte in der Zweideutigkeit, argumentiert im Postfaktischen, im *Trolling*, in der Maskerade. Für den westlichen Journalismus mit seiner Pflicht zur Ausgewogenheit und Pluralität wird die Berichterstattung über Russland zunehmend zu einer Herausforderung, denn plötzlich hat jeder eine andere Wahrheit, hat jeder andere Begriffe über Russland, die eigene Leser- und Zuschauerschaft erst recht. Dem schwankenden Westen fehlt zunehmend Gewissheit, plötzlich könnte alles auch ganz anders, könnten Fakten nur noch Ansichtssache sein. Die westliche Politik fürchtet sich lange, einen Konflikt «Krieg» zu nennen und eindeutige Belege darüber zu präsentieren, wie Russland Tatsachen schafft – die Konsequenzen einer Offenlegung könnten ja zum Handeln zwingen, zu weit mehr als der Verabschiedung von Sanktionen, und so einschneidend handeln will der Westen lange Zeit nicht.

Allein die Tatsache, dass Russland den Einsatz seiner Sicherheits- und Streitkräfte in der Ukraine verschleiert, begleitet die Berichterstatter als Frage und Zweifel kontinuierlich. Jedes Mal, wenn sie in den ersten Jahren des Krieges die russische Einmischung dokumentieren, werden sie als paranoid und parteiisch bezeichnet, mit Beschwerden bombardiert und bedroht. Dabei wäre es im April 2014 so einfach gewesen, den Kreml zu verstehen. Man hätte nur zu Beginn des «Russischen Frühlings» in der Ukraine dem russischen Verteidigungsminister Sergej Schoigu etwas mehr Beachtung schenken müssen. Als die Ukraine damals Belege für eine russische Geheimdienstoperation im Südosten des Landes sieht, gibt sich Schoigu überrascht und antwortet zynisch: «Es ist sehr schwer, in einem dunklen Zimmer nach einer schwarzen Katze zu suchen, besonders, wenn sie gar nicht da ist. Es ist umso dümmer, dort nach ihr zu schauen, wenn diese Katze klug, mutig und höflich ist.»[6] Mit dem Euphemismus «höfliche Leute» sind in Russland jene russischen Soldaten gemeint, die die Krim-Annexion umsetzen und sich dabei nicht zu erkennen geben.

In der «Informationsautokratie», wie einige Forscher das politische System Russlands bezeichnen, festigt Wladimir Putin seine Macht durch die Kontrolle der Wahrheit und die Erzeugung von Meta-Narrativen. Sprich: durch Erzählungen, die das einheimische und ausländische Publikum an den Fakten zweifeln lassen, ihre Handlungsfähigkeit lähmen und idealerweise hinter dem Kreml versammeln sollen. Dieses Buch versteht sich auch als ein Versuch, die vielbenutzten Begrifflichkeiten der vergangenen Jahre zu dekonstruieren: den «Staatsstreich» etwa, «Neurussland», das «Referendum», die «Kiewer Regierungssoldaten», die «Faschisten», die «Donezker Volksrepublik» oder den drohenden «Genozid». In einer Zeit, in der alte Gewissheiten ins Wanken geraten, will das Buch einen Beitrag leisten zu einem neuen Umgang mit Russland.

Ich war eine Teenagerin, als Generalsekretär Michail Gorbatschow mit den Schlagworten «Demokratisierung», «angstfreie Diskussion» und «kritische Berichterstattung» eine Wende in Moskau einleitete. Der demokratische Aufbruch in Osteuropa führte mich voller Zuversicht dazu, als Studentin der Politikwissenschaften zu erforschen, wie Demokratie institutionalisiert werden kann. Heute weiß ich, dass diese Ära des Aufbrechens und Aufbruchs in der Geschichte Russlands wohl eine Ausnahme war. Die Revolution von 1989 – so stellte es der liberale Demokrat und Soziologe Ralf Dahrendorf fest – war nicht von einer Revolution des Denkens begleitet. In der dritten Amtszeit Wladimir Putins haben die alten Gedanken und die rechtskonservativen Kräfte gewonnen – jene, die, wie Dahrendorf es 1990 befürchtet hatte, eher «reaktionäre Gefühle und Träume von der Reinheit eines vergangenen Zeitalters ansprechen, statt utopische Visionen einer besseren Zukunft».[7]

KAPITEL EINS

DER ZAR KOMMT ZURÜCK

Die Jahre 2011 bis 2013

«Die Parteiobrigkeiten setzen die traditionelle russische Geopolitik fort, weltweit. Sie nutzen (…) die unerbittliche und tendenziöse, aber clevere und konsistente Propaganda innerhalb und außerhalb des Landes. Sie durchdringt schleichend alle Öffnungen und subversiven Aktivitäten im Westen.»

(Andrej Sacharow, 1975)

Juli 2012. Ich bin in Südrussland, bei Krymsk, achtzig Kilometer entfernt vom Schwarzen Meer. Nach heftigen Regenfällen hat eine Flutkatastrophe das Leben von 172 Menschen gekostet und Tausende obdachlos gemacht. Die Einwohner sind wütend auf die Behörden. Sie wissen, dass sie einen Tag, bevor die Flut kam, hätten gewarnt werden können. Haben die da oben absichtlich das Wasser durchgelassen, um einen Damm zu schützen? Sind die offiziellen Opferzahlen nicht gelogen? «Warum hat man uns nicht vorgewarnt? Warum sind wir fast ertrunken?», fragen sich die Einwohner. Wo früher Weinreben, Apfelbäume und Rosen wuchsen, liegen Steine und Schlamm. Die Katastrophenhilfe läuft nur schleppend an. Inmitten einer Atmosphäre von Verzweiflung und Misstrauen gegenüber Staat und Regierung rennen Jugendliche in bunten Jogahosen, mit Dreadlocks und Hippie-Look umher. Der Schweiß rinnt ihnen von der Stirn, als sie stundenlang Wasserkisten hochheben, einladen, ausladen und an die Einwohner verteilen. Diese Freiwilligen waren die ersten Helfer in den ersten 48 Stunden. Anders als der Staat kümmern sie sich schnell und mit System Tag und Nacht um die Opfer der Flut. «Zu uns kommen Frauen, alte Omas, die weinen, weil man sie bei den Behörden beschimpft oder schlecht behandelt hat. Die Beamten können nicht mal normal reden mit den Menschen hier», erzählt mir ein Helfer. «Ich bin so dankbar. Alle meine Nachbarn sind so dankbar. Diese Leute helfen von Herzen», sagt eine überwältigte Einwohnerin mit Tränen in den Augen.

Im Freiwilligen-Camp schläft man in Zelten, man kocht vegetarisch und macht am Abend Musik. Viele dort kennen sich aus der Moskauer Oppositionsbewegung, sie haben sich über das Internet gesammelt und Spenden organisiert: Kleidung, Laken, Medizin und Geld; sie fuhren damit in den Süden und halfen mit ihren bloßen Händen, Häuser vom Schlamm freizuschaufeln. Eine für Russland beispiellose Aktion, denn das Land kennt keine großen Graswurzel-Initiativen oder Freiwilligen-Aktionen, keine spontane Spendenkultur. Ich erinnere mich, wie fasziniert ich war vom Aufeinandertreffen von Einwohnern und Jugendlichen. Diese Tausende von Freiwilligen verkörperten einen Aufbruch, eine Lebendigkeit, eine zivile Moderne, eine Energie, die ich Russland nicht zugetraut hatte. Die Bürgergesellschaft lebt hier, dachte ich, und der Staat reagiert mit altbekannten Angstreflexen auf sie, er versucht, sie mit Gesetzen einzuzäunen. Es ist meine erste Begegnung mit dem Land, und sie macht mich so neugierig, dass ich beschließe, mich auf mehrere Jahre in einem neuen Berichtsgebiet niederzulassen.

Der Flut war ein politisch spannendes halbes Jahr der Unruhen vorausgegangen. Gefälschte Parlamentswahlen und die Ankündigung Wladimir Putins, ins Präsidentenamt zurückzukehren, hatten Zehntausende Russen regelmäßig auf die Straßen gebracht. Heute, mehr als sechs Jahre später, haben jene, die damals gegen Putins Regime demonstrierten, das Land entweder verlassen oder sich sozialen oder lokalen Projekten zugewandt, um die Welt zu verbessern, wie sie sagen. Eine der Hauptorganisatorinnen der Krymsker Fluthilfe, Maria Baronowa, die in den Protesten gegen Putin aufgefallen war, arbeitet andererseits mittlerweile für das Herzstück des Regimes: für das Staatsfernsehen.

Weitere sechs Jahre Verschwendung. Stagnation und Abgestandenheit. Eine Sackgasse, in die das Land zusteuert – so fühlt sich für die demonstrierende Mittelschicht im Jahr 2012 die Rückkehr Wladimir Putins ins Präsidentenamt an, so empfinden sie den seit langem abgesprochenen Rollentausch Putins mit Dmitrij Medwedew. Ausländischen Beobachtern fällt auf, wie mechanisch der neue alte Kandidat sein Programm abspult. Wie er statt pfiffiger neuer Ideen, wie früher, jetzt nur alte Anekdoten wiederholt, wie er seine Kurzsichtigkeit nur schlecht versteckt, um jugendlich und fit zu wirken. «Auf die ultimative Frage, wie er das System, das er geschaffen hatte, weiter aufrechterhalten wolle, hatte er keine echte Antwort.» Auf die Frage, wie Putin beweisen wolle, dass er die US-Politik des *Reset*, des Neuanfangs gegenüber Russland unterstütze, antwortet er lakonisch: «Ich glaube, ich muss niemandem irgendetwas beweisen.»[1] Gleb Pawlowski, der Mann, der Putin von 1999 bis 2011 beraten hatte, der Architekt seiner «gelenkten Demokratie», bezeichnet Putins Rückkehr als Größenwahn und taktischen Fehler.[2] Als Premierminister Putin die Moskauer Olympiahalle besucht, um einem Kampfkunst-Sportler zu gratulieren, erntet er Pfiffe und Buhrufe, seine Stimme scheint kurz zu zittern. Einige Zuschauer ärgern sich, dass er das Sportereignis zur Steigerung seiner Umfragewerte genutzt habe. Tage später sind die Parlamentswahlen für seine Partei ein Fiasko. Hatte «Vereinigtes Russland» 2007 mehr als 64 Prozent der Stimmen geholt, liegt sie nun, 2011, bei knapp 49 Prozent, und Experten zweifeln selbst diese Zahl als zu hoch an. Die Liste der Verstöße und Wahlmanipulationen ist lang. Die Protestbewegung, die sich nun herausbildet, ist so groß wie seit den neunziger Jahren nicht mehr. Das Jahr 2011 beginnt mit dem «Arabischen Frühling» – und endet in Russland mit 120 000 Demonstranten auf dem Sacharow-Prospekt in Moskau.

PUTIN WIRD GEWÄHLT – DIE PROTESTE BLEIBEN

Am 4. März 2012 wird Wladimir Putin zum dritten Mal zum Präsidenten Russlands gewählt. Mit 63,6 Prozent der Stimmen braucht er sich keiner Stichwahl zu stellen. Seine Wahlkampagne besteht nicht aus Programmen zu Budget und Sozialpolitik, sondern aus Dokumentarfilmen und Fernsehserien über den Kandidaten Nummer eins. Mehr als 24 Stunden Sendezeit beansprucht das Putin-Fest und erreicht, wie die russische Tageszeitung *Kommersant* ausrechnet, über 23 Millionen Zuschauer. Putin wird als Held in Szene gesetzt, in Kampfflugzeugen, beim Feuermachen im Wald, beim Tauchen und «zufälligem» Fund von antiken Amphoren, bei der Rettung gefährdeter Tiger und in einem Segelflieger. Ein furchtloser Held mit außergewöhnlicher physischer und psychischer Gesundheit, der seinem Land Glück bringt. Außerdem populär: seine Zugewandtheit zu den normalen, gewöhnlichen Leuten, Arbeitern, Lehrern und Rentnern. Er trinkt Tee mit älteren Damen, er gibt Neugeborenen Geschenke, er küsst Kinder, «er ist einer von uns». Außerdem weiß er über alles genau Bescheid. Er kennt immer die Antwort, er jongliert mit Zahlen und zitiert Details, die nur Experten kennen.

Tausende protestieren am Tag nach den Wahlen gegen den neuen alten Präsidenten. Auch am Abend vor Putins Amtseinführung am 6. Mai gehen in verschiedenen Städten erneut Bürger auf die Straße. Der Tag ist ein Wendepunkt in der Beziehung der Machthaber zum politisch aktiven Teil der Gesellschaft. Ein Demonstrant aus Uljanowsk an der Wolga erzählt einem Reporter in Moskau, er habe bei der Wahl seinen Wahlzettel ungültig gemacht. Aber nach der Schließung des Wahlbüros habe er gehört, dass kein einziger ungültiger Stimmzettel in den Urnen gewesen sei. «Meine Stimme wurde gestohlen, mein Wahlzettel. Und die haben unsere Straßen gestohlen. Wir sind auf der M5 hierher nach Moskau gefahren. Es gibt riesige Schlaglöcher da drin, irgendwann hörten wir auf, sie zu zählen». Ein Demonstrant aus Rjasan, 250 Kilometer südlich von Moskau, berichtet von den Wahlfälschungen in seiner Stadt. 6000 Stimmen für den Kandidaten Prokhorow seien Putin zugeschlagen und die Protokolle einfach nachbearbeitet worden. Viele in Rjasan wüssten nichts über die Fälschungen, wegen der Lügen im Staatsfernsehen und der Informationsblockade.

Die Straßen zum Kreml sind abgesperrt. Während die Demonstranten Metallgitter hochhalten und mit Gegenständen werfen, setzt die Polizei Schlagstöcke ein und zielt auf die Köpfe der Demonstranten, um sie zurückzudrängen. Diese verteidigen sich irgendwann mit ihren Fahnenstangen. Die Polizeikette hindert sie daran, über die Moskwa zum Kreml zu gelangen. In kleinen Einheiten marschieren Polizisten in die Menge und schleppen einzelne Demonstranten an Händen und Füßen hinaus. Ein Dutzend Polizisten werden verletzt, 400 Menschen werden festgenommen, unter ihnen die Oppositionellen Boris Nemzow, Sergej Udalzow und der Anti-Korruptionsaktivist Alexej Nawalny.

Einer der Festgenommenen auf der Straße ist Alexander Margolin. Als er die riesige Menge von Polizisten sieht, ahnt er, dass die Demonstration gewaltsam aufgelöst werden soll, dass die Teilnehmer in Panik verfallen und Chaos ausbrechen wird. Er erzählt von wütenden Menschen, die auf ihre Banner «Wir werden nicht weggehen» geschrieben haben, einige hätten gar Zelte dabeigehabt. Die Machthaber seien vorbereitet gewesen, sie hätten Bereitschaftspolizisten aus ganz Russland nach Moskau gebracht, erinnert er sich im Gespräch. «Die Proteste haben Putins Amtseinführungsfeier verdorben. Wahrscheinlich hat er deshalb so harsch reagiert, er wollte an den Verhafteten ein Exempel statuieren.» Ein ganzer Apparat mit rund hundert Ermittlern aus dem ganzen Land habe die Demonstration untersucht. Die Staatsanwaltschaft will beweisen, dass die «Massenunruhen» von Oppositionellen geplant und aus dem Ausland finanziert sind. Nach zehn Tagen kommt Margolin wieder frei, doch er hat eine Vorahnung: «Ich habe ganz klar begriffen, dass ich zwei bis vier Jahre für meinen Protest bekommen werde. Das war sozusagen mein Karma. Als die Polizei später an die Wohnungstür klopfte und ich mich von meinen Kindern verabschieden musste, sagte ich ihnen, dass ich für eine lange Zeit weg sein werde.» Er wird zu drei Jahren Gefängnis verurteilt wegen der «Teilnahme an Massenunruhen» und wegen des «Einsatzes von Gewalt gegen Polizisten». Nach seiner Entlassung ist es für ihn schwierig, einen Arbeitsplatz zu finden.

Wladimir Akimenkow ist 26 Jahre alt, als er protestieren geht. Ein Aktivist von der Organisation «Linke Front». Der Mann mit der stets schwarzen Kleidung ist leicht wiederzuerkennen, sein linkes Auge schielt. «Ich bin wirklich kein sportlicher Mensch, das sieht man, auch an meinem Auge. Ich werde beschuldigt, eine Fahnenstange 50 Meter weit geworfen und damit einen Polizisten an der Brust verletzt zu haben. Das kann gar nicht sein. Einige der mitangeklagten Demonstranten hatten wie ich überhaupt keine Mittel, sich zu verteidigen», erzählt er. Als er wenige Wochen nach der Teilnahme an der Demonstration angeklagt wird, setzen sich Menschenrechtler dafür ein, dass er «nur» zu Hausarrest verurteilt wird, denn Akimenkow könnte in der Haft sein Augenlicht verlieren.

Dennoch muss er eineinhalb Jahre im Gefängnis sitzen – bis er per Amnestie freigelassen wird. Aufgrund unmenschlicher Haftbedingungen und einer illegalen Haftverlängerung wendet er sich an den Europäischen Strafgerichtshof, der Russland zu einer Entschädigungszahlung für den Häftling auffordert. Akimenkow erinnert sich, dass trotz der demonstrativen Festnahmen, trotz der Kampagne der Staatsmedien gegen die Demonstranten, die als vom Ausland gesteuerte und bezahlte Unruhestifter dargestellt wurden, die Protestbewegung über Monate weiterlebte. «Was eine wirklich negative Wirkung auf die Bewegung hatte, war Russlands Aggression gegen die Ukraine und die darauffolgende patriotische Hysterie, die der Kreml entfachte», sagt Akimenkow sechs Jahre später. Heute hilft er politischen Gefangenen. Wie er sich die Repression erklärt, die mit der Wiederwahl Putins einsetzte? «Ich denke, die *Bolotnaja*-Proteste waren nicht der einzige Grund dafür. Der ‹Arabische Frühling› hat Putin weit mehr geängstigt.»

DIE REPRESSION SETZT EIN

Obwohl ein breiter internationaler Konsens darüber besteht, dass die Russen selbst über ihr politisches System entscheiden müssen, beschuldigt Wladimir Putin bereits ganz am Anfang der Protestwelle, im Dezember 2011, nach der ersten großen Demonstration gegen die Ergebnisse der Parlamentswahlen, den Westen, an der Entstehung der Proteste gegen ihn mitgewirkt, ja diese verursacht zu haben. In diesem Jahr führen russische Medien und Politiker alle Unruhen und Aufstände in der arabischen Welt auf westliche Intrigenspiele zurück. Als dann US-Außenministerin Hillary Clinton den Ablauf der Parlamentswahlen kritisiert und über die Menschenrechte in Russland spricht, beschuldigt Putin sie, das «Signal» für die Versammlungen in Russland gegeben zu haben. Das US-Außenministerium unterstütze damit die Proteste, «ein wohlbekanntes Szenario», findet Putin. Russland müsse seine Souveränität schützen, sagt er, niemand wolle Chaos wie in der Ukraine 2004 oder in Kirgisistan 2010. Dort gab es Unruhen, als Demonstranten die Wahlergebnisse angezweifelt hatten. Putin sieht andere Drahtzieher als die normale Bevölkerung, auch in Russland. Belastbare Belege dafür präsentiert er nicht: «Wir müssen darüber nachdenken, das Gesetz zu stärken und jene mehr zur Verantwortung zu ziehen, die im Auftrag einer ausländischen Regierung innere politische Prozesse beeinflussen wollen.»

Seit Putins erstem Herrschaftsjahr hatte eine schnelle Modernisierung des Lebens die Wählerschaft geprägt. Der stetig steigende Lebensstandard hatte die Bürger abgelenkt, die Unzufriedenen ruhiggestellt. In diesen Jahren assoziierte die Bevölkerung Wladimir Putin mit westlich anmutendem wirtschaftlichen und sozialen Fortschritt. Eine solide Mehrheit in den ersten Putin-Jahren war pro-amerikanisch und pro-europäisch eingestellt. Ereignisse wie die NATO-Angriffe auf Serbien empörten viele Russen, aber das pro-westliche Gefühl kehrte schnell wieder zurück. Eine pro-westliche Mehrheit unterstützte Putin. 2012 aber scheint es, als ob Putin mit den Nebenwirkungen dieses Trends zu kämpfen hat. Seine Kandidatur sehen viele als Hindernis einer weiteren Modernisierung an. Mit immer mehr Menschen, die wohlhabender sind als jemals zuvor in Russlands Geschichte, scheint sich die Einstellung zur Demokratie zu verändern. Hatten im Jahr 2000 nur 47 Prozent der Bevölkerung in Umfragen davon gesprochen, dass Russland eine starke Opposition brauche, waren es 2012 bereits 70 Prozent. Mein erster Film in Russland beschäftigt sich denn auch mit der neuen Lust auf zivilgesellschaftliche Aktivität, dem neuen Interesse an Ehrenamt und Online-Aktivismus gegen soziale Missstände überall dort, wo der Staat versagt. Mal geht es um den Schutz des Waldes gegen eine neue Autobahn, mal um die Hilfe von Freiwilligen in einer überfluteten Katastrophenregion in Südrussland, oder nur den Protest gegen Regierungsbeamte, die ihre Privilegien im Straßenverkehr missbrauchen. Ein neues Russland scheint mit der Protestwelle zu entstehen – und alles Neue erscheint vielen Altgedienten als Gefahr. Die gerade entstandene Mittelschicht kündigt den Putin-Konsens auf – und muss neutralisiert werden. Putin sieht sich vor die Notwendigkeit gestellt, für diese Bürger wieder attraktiv zu erscheinen – nur: wie will er das erreichen?

Zunächst durch höhere Ausgaben. Für die Moskauer Protestgeneration werden grüne Ecken und coole Cafés gebaut, die Oppositionellen nennen sie «Kulturreservate» – konzipiert, um die Protestenergie der Stadtgesellschaft zu kanalisieren und ihr den Wind aus den Segeln zu nehmen. Putin hebt die Einkommen der öffentlichen Angestellten an, verdoppelt die Gehälter der Bereitschaftspolizei, erhöht die Renten und die Finanzspritzen für die Provinz. Er reist in die kleinen Dörfer Sibiriens und besucht Fabriken im Ural. Ein sowjetischer Konservatismus hat dort überlebt, der gegen Moskau-Hipster und modernisierte Schichten ausgespielt werden kann. Ein

«Kulturkampf», bei dem auch die Orthodoxe Kirche ihre konservative Rolle ausspielt. Politisch anders orientierte Bürger werden auch mit ihrer Hilfe als «sexuell abartig» dargestellt. Parallel verstärkt der Kreml traditionelle Werte: Nationalstolz und den Sinn für Bedrohungen von außen. 2012 stellen die staatlichen Meinungsforscher des *WZIOM* einen «manchmal eher künstlichen Trend» im öffentlichen Bewusstsein hin zu archaischen, patriarchalen Werten fest – und den kann sich der Kreml nutzbar machen. Tradition entspricht Repression: Kurz vor einer erneuten Demonstration gegen Putin tritt ein Anti-Protest-Gesetz in Kraft, es erhöht die Geldstrafen für Teilnehmer unerlaubter Versammlungen bis auf ein ganzes Jahresdurchschnittsgehalt. Putins Menschenrechtsrat wendet ein, dass das neue Gesetz der in der Verfassung garantierten Versammlungsfreiheit widerspreche, denn wer dieses Recht in Anspruch nehme, werde kriminalisiert. Putin erwähnt bewusst, er habe das Gesetz trotz dieser Bedenken seines eigenen Menschenrechtsrates unterschrieben.

Drei Tage später durchsucht die Polizei die Wohnungen von Oppositionellen, beschlagnahmt Computer und Fotos. Der neue alte Präsident geht noch weiter. Er segnet ein Gesetz ab, das die Kontrolle über die Zivilgesellschaft weiter ausdehnt. Nichtregierungsorganisationen (NGOs), die Gelder aus dem Ausland bekommen und «politisch arbeiten», werden gezwungen, sich beim Justizministerium als «ausländische Agenten» zu registrieren und alle drei Monate einen Bericht abzugeben. Dabei wird «politische Aktivität» so vage formuliert, dass fast jede Organisation willkürlich betroffen sein kann.

Der Begriff «ausländischer Agent» wiegt schwer, er wird in Russland traditionell mit Verrat oder Spionage in Verbindung gebracht. Er erinnert an die Denunziationen angeblicher antisowjetischer Spione unter Sowjet-Diktator Josef Stalin, in einer Zeit, als der bloße Kontakt mit einem Ausländer ein Vorwand für Haft und Hinrichtung sein konnte. «Ein Gesetz, das kritische Nichtregierungsorganisationen erschüttern, stigmatisieren und schließlich zum Schweigen bringen soll. Die Verlierer sind nicht nur NGOs, sondern auch die russische Gesellschaft», kommentiert der Leiter der russischen Sektion von *Amnesty International*, Sergej Nikitin, das Gesetz. Mehr als hundert Organisationen erleben, wie ihre Mittel gekürzt, ihr Ruf bei den Russen beschädigt und ihre Mitarbeiter eingeschüchtert werden. Oftmals bieten sie gerade jene Dienste an, die der Staat nicht leisten kann, wie zum Beispiel eine juristische Vertretung oder psychologische Unterstützung für Diskriminierungs- und Gewaltopfer. Ebenso geht es um Umweltschutzmaßnahmen, Frauenrechte, Rechte sexueller Minderheiten, den Erhalt des historischen Gedächtnisses, die Reform des Justiz- und Strafvollzugssystems, Verbraucherrechte und akademische Recherche. Die erste russische Organisation, die unter das «Agentengesetz» fällt, ist ausgerechnet die Organisation *Golos*, deren unabhängige Wahlbeobachter die Wahlverstöße bei den Parlaments- und Präsidentschaftswahlen aufgedeckt hatten. Nach einer Geldstrafe darf *Golos* keinerlei öffentlichen Aktivitäten mehr nachgehen, einer der Leiter der Organisation verlässt später das Land, ihre Mitglieder stellen sich neu auf, dieses Mal als nicht registrierter Verein.

Die obsessive Beschäftigung mit Organisationen, die nicht durch den russischen Staat finanziert werden und die die Zivilgesellschaft stärken wollen, ist eines der wiederkehrenden Merkmale der Putin-Regierung. Schon früh fühlt Putin sich von ausländischen Nichtregierungsorganisationen bedroht. Erstmals erwähnt er sie in einer Rede zu Beginn seiner zweiten Amtszeit 2004, noch vor Beginn der «Orangenen Revolution» in der Ukraine, die die Massen gegen Wahlfälschungen mobilisierte. Er behauptet, dass jene Organisationen, die Finanzmittel aus dem Ausland erhielten, «zweifelhaften Gruppen und kommerziellen Interessen» dienten. Kremltreue Medien verbreiten, diese Organisationen würden gegen Russlands Interessen arbeiten, einige Büros erleben mehrmals

Razzien. Putin kündigt an, Spenden aus dem Ausland für die russische Zivilgesellschaft zu begrenzen. Beamte hätten Ermessensfreiheit bei der Registrierung der Nichtregierungsorganisationen. Ihre Rechenschaftspflicht wird erschwert, ein hoher Steuersatz für sie eingeführt. 2013 erreicht der Kampf gegen NGOs eine neue Qualität: Neben einer aufgezwungenen offiziellen Bezeichnung müssen rund 2000 NGOs erleben, wie unangekündigte Rechnungsprüfer Dokumente konfiszieren. Deutsche Politiker protestieren gegen die Durchsuchungen der Moskauer Büros der Konrad-Adenauer-Stiftung und der Friedrich-Ebert-Stiftung. Gearbeitet wird mit den Mitteln der Einschüchterung und Verleumdung. Einrichtungen, die das russische Rechtssystem oder Russlands Wirtschaft eigentlich stärken könnten, werden als Staatsfeinde gesehen.

Einige Organisationen stellen nun erstmals ihre Arbeit ganz ein. *USAID*, die US-amerikanische Agentur für internationale Entwicklung, muss ihre Präsenz in Russland aufgeben. *USAID* war nach dem Ende der Sowjetunion nach Moskau gekommen und hatte fast drei Milliarden Dollar in Gesundheits- und Umweltprogramme investiert sowie Projekte im Bereich Zivilgesellschaft und Menschenrechte angeboten. Dies sieht der Kreml fortan als politische Einmischung an. Auch der Protest der Umwelt-NGO *Greenpeace*, deren Aktivisten eine russische Ölplattform besteigen, um dort gegen die Ölförderung ein Protestbanner zu enthüllen, wird als Einmischung und Angriff verstanden: Die Arktis sei ein unveräußerbarer Teil der Russischen Föderation und seit Jahrhunderten unter russischer Souveränität. Die Crew des *Greenpeace*-Schiffes *Arctic Sunrise* wird verhaftet, zuerst wegen «Piraterie» angeklagt, dann wegen «Hooliganismus» und erst nach Monaten des internationalen Drucks auf Moskau freigelassen.

Wenige Tage nach dem Agentengesetz weitet ein neues Gesetz den Begriff «Hochverrat» aus. Kontakte zu ausländischen Organisationen können demnach als Spionage oder Landesverrat strafbar sein. Der russische Inlandsgeheimdienst *FSB* hat das Gesetz vorgeschlagen, weil ausländische Geheimdienste oppositionelle oder internationale Organisationen nutzen würden, um Russlands innerer und äußerer Sicherheit zu schaden. Verrat kann sich nun auf jedes Verhalten beziehen, das Geheimdienste, Staatsanwälte oder Richter als Unterminieren der Verfassung und Souveränität Russlands betrachten.

Ein weiterer Schlag gegen die Meinungsfreiheit: ein Gesetz, das «Verleumdung» unter Strafe stellt. Angeblich verleumderische Aussagen von Medien oder Individuen können zu hohen Geldstrafen führen. Noch einige Monate zuvor, unter Präsident Medwedew, war «Verleumdung» in Russland entkriminalisiert worden. Jetzt will der Kreml offenbar die Selbstzensur in Medien und Internet verstärken. Eine öffentliche, kritische Debatte über Staatsbeamte, Richter, Staatsanwälte soll vermieden werden.

Im Staatsfernsehen tauchen die Demonstranten gegen Wladimir Putin nicht auf. Wenn doch, dann dürfen sie nur als Wirrköpfe und vom Ausland finanzierte Feinde vorkommen. Das Ausmaß der Protestbewegung ist aber im Netz einsehbar. Das russische Internet spielt auch bei der Organisation der Proteste eine entscheidende Rolle. Der Kreml sieht das gleiche Muster wie 2011, als Bürger in Tunesien, Ägypten oder Libyen ihre Proteste durch das Internet mobilisierten und koordinierten. Die arabischen Umwälzungen lassen die Angst der Politik- und Sicherheitseliten vor einem im Ausland initiierten, durch die sozialen Medien eingeleiteten «Regimewechsel» wieder erwachen. Russlands Justizbehörden beginnen, den politischen Gebrauch des russischen Netzes intensiv zu verfolgen und das bislang relativ freie russische Netz zu zensieren. Zunächst mit einem Gesetz, das angeblich Minderjährige vor schädlichen Inhalten schützen soll und der Regierung erlaubt, Seiten ohne Gerichtsverfahren zu sperren. Welche Seiten das sind, bleibt Staatsgeheimnis. Das russische Wikipedia, Menschenrechtler, die russische Suchmaschine *Yandex* oder der

Mailanbieter *Mail.ru* protestieren vergeblich gegen dieses Gesetz. Russische Politikexperten sprechen oft vom Parlament als der «verrückten Druckerpresse», die im Dienste des Kreml übereifrig die Gesetzesbücher füllt. Seit seiner Wiederwahl 2012 hat Wladimir Putin 50 neue Gesetze unterschrieben, die oppositionelle Stimmen zum Verstummen bringen und die Gesellschaft «einfrieren», einschüchtern, demobilisieren sollen.

WENN NUR STALIN NOCH GRÖSSER IST

Begleitend wird der Ton im Staatsfernsehen schriller, vieles ideologischer: Etliche gemäßigte Journalisten verschwinden. Chefredakteure, die sich nicht ganz der «Parteilinie» beugen, werden gefeuert. Schließlich wird auch die staatliche Nachrichtenagentur *Ria Novosti* von der unaufhaltsamen Bereinigung der Medienlandschaft getroffen. Die seit 1941 tätige Agentur hatte ihr sowjetisches Erbe abgeschüttelt und sich den Ruf einer vertrauenswürdigen und ausgewogenen Quelle erarbeitet. Im täglichen News-Geschäft griff auch ich oft auf *Ria Novosti*-Meldungen zurück. Ihre Berichte über die Proteste gegen Putin oder den Anfang des *Euromaidan* zeugten von redaktioneller Unabhängigkeit. Aber offenbar ist jemand genau damit unzufrieden. Völlig überraschend wird die zuvor noch aufwendig modernisierte Agentur per Dekret des Präsidenten aufgelöst. Die Mitarbeiter sind vor den Kopf gestoßen, sprechen von absurden Geschehnissen, kommentieren die Auflösung als «jüngsten Zug in einer Reihe von Veränderungen in Russlands Medienlandschaft, die auf eine umfassende staatliche Kontrolle schließen lassen».

Die Präsidialadministration verkündet, aus *Ria Novosti* ein neues Unternehmen zu machen: die Internationale Nachrichtenagentur *Rossija Sewodnja*. Russland verfolge eine unabhängige Politik und müsse seine nationalen Interessen «robust» verteidigen. Das sei der Welt nicht einfach zu erklären, aber man könne und müsse es tun, sagt der Chef der Administration. Eine Erklärung, die in vielen Ohren wie die unheilvolle Ankündigung eines Informationskrieges klingt, in dem Medien als Waffen eingesetzt werden. Die Neugründung wird in die Hände des Fernsehjournalisten Dimitrij Kisseljow gelegt. Ein altgedienter Moderator, der als Liberaler angefangen und einst sogar als freier Mitarbeiter für die Büros von ARD und ZDF in Moskau gearbeitet hatte – aber in den vergangenen Jahren zu einer Schlüsselfigur von Putins Medienoperation geworden war. Und nun als konservative, antiwestliche Stimme einer Talkshow namens «Nationales Interesse» im Staatsfernsehen auffiel.

Kisseljows Ernennung ist umstritten, nicht nur wegen seiner wiederholten Attacken auf Homosexuelle. So fordert er in einer Talkshow, dass es Schwulen und Lesben verboten werden sollte, Blut und Spermien zu spenden. Und falls sie bei einem Unfall stürben, sollten ihre Herzen verscharrt oder verbrannt werden, denn diese Organe würden niemandes Leben verlängern.

Am 7. Oktober 2012, dem sechzigsten Geburtstag Wladimir Putins, hält Kisseljow eine Lobrede auf den Präsidenten. Sie ist zwölf Minuten und 41 Sekunden lang. «Was seine Leistungen angeht, so ist Putin im Vergleich zu seinen Vorgängern im 20. Jahrhundert nur mit Stalin vergleichbar», schwärmt Kisseljow. Bei der Vorstellung seines neuen Mediums *Rossija Sewodnja* äußert er Bedenken gegen eine Pflicht zu journalistischer Objektivität. «Unter der Losung der Objektivität verzerren wir oft das Bild und schauen auf unser Land wie auf ein fremdes. Ich glaube, dass die Phase dieses distanzierten, destillierten Journalismus vorbei ist.» Er selbst habe eine innere Entwicklung vom jugendlichen Rebell zum älteren Konservativen durchgemacht. Journalismus schaffe Werte und bestimme, was gut und schlecht ist, Objektivität sei daher ein aufgezwungener Mythos. Der Moderator beschreibt die Beziehung eines Journalisten zu seinem Land als eine unkritische, romantische Liebesbeziehung. In dieser brauche ein Partner eben keinen objektiven

Umgang, sondern ein Gefühl: «Unser Land braucht unsere Liebe.» Objektivität, erklärt Kisseljow, laufe oft hinaus auf Gleichgültigkeit, Vernachlässigung, «sich die Hände reiben, weil es ein Problem gibt» und die Haltung: «je schlimmer desto besser». Er fordert von seinen Journalisten, sich mit Russland zu identifizieren, und «nicht über unser Land so zu schreiben, als ob wir nicht darin lebten, als ob nicht unsere Eltern hier geboren wären».

IST WLADIMIR PUTINS WELTBILD NEU ODER ALT?

Wie viel der Repression gegen Medien und Zivilgesellschaft ist der Angst vor einer neuartigen Protestwelle geschuldet, und wie viel davon ist Ausdruck einer Kontinuität in Putins Denken, Ausdruck eines schon immer da gewesenen Willens, eine vermeintliche Unordnung zu ordnen? Die Niederschlagung zivilgesellschaftlichen Engagements, das Denken in Freund-Feind-Schemata und die Interpretation innerer Kritik als Gefahr von außen wirken vor dem Hintergrund der ersten Putin-Dekade nicht gänzlich neu. Wladimir Putin ist sowjetisch sozialisiert. Er sieht eine Welt voller Gefahren, Unsicherheiten, Ängste. Und eine Vergangenheit, die tief in die Gegenwart hineinwirkt. Gleb Pawlowski, sein Berater der ersten Dekade, beschreibt Wladimir Putin als einen Politikertypen, der stets mit feiner Verachtung auf die Demokraten der Nach-Perestroika-Ära geblickt habe. «Putin gehört zu einer sehr großen, aber politisch undurchsichtigen, von niemandem vertretenen und übersehenen Schicht von Menschen, die nach dem Ende der achtziger Jahre, im Kontext des Zusammenbruchs der Sowjetunion, nach einer Revanche suchten. Diese Menschen konnten nicht akzeptieren, was passiert war. Sie waren keine Kommunisten. Sie waren unterschiedliche Menschen mit sehr verschiedenen Ansichten über Freiheit. Revanche, historisch definiert, bedeutete für sie die Wiederauferstehung des großen Staates, in dem wir gelebt und an den wir uns gewöhnt hatten. Kein zweiter totalitärer

Staat, aber einer, den man respektieren konnte.» Putins Sprache sei die Sprache einer konfrontativen, auf Wettbewerb ausgerichteten Geopolitik. Für Putin seien die Sowjet-Machthaber Dummköpfe gewesen: Anstatt eine faire Gesellschaft anzustreben, hätten sie einfach Geld machen sollen. Und wenn dann die russischen Staatskapitalisten mehr Geld als die westlichen Kapitalisten gehabt hätten, hätten sie diese einfach aufgekauft, oder eine Waffe entwickelt, die der Westen nicht besaß. Pawlowski sieht nicht, dass Putins Denken sich seitdem grundlegend verändert habe. Der Präsident glaube auch heute nicht, dass der politische Wettbewerb der Ideen im Westen echt ist; in den westlichen Parteien sieht Putin lediglich Vertreter unterschiedlicher Kapitalfraktionen. Die Angst vor dem Sturz durch die Bevölkerung sei immer präsent in ihm. Putin hat schließlich wie viele andere erlebt, wie Präsident Jelzin 1993 auf seine im Parlamentssitz verschanzten Gegner schießen ließ.

DER GROSSMACHTANSPRUCH RUSSLANDS

Spätestens 2008, als Russlands Armee weit in das Staatsgebiet Georgiens vordringt, wird Putins geopolitischer Anspruch in Taten, nicht nur in Worten offensichtlich. Seine Popularität zu Hause in Russland schnellt auf Spitzenwerte, als der Kreml beschließt, im August 2008 Georgien anzugreifen. Russland beschuldigt Mikheil Saakaschwili, den damaligen georgischen Präsidenten, mit seiner Armee Zivilisten in Südossetien angegriffen zu haben. 2012 erfährt Russland: Putin soll schon einige Monate vor August 2008 die Entscheidung zu einer Invasion gefällt haben, also lange vor dem angeblichen Angriff der georgischen Armee, in einer Zeit, als er noch Präsident war. Ein detaillierter Militärplan sei unter Putin ausgear beitet und den Kommandeuren seien bereits die Einsatzbefehle gegeben worden. Das berichtet 2012 General Yuri Baluyevsky, ehemaliger Vertreter des Verteidigungsministers und Ex-Generalstabschef. Medwedew, im August 2008 Präsident, habe damals mit dem Angriffsbefehl gezögert, bis Putin mit ihm telefoniert und ihn und den Verteidigungsminister unmissverständlich zum Angriff aufgefordert habe. Putin bestätigt diese Aussagen. Der Generalstab habe den militärischen Einsatzplan gegen Georgien schon Ende 2006 ausgearbeitet, und er persönlich habe ihn 2007 autorisiert. Ossetische Separatisten, die sich von Georgien lossagen wollten, wurden demnach vom russischen Militär trainiert. Dies deckt sich mit Aussagen westlicher Beobachter: Im April 2008 habe Russland auf eine georgische Drohne in georgischem Hoheitsgebiet geschossen, im Mai wurden Truppen in Abchasien stationiert, um eine Eisenbahn zu bauen für Militäroperationen und Logistik. Russlands «irreguläre» Streitkräfte waren bereits in Südossetien, zusammen mit «freiwilligen» russischen Kosaken-Einheiten, bevor die Auseinandersetzung begann. Die Georgien-Operation war also – entgegen offizieller Kreml-Darstellung – eine vorgeplante Aggression und nicht nur eine Reaktion auf georgische Übergriffe auf ethnische Russen.

Auf Russlands Rückkehr auf die Weltbühne 2008 folgen keine Sanktionen. Nach der russischen Invasion und Anerkennung der abtrünnigen georgischen Gebiete Südossetien und Abchasien schließen die USA Strafmaßnahmen gegen Russland kategorisch aus. Die EU beschuldigt Georgien, den Krieg angefangen und russische «Blauhelme» angegriffen zu haben, was eine russische Reaktion gerechtfertigt habe. Moskau benutzt sein durch den 5-Tage-Krieg gegen Georgien neu erlangtes Selbstbewusstsein, um im postsowjetischen Raum wieder mehr Einfluss auszuüben. 2010 dreht die Ukraine die «Orangene Revolution» zurück, in den Wahlen erlangt Russlands Wunschkandidat Wiktor Janukowitsch die Macht. Im gleichen Jahr errichtet Moskau eine Zollunion mit Weißrussland und Kasachstan.

Derweil findet unter Präsident Medwedew eine Politik der Wiederannäherung an die USA statt. Der frisch gewählte US-Präsident

Barack Obama hat gerade eine Politik des «Reset», des Wieder-anfangs, mit Moskau verkündet, als zehn russische Spione in den USA auffliegen. Nach ihrem Geständnis werden sie in Wien aus-getauscht gegen vier von Medwedew begnadigte russische Doppel-agenten, die für den Westen gearbeitet haben sollen. Beide Seiten sind schnell wieder bemüht, den Reset, die Wiederaufnahme guter Beziehungen, geräuschlos fortzusetzen. Russland braucht in jenem Moment die USA für den Eintritt in die Welthandelsorganisation, die USA brauchen Russland, um auf den Iran einzuwirken und ein Abkommen zur Reduktion von Nuklearwaffen zu ratifizieren.

Vor diesem Hintergrund ergreift Ministerpräsident Wladimir Putin das Wort – und verteidigt die zehn aus den USA deportier-ten Spione als ehrenwerte Agenten, die, wie der ganze russische Geheimdienst, niemals so umstrittene und schmutzige Methoden wie die US-Dienste angewendet hätten. Die ausgetauschten Russen hingegen bezeichnet Putin als Verräter: «Wissen Sie, eine Person, die sich dieses Schicksal aussucht, wird es tausendmal bereuen. Verräter werden verrecken.» Er ist sichtlich empört. «Wie kann es sein, dass es Menschen gibt, die ihr Leben für das Vaterland opfern, bis irgend so ein Bastard daherkommt und solche Menschen ver-rät?» Solche Verräter könnten nicht mehr in die Augen ihrer Kin-der schauen. Sie würden an den 30 Silberstücken, die sie verdient hätten, ersticken. «Und selbst wenn diese Verräter nicht sterben, werden sie leiden, werden sie sich ihr ganzes Leben verstecken müssen, mit ihren Liebsten nicht sprechen können.»

Es ist, als ob Putin, der ehemalige KGB-Agent, den Geheim-nisverrat durch Russen persönlich nimmt und sich selbst mit je-nen identifiziert, die ihrem Land nach dem Zusammenbruch der Sowjetunion unter großen Opfern die Treue hielten. Sein Ver-ständnis von Verrat und Loyalität wird sich nicht ändern. Es stammt aus einer Zeit, die ihn prägte, eine Zeit, in der Loyalität zum Staat wichtiger war, als den Staat oder sich selbst in Frage zu stellen. Einer der 2010 ausgetauschten Häftlinge aus Russland ist der Doppelagent Sergej Skripal, der acht Jahre später im englischen Exil von russischen Agenten des Militärgeheimdienstes vergiftet werden wird, aber überlebt.

EIN MENETEKEL – DER «ARABISCHE FRÜHLING»

«Das Volk will den Sturz des Machthabers»: Dieser Weckruf der Protestwelle in der arabischen Welt erschreckt Moskau zutiefst, nicht zuletzt, weil er auch bei regierungskritischen Russen nachhallt. Ein Ereignis, das für den Kurs der Kreml-Elite und ihrer konservativen Stützkräfte zentral ist. Denn ihre weitgehend ideologische Antwort auf den «Arabischen Frühling» ist Ausdruck ihres Verständnisses von Demonstrationen, Zivilgesellschaft und prodemokratischen Bewegungen überhaupt. Das Jahr 2011 beginnt mit dem Fall langjähriger Regimes, die unerschütterlich schienen: Von Tunesien springt die Flamme nach Ägypten und nach Libyen. Der NATO-Eingriff in Libyen, die Unruhen im Jemen, in Bahrain, Saudi-Arabien und schließlich in Syrien wirken wie eine fast surreale Kettenreaktion. Der Kreml muss sich vor Nachahmern im Innern schützen.

Spätestens im Dezember 2011, als die Proteste gegen Wahlfälschungen und Putins Präsidentschaftskandidatur beginnen, fangen Beobachter an, Vergleiche mit dem Beginn des «Arabischen Frühlings» zu ziehen. Putin beschimpft die russischen Demonstranten unverzüglich, er nennt seine Kritiker «vom Westen bezahlte Studenten» auf den Straßen, spricht von einem Komplott, einer Intrige, um Russland zu destabilisieren und eine «samtene Revolution» zu organisieren. Er macht sich lustig über die Erkennungszeichen der Opposition: Die weißen Bänder der Demonstranten erinnerten ihn an Kondome, sagt Putin mit dem für ihn typischen Sarkasmus.

Was war zuvor passiert? Als Präsident Medwedew sich im März 2011 bei der UN-Abstimmung über eine humanitäre Intervention in Libyen der Stimme enthält, kommt es in Moskau öffentlich zu einem Dissens in der Regierung: Ministerpräsident Wladimir Putin kritisiert Präsident Medwedews Stimmenthaltung vehement. Diese UN-Resolution erlaube jedem, gegen einen souveränen Staat zu agieren, sagt Putin. Das Verhalten des Sicherheitsrats erinnere ihn an einen mittelalterlichen Befehl zu einem Kreuzzug. Als Großbritannien und die USA unter der Führung von US-Außenministerin Hillary Clinton den militärischen Druck auf den libyschen Revolutionsführer Muammar Gaddafi verstärken, fragt Putin entrüstet, wer dies erlaubt habe und ob es ein Gerichtsverfahren gegen Gaddafi gegeben habe.

Russland verliert mit Gaddafi einen weiteren Alliierten. Es verliert geopolitischen Einfluss im Mittleren Osten – ein Einfluss bedingt durch sowjetische Nostalgie, aber auch strategische Interessen, wie das einer ständigen Militärpräsenz in Nahost. Den Tod Gaddafis kommentiert Putin mit den Worten, er sei angeekelt gewesen von den Bildern der letzten Momente des Staatschefs. Ein Tod, so erklärten es mir viele Beobachter in Moskau später, den Putin als Lehre für sich selber gesehen habe. Putin habe das libysche Szenario auf Russland, auf Russlands strategische Nachbarn im postsowjetischen Raum und auf sich selbst übertragen, habe sich bedroht gefühlt. Ordnung und Ehre, zwei zentrale Pfeiler seines autokratischen Machtverständnisses, waren erschüttert worden.

Nach Putins Logik hat der Westen die arabischen Gesellschaften aufgebrochen, weil er sie zur Demokratie führen wollte und dadurch der Mehrheit den Willen einer pro-westlichen Minderheit aufgezwungen habe. Er verkennt, dass das Chaos der Revolution und die darauffolgenden Kriege vor allem eine Folge der arabischen Diktaturen waren. Denn ihre Regimes hatten politischen Wettbewerb erstickt, den Aufbau einer Zivilgesellschaft verhindert, Aktivisten in den Untergrund getrieben und die Idee der Demokratie verteufelt oder den Islamisten überlassen. Das Ergebnis waren luftleere Systeme, nach außen pseudostabil durch einen Mann zusammengehalten, im Innern aber leer und bis an den Rand mit Hass, Rache und Angst gefüllt. Putins Denken verkennt die Instabilität einer solchen Gewaltordnung und akzeptiert nicht, dass jeder Mensch das Recht hat, sich gegen Folter zu wehren und gegen Unterdrückung und Verfolgung aufzustehen. Das im Kreml herrschende Konzept einer souveränen Demokratie, als Abwehrmechanismus entwickelt gegen die «Farbrevolutionen», lehnt ein liberales pluralistisches Demokratieverständnis ab. Schon Jahre zuvor setzt Putin westliche Demokratieforderungen und westliche Versuche eines Demokratie-Exports mit westlicher Kolonialpolitik gleich – und lehnt einen solchermaßen definierten westlichen Imperialismus ab. Für die Kreml-Konservativen bestätigt gerade der «Arabische Frühling», dass die demokratische Förderung pluraler Stimmen in der Gesellschaft nur zu einem Verlust staatlicher Souveränität – und folglich zu Chaos und Zerfall – führen könne. Höchstwahrscheinlich spielt hier auch die negative Erinnerung der Eliten hinein – die Erinnerung an die eigene zivile Aufspaltung in konkurrierende Ideen und Gruppen im demokratischen Russland der neunziger Jahre und die damals akute Gefahr eines weiteren Zerbrechens des russischen Staatsgebildes. Die implizite Gleichsetzung von Demokratie mit Anarchie und der mangelnde Respekt für den Wert des Individuums sind zudem gleichsam verwoben mit einer alten patriarchalen Nationalkultur, die nie wirklich erschüttert und in Frage gestellt wurde.

In meinen Jahren in Russland habe ich beobachtet, dass es diese Gesinnung ist, die dazu führt, dass es keine politischen Rücktritte aus eigenem Antrieb, aus eigener Verantwortung gibt. Ein Beamter fühlt sich niemals der Öffentlichkeit verpflichtet und ihr Rechenschaft schuldig, sondern nur seinem Vorgesetzten. Der höchste Vorgesetzte, in anderen Worten der Souverän, der an der Hierarchie-Spitze steht, kann niemals zur Verantwortung gezogen werden. Er kann niemals beschuldigt werden, sondern im Gegenteil: Er wird um Gnade oder um Gerechtigkeit gebeten. In Putins Bewusstseinshaltung gibt es daher kein Bürgerrecht, gegen eine Regierung aufzustehen, so grausam oder so ungerecht sie sein mag. Und so erscheint es folgerichtig, dass Wladimir Putin bis heute mit aller Macht versucht, seinen letzten arabischen Verbündeten zu halten – Baschar al-Assad, einen Diktator, der akribisch dokumentieren lässt, wie in Syrien auf seinen Befehl hin gefoltert wird.

Die ideologische Antwort Russlands auf den «Arabischen Frühling» wird später vom Kreml zu einem *Meme*, zu einem russischen Narrativ im Informationskrieg der Kremlmedien gegen westliche Medien und westliche liberale Politiker aufgebaut: Westliche Demokratieförderung wird mit Chaos, Zerfall und Krieg gleichgesetzt, Diktatoren hingegen als zuverlässige Garanten gegen Extremismus, Bürgerkrieg und Flüchtlinge dargestellt. Zur Informationsaufrüstung kommt eine militärische Aufrüstung hinzu: ein noch von Ministerpräsident Putin unterzeichneter 10-Jahres-Aufrüstungsplan für Russlands Armee in einem Umfang von umgerechnet 767 Milliarden Dollar. Die Erneuerung des militärisch-industriellen Komplexes erklärt Putin im Wahlkampf 2011 zum «Motor der Modernisierung».

Zu einer modernen Armee gehören auch immer mehr Manöver. Bereits ein Jahr nach dem Georgien-Krieg fängt Russland nach zehn Jahren Pause wieder an, in jedem der vier großen Militärbezirke Manöver durchzuführen. Die Manöver trainieren einen großen zwischenstaatlichen Krieg und den Übergang von Frieden zu Krieg, bis hin zum Nuklearangriff. Die Zahl der teilnehmenden Soldaten ist größer, als es ein russischer Eingriff im postsowjetischen Raum je erforderlich gemacht hätte: Den Übungen liegt kein Anti-Terror-, Niederschlagungs- oder Friedenserhaltungs-Szenario zugrunde. Theoretisch wäre nur ein einziges Nachbarland Russlands in der Lage, mit seinen militärischen Ressourcen einen Teil des russischen Territoriums zu besetzen: China. Allerdings ist das erste Manöver 2009 im westlichen Bezirk eine gemeinsame

Übung russischer und weißrussischer Militäreinheiten, die sich gegen einen vermeintlich «faschistischen» Angriff, sprich: einen Feind aus dem Westen, verteidigen. Simuliert werden unter anderem die Reaktion auf einen Nuklearangriff gegen Polen und die Niederschlagung eines Aufstands einer polnischen Minderheit in Weißrussland. Wenige Monate zuvor schreiben osteuropäische Intellektuelle und Politiker, darunter Václav Havel und Lech Walesa, einen Brief an US-Präsident Obama und mahnen, dass «Russland als revisionistische Macht» zurück sei: Eine Macht, die eine Agenda des 19. Jahrhunderts mit Taktiken und Methoden des 21. Jahrhunderts verfolge.

DIE UKRAINE UND DIE «NATIONALE FRAGE»

Die Ukraine taucht nicht erst 2014 in Putins Plänen und Politik auf, vielmehr schon in seinem Wahlkampf 2011. Ein Blick auf diese Zeit hilft, die Vorgänge von 2014 besser einzuordnen. Eine Woche nach seiner Ankündigung, erneut für das Präsidentschaftsamt zu kandidieren, beschreibt Wladimir Putin eine Vision, in der die Ukraine eine zentrale Rolle spielt. Die Idee ist das Herzstück seines Wahlkampfs. Er schlägt die Bildung einer Eurasischen Union vor, eines Blocks, der Russlands Einfluss vervielfachen und ein Gegengewicht zur EU sein könnte. Das Projekt, schreibt er in einem Zeitungsartikel, könnte aufgesattelt werden auf einer bereits existierenden Zollunion und Wirtschaftszone mit Weißrussland und Kasachstan. Eine «mächtige supranationale Union, die zu einem der Pole der modernen Welt werden kann». Es gehe nicht um die Schaffung einer neuen UdSSR, aber um eine gemeinsame Nutzung des sowjetischen Erbes und Kulturraums. Eine enge Integration, die auf neuen, sprich: konservativen Werten und einer politischen und ökonomischen Grundlage beruhe. Eine kaum verschleierte Kritik geht an die Adresse der Ukraine: «Einige unserer Nachbarn erklären ihr Zögern, an fortgeschrittenen Integrationsprojekten im postsowjetischen Raum teilzunehmen, mit der Aussage, dass dies ihrer europäischen Wahl angeblich widerspricht.» Dies sei eine falsche Alternative, die Eurasische Union werde Bestandteil eines größeren Europas sein.

In der Realität allerdings ist die geplante Eurasische Union ein Konkurrenzprojekt zur EU – ein Instrument, um die Westintegration vieler Nachbarländer im postsowjetischen Raum zu verhindern. Sie ist als ein Gegenmodell zur EU entworfen, weil sie auf angeblich einzigartigen zivilisatorischen Werten und auf der Bewahrung von nationalen Identitäten beruhe. Die Stabilität der Nachbarn bedingt in dieser Logik die Stabilität Russlands, sprich: die Stabilität seines Regimes. Für den Handel Russlands mit der EU hat Putin die Vision eines gemeinsamen Marktes, einer Wirtschaftsgemeinschaft oder einer noch tieferen wirtschaftlichen Integration – «von Lissabon bis Wladiwostok». Eine alte Idee, die er seit 2001 immer wieder aufgreift. Sie würde – wirklich umgesetzt – das Ende der EU bedeuten.

Die Ukraine taucht auch auf in einem programmatischen Wahlkampfessay zur Nationalitätenfrage Russlands. Für Putin ein gutes Thema, um seine Wählerbasis zu mobilisieren. Warum ausgerechnet die «nationale Frage»? Nach den Wahlfälschungen bei der Parlamentswahl 2011 sind Legitimationszweifel entstanden. Russische Nationalisten, für die alles Russische Vorrang hat («Russland den Russen») und die zentralasiatische Arbeitsmigranten in Russlands Städten ablehnen, sind auch bei den Protesten gegen Wahlfälschungen aufgetreten. Diese Nationalisten, die das Primat des russischen Volks besonders vor den Muslimen des Kaukasus fordern, haben sich zu diesen Protesten mit den Kommunisten verbündet. Mit dem Essay in der Tageszeitung *Nezawissimaja Gazeta* versucht Putin, diese neue Front davon zu überzeugen, dass *sein* Nationalismus der richtige für Russland sei: kein demokratischer, antisowjetischer Nationalismus, kein ethnischer Nationalismus, sondern ein imperialer Staatsnationalismus mit russischem Kern. Eine Vielzahl ethnischer Gruppen lebe in Russland, doch, so Putin, es handle sich um «*ein* Volk verbunden durch *eine* gemeinsame Kultur und gemeinsame Werte». Er verspricht, die Arbeitsmigration aus Zentralasien zu reduzieren, und schreibt beschwörend davon, dass sein Herrschaftsmodell eine einzigartige Zivilisation zusammenhalte, deren Kern das «russische Volk» und «die russische Kultur» seien und deren Dominanz erhalten bleiben müsse. Interessant ist in diesem Zusammenhang der Stellenwert, den Putin den Ukrainern einräumt: den Stellenwert einer Volksgruppe Russlands. Der multiethnische Staat, schreibt Putin, habe sich über Jahrhunderte entwickelt, mit der Hilfe vieler Volksgemeinschaften. «Es genügt zu sagen, dass ethnische Ukrainer auf diesem Territorium leben, das sich von den Karpaten bis nach Kamtschatka erstreckt, ebenso wie ethnische Tataren, Juden, Weißrussen.»

Dieses Verständnis von Ukrainern als einer Volksgruppe – und nicht als einem historischen Subjekt mit eigener Geschichte, eigener Sprache und eigenem souveränen Staat – wird in Putins Reden in den darauffolgenden Jahren immer wieder auftauchen. Nach seinem Amtsantritt wiederholt er in seiner Ansprache an das Parlament die Idee von Russland als einzigartiger Zivilisation: «Unabhängig von unserer Abstammung waren wir und bleiben wir ein Volk. Ich erinnere mich an eines meiner Treffen mit Kriegsveteranen. Darunter Vertreter verschiedener Volksgruppen: Tataren, Ukrainer, Georgier, und natürlich viele ethnische Russen. Ein Veteran, der kein ethnischer Russe war, sagte: ‹Für die ganze Welt sind wir ein Volk; wir sind Russen.› Dies war wahr im Krieg, und wird immer wahr sein.»

Nationale Frage und Eurasische Union – beides nicht zufällig miteinander verwobene Wahlkampfthemen Putins, die die Idee der einzigartigen Großmacht Russland unterfüttern sollen. Die Ukraine hat auch im außenpolitischen Konzept der Russischen Föderation von 2013 eine besondere Erwähnung, einen besonderen Stellenwert im Aufbau von Putins Vision der Eurasischen

Union. Das Konzept hat zunächst einmal nichts mehr gemein mit den frühen Versuchen Putins in seiner ersten Amtszeit, Russland an die Europäische Union anzunähern oder sogar eine Integration anzustreben. Jetzt geht es um ein Russland, das die postsowjetische Phase überwunden hat. Es geht um eigene geopolitische Ziele und Souveränität. Eine Eurasische Wirtschaftsunion sei nicht nur das beste Instrument, um Wirtschaftsbeziehungen im GUS-Raum zu nutzen, sondern sie bilde gegenüber Europa und China einen eigenständigen Machtblock. Russland beabsichtige, die Beziehungen zwischen den GUS-Staaten als Zeichen des «gemeinsamen kulturellen und zivilisatorischen Erbes» zu bewahren und auszubauen. Der Schutz der sprachlichen, erzieherischen, humanitären und sozialen Rechte ethnischer Russen im GUS-Raum habe einen besonderen Stellenwert. Der vorrangige Partner innerhalb des GUS-Raums sei die Ukraine, Russland wolle «zur Teilnahme der Ukraine an den Integrationsprozessen der Eurasischen Union beitragen.» Geschrieben werden diese Zeilen in einer Zeit, in der sich die Ukraine aktiv um eine Mitgliedschaft in der Europäischen Union bemüht und der EU-Assoziierungsprozess sein letztes Stadium erreicht.

Als Wladimir Putin gemeinsam mit dem Moskauer Patriarchen Kyrill I., dem Vorsteher der Russisch-Orthodoxen Kirche, im Sommer 2013 die Ukraine besucht, ist Russlands einzigartige zivilisatorische Identität erneut das wichtigste Thema. Dieses Mal unter dem Gewand der «Russischen Welt», ein Konzept, in dem sich Religion, Werte und Großmachtpolitik vermischen. Der Grund des Staatsbesuchs: das 1025. Jubiläum der Taufe der *Kiewer Rus*, einer mittelalterlichen Vereinigung ostslawischer Fürstentümer, die das Vorläuferreich Russlands, der Ukraine und Weißrusslands bildeten. Der Feiertag war erst 2008 in der Ukraine und 2010 in Russland eingeführt worden, um an den Kiewer Großfürsten Wladimir zu erinnern, der sich 988 hatte taufen lassen und das Christentum zur Staatsreligion erklärt hatte. Nun wird der Akt der Taufe eines – höchstwahrscheinlichen – Wikingerstammes stilisiert als Gründungsmythos für die Geburt Russlands und für moderne, untrennbar miteinander verbundene Nationen. Die historische Komplexität einer Region, in der Slawen, Skandinavier, Khazaren, Turkstämme und Mongolen, Litauen, Polen und Schweden herrschten, wird reduziert auf einen mythischen Geburtsort Russlands. Genauso gut könnte die Region ein Geburtsort der Ukraine sein.

Die Moskauer Delegation trägt an diesem Tag Konferenzausweise, auf denen als Anlass statt «Taufe der *Kiewer Rus*» lediglich «Taufe der *Rus*» steht. Putins Rede spiegelt nahezu jedes religiöse Motiv des ideologischen Konzepts der «Russischen Welt» wider. Darin sieht sich Moskau im Zentrum einer orthodoxen Zivilisation größtenteils russischsprachiger Gemeinschaften, die ihre spirituelle und kulturelle Einheit erhalten müssen. In Putins Rede geht es um die Einzigartigkeit orthodoxer Werte in der modernen Welt, die spirituelle Einheit Russlands und der Ukraine, also eines *einzigen Volkes*, von keiner Macht aufkündbar. Auffällig ist die Warnung an die Ukraine, die gemeinsame historische Vergangenheit und Zivilisation bei Zukunftsfragen zu beachten. Zugleich bietet Moskau der Ukraine billiges Gas und offene Grenzen für eine Mitgliedschaft in der Eurasischen Union an. Der Wettbewerb auf dem globalen Markt sei hart, und nur durch vereinigte Kräfte könne man ihn gewinnen. Wortreiches Beschwören einer mythischen Vergangenheit tritt an die Stelle konkreter Zukunftsversprechen. Spätestens jetzt wird offenbar, dass die Ukraine als zentral erachtet wird innerhalb des Konzepts der *Russkij Mir*, der antiwestlichen, antiliberalen, orthodox-ostslawischen «Russischen Welt». Als Kulturkonzept wird es vom Staat verwendet, um die innere Stabilität zu festigen, Russlands Status als Weltmacht wiederherzustellen sowie seinen Einfluss in den Nachbarländern zu vergrößern. Die Russisch-Orthodoxe Kirche verwendet das *Russkij-Mir*-Konzept als Idee, die Säkularisierung des Landes mit Hilfe der Regierung aufzuhalten. Die beiden Kirchen, die nicht zum Gedenktag mit

Putin in Kiew eingeladen sind – die Griechisch-Katholische und Ukrainisch-Orthodoxe Kirche –, lehnen das Konzept der «russischen Welt» rundweg ab.

Die Kreml-Choreographie der gemeinsamen russisch-ukrainischen Geschichte geht weiter. Einen Tag später, am Tag der russischen Marine, legen Russlands Präsident und der ukrainische Staatschef Janukowitsch Kränze nieder am Denkmal für die heldenhafte Verteidigung Sewastopols 1941–1942 auf der Krim, und schauen einer russisch-ukrainischen Flottenparade zu. «Sewastopol ist der Ort, wo eine Waffenbrüderschaft zwischen unseren Völkern geschmiedet wurde, und Seiten unserer gemeinsamen Geschichte geschrieben wurden», sagt Putin. Auch der Rest der Rede dreht sich ausschließlich um die gemeinsame Vergangenheit, die Verteidigung einer gemeinsamen Heimat. 2010 hatte Präsident Janukowitsch beschlossen, die Pachtzeit für Russlands Schwarzmeerflotte auf der Krim, die eigentlich 2017 auslaufen sollte, mindestens bis zum Jahr 2042 zu verlängern. Dafür hatte Moskau ihm billiges Gas angeboten. Damit war früh klar, dass das Land die nächsten Jahrzehnte nicht NATO-Mitglied werden konnte.

Einen Tag nach Putins Krim-Besuch beginnt Moskau einen Handelskrieg gegen die Ukraine. Einen Krieg, den es so lange herauf- und herunterfährt, bis Kiew diese Signale versteht.

EINE «MAXIMALE PUTINISIERUNG» DER WELT?

Das jährliche Treffen mit internationalen Experten und Journalisten im *Valdai*-Club findet normalerweise hinter verschlossenen Türen statt. 2013 macht Putin eine Ausnahme und geht mit dem mehr als vierstündigen Treffen ins Fernsehen. Er ist in guter, souveräner Verfassung, als er seine wichtigsten Themen verkündet: ein Russland, das eine Führungsrolle in der Welt will und das sich als «Staatszivilisation» begreift. Und ein Russland, das der Welt seine traditionellen, nicht westlichen Werte anbietet, weil der Westen seinen moralischen Kompass verloren habe. Er wirft dem Westen vor, den Bezug zu seinen christlichen Werten angeblich gekappt zu haben, vor allem, wenn es um die Frage der Sexualität gehe. Als Beispiel nennt er homosexuelle Paare oder übertriebene «Political Correctness». Moralische Prinzipien und traditionelle Identitäten würden verhindert, der Glaube an Gott würde mit dem Glauben an Satan gleichgesetzt. Infolge stürben die Europäer aus, Verfall und Primitivismus breiteten sich aus.

Mit dem für Putin typischen derben Humor erinnert er an seinen guten Freund, den ehemaligen italienischen Premierminister Silvio Berlusconi. Für Putin ein echter Mann, im Gegensatz zu anderen westlichen Politikern. Berlusconi, sagt er, sei gerade vor Gericht, weil er mit Frauen lebe. «Wenn er mit Männern gelebt hätte, als Homosexueller, hätte niemand es gewagt, ihn auch nur anzurühren», meint Putin. In Wirklichkeit hatte Italiens höchstes Gericht Berlusconi wegen Steuerbetrugs und wegen des Transfers einer halben Milliarde Euro auf Schwarzgeldkonten im Ausland schuldig gesprochen. In einem weiteren Prozess ging es um Sex mit einer Minderjährigen und Amtsmissbrauch; Putins Freund hatte bei den berüchtigten «Bunga-Bunga-Partys» auf seinem Mailänder Anwesen Sex mit einer minderjährigen Prostituierten. Putin erwähnt nichts davon. In seiner Rede vor dem *Valdai*-Club stellt der – selbst übrigens gerade frisch geschiedene – Präsident sich als Verteidiger des christlichen Glaubens und der Familienwerte in der Welt dar.

Seine Jahresabschlussrede 2013 klingt wie die Ankündigung einer von Moskau lancierten konservativen Komintern mit Putin an der Spitze. Russland müsse seine Nachbarländer, gar den Westen selbst, von den liberalen Werten des dekadenten Westens befreien, sagt Putin: «Wir wissen, dass es weltweit immer mehr Menschen gibt, die unseren Standpunkt der Verteidigung traditioneller Werte unterstützen. Werte, die über Jahrtausende die geistige und sittliche Grundlage jeden Volkes ausmachten.» An dieser konservati-

ven Leitidee hatten die Polit-Technologen des Kreml lange gearbeitet. Sie hatten Umfragen studiert und Trends nachgespürt, auffällig
war für sie die Reaktion auf die Weltfinanzkrise 2008 in vielen
westlichen Ländern gewesen. Sie könnte der Beginn von etwas
Größerem sein, mutmaßten sie. Ihre These: Die meisten Menschen
sehnten sich nach Sicherheit und Stabilität – und nicht etwa nach
Feminismus, Rechten für Lesben und Schwule oder nach multikulturellen Gesellschaften. Putin stünde genau für dieses Verlangen. Er sei der «neue globale Anführer der Konservativen». Dieses
Bild, analysiert der russische Kolumnist Alexander Morozow, sei
in Expertenrunden, internationalen Foren und in Kremlmedien
immer wieder in die Diskussion eingespeist worden. Dieser Vorstellung anhängende Intellektuelle und Politiker seien nach Russland eingeladen und gefördert worden. Morozow beschreibt das
Phänomen überspitzt als «maximale Putinisierung der Welt», als
die Schaffung einer völlig neuen Hegemonie mit Hilfe der Kremlmedien, Putin-naher westlicher Politiker und Wissenschaftler.

Spätestens 2013 entdeckt der Kreml also mit der konservativen
antiwestlichen Kritik ein Thema für sich, das nicht nur im Innern
des Landes, sondern weltweit Anerkennung bringt – und westliche
Rechtspopulisten an Moskau binden wird. Zum Beispiel den konservativen amerikanischen Fernsehkommentator Pat Buchanan,
der 2013 schreibt, Putin liege nicht falsch, wenn er sage, dass er für
einen großen Teil der Menschheit spreche. Putin sehe die Zukunft
klarer als jene Amerikaner, die in den Denkmustern des Kalten
Krieges steckengeblieben seien. Das 21. Jahrhundert, so Buchanan,
könne von einem Kampf geprägt sein, der Konservative und Tradi-
tionalisten in den einzelnen Ländern antreten lasse gegen den militanten Säkularismus einer multikulturellen und transnationalen
Elite.

Die Abgeordnete Jelena Mizulina, Speerspitze der religiösen
Eiferer und Obskurantisten in der Duma, Vorsitzende des Duma-
Komitees für Familie, Frauen und Kinder, führt dieses konservative

Thema im Dialog mit dem Westen weiter: Die 59-Jährige mit der strengen Hochsteckfrisur, Initiatorin zahlreicher frauen- und homosexuellenfeindlicher Gesetze, tritt auch in Deutschland auf, als Gastrednerin einer unter anderem von Thilo Sarrazin organisierten Konferenz in Leipzig. Es geht um die Gefahren für die «Zukunft der Familie», die da wären: Familienfeindlichkeit, Geburtenrückgang und sexuelle Umerziehung. Europas Rückzug von «jahrhundertealten moralischen Positionen» beunruhigt den Kreml nun so sehr, dass er westliche Extremisten mit seinen neuen Ideen füttert.

Jahrelang hatte Russlands Führung versucht, eine alternative politische Ideologie, eine *Soft Power* nach innen und außen zu erarbeiten. Mit Putins drittem Machtantritt gelingt dies, indem die Ideen konservativer, staatsnationalistischer bis rechtsextremer Kreise Bestandteil des offiziellen politischen Diskurses werden. Auch unter deren Einfluss beginnt ein Prozess der «patriotischen Mobilisierung»[3]. Ein Mittel dazu ist die Inszenierung immer größerer militärischer und historischer Gedenkfeiern. Sie fördern den Nationalstolz und stärken die Unterstützung für militärische Interventionen im Ausland.

«VERGIB UNS, SOUVERÄN»

So lautete die Schrift auf einem Banner zur 400-Jahr-Feier der Romanow-Dynastie in Moskau 2013. Manche Historiker umschreiben den Prozess der Reideologisierung mit einer Neuauflage der unter dem «Eisernen Zaren» Nikolaus I. geschaffenen Machtformel «Autokratie, Orthodoxie, Volksgemeinschaft». Eine Triade geschaffen als Replik auf die Thesen der Französischen Revolution «Freiheit, Gleichheit, Brüderlichkeit», die nach Ansicht russischer Konservativer Anfang des 19. Jahrhunderts unvereinbar war mit dem besonderen Geist des russischen Volkes und seiner Hingabe an Orthodoxie und Autokratie. Diese paternalistische Sicht auf das

Volk und auf dessen Anführer als Vater des Volkes, auf den Staat als Ursprung politischer Gestaltung, taucht in Putins Denken bereits vor seiner Machtübernahme 1999 auf. In einer seiner ersten politischen Absichtserklärungen 1999 hatte er die Formel «Patriotismus, Macht und Staatsdirigismus» geschaffen. Russland habe seine eigenen Traditionen und seinen eigenen Weg, der anders als der Weg westlicher Nationen verlaufe. Genau wie Nikolaus I. ist Putin der «Restauration» verpflichtet. Genau wie er muss Putin eine politische Krise und Revolte überwinden. Seine dritte Kandidatur ist umstritten, in seiner Zeit als Premierminister erstarkt die Bewegung der regierungsfeindlichen, antisowjetischen «Russen zuerst»-Nationalisten, zu denen damals auch der Oppositionelle Alexej Nawalny gehört. Putin muss diesen Nationalismus unschädlich machen, indem er ihn ans Regime, an den Staat anbindet – und die Demokratie solchermaßen umdefiniert, dass sie dem Staat dient.

Andere Nationalismus-Forscher schreiben von der Rückkehr des «imperialen Syndroms», das gleichsam mit Wladimir Putins erster Amtszeit eingesetzt habe.[4] Als «imperiale Ordnung» beschreiben sie das Gegenteil von Demokratie, nationaler Selbstbestimmung und Volkssouveränität. Das «imperiale Bewusstsein» sei nicht das Bewusstsein eines selbstverantwortlichen Staatsbürgers, sondern es sei definiert von der Hoffnung auf den «weisen Zaren» und die «feste Hand». Der Begriff «Reich» wird nach 2000 als Wort populär, um sowjetische und noch mehr zaristische Größe heraufzubeschwören, das Adjektiv «imperial» taucht in der Alltagssprache wieder auf, zum Beispiel in der Werbung, in Kaufhäusern, in der Bezeichnung der Businessklasse einer Fluglinie, als Wodka-Marke, als neuer Ehrentitel für die Moskauer Anti-Terror-Eliteeinheit, die Staatsgäste beschützt, oder als Bezeichnung eines Kulturpreises für antiwestliche Diktatoren.[5] Eine weitere Besonderheit des «imperialen Syndroms» besteht in dem historischen Gefühl der beständigen Bedrohung durch die westliche Zivilisation.

IDEOLOGISIERUNG VON RECHTS

Mit Putins Rückkehr in den Kreml 2012 konsolidiert sich das anti-westliche, rechtsextreme bis rechtskonservative Milieu der Imperialnationalisten. Neue Kooperationen und Formen entstehen, ein wichtiges Sprachrohr und Verstärker dieser Kreise wird das Staatsfernsehen. Mit informeller Unterstützung aus dem Kreml und in Anwesenheit des Kulturministers wird im Herbst 2012 der ultrakonservative *Izborsker Club* gegründet. Zu seinen wichtigsten Figuren zählen rechtsextreme Schriftsteller wie Alexander Prochanow sowie der neofaschistische SS-Bewunderer und Eurasien-Ideologe Alexander Dugin, Professor der Soziologie internationaler Beziehungen an der Staatlichen Universität Moskau, dessen Buch «Die Fundamente der Geopolitik» zur Standardlektüre in Militärschulen und Universitäten zählt. Es beschreibt die «unlösbare Konfrontation» zwischen der atlantischen Welt (bestehend hauptsächlich aus den USA und Großbritannien) und Eurasien, das der US-geführten Globalisierung und dem ethnokulturellen Universalismus widerstehe. Die Souveränität der Ukraine, heißt es in Dugins wichtigstem Werk, sei für Russland so schädlich, dass sie leicht einen militärischen Konflikt auslösen könne. Strategisch müsse die Ukraine «Moskaus südöstliche Projektion» werden.

Publizisten wie Dugin oder Prochanow sitzen im *Izborsker Club* neben Kreml-Politikern wie Putins Wirtschafts- und Eurasien-Berater Sergej Glasjew, Staatsfernsehen-Journalisten wie Michail Leontiew oder Putins geistlichem Berater (und angeblichem Beichtvater) Bischof Tichon Schewkunow. In ihrem ersten Bericht diskutieren die *Izborsker* einen unausweichlichen dritten Weltkrieg, angezettelt von der «globalen Finanzoligarchie» gegen Russland, das sich gleich einer «belagerten Festung» schützen müsse. Russlands Geographie sei Schicksal, seine Größe bedinge seine besondere geopolitische Rolle. Nach der Verschmelzung der Regierung mit der Russisch-Orthodoxen Kirche werde sich Moskaus

Einfluss ausdehnen, glauben die *Izborsker*: eine Expansion über die alte Sowjetunion hinaus nach Osteuropa und in Teile Asiens. Das mit Hilfe Stalin'scher Industriepolitik autarke «Eurasische Reich» werde den Westen und seine Werte schließlich stürzen und Europa «befreien». Mittel zum Zweck sind Allianzen mit ähnlich gesinnten, rechtspopulistischen Ideologen und Politikern in Westeuropa. Die Annexion der Krim ist für die *Izborsker* nur der erste Teil ihres Generalplans.

Prochanow, Dugin – diese Namen waren lange exzentrische Randfiguren, am ehesten standen sie noch für Strömungen, die in akademischen Forschungen behandelt wurden. Mit Putins dritter Amtszeit werden Imperialnationalisten zu einem einflussreichen Bestandteil der politischen Gegenwartskultur. Ihre Ideen finden sich nicht mehr nur am Rand, sondern im polittheoretischen Mainstream wieder. Alexander Dugins Identifizierung der Russen als einzigartiger, höchster «eurasischer Ethnos», dem eine singuläre zivilisatorische und historische Mission obliege, hallt in Wladimir Putins Wahlkampf-Ideen über den zivilisatorischen Nationalismus nach. Ebenso Dugins Eurasismus, der sich anlehnt an die Theorien des belgischen Nazi-Kollaborateurs Jean-François Thiriart, der einst die Erschaffung eines Euro-Sowjetischen Reichs von Wladiwostok bis Dublin propagierte. Für Dugin ist die Achse Berlin–Moskau entscheidend für die Erschaffung des Eurasischen Reichs. Russlands Invasion Georgiens erachtet Dugin als existenziellen Kampf gegen den «Atlantizismus». All diese Ideen sind für den Kreml nützlich. Seit Putin die außenpolitische Konfrontation mit dem Westen 2011–2012 zum Wahlkampfthema macht, und insbesondere seit 2014, überlappen sich der staatssanktionierte Nationalismus des Kreml und die Konzepte der rechten Ideologieproduzenten. Letztere legitimieren Putins Regime, kämpfen aber gleichzeitig um die kulturelle Vorherrschaft in Russland.[6]

In der politischen Elite machen ab 2011–2012 konservative Schlüsselfiguren in Putins Kabinett rechtsimperiale Ideen hoffähig. Einer ihrer Vertreter ist Russlands neuer Kulturminister Wladimir Medinskij.[7] In seinen Thesen zur staatlichen Kulturpolitik spricht er von einem «einheitlichen kultur-zivilisatorischen Code», der die «Weltanschauung, öffentliches Bewusstsein und Verhaltensregeln» der Nation prägen soll. Westliche Werte wie Toleranz oder Multikulturalismus lehnt Medinskij ab. Der Staat müsse sich in die Kulturpolitik einmischen, mit Zensur und gezielter Förderung patriotischer Kulturprojekte. Als Präsident der 2012 gegründeten Russischen Militärhistorischen Gesellschaft verkündet Medinskij den Anspruch, gegen jede unheilvolle Verzerrung und Verdrehung von Russlands Geschichte vorzugehen.

Das richtige Verständnis der eigenen Geschichte ist zentral für Wladimir Putin, er beschäftigt sich, wie wir sehen werden, seit Jahren nahezu obsessiv mit dem Thema. Ein weiterer Nationalimperialist in seinem Kabinett: Dimitrij Rogozin, einst verwickelt in ausländerfeindliche Aktionen, 2011 rehabilitiert und zum stellvertretenden Premierminister ernannt, zuständig für die Rüstungsindustrie – auch er ist Mitglied im *Izborsker Club*. Ein weiterer Rechtskonservativer in der Elite: der Putin-Vertraute und damalige Präsident der staatlichen russischen Eisenbahngesellschaft Wladimir Jakunin. 2012 schreibt er in einem Artikel, Russland sei einer Verschwörung seiner Feinde ausgesetzt, die Verschwörer hätten homosexuelle Propaganda verbreitet, um die Geburtsraten Russlands zu senken und die Macht des Westens zu erhalten.

Russlands Außenminister Sergej Lawrow entwickelt dieses Thema weiter. Schon in den Jahren nach 2000 sprach er unermüdlich von der Machtverschiebung vom Westen hin zum Osten. 2013 aber diagnostiziert er den Verfall des Westens, weil dieser traditionelle Werte verworfen und allein auf individuelle Rechte gesetzt habe. Er kritisiert die EU, weil diese die Verteidigung der Homosexuellen zum universalen Standard erhoben und auch Russland aufgezwungen habe. Lawrow beruft sich ausdrücklich auf den deutschen Historiker und Demokratieskeptiker Oswald Spengler, der zu Beginn des 20. Jahrhunderts den «Untergang des Abendlandes» beschrieb. Manche Staatsgäste aus dem Westen stimmen Lawrows Diagnose zu. 2013 besucht die Vorsitzende des rechtsextremen französischen Front National, Marine Le Pen, erstmals Russland und wird empfangen vom damaligen Duma-Vorsitzenden Sergej Naryschkin, einem ehemaligen KGB- und FSB-General, der sich gerne mit geostrategischen Fragen beschäftigt. Die Kreml-Ideologen sind überzeugt, dass die öffentliche Meinung im Westen sich vom Liberalismus abwenden und hin zum Nationalismus orientieren werde. Marine Le Pen sehen sie als vielversprechende Politikerin, die diesen Trend verkörpert. Die Themen ihrer Gespräche in Moskau: Le Pens Verurteilung einer westlichen Intervention in Syrien, die EU-Erweiterung und die Ablehnung der Homophilie, die eines der Merkmale der Globalisierung sei.

In der Ukraine testet der Kreml, ob die Gleichsetzung Europas mit moralischem Verfall funktioniert. Als Kiew 2013 kurz vor dem EU-Assoziierungsvertrag steht, tauchen plötzlich Plakate in der Ukraine auf. Auf ihnen die Botschaft, dass eine Annäherung an Europa bedeute, dass die gleichgeschlechtliche Ehe ins Land komme. Die Werbekampagne geht nach Medienberichten zurück auf einen kremlnahen Oligarchen. Gleichzeitig fordern konservative Hardliner wie der im Staatsfernsehen mit eigenen Serien auftauchende Filmemacher Nikita Michalkow, in Russland wieder eine Staatsideologie einzuführen. Dies sei eine Sache der nationalen Sicherheit. Die für ihre erzkonservativen Gesetzesvorschläge berühmte Duma-Abgeordnete Jelena Mizulina schlägt vor, in der Präambel zur Russlands Verfassung das orthodoxe Christentum als Grundlage der nationalen Identität des Landes zu verankern. Der Chef der Präsidialverwaltung im Kreml, Sergej Iwanow, verhöhnt den «westlichen Multikulturalismus» und eine «bis ins Absurde getriebene ‹Political Correctness›».

Ein Ideologieproduzent, der ihre Sache unterstützt: die Russisch-Orthodoxe Kirche. Sie legitimiert Putins Herrschaft. Eine für beide Seiten, Kreml und Kirche, nützliche Beziehung entsteht. Vor Putins Wahl zur dritten Amtszeit etwa bezeichnet Patriarch Kyrill I. Putins bisherige Präsidentschaft als «Wunder Gottes», sie habe die «krummen Wendungen» in Russlands Geschichte korrigiert. Das «Gekreische» der Demonstranten gegen Putin verurteilt das geistliche Oberhaupt. Putin zeigt sich in der Öffentlichkeit immer wieder in der Nähe des Patriarchen und inszeniert sich im Staatsfernsehen als orthodoxer Gläubiger. In seinem Wahlprogramm beschwört er explizit die «spirituellen Werte Russlands». Diese angeblichen Werte, die auch in Moskaus Kommunikation mit Kiew immer wieder hervorgehoben werden, betrachtet der Kreml fortan wie eine Angelegenheit der nationalen Sicherheit. Sie appellieren an eine orthodoxe Bewusstseinshaltung, an eine auserwählte Mission Moskaus. Folglich kann die Stärkung dieser Werte Unruhen und Umstürze verhindern helfen, die angeblich vom Westen gelenkt sind.

Nicht nur in der Ukraine ziehen die Russisch-Orthodoxe Kirche und der Kreml an einem Strang. Im Sommer 2012 verleihen die Kirche und ein russischer Schriftstellerverband gemeinsam den *Preis für Russische Imperiale Kultur*, mit dem «herausragende Leistungen für die Wiedergeburt der russischen Kultur in Russland und im Ausland» geehrt werden sollen. Der Preisträger: der syrische Diktator Baschar al-Assad, dessen Kampf gegen die globale (sprich: westliche) Hegemonie und Expansion für Russlands Kultur nützlich sei. Auf jeden Fall aber ist sie nützlich für den Kreml und seine geopolitischen Interessen. Die Akteure hinter solchen Gesten: ein «opakes Geflecht nationalistischer, rechtspopulistischer, restaurativer, antiwestlicher und tendenziell antisemitischer Kultureliten in Russland»[8]. Monarchisten und Rechtsextreme, Orthodoxe und ehemalige Sowjet-Funktionäre – eine rotbraune Melange. In dieser Zeit, im Sommer 2012, unterstützt der Kreml Baschar al-Assad mit

Waffenlieferungen – nach Schätzungen gehen 10 % der russischen Waffenverkäufe nach Syrien – und stabiler diplomatischer Hilfe. Im UN-Sicherheitsrat legt Moskau sein Veto ein, als eine Resolution Assad zum Rücktritt auffordert.

KRIEG UND BÜRGERKRIEG

«Die Wahrheit erklärt die Fakten – Fakten unterstützen die Wahrheit.»
(Motto der russischen Nachrichtenagentur *ANNA NEWS*)

Die Ideologieproduzenten der rotbraunen Fraktion vergeben nicht nur Preise, sie greifen bald auch in das Kriegsgeschehen ein. Ich lerne einen von ihnen 2013 kennen, lange bevor er und seine Gefährten die Krim-Annexion planen und den Krieg in der Ostukraine befeuern. Ein kleiner, untersetzter Herr mit runden Augen und einem tatarisch klingenden Namen erklärt sich bereit zu einem Interview mit dem deutschen Fernsehen. Er trägt einen grauen Anzug und blickt ernst. «Wenn nicht jede Generation ihr Land mit ihrem Blut begießt, wird dieses Land von Fremden bewohnt werden. Die Syrer haben das ganz genau verstanden», sagt er mahnend ins Mikrophon. Marat Musin hat den Preis «Imperiale Kultur» für Assad mit vergeben, er ist außerdem Mitglied im «Russischen Öffentlichen Solidaritätskomitee mit den Völkern Libyens und Syriens». Musin fährt auf den Panzern von Baschar al-Assad mit, er hat eine Nachrichtenagentur gegründet und mit seiner Kamera exklusiven Zugang zu Assads Armee. Seine Bilder will er ins deutsche Fernsehen bringen, denn nur sie zeigten die Wahrheit, im Gegensatz zu den Fernsehbildern des Westens. «Als die Ereignisse im Nahen Osten anfingen, war klar, dass Russland der Nächste sein wird. Ich habe persönlich gesehen, wie die NATO Tripolis bombardierte. Wie man dort diese Informationsarbeit geführt hat und wie die Massenmedien zu einem Anhängsel der NATO-Militärmaschine wurden.»

Musin war der erste der in Russlands Kriege ziehenden russischen «Freiwilligen», den ich kennenlernte. 2013 stellte er sich vor als idealistischer Informationstourist – wenn man ihm Glauben schenken wollte. Sein Gefährte war gerade in Syrien verunglückt, ein Richter und pensionierter Offizier des Militärgeheimdiensts. Dessen dramatische Videos vom Kriegsgeschehen an der Front waren auf Englisch untertitelt. Das Ziel der Nachrichtenagentur entsprach wohl nicht ganz zufällig dem Interesse des Kreml: ein positives Licht auf den Kampf der syrischen Regierung gegen «Terroristen» zu werfen. Als «Terroristen» bezeichnete das Assad-Regime auch die friedliche Opposition, auf die es ganz am Anfang der Unruhen in Syrien massenhaft schießen ließ. Musin war der erste russische Informationskrieger in Militäruniform, dem ich begegnete. «Wir, die zivilisierte Welt, haben einen gemeinsamen Feind: Amerika und die Angelsachsen. Wenn Syrien vernichtet wird, werde ich mein Gewehr nehmen statt meiner Kamera und werde kämpfen», sagt er mir. Ein Jahr später werde ich Marat Musin tatsächlich mit einer Kalaschnikow sehen, in der Ostukraine. Musin steht stellvertretend für eine Generation, Putins Generation. Jene Russen, die mit dem Zusammenbruch der Sowjetunion nicht einverstanden waren. Ihr Schlüsselmoment: der Oktober 1993. Damals verschanzte sich Marat Musin mit einer Kalaschnikow unter dem Arm im Weißen Haus, wo das russische Parlament für die Verfassung arbeitete und gegen den Präsidenten. Damals wollten Jelzin und seine Regierung marktwirtschaftliche Reformen per Schocktherapie durchsetzen. Die Bevölkerung war verarmt. Das von Kommunisten beherrschte Parlament bremste Jelzin, wollte mitregieren. Dieser löste das Parlament auf – was er verfassungsrechtlich nicht durfte. Jelzins Vize Alexander Ruzkoi ließ sich zum neuen Präsidenten ausrufen, und ein neuer Verteidigungsminister wurde ernannt. Jelzins Gegner versuchten, die Fernsehzentrale zu stürmen. Es kam zu einem bewaffneten Aufstand. Einen Tag später ließ Jelzin auf das Parlament schießen und schickte die Armee in das Gebäude, um es Stock für Stock von den Besetzern zu säubern. Wahrscheinlich mehr als 200 Menschen kamen ums Leben. Jelzin setzte sich gegen die Verfassung durch, die Russen stimmten Monate später mit knapper Mehrheit für eine von ihm vorgeschlagene neue Verfassung. Sie gab dem Präsidenten fast alle Macht in Russland; dem Parlament kommt seitdem nur noch eine Nebenrolle zu.

Unter den Besetzern des Parlaments trafen sich auch die extremen Ränder: Nationalisten, Antisemiten, Stalinisten. Vor dem Weißen Haus wehten rote sowjetische Fahnen und die schwarzgelb-weißen der Zarenzeit. Die gleichen Fahnen sollten nebeneinander in der Ostukraine wehen, 21 Jahre später. Dort sollte Marat Musin, der Besetzer des Weißen Hauses, auch wieder auftauchen, ebenso ein Freund und Gefährte von 1993, der erste «Premierminister» der «Donezker Volksrepublik», Alexander Borodai. 1993 war Musin Anfang dreißig, er hatte eine der besten Schulen Moskaus besucht, war Doktor der Ökonomie und sicherte Russlands Zentralbank und die Informationssysteme des Parlaments gegen Betrug und Sicherheitslücken. Auf einem Foto steht der bewaffnete Musin neben einem der Anführer des Putsches gegen Jelzin, Sergej Baburin, der 1991 gegen die Auflösung der Sowjetunion protestiert hatte. Beide dozierten sie später an der gleichen Moskauer Universität, beide kritisierten Korruption und Wirtschaftskriminalität in Putins Russland, aber ohne jemals Putin persönlich anzugreifen. Baburin, langjähriger Duma-Abgeordneter, wird später für eine Annäherung Russlands an Europas Rechtspopulisten und Rechtsextreme werben, die er als «Russlands fünfte Kolonne im Westen» würdigt. Russlands Oppositionelle bezeichnet Baburin später als «wurzellose Kosmopoliten» – ein von Josef Stalin benutzter Begriff, um die Judenverfolgung nach dem Zweiten Weltkrieg zu rechtfertigen. Ein weiterer Mitstreiter Musins im Parlamentsgebäude war Jewgenij Fjodorow, ein Offizier im Afghanistan-Krieg, nach dem gescheiterten Widerstand gegen Jelzin hatte er Jahre später leitende politische Funktionen inne, in der Putin-Partei und als Vorsitzender von Duma-Ausschüssen. Seine politische Identität hat sich bis heute nicht verändert, wie bei so vielen Besetzern des Weißen Hauses, die sich noch heute verbittert an ihren Standpunkten festkrallen. 2011 gründet Fjodorow die «Nationale Befreiungsbewegung», ihr Ziel ist die Wiederherstellung von Russlands Souveränität, die 1991 angeblich verlorengegangen sei, und die Befreiung des Landes «vom Joch des Internationalen Währungsfonds». Russland brauche eine nationale Ideologie und Autarkie. Fjodorows «Bewegung», die sich als Zivilgesellschaft ausgibt, aber von oben gesteuert ist, fällt regelmäßig auf mit nationalistischen Aktionen wie dem Zertrampeln der amerikanischen Flagge vor der US-Botschaft oder der Präsentation «patriotischer» Gemälde, auf denen Putin in prophetischer Manier neben Donald Trump und Marine Le Pen zu sehen ist (das Werk wird später in Le Pens Büro hängen). Die Initiativen von Fjodorows «Bewegung» schaffen es zuweilen auch auf das offizielle Programm der Regierung.

Der kurze Bürgerkrieg von 1993 hat Baburin, Fjodorow und Musin und ihre rotbraunen Mitstreiter im Weißen Haus fürs ganze Leben geprägt. In ihren Augen war die Ursache für die Eskalation ein Staatsstreich, verübt von Boris Jelzin mit Hilfe der USA. Dass der Westen damals Jelzins antidemokratisches Vorgehen unterstützt und nicht eindeutig verurteilt hat, dass Jelzin auf seine politischen Gegner schießen ließ, ist wahrscheinlich mit ausschlaggebend dafür, warum das Weltbild der ehemaligen Besetzer von Verschwörungstheorien geprägt ist. Der Ökonomieprofessor Marat Musin sieht Russland auch zwei Jahrzehnte später von Feinden umgeben. Den russischen Anti-Korruptions-Aktivisten Alexej Nawalny hält er für einen Agenten des Westens. Die russische Invasion Georgiens 2008 dreht er diametral um, zu einem brutalen Krieg gegen Russland, der in den USA, Großbritannien und Israel angezettelt worden sei. Die Chemiewaffen von Syriens Präsident Assad würden in Wirklichkeit von den syrischen Rebellen produziert, im Auftrag britischer und amerikanischer Geheimdienste.

Und die US-amerikanische Yale-Universität, wo die liberalen Ökonomen Russlands studiert hätten, sei eine Brutstätte für eine antirussische Verschwörung.

Während des Interviews, als Musin plötzlich über seine Zeit in Afrika spricht («Ich war dort, arbeitete mit den Assistenten der Diktatoren zusammen, die Menschen dort liebten uns, jeder zweite Minister sprach Russisch, sie hatten alle in Russland studiert»), frage ich mich, ob Marat Musin nicht mittlerweile beim Geheimdienst arbeitet. Belege dafür finde ich keine, auch wenn seine gesamte Umgebung Verbindungen zu den Diensten zu haben scheint. Bereits zwei Jahre vor der Krim-Annexion sieht Musin einen Anlass, sich in der Ukraine für Russlands geostrategische Interessen einzusetzen: «Der Westen hat mit seinem orangenen Projekt dort gewonnen. Wir müssen dagegen vorgehen», sagt er in Anspielung auf den Aufstand der Bürger gegen die gefälschten Wahlen in der Ukraine 2004. Den Entschluss des ukrainischen Präsidenten Janukowitsch, die Abhängigkeit der Ukraine von russischem Gas zu verringern und mehr Gas aus Qatar zu kaufen, ist in Musins Kopf eine Kriegsankündigung: Der russische Staatskonzern *Gazprom* solle aus seinem angestammten Territorium vertrieben werden, raunt er.

2011 gründet er *ANNA NEWS*, die Nachrichtenagentur, bei der auch Eurasien-Ideologe Alexander Dugin als Experte auftritt oder Musins alter Gefährte Igor Girkin, später einer der Moskauer Rebellenführer in der Ostukraine. Diese «Journalisten in Militäruniform» wähnen sich in einer besonderen Realität: in einem Informationskrieg, den der Westen und von CIA und MI6 geführte westliche Medien in der arabischen Welt und weltweit entfacht hätten. Den Facebook-Aufstand der jungen Demokraten in Kairo verdrehen sie zu einer gezielt geplanten westlichen Geheimdienst-Operation. Und suchen Antworten. «*ANNA NEWS* ist unsere Antwort auf den Ausbruch von Zivilisationskriegen, in denen nicht Panzer und Armeen die Stärke des Aggressors ausmachen, sondern soziale Manipulationstechnologien und mediale Lügen», heißt es in der Selbstvorstellung. Damit ist eine kleine, obskure Nachrichtenagentur Vorläufer des mächtigen Kreml-Medienapparats, der vor allem ab 2013 mit dem gleichen Selbstverständnis wie *ANNA NEWS* auftritt: Er wähnt sich durch westliche Medien angegriffen und antwortet mit Manipulationen und Lügen. Seinem «Gegner» unterstellt er, mit den Lügen angefangen zu haben. An der Figur Marat Musin, der ich in meinen Jahren in Moskau immer wieder begegnete, konnte ich früh eine Entwicklung ablesen, eine wiedererstarkte Strömung, eine Richtung, in die sich die politischen Eliten bewegen sollten. Ich konnte erkennen, dass Russlands alte Geister – der bemerkenswerte Bund zwischen Nationalisten, Orthodoxen und Kommunisten – nicht tot waren, und dass sie als Ideologieproduzenten wieder gebraucht wurden. Sie waren Geiseln der Vergangenheit, gefangen im Moment ihrer Radikalisierung, die sich 1991 mit dem Zusammenbruch der Sowjetunion oder 1993 mit dem Beschuss des Parlamentes vollzogen hatte. Der blutige Herbst 1993 hatte die Hoffnung auf eine echte demokratische Wende zerstört, nur noch Zynismus, Misstrauen und ein Denken in Freund-Feind-Mustern war übriggeblieben. Ein ungelöster innerer Konflikt, der die Zukunft Russlands prägen sollte.

GUT GEGEN BÖSE: PUTINS FEINDBILDER

In Wladimir Putin habe der blutige Herbst 1993 zu der tiefen Überzeugung geführt, dass ein friedlicher politischer Wettbewerb in Russland nicht möglich sei, erzählt sein langjähriger Politikberater und Spindoktor Gleb Pawlowski. «‹Wer in Russland von der Macht abtritt, wird an die Wand gestellt und hingerichtet› – das sagte Putin explizit, ein tief verankerter Glaube war das bei ihm; Er beruhte auf der Konfrontation von 1993, als Jelzin auf das Parlamentsgebäude schießen ließ und weit mehr Menschen getötet wurden, als offiziell gemeldet wurde. Putin weiß genau, wie viele», berichtet Pawlowski.

Und so beginnt Putins dritte Amtszeit mit dem Slogan «Souveränes Russland» und einer Politik des Nationalismus. Das Gesetz mit der Nummer 272-FZ ist ein Ausdruck dieses Selbstverständnisses. Es listet Sanktionen gegen US-Bürger auf, die in «Verletzungen der Menschenrechte und Freiheiten russischer Bürger» involviert seien. Sie dürfen Russland nicht mehr betreten, ihre Investitionen und Vermögen werden beschlagnahmt. Nichtregierungsorganisationen, die Finanzmittel von US-Bürgern oder US-Organisationen erhalten, werden aufgelöst. US-Staatsbürger dürfen auch nicht mehr russische Waisenkinder adoptieren. Seit Jahren laufende Adoptionsprozesse werden angehalten. Wunsch-Eltern, die ihre künftigen russischen Kinder bereits kennengelernt hatten, dürfen sie nicht mehr adoptieren.

Das Gesetz 272-FZ ist eine unverhältnismäßige diplomatische Retourkutsche auf ein neues amerikanisches Gesetz, das die Kreml-Eliten zutiefst verstört: den Magnizkij-Erlass. Er untersagt allen russischen Regierungsbeamten, die in einen Steuer-Betrugs-Skandal verwickelt sein sollen, die Einreise in die USA. Betroffen sind auch alle, die am Tod des Ermittlers dieses Skandals, des in der Haft gefolterten Anti-Korruptions-Anwalts Sergej Magnizkij, beteiligt sein könnten. Das amerikanische Gesetz besagt, dass Menschen, die Menschenrechtsverstöße begangen haben und an Korruption beteiligt sind, nicht in die USA einreisen, dort Vermögen besitzen und das US-Finanzsystem benutzen können. In Russland stehlen und im Westen ausgeben – auf genau dieses Verhalten zielt das US-Gesetz. Wladimir Putin empfindet es offenbar als einen Angriff auf seine Herrschaft und seine Gefährten, denn in den kommenden Jahren wird er immer wieder auf den Magnizkij-Erlass zurückkommen. Flankierend zu Putins Antwort auf das Magnizkij-Gesetz führen die Staatsmedien eine Kampagne gegen US-Familien. Nach dem tragischen Tod eines russischen Adoptivkindes werden amerikanische Eltern pauschal als gefährlich für ihre russischen Adoptivkinder dargestellt und nationalpatriotische

Gefühle angesprochen. Und so hält mehr als die Hälfte der Russen das Adoptionsverbot für eine gute Idee.

Gut und Böse sind für den Kreml ausgemacht. Für sein Freund-Feind-Denken braucht er nicht nur äußere Feinde, auch innere. Russische Atheisten, Schwule und Lesben sind die nächsten verdammenswerten Individuen. Nach dem «Punkgebet» der Gruppe *Pussy Riot* in der Moskauer Erlöserkathedrale und der Verurteilung von drei *Pussy-Riot*-Mitgliedern aufgrund von «Hooliganismus» können nun Menschen, die öffentlich innerhalb oder außerhalb einer Kirche «die Gefühle Gläubiger verletzen», bis zu drei Jahre ins Gefängnis kommen. Das Gesetz mit der Nummer 436-0 verbietet die Verbreitung von «Propaganda über nicht-traditionelle sexuelle Beziehungen» unter Minderjährigen. Hetero- und Homosexualität gleichzustellen gilt fortan als kriminell, ebenso das Verteilen von Information über die Rechte von Homosexuellen. Ausländer, die dieser Vergehen beschuldigt werden, werden verhaftet und des Landes verwiesen. Das Gesetz erzeugt ein Klima der Straffreiheit für alle, die Homosexuelle verfolgen. Angriffe auf diese nehmen zu, viele unserer Interviewpartner aus der Sankt Petersburger Homosexuellen-Szene werden in den darauffolgenden Jahren das Land verlassen. Internationale Organisationen sprechen von den schlimmsten Angriffen auf Menschenrechte im postsowjetischen Russland.

2013, Putins erstes volles Jahr der dritten Präsidentschaft: In den Großstädten wächst die allgemeine Unzufriedenheit, die Forderung nach Reformen. Die Proteste gegen die Wahlfälschungen gehen weiter. Der Oppositionelle Alexej Nawalny ist fast nur noch in Gerichtssälen oder im Gefängnis zu sehen, andere wie der oppositionelle Aktivist und frühere Schachweltmeister Garri Kasparow oder der Reform-Ökonom Sergej Guriew verlassen Russland. In dieser Atmosphäre der Repression ist der US-Agent Edward Snowden, der wie zufällig in Moskaus Flughafen Scheremetewo landet und um Asyl bittet, ein formidabler Gewinn für Wladimir

Putin. Dank Snowden kann Putin der Welt nun davon erzählen, wie die USA ihre eigenen Bürger im Netz ausspähen und wie hart sie ihre inneren Feinde behandeln. Als Beispiele nennt er den Gründer von *WikiLeaks*, Julian Assange, oder den Whistleblower Bradley Manning (inzwischen Chelsea Manning) oder eben Snowden, den Putin nicht an die USA ausliefert und dem er Jahre später erlaubt, russischer Staatsbürger zu werden. Während Putin russische Doppelagenten als Verräter brandmarkt, die ihre gerechte Strafe bekommen werden, legt er an den in Moskau gelandeten Amerikaner andere Maßstäbe an. Er hält Snowden nicht für einen Verräter, nein, Snowden sei vielmehr ein Kämpfer für Menschenrechte.

Mit dem russischen Asyl für Snowden versetzt Putin nicht nur Washington einen diplomatischen Schlag. Snowdens Aufnahme in Moskau markiert auch einen Wandel in der Geopolitik des Cyberraums. Snowdens Enthüllungen über die massive globale Daten-Überwachung der USA belegen in den Augen des Kreml eine neue Form der amerikanischen Hegemonie. Für den Kreml erscheint das Internet nach den Unruhen in Kairo oder Moskau als disruptive Technologie der USA und zugleich als eigene verwundbare Stelle, als Bedrohung der nationalen Sicherheit und Souveränität. Russlands Staat will nun verstärkt internationale Normen und nationale Grenzen für den Cyberraum durchsetzen. Und baut seine eigenen disruptiven Fähigkeiten im Netz massiv aus.

In Syrien wirkt Russlands Präsident daran mit, den «Arabischen Frühling» aufzuhalten und ihn effektiv zu beenden. 2011 legt Russland zum ersten Mal sein Veto in einer UN-Sicherheitsratssitzung ein, um eine Resolution zu blockieren, die Baschar al-Assad für die Gewalt im Land verantwortlich macht. Russlands Außenminister legt anschließend einen ersten Friedensplan vor. Doch noch während Assad von Frieden spricht und die syrische Opposition in Moskau verhandelt, rückt Assads Militär weiter vor. Genau dieses Szenario wird sich über Jahre wiederholen, ohne dass der Westen entscheidend eingreift. Moskau geht es um nichts anderes als einen vollständigen Sieg Assads über jede bewaffnete Opposition.

2013 finden die – nach Ansicht von Experten bislang größten – Militärmanöver in Russlands Westen statt. Sie belegen eindeutig die Fortschritte der Militärreform. Nach außen hin spricht Russland von 12 000 teilnehmenden Soldaten, wahrscheinlich sind es weitaus mehr. Die Übungen finden in Weißrussland und Russland statt, teilweise auch im baltischen Raum. Nicht wenige Beobachter finden das Szenario für *Zapad 2013*, so der Name des Manövers, ungewöhnlich. Darin greifen «baltische Terroristen» mit Helikoptern und Kampfflugzeugen Weißrussland an und verschanzen sich dann als Guerillakämpfer in den Städten Weißrusslands. Kein Wunder, dass Russlands kleine NATO-Nachbarn im Baltikum sich bedroht fühlen von diesem Manöver und seinen Zielen. Kurz zuvor hat Verteidigungsminister Sergej Schoigu über die NATO gesprochen und sie als «Feind» bezeichnet, da das Militärbündnis einen Raketenabwehrschild aufgestellt habe und kontinuierlich expandiere. Schoigu erwähnt nicht, dass das Bündnis seit Jahren keine neuen Mitglieder aufgenommen hat und, jedenfalls in naher Zukunft, auch keine mehr aufnehmen wird. Oder dass durch Einsparmaßnahmen die militärische Stärke der NATO abgenommen hat – während Russland aufrüstet. Drohgebärden richten sich auch gegen den Nachbarn Finnland. Russlands Generalstabschef Nikolaj Makarow warnt Finnland, keine Militärübungen in Grenznähe zu Russland durchzuführen. Das Land dürfe nicht mit der NATO kooperieren, auch nicht mit den skandinavischen Nachbarn. Finnland solle sich stattdessen militärisch enger an Moskau orientieren. Einige Monate später fliegt ein Kontingent der russischen Luftwaffe nachts über den Golf von Finnland und kommt dabei schwedischem Territorium ungewöhnlich nahe. Zwei Jahre später wird die NATO einen Bericht über den Vorfall veröffentlichen und darin offenlegen, dass es sich 2013 um einen von mehreren simulierten nuklearen Angriffen auf die NATO und ihre Partner gehandelt hatte. Eine Provokation, die die schwedische Luftwaffe und die NATO völlig unvorbereitet trifft – ein Jahr vor Russlands Annexion der Krim, ein Jahr vor dem Tiefpunkt der Beziehungen Russlands zur NATO.

WLADIMIR PUTIN ERKLÄRT DER ZIVILGESELLSCHAFT DEN KRIEG – UND NIMMT DIE UKRAINE INS VISIER

Das Jahr 2013 fängt in Russlands Außenministerium an mit einem undiplomatischen Wutanfall, der nichts Gutes verheißt. Der Vorsitzende der Abteilung für ökonomische Zusammenarbeit verkündet an Russlands wichtigstem Feiertag, dem Neujahrstag, dass Russland nicht beabsichtige, den Gaspreis für die Ukraine zu senken. Warum sollte Russland der Forderung der Ukraine nachkommen, Gas zum gleichen Preis wie dem für Weißrussland zu verkaufen, fragt der Außenamtssprecher Alexander Gorban lakonisch. Eine Preisreduzierung sei nur möglich, wenn die Ukraine der russisch-weißrussischen Zollunion beitrete. Russland und Weißrussland bewegten sich außerdem hin zu einer Eurasischen Wirtschaftsunion. Die Ukraine könne nicht Mitglied werden wollen in der EU und gleichzeitig in einigen ausgewählten Bereichen an der Zollunion mit Russland teilnehmen. Man könne ja auch nicht ein bisschen schwanger werden. Gorban endet mit den Worten: Das ukrainische Gastransportsystem sei ein riesiger Metallhaufen, der bald Rost ansetze. Das ukrainische Außenministerium reagiert entrüstet auf die «extrem undiplomatischen und beleidigenden Äußerungen» des russischen Amtskollegen, die man trotz der Neujahrsruhe nicht ignorieren könne: «Die Ukraine verfolgt ihre eigenen Interessen. Daher können wir den etwas hysterischen Ton von Herrn Gorban nicht verstehen», heißt es aus Kiew.

Seit Jahren versucht das Nachbarland, mit der EU einen Assoziierungsvertrag abzuschließen, das Ziel ist eine EU-Mitgliedschaft. Der Handelspakt ist in der Ukraine populär: Junge Menschen wollen eine europäische Zukunft, kleine und mittlere Unternehmer wollen einen fairen Wettbewerb durch transparente Rechtsregeln, und die Oligarchen wollen in den europäischen Markt. Im Juli 2013 reagiert Russland auf die EU-Ambitionen der Ukraine mit einer Handelsblockade – und inspiziert an der Grenze sämtliche ukrainischen Importe. Schokolade der Firma *Roshen* darf – angeblich aus hygienischen Gründen – nicht mehr importiert werden. Die Zollinspektionen an der Grenze steigern sich zu einem mehrwöchigen Embargo ukrainischer Güter.

Als der Eurasien-Berater Putins, Sergej Glasjew, auf der Krim mit europäischen und ukrainischen Politikern über die EU-Assoziierung der Ukraine spricht, warnt er Kiew mit drastischen Worten: «Rechtlich gesprochen bedeutet die Unterschrift unter dem EU-Assoziierungsvertrag, dass die ukrainische Regierung den Vertrag über strategische Partnerschaft und Freundschaft mit Russland verletzt.» Falls dies passiere – die Unterschrift Kiews war schon für den späten Herbst 2013 vorgesehen – könne Russland nicht länger den Status der Ukraine als Staat garantieren und könne deshalb intervenieren, falls pro-russische Regionen im Land sich an Moskau wenden sollten. Die Annäherung des Nachbarn an die EU werde zu politischen und sozialen Unruhen führen, kündigt Glasjew an. Der Lebensstandard werde sich verschlechtern, Chaos werde entstehen. Eine seltsam präzise Vorhersage im Gewand einer plumpen Einschüchterung, die in den Ohren der Ukrainer und Europäer auf der Konferenz zunächst grotesk wirkt. Doch solche brüsken Erwiderungen sind typisch für Moskaus Kommunikation. Nicht nur für Sergej Glasjew, den Eurasien-Berater Putins, hat die Ukraine genau den Stellenwert, den die russischen Imperialnationalisten ihr zuschreiben: ein Nachbar ohne eigene Identität, der in Abhängigkeit gehalten werden muss – für die russischen Großmachtambitionen.

Auch Russlands Nachbar Litauen, das damals die EU-Ratspräsidentschaft innehat, hört den Donner aus Moskau. Es muss plötzlich neue, quälend lange Zollkontrollen für seine Exportwaren nach Russland erdulden. Fahrzeuge mit litauischem Kennzeichen haben es plötzlich schwer, nach Kaliningrad rein und heraus zu fahren. Auch Wein aus der Republik Moldau – einem weiteren EU-Wunschkandidaten – kann plötzlich nicht mehr nach Russland exportiert werden. Litauens Außenminister sieht in der Blockade einen Zusammenhang mit den Maßnahmen Moskaus gegen Kiew und bestellt den russischen Botschafter ein – der die neuen Zollregeln nicht erklären kann.

Litauen richtet im November 2013 einen EU-Gipfel aus, auf dem sechs frühere Sowjetrepubliken ihrem Wunsch nach einer EU-Annäherung und -Mitgliedschaft näherkommen wollen. Es wird ein denkwürdiger Gipfel werden in Vilnius. Armenien, das sich eigentlich auf die Unterzeichnung eines Assoziierungsabkommens vorbereitet hatte, macht nach einem Moskau-Besuch seines Präsidenten eine überraschende Kehrtwende und erklärt, bald Russlands Zollunion beitreten zu wollen statt der EU. Das kleine Kaukasusland sei Teil eines militärischen Sicherheitssystems mit Russland und könne daher wirtschaftlich nicht einem anderen System angehören. Nachdem mehrere Jahre über den Assoziierungsvertrag verhandelt worden war, erklärt dann auch der ukrainische Präsident Janukowitsch in Vilnius, dass er nun doch nicht unterschreiben werde. Wenige Wochen zuvor noch hatte der Ostukrainer bei einem Treffen mit seiner Partei in Kiew alle Mitglieder bedroht, die sich gegen eine Unterschrift des EU-Abkommens ausgesprochen hatten, und sich beklagt, dass Russland die Ukraine nicht als gleichwertigen Partner behandle. In Vilnius scheint er ein anderer Mensch geworden zu sein. Als Wiktor Janukowitsch nach Kiew zurückkehrt, haben die Proteste gegen ihn bereits begonnen. In nur drei Monaten wird er sein Amt verlieren – und wird die Ukraine Opfer einer russischen Annexion und Invasion werden. Für die Demonstrationen auf dem *Maidan* ist Janukowitschs plötzliche Abkehr von Europa nicht unbedingt der wichtigste zündende

Moment. Vielmehr hatte sich der Groll der Bevölkerung gegen Polizeiwillkür und korrupte Eliten aufgestaut. Viel zu lange aufgestaut.

Russlands Staatsmedien entstellen im Nachhinein die Geschichte der Annäherung zwischen der EU und der Ukraine. Es ist ein «Verdienst» von Putins Informationsautokratie, dass ihre Erzählung, das Narrativ der russischen Staatsmedien, bald auch in Westeuropa Verbreitung findet – und mit der Wahrheit konkurrieren muss: Zum Beispiel wird oft behauptet, die Ukraine sei gerade dabei gewesen, der von Russland geführten Zollunion beizutreten, als die EU das Land mit einer Assoziierung davon weglocken wollte. Die Wahrheit ist, dass die Ukraine seit Jahren den Assoziierungsvertrag verhandelte und vor Russlands erster Importblockade im Sommer 2013 auch keine größeren Beanstandungen am EU-Assoziierungsvertrag hatte. Auch hatte Russland gegenüber der EU-Bürokratie nicht mehr als einige skeptische Bemerkungen zur Assoziierung der Ukraine gemacht. Eine EU-Assoziierung hätte auch nicht bedeutet, dass Kiew seine Handelsverbindungen mit Russland hätte einstellen müssen. Vielmehr wollte und konnte die Ukraine weiter innerhalb der GUS frei handeln und gleichzeitig ein EU-Partner sein. Moskau hingegen stellte Kiew vor ein Entweder-oder, weil es Kiew unbedingt in seine neue Eurasische Union, in Putins neues Großmachtvehikel, holen wollte. Aber dort wollte Kiew nie hin.

Dass Osteuropas Gesellschaften sich mehr als zwei Jahrzehnte nach der Erlangung ihrer Unabhängigkeit entwickeln und Forderungen stellen, ist nicht Ausdruck geopolitischer Intrigen in Washington. Eine solche Entwicklung wäre sicher auch dann eingetreten, wenn keine EU existiert hätte. Aber wer sein eigenes Volk mit Wahlfälschungen, Ideologieproduktion, Diskreditierung der Opposition und Staatsmedien in eine «gesteuerte Demokratie» lenkt, der glaubt mit Sicherheit, dass alle gesellschaftlichen Entwicklungen auf der Welt von oben gelenkt werden.

«Ich würde sagen, dass Wladimir Putin der Zivilgesellschaft den Krieg erklärt hat», sagt mir der Soziologe Lew Gudkow vom unabhängigen Moskauer Meinungsforschungsinstitut Lewada, als er über die Stimmung ein Jahr nach Putins Wiederwahl 2013 spricht. «Nachdem die großen Proteste angefangen haben, am Sacharowa- und Bolotnaja-Platz, hat die Duma unter dem Einfluss des Präsidenten eine ganze Reihe von repressiven Gesetzen verabschiedet, die das Potenzial der Zivilgesellschaft kleinhalten sollen.» Das Ziel dieser Gesetze sei gewesen, erklärt Gudkow, die Unzufriedenen mundtot zu machen. 2013 sehen 80 Prozent der Russen die Korruption als ein Zeichen für eine vollkommene Zersetzung und Verfall des Machtapparats. 2013 ist zudem klar, dass Russland auf eine deutliche Verlangsamung des Wirtschaftswachstums, vielleicht sogar auf eine wirtschaftliche Rezession zusteuert. Die Verstärkung von Repressalien und die zunehmende Fernsehpropaganda erklärt Meinungsforscher Gudkow, seien eine Antwort auf die wachsende Kritikfähigkeit und Unzufriedenheit in der Gesellschaft. 2012 und 2013, rechnet Lew Gudkow vor, glauben erstmals deutlich mehr Russen, dass das Land eine falsche politische Richtung eingeschlagen habe. Wladimir Putins Popularität ist so niedrig wie seit 2000 nicht mehr. Ende 2013 sprechen sich nur noch ein Drittel der Befragten, 33 Prozent, für eine erneute Kandidatur Putins 2018 aus. Der Kreml ist im Krisenmodus. Das Staatsvolk muss abgelenkt werden.

Es war der Physiker und Bürgerrechtler Andrej Sacharow, der als Erster in der Sowjetunion von der Verbindung und wechselseitigen Beeinflussung von Menschenrechten im Innern und Frieden nach außen sprach. Wenn ein Staat eine Bedrohung für seine eigenen Bürger sei, schrieb der Friedensnobelpreisträger 1977, dann werde er auch zu einer Bedrohung für seine Nachbarn. Der Respekt im Innern für die Menschenrechte kräftige die demokratische Kontrolle über Außenpolitik und Militärausgaben und verhindere eine Militarisierung in Friedenszeiten: «Ich bin überzeugt, dass internationales Vertrauen, gegenseitiges Verstehen, Abrüstung und internationale Sicherheit unvorstellbar sind ohne eine offene Gesellschaft, Informationsfreiheit, Gewissensfreiheit und Glasnost.» Wenn wir die Worte Sacharows ernst nehmen, dann können wir nachvollziehen, dass innerer Autoritarismus und Nationalismus eine aggressive Außenpolitik nach sich ziehen. Im Falle Russlands lässt sich die Zeitenwende 2014 noch eindeutiger erklären: Der Annexion der Krim und der Invasion der Ukraine ist 2012/2013 eine repressive Eskalation im Innern vorausgegangen.

KAPITEL ZWEI

DIE DOMINOSTEINE
BEGINNEN ZU FALLEN

Die Jahre 2013 bis 2014

«Ein Land, das sich weigert, seine politischen Analysten zu
füttern, wird früher oder später gezwungen sein, andere zu
füttern.»

(Ajdar Kurtov, Chefredakteur des Magazins «Probleme der nationalen
Strategie», Experte des Moskauer Thinktanks *RISI*)

«Revolution ist für uns ein schmutziges Wort. (…) Unter
dem Vorwand einer Art ‹demokratisierender› Revolution,
angeblich auf das Auftauchen ‹gesünderer›, ‹demokratischer› Macht ausgerichtet, wollen Agenten des Westens
oder vielmehr der Welt-Freimaurer-Regierung uns heute
einen abgedroschenen Staatsstreich in Russland unterschieben. Die Hauptaufgabe jeder Revolution ist (…), einen
bedeutenden Teil der Bevölkerung zu überzeugen, dass sie
aufhören muss, auf die Obrigkeit zu hören.»

(Konstantin Malofejew, orthodoxer Unternehmer und Philanthrop)

Haben Sie Denikins Tagebücher gelesen?», fragt Wladimir Putin die anwesenden Journalisten. Der damalige Ministerpräsident ist zu Besuch im Moskauer Donskoi-Kloster unweit des Gorki-Parks. Im Mai 2009 legt er Blumen nieder auf die Gräber russischer Intellektueller, die nach 1917 im Exil gestorben und deren Gebeine zurück ins Vaterland gebracht worden waren. Unter ihnen ist Anton Denikin, ein Kommandeur der «Weißen Bewegung», jener politischen Strömung, die mit ihrer Armee im Russischen Bürgerkrieg bis 1922 gegen die kommunistischen Bolschewiki und gegen die Sowjetmacht kämpfte. Die Überreste des weißen Generals Denikin und des monarchistischen Philosophen Iwan Iljin hatte Putin 2005 aus dem Ausland nach Moskau überführen lassen.

Putin wird begleitet vom Vorsteher des Sretenski-Klosters, Archimandrit Tichon Schewkunow, der sein Vertrauter und sein geistlicher Berater ist. «Lesen Sie Denikins Tagebücher, unbedingt», empfiehlt Putin den Journalisten, «insbesondere den Teil über Groß- und Kleinrussland, also die Ukraine. Denikin sagt, dass es niemandem erlaubt sein sollte, zwischen uns beiden zu intervenieren. Nur Russland habe das Recht dazu.» Putins geistlicher Vertrauter Tichon Schewkunow ergänzt: Eine der Hauptideen in Denikins Werk und politischer Tätigkeit habe darin bestanden, die Trennung von Russland und seinen kleinrussischen Landesteilen, der Ukraine, nicht zuzulassen. Der Weltkriegsgeneral Denikin, Anführer der «Weißen Regierung» in Südrussland, war gegenüber nicht russischen Staatsangehörigen unnachgiebig: Für sein Ideal von einem «vereinten, mächtigen und unteilbaren» Russland waren sie nur Subjekte. Eine Idee von Nationalstaatlichkeit, die Ukrainer, Georgier, Polen und Finnen von Denikins Bewegung schließlich entfremden sollte.

Ich habe das Werk von Anton Denikin nicht gelesen, als ich nach Russland umziehe. Als mich im Jahr 2012 Freunde und Kollegen fragen, worauf ich mich am meisten freue an meinem neuen Arbeitsplatz, antworte ich stets gleich: weites Land, schöne Reportagen, spannende Begegnungen, eine manchmal bizarre, jeden neugierig machende Vielfalt. Die innenpolitischen Spannungen der Autokratie erscheinen mir vertraut, ich erkenne viele Mechanismen der Macht aus anderen repressiven Systemen wieder, in denen ich früher gearbeitet habe.

Doch die politischen Theorien, die Wladimir Putins Denken seit Jahren prägen, kenne ich kaum. Erst mit der Verdunkelung, die zu Beginn von Putins dritter Amtszeit im Land einzieht, erst mit der Rückkehr alter Geister auf die politische Bühne und in die politische Gedankenwelt lerne ich diese Theorien kennen – und werde nur kurze Zeit später Zeugin davon, wie Russland unter Verweis auf ebenjene Theorien Fakten schafft. Ich beobachte eine Invasion, ich beobachte das Einsickern von Gewalt und den schleichenden Ausbruch eines Krieges. Es ist der nicht erklärte Krieg zwischen Russland und der Ukraine: Folteropfer erzählen mir von ihrer Pein in einem dunklen Keller, Mütter trauern vor meiner Kamera um ihre Söhne, vor meinen Augen werden Demonstranten ermordet, entzweien sich Familien und fliehen Menschen. Den dumpfen Ton von Raketeneinschlägen in der Ferne werde ich irgendwann nicht mehr bemerken, so vertraut wird er mir werden. Als ich in Russland ankomme, kenne ich weder das Donskoi-Kloster in Moskau, auf dessen Friedhof Putin Blumen niederlegte, noch die Bedeutung des Mannes, der Putin bei dieser Zeremonie begleitete, noch die Bedeutung des Klosters, dem dieser Vertraute Putins vorsteht, und das als «Hort des religiösen Fundamentalismus» und einer orthodoxen «Machtstaatsideologie» gilt. Erst im Nachhinein beginne ich zu verstehen. Klostervorsteher Tichon ist einer der prominentesten Geistlichen im heutigen Russland, er ist Mitglied im natio-nalpatriotischen *Izborsk-Club*, er ist im Obersten Kirchenrat der Russisch-Orthodoxen Kirche, er schreibt Bestseller und er dreht umstrittene Filme. Eine seiner Dokumentationen, die das Staats-fernsehen 2008 mehrmals zeigt, trägt den Namen «Untergang eines Imperiums. Die Lehre von Byzanz». Mit dem «Imperium» ist das blühende Oströmische Reich gemeint, bevor es 1453 von den Osmanen erobert wird.

Byzanz war laut Tichon der geistige, politische und kulturelle Nabel der Welt, während der Rest Europas, der Westen, «im Zu-stand tiefster Barbarei» lebte, zerfressen von Neid auf das Byzanti-nische Reich, das er nach Raubzügen schließlich «eroberte, zer-störte und absorbierte» – mit Hilfe jüdischer Bankiers, die mit den gestohlenen Reliquien aus Byzanz ein Vermögen gemacht haben sollen. Indes hätten allein die Russen den wahren Schatz von By-zanz erkannt: den Gottesglauben. Russland sei die geistige Erbin von Byzanz. Der Westen hasse die orthodoxe Welt auf ewig und verstehe weder Byzanz (das «alte» oder «zweite Rom») noch Mos-kau (das «neue» oder auch das «dritte Rom»).

Moskau als letzter Ort der Rechtgläubigkeit auf der Welt – so wie es ein orthodoxer Mönch 1523 dem Großherzog von Moskau voraussagte. Moskau als *Katechon*, als «Aufhalter» des Antichrist, des Bösen in der Welt, in diesem Fall des westlichen Säkularismus und gottlosen Kapitalismus. Mit ihrer Auffassung von Geschichte als göttlichem Heilsplan, von Russland als göttlichem Heilsbringer, von Moskau als «drittem Rom» und *Katechon* in einem apokalyp-tischen Endkampf legen rechte Intellektuelle und Wladimir Putins geistlicher Begleiter über Jahre das Fundament für die konservative Wende im Kreml.[1] Sie schaffen eine Grundlage für eine neue Staats-ideologie, für Russlands Außen- und Sicherheitspolitik. «Russland als *Katechon*» bringt eine Welle der Militarisierung und der anti-westlichen Empfindungen hervor, und für viele rechtfertigt genau diese Vorstellung Russlands Eingreifen in der Ukraine.

DIE PROTESTE BRECHEN AUS:
DER *MAIDAN* BEGINNT

Am 21. November 2013 beginnen die Dominosteine zu fallen. An diesem Tag erklärt der Präsident der Ukraine, Wiktor Janukowitsch, dass er das fünf Jahre lang ausgehandelte und nun unterschriftsreife Assoziierungsabkommen mit der EU doch nicht unterzeichnen werde. Zwar sind fast zwei Drittel der Ukrainer für eine Mitgliedschaft in der Europäischen Union. Doch Putin hat die Führung der Ukraine umgedreht. Er wird Janukowitsch Nachlässe bei den Gaspreisen und eine Soforthilfe von 15 Milliarden Dollar anbieten, in der Öffentlichkeit dargestellt als Hilfe unter Brüdern. Aber er ahnt damals offenbar noch nicht, wie ungleich diese Brüder sind: Der *Maidan* beginnt. Als sich in Kiew Hunderttausende sammeln, weil sie die Werte Europas auch für die Ukraine einfordern, ist das Stimmungsbild in Moskau aus heutiger Sicht überraschend positiv. Laut einer Umfrage nimmt im Dezember 2013 über die Hälfte der Befragten in Russland, 51 Prozent, eine neutrale Haltung zur Assoziierung der Ukraine mit der EU ein und sieht diese als innere Angelegenheit des Landes an. Weitere 19 Prozent in Russland unterstützen eine Entscheidung der Ukrainer für die EU und lediglich für 24 Prozent wäre eine solche Entscheidung Kiews ein «Verrat an der slawischen Einheit», sie bevorzugen den Beitritt der Ukraine zur Eurasischen Union. Derweil erreichen Wladimir Putins Beliebtheitswerte in Meinungsumfragen einen historischen Tiefpunkt, sie liegen bei etwas über 60 Prozent – für ein autoritäres System bereits ein Krisenanzeichen. Und nichts deutet darauf hin, dass die Zustimmung schon bald steil nach oben, auf 89 Prozent, schnellen würde – außer vielleicht die Art, mit der die russichen Staatsmedien über die Demonstrationen berichten.

Der 21. November 2013, der erste Tag der Proteste auf dem *Maidan*, dem Kiewer Unabhängigkeitsplatz, ist ein denkwürdiges Datum. Denn fast auf den Tag genau, neun Jahre zuvor, am 22. November 2004, hatten Demonstranten dort den Machtantritt des durch Wahlfälschungen zunächst zum Sieger erklärten Präsidentschaftskandidaten Wiktor Janukowitsch verhindert. Die Proteste, bekannt unter dem Namen «Orangene Revolution», hatten eine neue Stichwahl bewirkt, bei der Janukowitsch, der unter anderem als der Kandidat Moskaus galt, dann schließlich seinem Rivalen deutlich unterlag. Aber 2010 war Janukowitsch doch noch Präsident geworden. Und wie kein anderer zuvor wurde er zum Sinnbild für illegale Bereicherung, unfassbare Korruption, Vetternwirtschaft, Angriffe auf die Pressefreiheit und die Inhaftierung politischer Gegner. Der mehrfach vorbestrafte Automechaniker aus Donezk, dem mehrfache Plagiate und Wahlfälschungen vorgeworfen werden, beschloss, das ganze Land unter seine Kontrolle zu bringen. Janukowitsch entließ die regionalen Eliten aus den mittleren und oberen Hierarchien des Staatsapparats und ersetzte sie durch ihm loyale Vertreter aus der Ostukraine. Er sicherte sich immer mehr Rechte, ohne dass das Verfassungsgericht einschritt. Die Willkür seiner Steuerbehörde traf kleine und mittlere Unternehmer des Landes. Arbeiter riskierten mit jeder Meinungsäußerung ihre Entlassung. Janukowitschs Sohn, ein Zahnarzt, wurde plötzlich zu einem der reichsten Männer des Landes. Milliarden verschwanden aus der Staatskasse, während der Staatschef ein Luxusanwesen nach dem anderen für sich bauen ließ und die Ukraine bald zahlungsunfähig wurde.

Im November 2013 nimmt der *Euromaidan* in den sozialen Medien seinen Anfang. Der gescheiterte EU-Deal ist nur einer von vielen Auslösern für die Massendemonstrationen in Kiew. Der Frust über das korrupte Regime Janukowitschs ist die eigentliche Ursache. Als die Proteste ausbrechen, ist der Präsident in der ganzen Ukraine – auch im Südosten des Landes, auch auf der Krim – unbeliebt. Die ersten Demonstranten, einige hundert Studenten, werden nach neun Tagen friedlichen Ausharrens auf dem Kiewer Unabhängigkeitsplatz von der Spezialeinsatzpolizei *Berkut* weggeknüppelt und mit Tränengas auseinandergetrieben. Es sind Szenen, die das Land in seinen 22 Jahren der Unabhängigkeit noch nie erlebt hat. Die Jugendlichen haben niemanden provoziert, dennoch werden sie – ebenso wie Journalisten – verprügelt.

Das harte Vorgehen der Sicherheitskräfte weckt Widerstand in der breiten Bevölkerung. In den kommenden Wochen finden in der Hauptstadt regelmäßige Demonstrationen mit bis zu 800 000 Teilnehmern statt. Die Menschen errichten auf dem *Maidan* eine Zeltstadt, besetzen mehrere Verwaltungsgebäude und fordern: den Rücktritt des Präsidenten. Die Demonstranten sind beeindruckend organisiert und doch eine reine Graswurzelbewegung. Kein zentrales Organ, kein Parteiapparat steht hinter ihnen. Zwar verhandeln drei Oppositionelle als ihre selbsternannten Sprecher mit Präsident Janukowitsch. Aber die drei vertreten nicht «den» *Maidan*.

Russlands Staatsmedien verzerren die Demonstrationen in ein groteskes Bild: vom Westen finanzierte Hooligans würden Chaos in der Ukraine säen. Moderator Dimitrij Kisseljow beschuldigt westliche Regierungen, die Proteste in der Ukraine angezettelt zu haben. Die Demonstranten seien eine Minderheit, die das ganze Land in Geiselhaft hielten. Als Guido Westerwelle den *Maidan* besucht, interpretiert Kisseljow das Treffen des homosexuellen deutschen Außenministers mit den Klitschko-Brüdern in Kiew als ein Moment des «Gayropa», des schwulen Europa. Er sagt dem deutschen Außenminister nach, von den Körpern der Klitschko-Brüder «erwärmt, ja überhitzt» worden zu sein. Unter dem Slogan «Die Ukraine ist Europa» verfalle das Leben in Kiew in archaische Zustände, mahnt der Journalist ins Mikrophon. Als im Dezember fast eine Million Ukrainer in Kiew demonstrieren, berichtet Russlands erster Kanal von einigen hundert Menschen auf der Straße, deren Proteste bald abebben würden. Der ukrainische Journalist Witalij Sedjuk unterbricht die Live-Berichterstattung des russischen Fernsehens vom *Maidan* mit den Worten: «Hier habt ihr einen Oscar für euren Kanal und für euren Moderator Dimitrij Kisseljow – für seinen Unsinn und für seine Lügen. Wir lieben die Russen, aber nicht die Art und Weise, wie ihr über den *Maidan* berichtet.» Dem russischen Reporter gelingt es, den ukrainischen Kollegen schließlich aus dem Bild zu drängen. Die Rufe der Demonstranten auf dem *Maidan* an das russische Fernsehteam, die Wahrheit zu berichten, bezeichnet er in seiner Sendung als «Propaganda».

«WIR SUCHTEN NACH EUROPA, ABER WIR FANDEN DIE UKRAINE.»
(Taras Liuty)

Wenn ich heute an die Triebkräfte des *Maidan* zurückdenke, dann erinnere ich mich vor allem an die ethnische und kulturelle Vielfalt der Bewegung und den hohen Wert von Selbstbestimmung und Solidarität. Christen, Atheisten, Juden, Muslime, Kleinunternehmer aus der Provinz und urbane IT-Entwickler, Bürger mit georgischen, polnischen, weißrussischen, armenischen oder afghanischen Eltern, ukrainische Veteranen aus dem sowjetischen Afghanistan-Krieg, ja selbst neugierige Russen aus Moskau oder ethnische Russen aus der Ostukraine – sie alle waren dort.

Auf einem meiner Bilder ist eine alte Dame zu sehen, mit rotem Hut und rotem Schal, zwei Bändchen an den schwarzen Mantel geheftet, eines in den Farben der Ukraine, ein anderes mit den Sternen Europas. Als unsere Kamera auf sie fährt, entrollt sie ihr Plakat: «Donbass! Der *Maidan* ist für dich. Erhebe dich von den Knien!» steht dort geschrieben. Gerechtigkeit und Würde für die schuftenden Minenarbeiter im Osten des Landes, Fairness für das ganze Land, darum geht es. Der *Maidan* entwickelt sich regelrecht zu einem Experiment aller, sich eine neue Ukraine vorzustellen und sie zu entwerfen. Eine Ukraine, in der die alten Eliten nicht mehr wie bisher ihre politische Macht in Geld verwandeln und Eigentum und Ressourcen einfach neu unter sich verteilen. Eine Ukraine, die nicht Polen oder Bulgarien hinterherhinkt. Der positive Mythos von «Europa» als einem Raum der Herrschaft des Rechts, der freien Rede, des Wohlstands, der Bewegungsfreiheit treibt die Demonstranten an.

Aber sie kommen zu spät. Sie appellieren an eine Europäische Union, die den Aufbruch der 1990er Jahre schon lange hinter sich gelassen hat und manche ihrer Ideale. Während sie in Kiew EU-Flaggen schwenken, haben die Adressaten dieser Zuwendung bereits viel von ihrer Motivation, die Europäische Union zu erweitern und Werte weiterzugeben, verloren. Für viele EU-Bürger steht die EU-Flagge nur mehr für unsinnige Bürokratie und unerlaubte Vormundschaft. Das Interesse der Europäer, ihre Empathie für die Demokratiebewegung der Ukraine und deren ganz unterschiedliche sprachliche, religiöse und kulturelle Zusammensetzung ist gering. Bald wird diese Bewegung, genauso wie das Land, nur noch als Projektionsfläche ideologisch-geopolitischer Auseinandersetzungen und Präferenzen wahrgenommen – und dann sogar oftmals durch die Brille der Kremlpropaganda, die den *Maidan* zu einer putschenden, bezahlten, kriminellen Vereinigung von «Faschisten» erklärt.

Im Januar 2014 beginnt die letzte Phase der Unruhen. Die Phase der Gewalt. In vielen Städten, selbst im Osten, wenn auch in kleinerem Umfang, haben sich lokale *Maidane* gebildet. Von der Janukowitsch-Regierung bezahlte Provokateure, muskelbepackte Rowdys aus der Kraftsportszene, werden angeheuert, um Demonstranten anzugreifen und Autos anzuzünden. Journalisten und Demonstranten werden entführt, gefoltert und gelten offiziell als «verschwunden». Es entstehen Kliniken auf dem *Maidan*, weil verletzte Demonstranten in Krankenhäusern nicht mehr sicher sind. Nach dem Vorbild der neuen russischen repressiven Gesetze hastig entworfene Anti-Demonstrations-Maßnahmen werden vom Parlament eilig verabschiedet und von Präsident Janukowitsch unverzüglich unterzeichnet. Sie verbieten die Aufstellung von Zelten,

Bühnen und Lautsprechern, verhängen hohe Geldstrafen und drohen mit 15 Jahren Haft für die «massenhafte Verletzung der öffentlichen Ordnung». Nichtregierungsorganisationen, die Geld aus dem Ausland erhalten, werden als «ausländische Agenten» kategorisiert. Auch Fahrzeugkolonnen von mehr als fünf Autos gelten nunmehr als verboten. Eine Maßnahme gegen die Aktivisten der *Automaidan*-Bewegung, die mit Hunderten Autos den Bürgerprotest des Unabhängigkeitsplatzes bis vor die Haustüren jener Luxusresidenzen bringen, die der politischen Elite gehören. Zahlreiche Teilnehmer des *Automaidan* werden von der Polizei in eine Falle gelockt und festgenommen. Wer am *Maidan* die Stimmung verfolgt, fragt sich: Wird die Ukraine eine neue Diktatur (weiß-)russischer Art?

Kurz nach der Verabschiedung der neuen Strafgesetze erreicht der Protest eine neue Stufe und wird zunehmend gewalttätig. Erste Pflastersteine fliegen auf die Polizei, dann Molotowcocktails, es gibt die ersten Toten. Tanzten die Protestierer im alten Jahr noch zu Popkonzerten auf der Bühne für ihre Forderungen, verschanzt man sich jetzt auf dem Platz: hinter Barrikaden aus Schutt, gefrorenem Schnee, Möbeln und Autos. Man trägt keine Mützen mehr, sondern orangene Bauhelme, Motorradhelme oder alte Stahlhelme. Eine «*Maidan*-Volkswehr» organisiert sich, rüstet auf mit Steinschleudern, Gasmasken und Jagdgewehren, vollführt Kampfsport zur Aufwärmung am Morgen. Die lauteste und physisch stärkste Minderheit unter den Demonstranten sind nunmehr die Männer mit den rot-schwarzen Flaggen, Abzeichen der antisowjetischen Partisanen im Zweiten Weltkrieg. Unter dem Namen «Rechter Sektor» vereinigen sich mehrere nationalistische Organisationen, die sich um die gefangen genommenen *Tituschkij* kümmern, jene von Janukowitschs Regime bezahlten Rowdys, die den *Maidan* eindämmen sollen. Auch Fußball-Ultras und Anhänger der rechtsextremen Swoboda-Partei radikalisieren den *Maidan*, doch ihre Rolle sollte nicht überschätzt werden. Die große Mehrheit der Demonstranten ist friedlich, ist wehrlos und stellt sich jeden Morgen die gleiche Frage: Wird der *Maidan* geräumt? Kann es sein, dass wir umsonst hier standen, kann es sein, dass unsere Toten vergebens waren?

DAS BLUTBAD AUF DEM *MAIDAN*

Die Tage zwischen dem 18. und 20. Februar 2014 sind der Anfang vom Ende. Das von Demonstranten besetzte Gewerkschaftshaus, das ihnen Schutz vor den bitteren Minusgraden bot, brennt lichterloh. Im nahe gelegenen St. Michaelskloster entsteht ein an ein Kriegslazarett erinnerndes notdürftiges Krankenhaus. Der *Maidan* und seine Menschen sind schwarz vor Ruß, Rauch und Asche, die Gesichter oft blutverschmiert. Demonstranten zünden Polizeiwagen an, die Polizei greift den Platz der Opposition mit Wasserwerfern, Gummigeschossen und frisch aus Russland gelieferten Blend- und Rauchgranaten an. Hinter den Reihen der Sonderpolizei Berkut werfen vom Regime angeheuerte und mit Knüppeln und Helmen ausgestattete Anti-*Maidan*-Kräfte mit Steinen in die Reihen der Demonstranten. Ein Schlachtfeld im Herzen der Stadt.

Der Kiewer Neurochirurg und ehemalige Gesundheitsminister Mykola Polischchuk bestätigt, dass die Verletzungen der Demonstranten nicht nur von Gummigeschossen, sondern auch von scharfer Munition stammen und berichtet, wie selbst Krankenwagen mit verletzten Demonstranten an Bord angegriffen werden. Am neunzigsten Tag der *Maidan*-Proteste, nach mehreren Toten in ihren Reihen und nachdem ihr Platz fast vor der Räumung steht, greifen einige Demonstranten zu den Waffen. *Maidan*-Teilnehmer erzählen mir an diesem Tag, sie hätten schwarz gekleidete Scharfschützen auf den Dächern rund um den *Maidan* gesehen. Der ukrainische Sicherheitsdienst kündigt nun eine «Anti-Terror-Operation» im ganzen Land an.

Die Opposition aber will den *Maidan*, ihre Insel der Freiheit, nicht aufgeben, Demonstranten decken sich mit Pflastersteinen ein.

Am Morgen des 20. Februar sehe ich, wie sich die Sicherheitskräfte zurückziehen und die Demonstranten den ganzen Unabhängigkeitsplatz wieder unter ihre Kontrolle bringen. Manche tragen Äxte, Metallteile, Messer und Baumäste mit sich herum. Dann fängt das Grauen an. Einige hundert Meter vor meinem Hotelfenster beziehen professionelle schwarz gekleidete Scharfschützen mit weißen und gelben Armbinden Stellung, hinter einem Lastwagen oder auf Gebäuden, und beginnen zu schießen. Es sind Mitglieder der sogenannten «Alfa-Einheit» des ukrainischen Sicherheitsdienstes. Ich sehe, wie etliche unbewaffnete Demonstranten tot zu Boden fallen, einer nach dem anderen. Ein Dutzend Leichen werden in die Lobby des Hotels «Ukraina» am *Maidan* gebracht. Während Ärzte um das Leben der Demonstranten in der Lobby kämpfen, berichte ich live aus dem Hotel. Die Ärzte werden später mitteilen, dass die Demonstranten von gezielten Schüssen in Herz, Nacken und Lunge getroffen wurden. Im Treppenhaus meines Hotels sehe ich mehrere Einschüsse, Demonstranten suchen nach Scharfschützen. Ich erkenne die Sniper aus der Ferne auf dem Regierungsgebäude. Ich sehe auf dem Platz, wie Demonstranten mit Jagdgewehren auf die schwarzen Männer mit den gelben Armbinden schießen. Am Ende dieser Tage sind 18 Polizisten tot, mehr als tausend Demonstranten verletzt. Und insgesamt mehr als hundert Demonstranten erschossen. «Himmlische Hundertschaft» werden die Opfer des *Maidan* später genannt. Als sie sterben, verlassen sie tatsächlich eine Hölle.

Während der Kreml in einer Erklärung betont, wie wichtig es sei, extremistische und terroristische Attacken niederzuschlagen, verbietet das Parlament in Kiew die Fortführung der Anti-Terror-Operation. Am nächsten Morgen schließen sich Polizisten aus anderen Landesteilen den Demonstranten an. Tausende strömen auf den *Maidan*, um der Toten zu gedenken. Die in Kiew weilenden

Außenminister Deutschlands, Frankreichs und Polens erreichen an diesem Tag einen Deal mit Präsident Janukowitsch: Die Verfassung von 2004, die der Präsident verworfen hatte, soll wiedereingeführt und reformiert werden, Präsidentschaftswahlen sollen noch im gleichen Jahr stattfinden, ein Amnestiegesetz in Kraft treten und illegale Waffen an das Innenministerium abgegeben werden. Janukowitsch sichert damit die Rücknahme der neu eingeführten repressiven Gesetze und die Bildung einer Übergangsregierung zu. Mit der Annahme der Verfassung von 2004 – einer Grundforderung des *Maidan* – kann Janukowitsch nun nicht mehr selbst den Ministerpräsidenten des Landes ernennen. Und auch die Minister sollen künftig vom Parlament gewählt werden. Auch könnte ein neuer Ministerpräsident nach dieser Verfassung ein neues Assoziierungsabkommen mit der EU unterschreiben. Viele auf dem *Maidan* verbliebene Demonstranten lehnen die Übereinkunft ab und fordern den sofortigen Rücktritt Janukowitschs. Das Blutbad lasse nichts anderes zu, der Präsident sei nicht mehr tragbar.

Während der Deal bekanntgegeben wird, sehe ich, wie über einigen Regierungsgebäuden der Stadt Rauch aufsteigt. Rauch aus Kaminen. Ich ahne: Viele wichtige Dokumente aus dieser Zeit werden gerade vernichtet. Im Innenhof der Zentrale des ukrainischen Sicherheitsdienstes werden ganze Tresore verladen bzw. ins Feuer gekippt, wie später aufgetauchte Aufnahmen zeigen. Auch deswegen ist noch immer nicht ganz klar, welche Rolle genau der Kreml bei der Niederschlagung der *Maidan*-Proteste spielte. Die Geheimdienste beider Länder kooperierten stets eng. Kiew erhielt noch während der Proteste zweimal von Moskau nicht tödliche Waffen und Ausrüstung, wie Blendgranaten oder Reizgas. Mehrmals besuchte Putins Berater Wladislaw Surkow die Ukraine – auffällig ist, dass seine Besuche stets nach den Höhepunkten der Gewalt gegen Demonstranten erfolgten. Auch am 20. und 21. Februar 2014 waren Generäle des russischen FSB in Kiew. Nach Informationen der ersten ukrainischen Regierung nach dem *Maidan* soll Januko-

witsch in den Februartagen immer wieder mit Russlands Sicherheitsdiensten telefoniert haben, dies deute darauf hin, dass sie gemeinsam den Schießbefehl auf den *Maidan* vorbereitet hätten.

Fakt ist: Wiktor Janukowitsch verliert nach dem Massaker auf
dem *Maidan* den Rückhalt in den eigenen Reihen, sowohl bei seinen Oligarchen-Unterstützern als auch bei den Sicherheitskräften.
Er flieht in der Nacht des 21. Februar nach Charkiw, in die Ostukraine, und später mit russischer Hilfe von der Krim nach Russland. Wahrscheinlich weiß er schon Tage vorher, dass ihn kein
besseres Schicksal ereilen wird als das seiner politischen Gegnerin
Julia Timoschenko, die er selber inhaftiert hatte. Eineinhalb Jahre
später wird er von Russland aus sagen, dass er noch mehr Menschen auf dem *Maidan* hätte töten lassen sollen; er bedauert im
Nachhinein, nicht Soldaten eingesetzt zu haben.

In Kiew ist Stunde null. Der Übergang zu einem neuen System
geht aber bemerkenswert ruhig und nüchtern voran. Zahlreiche
Abgeordnete der Regierungspartei treten zurück. Viele Minister
bleiben verschwunden. Die *Rada*, das Parlament, erklärt, dass
Janukowitsch sich in einer nicht verfassungsgemäßen Weise von
seinen Pflichten entfernt habe und «Umstände extremer Dring-
lichkeit» neue Wahlen erforderten. Aufgrund der Flucht des Präsidenten haben die Verfassungsprozeduren der Amtsenthebung
keine Gültgkeit mehr. Das Parlament – wohlgemerkt das gleiche
Parlament, das noch Wochen vorher die Meinungs- und Versammlungsfreiheit eingeschränkt hatte – setzt eine Übergangsregierung
und einen Übergangspräsidenten ein und legt den Zeitpunkt für
Neuwahlen auf den Mai 2014 fest.

DIE MEDIALE UMDEUTUNG EINER REVOLUTION

Der Vertreter des Kreml hat seine Unterschrift nicht unter die von
der EU ausgehandelte Übereinkunft Janukowitschs mit der Opposition gesetzt. Aus Moskau den Vermittlungsprozess in Kiew

beobachtend, drängt Russlands Außenminister «jeden, die Interessen der Ukraine und des ukrainischen Volkes über seine eigenen geopolitischen Absichten zu stellen». Eine Aussage, die zynischer und verdrehter nicht sein könnte. Denn in Wahrheit stehen sich seit 2014 zwei sehr unterschiedliche Akteure direkt gegenüber: die ukrainische Zivilgesellschaft einerseits und der russische Staat mit Präsident Putin andererseits. Dieser Staat gründet sein außenpolitisches Projekt, den Aufbau einer mit der EU konkurrierenden Wirtschafts- und Machtunion, vor allem auf den Staat Ukraine als «strategischen Partner». In Wahrheit handelt es sich eher um ein koloniales Herrschaftsgebiet denn um ein ebenbürtiges Partnerland. Dass eine Mehrheit der Ukrainer für ein Leben in Würde kämpft, für bessere Lebensverhältnisse und Bürgerrechte, dass nicht die EU der Ukraine ihren politischen Kurs aufgezwungen hat, sondern die Ukraine selbst die Nähe zur EU gesucht hat – dies alles kann und will der Kreml nicht sehen. Er will selbst bestimmen, welche Interessen das ukrainische Volk hat, und bezeichnet deshalb den Aufstand im Nachbarland als rechtswidrigen, faschistischen Staatsstreich. Dunkle rechte Kräfte hätten die Regierung gestürzt und seien nun an die Macht gekommen. Mit dieser Erklärung wird Moskau später sein Eingreifen in der Ukraine rechtfertigen.

Moskaus Umdeutung einer Revolution, mit der die Ukrainer hofften, ihre Würde zurückzuerlangen, findet in vielen westlichen Medien Eingang. Die Schlagzeilen über einen extremistischen Aufstand und «Nazis in der neuen Regierung» erreichen auch in westlichen Medien solche Ausmaße, dass eine Reihe von namhaften Ukraine- und Rechtsextremismus-Forschern in einer gemeinsamen Stellungnahme die Verhältnisse geraderücken muss: «Während wir die Aktivitäten der rechten Kräfte auf dem *Maidan* kritisch beobachten, sind wir zugleich beunruhigt über eine gefährliche Tendenz vieler internationaler Medien. Eine wachsende Zahl von Laien-Einschätzungen über die ukrainische Protestbewegung stellen die Rolle (…) und die Schlagkraft der ukrainischen extremen Rechten falsch dar. Viele Berichte behaupten, dass die pro-europäische Bewegung von radikalen, ethnozentristischen und extremistischen Randgruppen infiltriert, getrieben oder übernommen worden sei.» Doch die ultranationalistischen Ideen und Akteure bildeten nicht den Kern der Protestbewegung, so die Forscher in ihrem Appell. Sie weisen auf die Vielzahl der politischen Richtungen auf dem *Maidan* hin sowie auf die Tatsache, dass die Radikalisierung vor allem nach der Polizeigewalt und Verhärtung des Regimes erfolgte. Die Wissenschaftler vermuten, dass solche Narrative über den *Maidan* von Nationalisten verbreitet würden – und zwar von Russlands staatsnahen Imperialnationalisten. Die Diskreditierung einer der eindrucksvollsten Massenbewegungen zivilen Ungehorsams in der Geschichte Europas helfe, einen Vorwand für Moskau zu schaffen, um politisch oder vielleicht sogar militärisch einzugreifen.[2]

Diese frühe Einschätzung sollte sich schnell bestätigen. Moskau will die «Story» über den *Maidan*, die Erinnerung an ihn, seine Definition und Deutungsmacht kontrollieren. Janukowitsch übernimmt eine Hauptrolle in diesem Spiel: Er spricht von «rechten Schlägern», die ihn aus dem Amt gejagt hätten, und sagt, er sei Opfer eines «Nazi-Staatsstreichs» geworden.

Wladimir Putin selbst hat erstmals im Dezember 2013 den *Maidan* politisch eingeordnet: Er spricht von einem «Pogrom», das dort stattfände. Ein Ausdruck, der im Russischen im Kontext der antijüdischen Pogrome des 19. und 20. Jahrhunderts, in neuerer Zeit auch für interethnische Zusammenstöße gebraucht wird, passt nun laut Putin auf eine pro-europäische Demonstration von Bürgern. Eine zivile Aktion wird als ethnische Verfolgung dargestellt, auch wenn es während des gesamten *Maidan* keinen einzigen antisemitischen Vorfall, keine einzige Verfolgung einer ethnischen Minderheit gegeben hat. Eine Bewegung ukrainischer Bürger gegen ein repressives Regime wird verunglimpft, indem sie als irgendwie beherrscht von antisemitischen Kräften dargestellt wird. Dabei sind Rabbis auf der Bühne des *Maidan*, dabei bewachen die Selbstverteidigungskräfte des *Maidan* Synagogen, dabei werden Ukrainer jüdischen Glaubens auf dem *Maidan* getötet – und einer von ihnen vom «Rechten Sektor» ehrenvoll bestattet.

Doch mit dieser extremistischen Umdeutung kann die Ausbreitung der demokratischen Ideen des *Maidan* auf Russland verhindert werden. Später stellt Moskau umso mehr die Gewalt einer Minderheit auf dem *Maidan* heraus (eine Minderheit, der zahlenmäßig eine noch kleinere Minderheit in der Bevölkerung entspricht, wie alle späteren Wahlen zeigen werden). Damit wird das Ereignis in ein altbekanntes Deutungsraster eingebettet, nach dem es als handelnde Akteure nur Staaten geben kann und keine Menschen: Es kann keine Volksbewegung und keine Revolution gegen einen gewählten Präsidenten geben, so undemokratisch, ungerecht und repressiv sein Regime auch sei. Wenn es dennoch einen solchen Aufruhr gibt, ist er in der Logik der Kreml-Eliten das Werk eines Staatsfeindes, im Falle der Ukraine natürlich des Westens. Die Besuche westlicher Politiker auf dem *Maidan* und jegliche westliche Hilfe für die Ukraine seit 1991 werden in dieser Weltsicht als Beleg genommen für eine heimtückische Anstiftung und Intervention. Dass einige Demonstranten die Polizeigewalt erwidern und auch Polizeigewalt provozieren, kommt dem Kreml zupass. Er kann nun das gesamte Ereignis, jede Opposition zur Staatsgewalt, als Extremismus und Terrorismus definieren. Und wenn eine Mehrheit der Ukrainer ihre Zukunft eher in der Europäischen Union sieht als in Eurasien, kann der *Maidan* umgedeutet werden in einen neuen Faschismus. Alles, was antirussisch ist, gilt als faschistisch und als Wiederkehr des aus dem Zweiten Weltkrieg Bekannten. Dass in Wirklichkeit gerade viele im militanten «Rechten Sektor» ethnische Russen sind, die dennoch für eine unabhängige Ukraine kämpfen, wird nicht erwähnt. Die Wirklichkeit ist zu komplex für die Kreml-Logik.

Ich habe zahllose Demonstranten des *Maidan* in langen Interviews kennengelernt, ebenso die Familien getöteter Demonstranten. Jugendliche Fußballfans aus Donezk, Arbeiter aus Dörfern der Westukraine, Journalisten, Studenten. Sie allesamt als «rechte Gangster», «Nazis», bezahlte antirussische «Faschisten» zu bezeichnen, entwürdigt jeden Einzelnen von ihnen. Auch habe ich die Eltern eines auf dem *Maidan* getöteten Polizisten kennengelernt, für deren Leid sich in der neuen Ukraine keiner interessiert. Tote, die nicht zur «Himmlischen Hundertschaft» zählen und die keine Helden sind. Doch selbst die Eltern dieses jungen getöteten Polizisten, die russischer und weißrussischer Abstammung sind, bezeichnen die Mörder ihres Sohnes nicht als «Faschisten». Auch sie begreifen sich als Ukrainer, verstehen die Wut der Gesellschaft auf einen korrupten Herrscher, weil es auch ihre Wut ist, und als der Krieg gegen die Ukraine anfängt, spenden sie für ihre, für die ukrainische Armee. Die komplexe Wirklichkeit passt nicht in die verdrehte Sichtweise, die die Erzählung des *Maidan* in Russlands Staatsmedien und auch in einigen westlichen Medien dominieren wird.

Der ukrainische Rechtsextremismusforscher Anton Schechowzow hat untersucht, wie jede einzelne politische Mobilisierung in der Ukraine, sogar jedes Gesellschaftsereignis von Versuchen begleitet wurde, sie mit der extremen Rechten zu assoziieren. Einige Wochen vor der Fußball-Europameisterschaft 2012 in der Ukraine beschuldigten britische Medien die Ukrainer des Rassismus und der Ausländerfeindlichkeit und warnten vor Gefahren für nicht weiße Besucher des Landes. Nachdem kein einziger rassistischer Vorfall durch ukrainische Fans während der EM stattfand, entschuldigte sich kein einziges britisches Medium für seine falschen Warnungen vor Rassismus in der Ukraine. Der Wissenschaftler Schechowzow weist auf weitere bizarre Vorfälle hin. Während der Proteste der Ukrainer 2004 gegen Wahlfälschungen habe die damalige Regierung ebenfalls versucht, den demokratischen Präsidentschaftskandidaten Wiktor Juschtschenko mit der extremen Rechten in Verbindung zu bringen. Ein vom Kreml unterstützter

ukrainischer Oligarch, der Janukowitschs Wahl gegen Juschtschenko durchsetzen wollte, organisierte heimlich einen Solidaritäts-
marsch einer rechtsextremen Partei für den politischen Gegner
Janukowitschs. In Kiew bezeugten Dutzende Rechtsextreme mit
einem öffentlichen Hitlergruß ihre Bereitschaft, für den Kandidaten der Reformer und Demokraten zu wählen. In den Augen
des Westens sollte der demokratische Kandidat Juschtschenko dadurch diskreditiert werden. Die Geschichte dieser «Juschtschenko-
Nazis» wurde, analysiert Schechowzow, von jenen Internetseiten
und Publikationen propagandistisch ausgeschlachtet, die ihrerseits
Verbindungen zu russischen Imperialnationalisten und europäischen, rechten Eurasien-Ideologen haben.[3]

«DIE KRIM IST KEIN UMSTRITTENES TERRITORIUM (…)»

Wenn es darum geht, Russland und seine Politik zu erklären und
seine zukünftigen Schritte vorherzusagen, dann ist ein Blick in
Russlands Vergangenheit angebracht. Die historische Einbettung
der Gegenwart ist nicht nur im Denken der politischen Eliten verankert. Sie ist oft auch nur die einzige Möglichkeit, die Gegenwart
zu begreifen, in einem undurchsichtigen Umfeld, in dem politische
Entscheidungen verdeckt gefällt und ausgeführt werden.

Als der ARD-Korrespondent Thomas Roth wenige Tage nach
Ende des Georgien-Krieges 2008 ein Interview mit dem damaligen Ministerpräsidenten Wladimir Putin führt, fragt er ihn: «Der
französische Außenminister Kouchner hat viele Sorgen geäußert
in den letzten Tagen als Minister der EU-Ratspräsidentschaft. Er
hat auch die Sorge geäußert, dass der nächste Konfliktherd in der
Ukraine beginnt, nämlich um die Krim, und zwar um die Stadt
Sewastopol. Ist die Krim das nächste Ziel? Der Sitz der Schwarzmeerflotte?» Putin bestreitet, dass es ein «nächstes Ziel» gebe für
den Kreml. Die Krim sei kein umstrittenes Territorium. Dort habe

es keinen ethnischen Konflikt gegeben, im Gegensatz zum Konflikt zwischen Südossetien und Georgien. «Russland hat längst die jetzigen Grenzen der heutigen Ukraine anerkannt», sagt Putin im Interview mit dem deutschen Fernsehen. Er weist auch auf die Heterogenität der dortigen Bevölkerung hin: «Innerhalb der Gesellschaft auf der Krim verlaufen zu komplizierte Prozesse: Da gibt es das Problem der Krimtataren, der ukrainischen, russischen und überhaupt der slawischen Bevölkerung.» Eine interessante Anmerkung, denn diese komplizierte Gemengelage ist wahrhaftig vorhanden. Wissenschaftliche Forschungen kommen zu dem Schluss, dass die Identität der Bewohner der Krim nicht eindeutig festgelegt und im Fluss ist – also keineswegs mehrheitlich so eindeutig «russisch» geprägt, wie der von russischen Staatsmedien geschaffene Mythos um die Ereignisse von 2014 es erscheinen lässt. Ich erinnere mich, wie ich diese Forschungen und Umfragen zitierte in meinen Interviews, vor dem Parlament der ukrainischen Autonomen Republik Krim. Gerade in den Jahren vor 2014 hatte es keine mehrheitliche Unterstützung für eine Abspaltung der Krim und einen «Anschluss» an Russland gegeben. Die Partei jener, die dafür plädierte, hatte bei den letzten Wahlen 2010 nur etwa vier Prozent der Stimmen erhalten. In Umfragen wollte über der Hälfte der Bevölkerung so wie bisher als Autonome Republik Krim im ukrainischen Staat bleiben.

Der Kreml muss folglich einen ethnischen Konflikt, ein Pogrom inszenieren und als Erzählmotiv in seinen Medien wochenlang wiederholen, damit der nicht vorhandene Konflikt in die Köpfe einsickert und sich verselbständigt. Ein hochgefährliches Spiel.

Für mich ist es ein Wechselbad der Welten, als ich 2014 ständig zwischen Moskau, Donezk, der Krim und Kiew hin- und herpendle. In Kiew habe ich gerade erlebt, wie der *Maidan* sich in drei Monaten veränderte, wie Wiktor Janukowitsch verschwand und das alte Parlament eine Übergangsregierung beschloss. Den ersten Tag zurück in Moskau habe ich das Gefühl, dass der *Maidan* nur die erste Etappe einer tragischen Entwicklung sein könnte. Die Berichterstattung der russischen Staatsmedien macht mich nachdenklich. Es werden (pro-russische) *Berkut*-Soldaten gezeigt, die auf dem Weg von Kiew, wo sie gegen den *Maidan* eingesetzt waren, auf dem Rückweg zur Krim zu ihrer Einsatzbasis angeblich angegriffen worden sind. Ebenso werden Busse mit Bewohnern der Krim und Anhängern von Präsident Janukowitsch gezeigt, die nach der Gewaltnacht in Kiew am 19. Februar beschließen, auf die Krim zurückzukehren. Russische Medien und unbekannte Organisationen berichten, *Maidan*-Aktivisten hätten die Busse der Janukowitsch-Anhänger umgelenkt, die Passagiere mit Benzin übergossen, mehrere Menschen seien qualvoll gestorben.

Die – keinem Experten bekannte – russische «Menschenrechtsorganisation», die darüber einen falschen Bericht erstattet, benutzt ein ähnliches Design wie *Amnesty International*. Sie ist wahrscheinlich eine staatliche Erfindung zu Propagandazwecken. Das Ereignis wird später in russischen Medien als ein «Pogrom» bekannt werden, als ethnische Verfolgung und Massaker. Doch in Wirklichkeit gibt es keine Toten, keine Schwerverletzten, keine Vermissten und kein Pogrom. Vielmehr ist die Polizei anwesend, nachdem die Passagiere von *Maidan*-Anhängern aus dem Bus gezerrt werden: Janukowitsch-Anhänger, die jenen *Tituschki* ähneln, den Kraftsport-Rowdys aus dem kriminellen Milieu, die Janukowitschs Regierung gerne aus ihren Hochburgen im Süden des Landes nach Kiew bringen und gegen den *Maidan* einsetzen ließ. Die Polizei schreitet ein, als die Passagiere mit Knüppeln geschlagen werden, sie berichtet später von zwei Feuern in den Bussen, von sieben Verletzten – und von Passagieren, die per Anhalter zurückfahren müssen. Da dieses Ereignis – später in russischen Medien bekannt als «Pogrom von Korsun» – auch in Deutschland von Rezipienten der Kremlmedien gerne als Beleg für ein Massaker zitiert wird, tut ein genauer Blick not: Die Gegend rund um Tscherkassy war eine zentrale Durchfahrtsregion von Bussen voller von den Behörden eingekaufter, kräftiger junger Männer in Sportanzügen. Sie kamen aus der Krim und Odessa und fuhren selbst noch am 20. Februar 2014 nach Kiew. Die Einwohner der Region entdeckten den organisierten Strom der bezahlten Gegendemonstranten und riefen dazu auf, die Busse zu blockieren, damit sie nicht den *Maidan* erreichen. In den meisten Berichten und Videos sind Polizisten zu sehen, und man hört die Stimmen der *Maidan*-Unterstützer, die dazu aufrufen, nicht auf die festgesetzten *Tituschki* einzuschlagen. Aus den eingekauften Schlägern werden in Moskaus Staatsmedien Märtyrer, die angeblich bei Korsun – also in einer später laut Putin «heiligen russischen Region» – sterben.

«In Kiew sind Nazis an die Macht gekommen. Gerade Sie vom deutschen Fernsehen müssen doch wissen, was das bedeutet», sagen mir die ersten Krim-Einwohner, die ich interviewe. Diese Worte klingen so überzeugend, dass ich für eine Weile das, was ich mit eigenen Augen in Kiew wenige Tage zuvor gesehen habe, meine eigene Wahrnehmung in Frage stelle und die Angst und Hysterie der Menschen auf der Krim für einen Moment nachvollziehe.

In Kiew hat die Partei des ehemaligen Präsidenten derweil mit 94 von 123 Stimmen ihrer Abgeordneten im Parlament einen neuen Premierminister gewählt. Insgesamt hat er eine Rekordzahl von 373 Stimmen bekommen. In der neuen Regierung sind vier rechtsnationalistische Mitglieder, zudem Aktivisten des *Maidan*, die meisten Mitglieder stammen von der Partei der nun freigekommenen Julia Timoschenko. Ein Jude ist Vize-Premier, der Gouverneur der Region Dnipropetrowsk ist ebenfalls Jude.

Doch ein Fehler der ukrainischen Übergangsregierung kommt dem Kreml perfekt zupass. Die neue Parlamentsmehrheit tritt am ersten Tag ihrer Arbeit auf die erste politische Mine. Eine dünne Mehrheit bringt das Sprachengesetz von 2012 zu Fall. Dieses Gesetz sollte die Rechte jeder ethnischen Minderheit, die zehn Prozent einer Bevölkerung in einer Region ausmacht, schützen. Tatsächlich aber ermöglichte es, dass die russische Sprache in einigen Regionen zur Hauptsprache wurde. Das Gesetz war 2012 von der OSZE kritisiert worden, da es eine unverhältnismäßige Bevorzugung des Russischen in der Ukraine erlaubte und alle Anreize, Ukrainisch zu lernen, beseitigte. Es hatte Massenproteste im Land ausgelöst. Zwar legt der amtierende Präsident der Ukraine gegen die nun drohende Abschaffung des Sprachengesetzes sein Veto ein. Doch der bloße Versuch, das Gesetz zu Fall zu bringen, ist für den Kreml Anlass genug, um eine weitere Rechtfertigung eines Eingreifens auf der Krim zu schaffen. Mit einfachen Parolen, die der historischen, sprachlichen und kulturellen Komplexität des Landes nicht gerecht werden und deren Unwahrheit zu begreifen für schnell und aktuell berichtende westliche Journalisten dennoch nicht einfach ist.

Doch diese Mühe muss man sich machen, wenn man Propaganda hinterfragen will. Wenn der Kreml das Bild eines in der Ukraine umstrittenen Nationalhelden, nämlich Stepan Banderas, auf dem *Maidan* als Zeugnis für den Rechtsextremismus einer liberalen, toleranten Bewegung sieht und dies so propagiert, muss man sich den Aufwand machen, sich mit einer komplizierten, widersprüchlichen Geschichte auseinanderzusetzen – so kompliziert, dass keine griffige mediale Schlagzeile, keine für Journalisten «gute Story» daraus erwächst.

Die erste Frage, die sich dabei ergibt, ist die Frage der allgemeinen Wahrnehmung der Ukraine in Deutschland. Im Laufe meiner Berichterstattung habe ich mir oft die Frage gestellt, warum wir in Deutschland so wenig wissen über die sowjetische Herrschaft über die Ukraine und darüber, was sie bewirkte. Und warum wir so wenig wissen über eine sehr blutige deutsche Besatzung der Ukraine im Zweiten Weltkrieg und noch weniger wissen über die ukrainischen Hungertoten unter Sowjet-Diktator Josef Stalin. Zwischen 1931 und 1934 fielen mindestens fünf Millionen Ukrainer der absichtlich erzeugten Hungersnot zum Opfer, weil Bauern gezwungen wurden, ihr Land aufzugeben, weil ihr Vieh konfisziert und sie selbst verhaftet wurden – all dies nur, damit Stalin unter Zwang die Landwirtschaft kollektivieren konnte. Wie viel wissen wir über die unter Stalin gezielt betriebene Auslöschung von Intellektuellen und Beamten, angeblich, weil sie das – verbotene – ukrainische Unabhängigkeitsstreben unterstützt hätten? Wissen wir, dass jemand, wenn er von absichtlich ausgelöster Hungersnot sprach, von der Sowjet-Propaganda als Faschist gebrandmarkt wurde?[4] Wie viel wissen wir über die Grauen der deutschen Besatzungspolitik, deren Leitidee die Versklavung der Ukrainer war und der mindestens 3,5 Millionen Ukrainer zum Opfer fielen? Im Zentrum des deutschen Vernichtungskrieges gegen die Sowjetunion stand die für das Hitler-Regime so zentrale ukrainische Kornkammer, standen die für Hitler so wichtigen «Afrikaner» Osteuropas in der Sowjetukraine, wie der Historiker Timothy Snyder in seiner Rede im Deutschen Bundestag analysierte.[5]

In der aktuellen deutschen und westlichen Wahrnehmung der Ukraine werden weniger die Leiden der Bevölkerung als die Kollaboration einiger ukrainischer Bewegungen mit dem Hitler-Regime in den Vordergrund gerückt. Bis hin zum Stereotyp des Ukrainers als «unverbesserlicher Nationalist», wie der Politikwissenschaftler Andreas Umland feststellt.[6] Als ein Beispiel dafür nennt er die Rede des US-Präsidenten George H. W. Bush 1991 in Kiew, kurz vor dem Unabhängigkeitsreferendum der Ukraine (in dem sich mehr als 90 Prozent der Ukrainer für die Unabhängigkeit ihres Landes aussprachen). Bush senior warnte darin die Ukrainer vor «selbstmörderischem Nationalismus».

STEPAN BANDERA UND DAS ERBE DER UKRAINISCHEN NATIONALISTEN

Ein Name, um den sich 2014 viele Diskussionen ranken und dessen Bildnis auch auf dem *Maidan* zu finden ist: Stepan Bandera. Er wurde 1909 in der Westukraine, dem heutigen Gebiet Iwano-

Frankiwsk, geboren, das nach 1918 polnisch wurde, sodass er dort zur ukrainischen Minderheit gehörte. Er machte Karriere in der 1929 gegründeten «Organisation der ukrainischen Nationalisten», die an das Führer-Prinzip glaubten und an den Vorrang der ukrainischen Ethnie. Zeitweise kollaborierte Bandera mit Nazi-Deutschland, aber er strebte einen unabhängigen ukrainischen Staat an – etwas, das deutschen Interessen zuwiderlief. Einige Mitglieder von Banderas Organisation waren nach dem Einmarsch der Deutschen an Pogromen gegen Juden beteiligt, andere wurden wegen ihrer nationalistischen Ziele inhaftiert. Bandera selbst saß von 1941 bis 1944 im Konzentrationslager Sachsenhausen. Zugleich war Bandera über Jahrzehnte ein wichtiges Feindbild in der sowjetischen Propaganda. In dieser gingen die Ukrainer in einem sowjetischen Supervolk auf, das die kulturelle Hegemonie Russlands nur schwach überdeckte. Zwei von Stepan Banderas Brüdern kamen unter ungeklärten Umständen in Auschwitz um. Schließlich wurde ein großer Teil seiner Familie Opfer von Stalins Handlangern; Bandera selbst wurde 1959 von einem sowjetischen KGB-Geheimagenten in München ermordet.

Der Streit um Bandera, der Streit um das Erbe der ukrainischen Nationalisten wie auch um die sogenannte ukrainische Untergrundarmee, die *UPA*, die im Zweiten Weltkrieg gegen die Sowjets kämpfte, werden in der Ukraine politisch instrumentalisiert, um Wähler zu mobilisieren. Die Nationalbewegung war teils antitotalitär in einer freiheitlichen Aufstandsarmee organisiert, teils aber auch rechtsextrem. Eine widersprüchliche Geschichte, die das Verständnis für alles Nationale in der Ukraine erschwert, sowohl innerhalb des Landes als auch in seinen Beziehungen nach außen. Die nationale Debatte ist «ein Streit zwischen politischen Apologeten, also denjenigen, die Bandera und seine Bewegung glorifizieren und ihre dunklen Seiten ausklammern, und zwischen Anti-Apologeten, die sie pauschal – und das ist ebenso fragwürdig – mit dem Nationalsozialismus gleichsetzen oder sie als nationalsozialistische

Kollaborateure bezeichnen», sagt Wilfried Jilge, einer der führenden deutschen Ukraine-Forscher.[7]

Auf dem *Maidan* ist Bandera für viele lediglich ein Symbol der nationalen Befreiung und Verteidigung der Ukraine – was nur teilweise der historischen Realität entspricht. Die Propaganda der Kremlmedien greift nur einen Teil der komplexen historischen Wahrheit auf und wiederholt sowjetische Propaganda, indem sie von «antirussischen Banderisten» redet und damit alte, vertraute Ängste in der russischsprachigen Bevölkerung schürt. Bandera ist eine Sache, die politische Realität die andere. Im ukrainischen Parlament sind – im Unterschied zu vielen Ländern Osteuropas und zu Deutschland – rechtspopulistische, rechtsextreme Parteien heute nur ausgesprochen schwach vertreten.

Für Wladimir Putin ist im Februar 2014 die ukrainische Regierung eine Ansammlung von «Neo-Nazis, Russophoben und Antisemiten». Er spielt bewusst mit historischen Ängsten: die Gewalt gegen Juden im 17. und 18. Jahrhundert, die Pogrome in Odessa und Kiew. Doch die Jüdische Gemeinde durchschaut das Spiel. Sie schreibt einen offenen Brief an Putin und kritisiert ihn scharf für seinen Versuch, die Übergangsregierung zu verurteilen, indem er die Juden der Ukraine als Mittel zum Zweck benutzt. «Wir wissen, dass die politische Opposition aus verschiedenen Gruppen besteht, darin eingeschlossen nationalistische Gruppen. Doch selbst die unbedeutendsten unter den letzteren zeigen keinen Antisemitismus oder andere Formen der Xenophobie. Und wir wissen sehr wohl, dass unsere sehr wenigen Nationalisten von der Zivilgesellschaft und der neuen ukrainischen Regierung gut kontrolliert werden. Das ist mehr, als man über die russischen Neo-Nazis sagen kann, welche von Ihren Sicherheitsdiensten ermutigt werden», heißt es im Brief der Jüdischen Gemeinde an den russischen Staatschef. Russlands Neo-Nazis sollten ihr Gesicht bald zeigen. In der Ukraine, genauer gesagt in der Ostukraine.

Während in Kiew eine Interimsregierung entsteht und Russland in Sochi am Schwarzen Meer seine Olympischen Winterspiele zelebriert, verurteilt ein Gericht in Moskau sieben Demonstranten, die 2012 gegen Putins Wiederwahl protestiert hatten, zu Haftstrafen von bis zu vier Jahren. Die Menschenrechtsorganisation *Amnesty International* nennt diese Urteile eine «entsetzliche Ungerechtigkeit» am Ende eines beispiellosen «Schauprozesses». Am Tag der Urteilsverkündung werden mehr als 640 Menschen festgenommen, weil sie ihre Solidarität mit den Verhafteten demonstrieren wollten, trotz Demonstrationsverbot. Sie werden zu sieben- bis zehntägigen Arreststrafen verurteilt. Die Begründung: Sie würden sich ihren Festnahmen widersetzen. Dabei zeigen zahlreiche Videos im Internet nichts von einem Widerstand gegen Polizisten.

In der Ukraine hat der Kreml eine geopolitische Niederlage erlitten. «Ich glaube, eine militärische Intervention Russlands ist im Moment völlig ausgeschlossen», erklärt mir der als kremlnah geltende Politologe Fjodor Ljukanow kurz vor meiner Abreise auf die Krim am 24. Februar 2014. Eine solche Intervention Russlands wäre nur möglich, wenn radikale nationalistische Kräfte in Kiew sehr entschlossen die Krim «ukrainisieren» wollten, wenn auf der Krim nun Vorfälle wie in Kiew passierten, erwidert Ljukanow auf meine besorgte Nachfrage. Als Handlungsmöglichkeiten Russlands skizziert Ljukanow den Aufbau stärkerer Beziehungen zum Süden und Osten der Ukraine, die traditionell näher zu Russland seien. Er hoffe, dass Moskau nicht zu seinen typischen außenpolitischen Instrumenten greife, wie Visa für Ukrainer einzuführen oder eine Wirtschaftsblockade umzusetzen. Russland müsse sich nun beruhigen, auch wenn es schwerfalle, schließt Ljukanow. Doch der Kreml will sich nicht beruhigen, will nicht warten, bis sich die politischen Verhältnisse in Kiew stabilisieren, um dann zu verhandeln. Nein – er beschließt, sofort aktiv und gezielt einzugreifen. Die Pläne dafür liegen wohl schon lange bereit.

BEGINN DER ILLEGALEN MACHTÜBERNAHME DER KRIM

«Ich glaube, Russland muss sich jetzt beruhigen. Es ist schwer, weil wir zu viele Emotionen haben, aber man muss sich beruhigen und warten.»
(Fjodor Ljukanow, russischer Politikwissenschaftler)

Als ich in Simferopol, der Hauptstadt der Halbinsel, lande, höre ich als Erstes von ungewöhnlichen Truppenbewegungen der russischen Streitkräfte auf der Insel. Mit einer Mischung aus Hoffnung und Furcht erzählen mir das Augenzeugen. Sind etwa neue russische Streitkräfte dazugekommen? Seit 1997 verpachtet die Ukraine ihre Häfen in Sewastopol und Feodosia auf der Krim an die russische Marine. Russlands Schwarzmeerflotte befindet sich 2014 nicht im besten Zustand, und selbst unter Präsident Janukowitsch, der die Pacht zwar bis 2042 verlängert hatte, war es für Moskau wegen des ukrainischen Widerstands schwer, die russische Schwarzmeerflotte mit neuen Schiffen zu verstärken. Um die Pachtbedingungen wurde immer wieder gestritten, und kleinere Spannungen blieben nicht aus. Russland hatte deswegen begonnen, seinen Hafen im russischen Noworossijsk am Schwarzen Meer auszubauen.

Am 24. Februar installiert der Stadtrat Sewastopols einen russischen Staatsbürger und Unternehmer zum «Volksbürgermeister». Eine kleine, aufgebrachte Menschenmenge steht vor dem Rathaus, schwenkt russische Flaggen und wiederholt die Propaganda-Sätze des russischen Staatsfernsehens, das von einem faschistischen, von den USA gestützten Staatsstreich in Kiew spricht. Bewaffnete Soldaten, vermummt und ohne Abzeichen, stellen sich in der Stadt auf, später werde ich erfahren, dass es Soldaten der 810. Marineinfanteriebrigade der russischen Streitkräfte sind, die mit einigen Schützenpanzerwagen in der Stadt vorfahren – bereits dies ein Verstoß gegen das Stützpunktrecht Russlands auf der Krim. Zwei

Tage später versetzt Wladimir Putin die Truppen in Westrussland in Alarmbereitschaft, die Übungen finden unter anderem an der Grenze zur Ukraine statt und werden genutzt, um von wirklichen Truppenbewegungen abzulenken. Dies alles vollzieht sich, während die NATO betont, dass eine Mitgliedschaft der Ukraine im Bündnis derzeit nicht aktuell sei und die Ukraine selbst über ihre politische Zukunft entscheiden müsse.

Zwei Dinge fallen mir auf, als ich über die Stimmung auf der Halbinsel berichte. Zum einen die bemerkenswerte Schnelligkeit, mit der sich die Lage entwickelt. Kaum drei Wochen vergehen zwischen dem Ende des *Maidan* und dem Referendum auf der Krim über einen Anschluss an Russland. Eine politische Willens- und Meinungsbildung der Bürger für eine so weitreichende Entscheidung wie einen «Anschluss» kann kaum innerhalb so kurzer Zeit eigenständig erwachsen. Meine Erfahrung aus anderen Kriegs- und Krisengebieten sagt mir, dass dieser Prozess der Willensbildung unter normalen Umständen, also ohne die «helfende Hand» eines anderen Staates, mindestens mehrere Monate gedauert hätte. In jedem Live-Interview erkläre ich, dass noch 2013 das Thema «Separatismus» selbst bei der pro-russischen Minderheit auf der Halbinsel unerwünscht war. Der verfassungsmäßige Status einer «autonomen Republik» in der Ukraine sicherte der Krim regionale Vorrechte zu, die russische Sprache und Kultur zu bewahren. Ein Status, mit dem die meisten Bewohner laut Umfragen zufrieden waren, einen Wechsel zu Russland hatten sie noch vor kurzem nicht gewünscht.

Zum anderen bemerke ich die Künstlichkeit der aufgeheizten Situation. Künstlich, weil die Menschen verunsichert sind durch die Angstkampagne russischer Staatsmedien, die immer wieder eine ernste Gefahr für Leib und Leben ethnischer Russen in der Ukraine heraufbeschwören. Meine Erfahrungen auf dem *Maidan*, auf dem ethnische Russen ein integraler Bestandteil der Demonstrationen waren, dringen nicht durch zu meinen Interviewpartnern, auch wenn sie den *Maidan* als Bürgerprotest gegen die Korruption Janukowitschs durchaus nachvollziehen können, wie sie mir immer wieder sagen. Künstlich erscheint mir die Atmosphäre auch, weil die Demonstrationen der Bürger, die einen «Anschluss» an Russland wünschen, wie perfekt organisiert erscheinen und kaum wie spontane Proteste wirken. Und weil vermummte Soldaten ohne Abzeichen sich immer weiter aufstellen, die in den Worten russischer Staatsmedien eine «Bürgervolkswehr» sein sollen, aber doch viel zu professionell dafür aussehen. Zwar zieht schon in den ersten Tagen einer der Soldaten, die ich interviewe, seine Vermummung herunter und erzählt stolz und zugleich verlegen, von welcher Einheit in Russland er vor kurzem auf die Krim versetzt wurde. Doch die ständige mediale Diskussion und das Rätselraten um die wahre Identität der Einheiten raubt kostbare Zeit für weitere Recherchen und verhindert eindeutige Zuordnungen in unseren Berichten. Die ständige, allgegenwärtige Präsenz von vermummten Bewaffneten mysteriöser Provenienz vermittelt zudem ganz und gar nicht den Eindruck idealer Umstände für die Entwicklung einer freien Willensbildung.

Am 25. Februar 2014 wird bekannt, dass das Parlament der Krim eine außerplanmäßige Sitzung abhalten will und eine Resolution vorbereitet, die zur Abspaltung der Krim von der Ukraine führen würde. Nachdem sie die Parlamentarier darüber informiert hat, beschließt die Volksvertretung der Krimtataren – der muslimischen «Ureinwohner» der Krim – am nächsten Tag eine friedliche Demonstration zu organisieren, um «die territoriale Einheit der Ukraine zu erhalten und einer Resolution entgegenzuwirken, die die Autonomie der Halbinsel gefährden» könnte. 12 000 bis 15 000 Krimtataren schwenken am 26. Februar blau-gelbe Fahnen und rufen: «Die Ukraine ist nicht Russland.» Eine kleine Gruppe pro-russischer Gegendemonstranten steht ihnen gegenüber und schwenkt russische Flaggen und Sankt-Georgs-Bändchen, jene schwarz-orangenen Siegesabzeichen, die einst Katharina die Große an Generäle verteilte und die später an den Sieg der Sowjetunion gegen Nazi-Deutschland erinnerten, an den «Sieg über die Faschisten». (Unter Putin wurden die zwei Farben von Moskauer PR-Strategen weltweit in Umlauf gebracht, um zuerst an die Veteranen zu erinnern, und später, um Solidarität mit der Putin-Regierung auszudrücken, die in der Vorstellungswelt des Kreml wie ihre Vorgänger wieder gegen Faschisten kämpfte.)

Schwarz-orangene Bändchen und russische Flaggen hier, ukrainische Nationalflaggen und krimtatarische Fahnen dort. Im Handgemenge der Demonstranten kommen zwei pro-russische Demonstranten ums Leben, weitere Teilnehmer werden verletzt. Ein Jahr später wird Russland – formal dann die Besatzungsmacht der Krim – neun krimtatarische Teilnehmer dieser Demonstration der «Organisation und Teilnahme an Massenunruhen» bezichtigen und inhaftieren. Für Russlands Staatsanwaltschaft spielt es keine Rolle, dass die Demonstration zur Verteidigung der Ukraine auf dem Territorium der Ukraine stattgefunden hat. Sie gibt keine Details zu den Getöteten heraus. Inzwischen weiß man: Der eine hat in der Menschenmenge einen Herzinfarkt erlitten, die andere wurde in der Menge der pro-russischen Demonstranten niedergetreten.

Schließlich wird die Parlamentssitzung, auf der die Abgeordneten an diesem 26. Februar eine Resolution verabschieden wollten, abgesagt. Am frühen Morgen übernehmen 50 vermummte, schwerbewaffnete russische Spezialeinsatzkräfte die Kontrolle über das Parlament. Ihre Identität wird später von den neuen Machthabern verschleiert als mysteriöse «Kämpfer für die russische Ideologie». Ich versuche, mit meinem Team in das Parlament hineinzukommen, bekomme aber keine Erlaubnis. Nur Vertreter russischer Staatsmedien dürfen fortan in das Gebäude. Niemand weiß, wie viele Abgeordnete sich darin versammelt haben, ob es überhaupt genügend sind für eine Abstimmung. Es wird kein einziges Foto geben von der Sitzung, die unter Waffengewalt stattfindet. Die Abgeordneten berichten später, sie hätten ihre Handys am Eingang abgeben müssen. Dem regionalen Ministerpräsidenten der

Krim von der Janukowitsch-Partei, die 80 der 100 Abgeordneten repräsentiert, wird der Zugang zum Parlament verwehrt. Er hatte sich gegen die Abspaltung von der Ukraine ausgesprochen. Stattdessen wird nun in einer nicht öffentlichen Sitzung der Vertreter einer Partei, die bei den vergangenen Parlamentswahlen lediglich vier Prozent der Stimmen, also drei Parlamentssitze, holte, zum Ministerpräsidenten gewählt. Der Nachrichtenagentur Reuters gelingt es, mit einem Abgeordneten der Janukowitsch-Partei zu sprechen. Er sei während dieser Abstimmung nicht im Parlament, nicht einmal in Simferopol gewesen, dennoch sei seine Stimme als eine abgegebene Stimme für den neuen Ministerpräsidenten registriert worden. Er bittet darum, nicht identifiziert zu werden, weil er Drohanrufe bekommen habe, und ergänzt, er wisse von mindestens zehn an diesem Tag nicht anwesenden Abgeordneten, deren Stimme ohne Erlaubnis abgegeben worden sei.

Eine Woche nachdem vermummte Bewaffnete die russische Flagge auf dem Krim-Parlament angebracht haben, tagt das Parlament erneut. Auch bei dieser Sitzung werden viele Abgeordnete nicht dabei sein. Der neue Machthaber der Vier-Prozent-Partei erklärt dennoch, das Parlament habe rechtmäßig darüber abgestimmt, Wladimir Putin darum zu bitten, die Krim mit Russland zu vereinigen. Die Einwohner sollen in einem Referendum, dessen Datum zweimal geändert und nach vorne gelegt wird, über die Vereinigung mit Russland entscheiden. Wieder dürfen keine unabhängigen Journalisten ins Haus. In dem einzigen von den Behörden veröffentlichten Video dieser Sitzung sind nur zehn Abgeordnete zu sehen. Norwegische Journalisten der Tageszeitung *Aftenposten* finden heraus, dass nur 36 der 100 Mandatsträger anwesend waren.

Vor diesem Hintergrund wirken die Vorwürfe des Kreml, dass in Kiew ein bewaffneter Umsturz, ein verfassungswidriger Staatsstreich stattgefunden habe, mindestens doppelbödig. Denn der Kreml selbst organisiert einige Tage später eine illegale Machtübernahme – mit Waffen und anderen Formen der Einschüchterung in einem gewählten Parlament, dessen Mehrheit auch noch der Partei des geflohenen Präsidenten angehört.

Ebenso unglaubwürdig klingen die Aussagen des Kreml Anfang März 2014, dass Russland keine Absicht habe, die Krim zu annektieren, dass die Bürger der Krim selbst entscheiden müssten, und die spätere Begründung des Kreml: dass die «Heimholung» der Krim lediglich eine Reaktion auf den Machtwechsel in Kiew gewesen sei. Die Aussage des ehemaligen Militärs und Parlamentssprechers der Krim, Leonid Gratsch, lässt andere Schlussfolgerungen zu. Der kommunistische Politiker hatte auf der Krim schon bei der Verfassung der autonomen Republik 1998 mitgewirkt und steht seit mehr als einem Jahrzehnt in engem Kontakt mit Moskau. 2008 störte Gratsch zusammen mit Parteikollegen und Kosaken das gemeinsame jährliche Seemanöver der Ukraine mit NATO-Mitgliedern, indem er die Landung von Schiffen auf der Krim verhinderte. «Nieder mit der NATO! Raus aus der Krim!», rief Gratschs Gruppe damals. Ohne Moskaus Hilfe wäre diese Aktion damals nie gelungen, sagt Gratsch.

Sechs Jahre später erinnert er sich an weitere Details: Der Vorsitzende von Russlands Sicherheitsrat und ehemalige FSB-Chef Nikolaj Patruschew habe schon seit 2004, seit den ukrainischen Protesten gegen die Wahlfälschungen und gegen die Wahl Janukowitschs als Präsident, seit der «Orangenen Revolution» in der Ukraine auf eine Annäherung der Krim zu Russland hingewirkt. Am Nachmittag des 20. Februar 2014 – also jenem Tag, an dem auf dem *Maidan* viele Demonstranten getötet wurden – wird Gratsch von drei russischen Generälen angesprochen, die an diesem Tag in Simferopol gelandet waren. Die Generäle besuchen Gratsch zu Hause und bitten ihn eindringlich, Premierminister einer russisch kontrollierten Krim zu werden. Diese Bitte wird ihm schließlich auch von Russlands Verteidigungsminister telefonisch mitgeteilt. Gratsch sagt, er sei bereit für diese Aufgabe, bezweifle aber, dass ihn die Parlamentsmehrheit von Janukowitschs Partei im Regionalparlament der Krim zum Premier wählen würde. Sein Einwand ist für Russlands Verteidigungsminister jedoch «kein Problem». Bei weiteren Gesprächen der Generäle auf der Halbinsel, erinnert sich Gratsch später, kommt aber heraus, dass die Entscheidung der Militärs auf den Parteichef der «Russischen Einheit», Sergej Aksjonow, gefallen ist, einen Unternehmer, dem Geschäftsmänner auf der Krim nachsagen, er sei Mitglied einer Zigarettenschmugglerbande gewesen.[8] Der kommunistische Politiker Gratsch zieht sich aus den Planungen zurück. Er verkaufe nicht sein Gesicht: «Prorussische Kräfte sind das eine, die Unterstützung von Banditen das andere». Als die Entscheidung der Generäle für einen Statthalter ihrer Interessen auf Aksjonow fällt, ist – wohlgemerkt – der Präsident der Ukraine, Wiktor Janukowitsch, noch nicht geflohen. Einen Tag nach der Ankunft der russischen Generäle auf der Krim setzt Wiktor Janukowitsch noch seine Unterschrift unter ein offizielles Dokument, das die EU mit ihm ausgehandelt hatte und das die verfeindeten Lager im Land hätte zusammenbringen können. Für Moskau war aber offenbar schon weit vor diesem Schritt klar, dass Janukowitsch als Garant oder Vasall für Moskaus Interessen in der Ukraine verloren hatte.

PROPAGANDA UND EIN «REFERENDUM»

Die Regie der nun folgenden Schritte liegt weiterhin in der Präsidialadministration. Nicht nur Russlands immer weiter aufgestockte Soldaten, die später gerne euphemistisch als «höfliche Leute» in Russlands Staatsmedien bezeichnet werden, treiben die Handlung auf der Krim voran. Auch die – wenn man so will – höflichen Polit-Technologen aus Moskau, die höflichen Soziologen und die höflichen Beamten der russischen Präsidialadministration. Am 1. März 2014 bittet Wladimir Putin das Oberhaus des russischen Parlaments, den Föderationsrat, um die Erlaubnis, Truppen in die Ukraine zu entsenden. Russland plane keine Invasion der Ukraine, doch es werde vielleicht gezwungen sein zu intervenieren, wenn die Lage der «Russen in der Ukraine» sich verschlechtere. Eine verschleierte Bedrohung. Drei Tage später verneint Putin vor Journalisten immer noch die Frage, ob er es erwäge, die Krim an Russland anzuschließen. Auch verneint er Behauptungen, dass es sich bei den Soldaten, die nun zunehmend ukrainische Militärbasen, Flughäfen und andere Einrichtungen umstellen oder besetzen, um russische Soldaten handele. Es seien vielmehr «einheimische Selbstverteidigungskräfte, die wahrscheinlich ihre russisch aussehenden Uniformen in Geschäften auf der Krim gekauft hätten».

Der Bluff gehört zur Strategie. In Wirklichkeit organisiert Moskau hinter dieser Fassade, im Verborgenen, in großer Eile ein Referendum, für das die Bedingungen alles andere als einfach sind. Denn die muslimische Minderheit – die etwa 300 000 Krimtataren, zwölf Prozent der zweieinhalb Millionen Einwohner der Halbinsel – ist gegen einen Anschluss an Russland und für die ukrainische Souveränität. Diese in «Verbannung» lebende Volksgruppe konnte erst nach dem Zusammenbruch der Sowjetunion auf ihre Halbinsel zurückkommen – nachdem Sowjetdiktator Stalin ihre Vorfahren in einer massenmörderischen Prozedur in andere Teile des Sowjetreichs, nach Zentralasien, deportiert hatte. Auch identifizieren die Meinungsforscher aus Moskau einen Großteil der Einwohner als «passiv, so wie alle Russen», daher bräuchten sie russische Hilfe, um sich zu erklären. Ebenso schwierig gestalte sich die Frage, wie mit jenen Beamten umzugehen sei, die gegen das Referendum sind und es sabotieren; die Bürgermeister verschiedener Städte haben sich zurückgezogen.

In Kertsch am Asowschen Meer identifizieren die Soziologen die meisten Unzufriedenen und «Zögerlichen». Eine Moskauer PR-Agentur bekommt vom Kreml den Auftrag, die technische Realisierung des Referendums vorzubereiten, erste geheime Umfragen sind vielversprechend und prognostizieren, dass 80 Prozent der Bürger am Referendum teilnehmen würden. Vieles im Stimmungsbild aber ist widersprüchlich. Die Stimmung in der Hauptstadt Simferopol beschreiben die Forscher als «alarmiert», die Einwohner würden sich vor den vermummten Soldaten ohne Abzeichen fürchten, ebenso sehr wie vor den Bildern des russischen Fernsehens über den *Maidan*. Die Einwohner hegten Misstrauen gegen den neuen Ministerpräsidenten und erachteten die Ukraine – selbst mit dem Wunsch, Russland beizutreten – immer noch als «ihr eigenes Land».

Um die Bevölkerung von ukrainischen Nachrichtenquellen abzuschirmen, muss ein Kabelfernsehprovider abgestellt werden. Moskaus PR-Spezialisten aktivieren die Propaganda im Netz. Dort machen junge Blogger im Auftrag Moskaus Werbung für das Referendum, die Themen und Häufigkeit der Veröffentlichung Tausender antiukrainischer und pro-russischer Berichte werden vorgegeben: Berichte über das angebliche Erscheinen von *Maidan*-Aktivisten des «Rechten Sektors» auf der Krim oder über das Auftauchen militanter islamistischer Kräfte aus Syrien (mit denen der «Rechte Sektor» angeblich arbeite) sowie das Hervorheben positiver Momente der Vereinigung mit Russland. Moskaus PR-Experten kümmern sich auch um die Komposition des «Vereinigungslieds», das nach dem Referendum erklingen soll, unter dem Titel «Krim, Frühling, Russland», sie kümmern sich um Wahlbeobachter (die aus den Kreisen europäischer rechtsextremer Parteien stammen), um Banner und Flugblätter:[9] Bilder von Blumensträußen mit weißen Narzissen als Symbol für die Vereinigung oder aber äußerst simple, zweigeteilte Poster, links ein düsteres Symbol (Stacheldraht über der Halbinsel und ein schwarzes Hakenkreuz) für die drohende Zukunft (eine angebliche Nazi-Herrschaft Kiews), rechts die Zukunft unter Russland (die russischen Farben über dem Umriss der Insel) und oben die Schriftzeile: «Alle auf zum Referendum!» Eine einfache Gestaltung, sodass jeder das Für und Wider zum Wahlgang versteht. Selbst die Wortwahl der Fragen des Referendums kommt aus Moskau. Sie lässt keine wirkliche

Wahl zu, denn eine Wahl für den Status quo scheint nicht möglich: «Unterstützen Sie die Wiedervereinigung der Krim als ein Mitglied der Russischen Föderation mit Russland?» versus «Unterstützen Sie die Wiederherstellung der Krim-Verfassung von 1992 und den Status der Krim in der Ukraine?». In der zweiten Frage wird die Verfassung von 1992 nicht erklärt, ihre Formulierung verwirrt den Wähler eher: Geht es darum, die Krim zu einem unabhängigen Staat auszurufen, oder meinen die Autoren die modifizierte Version der Verfassung, wonach die Krim zur autonomen Republik in der Ukraine wurde? Auch die erste Frage nach einer «Wiedervereinigung» ist verwirrend: Die Krim hatte nie zu einem russischen Nationalstaat nach 1991 gehört, sondern zum Zarenreich und später zur Sowjetunion. Offenbar soll mit der Frage auf eine mythische imperiale Vergangenheit angespielt werden. Aber hat es diese so gegeben?

Die Krim war 1783 ins Zarenreich eingegliedert worden. Historiker weisen darauf hin, dass Ende des 19. Jahrhunderts auf der Halbinsel ein ausgewogenes Gemisch der Volksgruppen lebte und keineswegs eine dominante russische Ethnie. Wenn von einer historischen Wiedervereinigung die Rede ist, dann bedingt die erste Frage des Stimmzettels, dass viele weitere Teile der Ukraine der heutigen Russischen Föderation angehören und ganze Landkarten umskizziert werden müssten. Könnte im logischen Umkehrschluss die Ukraine nun historische Ansprüche auf Südrussland stellen, deren Gebiete sie bei einer Grenzverschiebung im Jahre 1925 verlor? Hatte die Verschiebung der administrativen Zuordnung der Krim 1954 von der Russischen Sozialistischen Föderativen Sowjetrepublik zur Ukrainischen Sowjetrepublik überhaupt eine politische Bedeutung im Sowjetreich? Dafür sprechen kaum Gründe. Von welcher geschichtlichen Konstellation und welchen politischen Verträgen wird ausgegangen, wenn eine «Wiedervereinigung» mit «Russland» gefordert wird? All dies bleibt im Nebel und soll es offenbar bleiben. Vielleicht geht es den Fragestellern auch nur um die Beschwörung sowjetischer Kindheitserinnerungen und Traumbilder vom Zarenreich. Fakt ist: Das Datum des Referendums wird plötzlich nach vorne geschoben, sodass es keine Zeit für öffentliche, freie Debatten über die Zukunft der Halbinsel gibt. Das offizielle Ergebnis wirkt überwältigend und lässt bei vielen den Eindruck entstehen, dass es sich um einen echten Ausdruck des Volkswillens gehandelt haben müsse: Über 80 Prozent der Wähler hätten schließlich abgestimmt und gar mit 96,77 Prozent die «Wiedervereinigung» gefordert.

Von Vertretern von Wladimir Putins «Rat für die Entwicklung der Zivilgesellschaft und der Menschenrechte» – einem Beratungsorgan des russischen Präsidenten – werden die Zahlen des sogenannten Referendums Monate später öffentlich angezweifelt. Die Ratsmitglieder sprechen mit staatlichen Behörden, Geistlichen, Journalisten, öffentlichen Figuren, Anwälten, Menschenrechtsaktivisten und Bürgern. Nach deren Einschätzung muss die Beteiligung weitaus niedriger, zwischen 30 und 50 Prozent gelegen haben. Es hätten vermutlich auch nur 50 bis 60 Prozent für einen Anschluss zu Russland gestimmt. Die Bewohner der Krim hätten, so der Menschenrechtsrat, «nicht so sehr für einen Anschluss an Russland» als für, in ihren Worten, «ein Ende der grassierenden Korruption und räuberischen Gewalt» durch den regierenden Janukowitsch-Clan gestimmt.[10]

Internationale Beobachter sind beim «Referendum» nicht zugegen. Die Organisation für Sicherheit und Zusammenarbeit in Europa, OSZE, schickt keine Vertreter, da einem solchen folgenreichen Schritt der Veränderung von Europas Nachkriegsgrenzen langwierige, systematische Verhandlungen auf nationaler Ebene hätten vorausgehen müssen und es um Prozesse gehe, die im Allgemeinen über Jahre dauerten. Doch der Kreml hat keine Zeit für einen jahrelangen Prozess. Es muss schnell gehen. Die Bevölkerung muss «mental abgeschnitten» werden. Die terrestrischen Leitungen zu allen ukrainischen Fernsehkanälen werden unterbrochen. Die

Internetverbindungen funktionieren teilweise nicht mehr, ebenso wird der ukrainische Mobilfunk gestört. Parlamentsabgeordnete in Kiew und Teile des ukrainischen Sicherheitsdienstes können die Halbinsel telefonisch nicht mehr erreichen. 2008, während des russisch-georgischen Krieges, hatte der Kreml bereits die gleiche Informationsstrategie gefahren: die Isolierung des Gegners durch die Kontrolle von Regierungsseiten im Netz und eine Überführung des gesamten Netzverkehrs auf Russland.

RUSSLANDS «HEIMHOLUNG» DER KRIM

Parallel zu der mentalen Isolation vollzieht sich auf der Krim auch eine physische Abtrennung: Aus Russland geschickte Kosaken, die für ihre paramilitärischen Truppen und ihre Loyalität zum Putin-Regime bekannt sind und in Moskau gegen Putin-kritische Demonstranten eingesetzt werden, beziehen nun Stellung an der Grenze der Halbinsel zum Festland, zusammen mit den Männern der «Berkut»-Sonderpolizei, die auf dem *Maidan* Demonstranten zurückgedrängt hatte. Die ukrainische Flotte wird von Russlands Schiffen blockiert. Vor verschiedenen Kasernen werde ich Zeugin, wie vermummte russische Soldaten ohne Abzeichen über Wochen hinweg psychologischen Druck und Propaganda auf ukrainische Soldaten ausüben. Sie stellen ihnen den Strom ab, sie drohen und machen zugleich Versprechungen, locken mit einem besseren Sold in Russlands Streitkräften. Viele ukrainische Soldaten fühlen sich von ihrer Regierung im Stich gelassen, verbarrikadieren sich in ihren Stützpunkten, bis sie schließlich mit gebeugten Köpfen und einer blau-gelben Nationalflagge aufgeben und herauskommen müssen.

Die Stimmung vor den Militärbasen ist unerträglich aufgeheizt, ein Nervenkrieg, bei einem Zwischenfall werden ein ukrainischer Offizier und ein russischer Kosake getötet. Vor der Marineflieger-basis Nowofedoriwka erzählt mir eine ukrainische Offiziersfrau, wie pro-russische Milizen anfingen, die Türen der Kaserne ihres Mannes einzuschlagen und zu brüllen, wo sich «die Ukrainer versteckten». Sie hätten Rauchbomben geworfen und Fenster eingeschlagen, «Es war schon ein kleiner Krieg. Sie brüllten: ‹Raus hier, ihr seid auf russischem Land, ihr gehört hier nicht mehr hin!›» Schließlich ergeben sich die meisten Ukrainer ohne Widerstand, der Feind scheint übermächtig, die Übergangsregierung in Kiew wirkt völlig hilflos und überfordert. Viele, die aufgeben, wollen bei ihren Familien auf der Krim bleiben, nur ein Drittel der ukrainischen Soldaten auf der Krim wird nicht zu den neuen Machthabern überlaufen, und die Halbinsel verlassen.

Die Presse- und Meinungsfreiheit ist eines der ersten Opfer der russischen Annexion. Bereits kurz nach dem Referendum haben Bürger, die nicht mit den Vorgängen einverstanden sind, spürbare Angst, sich vor unserer Kamera zu äußern. Den Journalisten der Krim, die sich nicht der vom Kreml vorgegebenen, vorherrschenden Interpretation der Vorgänge anschließen, droht der Ausschluss. Serhej Tichij, Chefredakteur der *Krymskaja*, der achtzig Jahre alten Tageszeitung der Krim, ist nur einer von vielen, die ihren Wohn- und Arbeitsort fluchtartig verlassen müssen. Ich treffe ihn in Kiew. «Ich musste mich entscheiden. Und die Dinge beim Namen nennen. Dass der Krim-Regierungschef ein Betrüger und Schutzgelderpresser ist. Dass der neue Parlamentssprecher dort das ukrainische Recht brutal missachtet hat. Ich hatte keine andere Wahl, als zu gehen.» Wer auf der Krim ukrainische Symbole in der Öffentlichkeit zeigt, wer die Annexion missbilligt, läuft nun Gefahr, verhaftet zu werden.

Eines der ersten Opfer der Repression, über die ich berichte, ist die Familie des 38-jährigen Krimtataren Reschat Ametow aus dem Dorf Kurtzii in der Nähe von Simferopol. Nur wenige Tage nach der Annexion ist es ausgesprochen schwierig, mit der verängstigten Familie ins Gespräch zu kommen. Dann wieder scheint es, als ob sie sich alle Trauer von der Seele reden will. Ametows Bruder versucht, sich vorsichtig auszudrücken: «Der Tod meines Bruders, eines unschuldigen Menschen, ist wie ein schwarzer Schatten, der sich über die neue Krim legt. Wenn sein Tod nicht untersucht wird, werden wir unseren russischen Brüdern nicht mehr vertrauen können.» Reschat, Vater dreier Kinder, sei einer gewesen, dem Gerechtigkeit über alles ging. Der wütend über die Annexion gewesen sei und der sich bei der ukrainischen Armee melden wollte. Demonstrativ habe sein Bruder sich vor vermummte russische Soldaten gestellt, die in Simferopol plötzlich das Kabinettsgebäude besetzten. Nach einer Stunde reglosen Harrens sei er dort von pro-russischen Milizen weggebracht worden. Dann wurde seine Leiche gefunden, am ganzen Körper waren Folterspuren zu sehen. Der Anwalt der Familie will, dass sich die Ermittler auf die pro-russischen Milizen konzentrieren: «Wir sehen diese Leute jeden Tag, die laufen mit der Polizei durch die Straßen, niemand weiß, wer oder was genau sie sind, warum sie Waffen haben dürfen und warum ihre Aktionen von keinem Gesetz geregelt werden.» Doch die Ermittler schützen die Verdächtigen, und das Verfahren wird ein Jahr später eingestellt.

Seit 2014 werden etliche Folterungen, Entführungen, Erpressungen, Durchsuchungen und Morde an Krimtataren bekannt – auch Entführungen ukrainischstämmiger Annexionskritiker. Der wohl bekannteste Fall ist der des auf der Krim geborenen ukrainischen Filmregisseurs Oleh Senzow, der an den lokalen *Maidan*-Protesten auf der Krim mitwirkte und blockierte ukrainische Soldaten mit Vorräten versorgte, bis er im Mai 2014 von den neuen Machthabern des «Terrorismus» bezichtigt wurde. Seitdem verbüßt er eine 20-jährige Haftstrafe im nördlichsten Straflager Russlands. Dutzende Krimtataren und Ukrainer sind wegen dubioser Gründe in russischer Haft. Wer für die Souveränität der Ukraine seine Meinung äußert, ist in höchstem Maße gefährdet. Die Krimtataren werden systematisch verfolgt, sagt die Menschenrechtsorganisation *Amnesty International*. Ihre gesetzliche Vertretung, den

Mejlis, haben sie seit der russischen Okkupation verloren, sie gilt als «extremistische Organisation», ebenso wurde der krimtatarische Fernsehsender geschlossen. Vor dem Hintergrund dieser Diskriminierung und Repression mutet es umso seltsamer an, wenn Einwohner der Krim heute noch davon sprechen, dass «ohne Russland viele Bürger auf der Halbinsel umgebracht» worden wären und «ukrainische Nazis uns womöglich in Konzentrationslager» gesteckt hätten. Behauptungen, die eins zu eins aus den Kremlmedien stammen, für die es aber keinerlei Anhaltspunkte gibt. Vier Jahre nach der Annexion glaubten immer noch viele Bewohner der Krim an diese Argumentationsmuster, erzählt der Krimtatare Nariman Djeljal im Interview. Doch zugleich würden die Einwohner auch mit der Wirklichkeit konfrontiert: «Erinnern Sie sich an die Fragen der Einwohner, wann denn Moskau die Renten erhöhe, und die bekannte Antwort des russischen Ministerpräsidenten Medwedew an diese Leute: ‹Halten Sie durch und bleiben Sie gesund!›» Ein Satz, der zum Symbol wurde für den harten Aufprall der Annexions-Euphoriker in der neuen russischen Realität.

Auch der kommunistische Politiker Leonid Gratsch, der ehemalige sowjetische Parteichef der Krim, dem Russlands Verteidigungsminister 2014 heimlich den Posten des neuen Krim-Premiers angeboten haben soll, ist mittlerweile ernüchtert. Immerhin: Er hat eine Medaille bekommen, «für die Befreiung der Krim». Doch als er ein halbes Jahr nach der Annexion beschließt, bei den Wahlen für den Staatsrat der Krim zu kandidieren, erfährt er, dass die Ergebnisse der Wahl offenbar schon vorher festgelegt wurden, von Moskau vorherbestimmt, und Kandidat Gratsch nicht mehr als zwei Prozent der Stimmen erhalten solle. Die Wirklichkeit bestätigt seine schlimmsten Befürchtungen: «Eine sehr enthusiastische, patriotische Stimmung wurde mit der schrecklichsten russischen Bürokratie konfrontiert, die das Fundament der Korruption in diesem Land bildet. Heute schreibe ich Briefe an Präsident Putin und an Russlands oberste Ermittler, um sie auf die allgegenwärtige

Korruption auf der Halbinsel hinzuweisen.» Auch an seinen einstigen Kontaktmann und Förderer in Moskau, Nikolaj Patruschew, habe er einen Brief geschrieben. Doch der melde sich nun nicht mehr, rufe ihn nicht mehr an. «Der Mohr hat seine Schuldigkeit getan», sagt Leonid Gratsch.

Mit der Zeit wird der alte Staatsmann der Krim immer offener und kritischer in seiner Einschätzung der Lage auf der Krim. Ein Damoklesschwert hänge über der Schwarzmeerinsel, meint er in einer Videobotschaft, aufgenommen am Tag der russischen Präsidentschaftswahlen 2018. Er ist fassungslos darüber, dass die Insel nicht international anerkannt wird und dass es Krieg zwischen Russland und der Ukraine gibt. Ein unvorstellbares Szenario für die Krim sei wahr geworden. An diesem Wahltag – den der Kreml bewusst auf den vierten Jahrestag der Krim-«Wiedervereinigung» gelegt hat – geht der siebzigjährige Staatsmann mit festen Absichten wählen, wie er sagt. Seine Stimme sei eine Stimme gegen die Armut und Verarmung der Halbinsel. Denn die Krim habe immer weniger Touristen, selbst vom russischen Festland kämen weniger Besucher. Die Preise seien zu hoch, der Service für die Gäste zu niedrig. Seine Wahlstimme sei auch eine Stimme gegen die Korruption und das Banditentum, die die Krim im Jahr vier nach dem Referendum beherrschten. Er habe seine Stimme abgegeben für die Stärkung der Beziehungen zwischen den Volksgruppen auf der Krim, insbesondere für die Stärkung der Rechte der Krimtataren, die von jenen, die nichts über das Leben und die komplizierten Traditionen auf der Krim wüssten, unter Druck gesetzt würden. Von jenen, die nicht wüssten, «dass die Krim niemals Menschen, die der Halbinsel aufgezwungen und hierhergebracht werden, akzeptieren wird». Seine anschließenden Worte machen klar, wen er meint, wenn er vage von einer der Insel aufgezwungenen Macht spricht.[11] Er blickt kritisch auf die neuen, «neureichen» Bewohner der Insel, nennt sie die Liebhaber des schnellen Geldes, die teures Land unter sich aufgeteilt hätten und dabei auch nicht davor zurückgeschreckt seien, alte Sanatorien zu vernichten, Einrichtungen zu enteignen und Angestellte zu entlassen. Er spricht von aus dem Festland eingewanderten Russen, die den alten Einwohnern die Arbeitsplätze weggenommen hätten. Er spricht von «Putins Fehler», Sergej Aksjonow 2014 zum Premierminister zu ernannt zu haben. Leonid Gratsch sagt, er hätte nie gedacht, dass er jemals in seinem Leben daran gehindert werden würde, einen Ein-Mann-Protest abzuhalten. Unter der Ukraine habe er selbst, dank der damals gegebenen Versammlungsfreiheit, Proteste, Streiks und Versammlungen organisiert, was gut für die Halbinsel gewesen sei. Nun würden die von der Verfassung verbrieften Bürgerrechte mit Füßen getreten. Es gebe keine politischen Freiheiten mehr. «Jetzt beschweren sich die Krim-Bewohner. Sie beschweren sich, dass die Preise zu hoch und die Gehälter zu klein sind. Jeder murrt, aber Putin ist immer noch gut. In unserem slawischen Bewusstsein ist der König immer gut. Im Denken der Öffentlichkeit ist Putin umgeben von einem Nimbus. Aber dieses Bewusstsein über Putin ist irgendwie kastriert. Es trennt den Vaterkönig von seiner Umgebung, von seinen Gefolgsleuten, die überall klauen, und die nie gefragt werden, von wem sie eigentlich zu Gefolgsleuten ernannt worden sind.»

Der Vaterkönig verteilt Medaillen. An alle, die geholfen haben, die Krim «heimzuholen». Zu den Ausgezeichneten gehört auch die, man kann sie nicht anders nennen, «Medien-Kampftruppe» der Kreml-Operation. Heimlich, unter Ausschluss der Öffentlichkeit, erhalten Journalisten der Staatsmedien Medaillen «für den Dienst am Vaterland», für ihre «objektive Berichterstattung» über die Ereignisse, die zum Anschluss der Krim führten. Empfänger sind rund 300 Journalisten, darunter Fernsehmoderatoren, Redakteure, Regisseure. Später, als Wladimir Putin zugibt, dass Russlands Soldaten – genauer gesagt Russlands Spezialeinsatzkommando-Truppen – die Krim «heimholten» und nicht die «Selbstverteidigungskräfte der Bewohner», unterzeichnet Putin ein Dekret, um die *Speznaz*, die Sondereinsatzkräfte, jedes Jahr am 27. Februar zu ehren. Für Staatsbedienstete und Militärs gibt es Medaillen «für die Rückholung der Krim». Sie zeigen die Umrisse der Halbinsel und erinnern an die Orden, die Katharina II. im Jahr 1783 für die Eroberung der Krim anfertigen ließ. Der Kreml betreibt Geschichtspolitik mit der bewussten Anknüpfung seiner Politik an historische Heldentaten. Er sieht sich in einer Reihe mit den großen Herrschern des Russischen Reiches. Die historische und propagandistische Dimension der Annexion fasst der Moderator der Wochenshow des Staatsfernsehens, Dimitrij Kisseljow in einem triumphalen Ausspruch zusammen: «Früher hieß es, der Sieger schreibt Geschichte. Heute wird Geschichte geschrieben, um zu siegen!»

Interessant ist auch das Datum, mit dem auf der Medaille der Anfang der «Operation Rückkehr» bzw. der Beginn der Rückholung der Krim verewigt wird: Es ist der 20. Februar 2014. Der Tag, an dem der Präsident der Ukraine, Wiktor Janukowitsch, immer noch im Amt, Dutzende Demonstranten töten ließ, die für die Freiheit, Würde und Selbstbestimmung der Ukraine den ganzen Winter lang auf dem *Maidan* ausgeharrt hatten. Der Tag, an dem drei russische Generäle in Simferopol die gewählte Regierung der ukrainischen Krimrepublik stürzen und mit einem neuen Premierminister versehen wollten. Die ukrainische Regierung benennt den 20. Februar 2014 in einem späteren Gesetz zum Tag, an dem die «temporäre Besetzung der Halbinsel durch russische Truppen» begann.

LEGITIMATIONSNARRATIVE FÜR DEN VÖLKERRECHTSBRUCH

Nach dem Zusammenbruch der Sowjetunion verfügte die neue, unabhängige Ukraine über das drittgrößte Nuklearwaffen-Arsenal der Welt. Die erste postsowjetische Regierung plante ursprünglich, diese von der Sowjetunion geerbten Waffen zu behalten. Doch sie gab sie freiwillig auf und entschied sich, die Waffen in Russland vernichten zu lassen. Kiew unterzeichnete den Atomwaffensperrvertrag und verlangte im Gegenzug Sicherheitsgarantien. Eine dieser Garantien war das 1994 verabschiedete Budapester Memorandum. Kein formaler Vertrag, sondern ein diplomatisches Dokument. Darin versicherten Russland und der Westen die Souveränität und territoriale Unversehrtheit der Ukraine sowie den Schutz vor Intervention. Keiner der Unterzeichner würde je gegen die Ukraine Gewalt anwenden oder damit drohen. Auch nicht wirtschaftliche Nötigung, militärische Besetzung oder irgendeine Form der Verletzung des internationalen Rechts.

Zwanzig Jahre später nur sind dieses und andere Abkommen, die Russland rechtlich binden und die Unversehrtheit der Ukraine garantieren, für Moskau ihr Papier nicht mehr wert. Einige Monate nach der Krim-Annexion und nach dem Beginn des Krieges in der Ostukraine spricht Wladimir Putin in seiner jährlichen Rede an die Nation von Jahrhunderten der Feindschaft und des Misstrauens gegenüber dem Westen. Und rechtfertigt die Annexion der Krim mit Metaphysik. Die Halbinsel sei den Russen so heilig, wie der Tempelberg in Jerusalem den Muslimen und Juden heilig ist. «Es war auf der Krim, im antiken Chersones, wo Prinz Wladimir getauft wurde, bevor er sein Großreich, die ganze *Rus* taufte», erzählt Putin.

Die Krim als Ort, an dem einer der ersten großen slawischen Prinzen seinen heidnischen Glauben aufgegeben und das orthodoxe Christentum des Byzantinischen Reichs angenommen haben soll. Großfürst Wladimir als mythischer Vorfahre des gegenwärtigen Wladimir Putin, der ebenfalls eine Mission hat, als oberster Vertreter aller orthodoxen Völker. Die Krim-Annexion bekommt in diesem Narrativ einen zentralen Platz in einer neuartigen, religiös-historischen Ideologie – deren Kern Historiker übrigens in Frage stellen: Großfürst Wladimir könnte in der Nähe Kiews oder in Chersones getauft worden sein, zudem war er Kiewer, nicht Moskowiter, und mit dieser Begründung müsse eher Kiew die Krim beanspruchen und nicht Moskau.

Aber nicht nur Kiew, auch Krimtataren könnten einen historischen Anspruch auf die Krim erheben. Ihre Vorfahren haben schließlich bis zurück ins 13. Jahrhundert dort gelebt, sie stellen den ältesten Bevölkerungsteil der Insel. Geschichte ist komplex, Identitäten nie klinisch rein, doch Mythen sind einfach.

«Russland bedient sich wieder einer messianischen Rhetorik, wie schon in der Sowjetzeit», so umschreibt der russische Schriftsteller Wiktor Jerofejew die neuen Legitimationsnarrative des Kreml. Der Unterschied bestünde darin, dass diese Rhetorik in politischer Hinsicht früher links und kommunistisch war und heute beinahe ultrarechts, orthodox und konservativ geworden sei.

Für das Außenpublikum, an die westliche Welt gerichtet, begründet und legitimiert Putin seinen Völkerrechtsbruch mit dem Verweis auf die Zustimmung des Westens zur Unabhängigkeit des Kosovo von Serbien 2008. Für Russland war die Abtrennung des Landesteils von Serbien, die mit Unterstützung der USA umgesetzt wurde, damals ein Völkerrechtsbruch. Doch diese vielzitierte Krim-Kosovo-Analogie ist in keiner Weise schlüssig. Die Ausgangslage hätte nicht unterschiedlicher sein können: Während die NATO 1999 im Kosovo intervenierte, nachdem Belege für einen serbischen Massenmord an Albanern vorlagen, kann auf der Krim dagegen nicht von ethnischer Gewalt gegen Russen gesprochen werden. Auch hat der Unabhängigkeitsprozess des Kosovo sich über neun Jahre hingezogen, die Grenzänderung wurde nicht wie auf der Krim in drei Wochen vollzogen. Dennoch erfreut sich diese unverhohlen vorgetragene falsche moralische Gleichsetzung zweier unterschiedlicher Vorgänge – ein typisches Instrument Putin'scher Argumentation – bei vielen Annexions-Apologeten bis heute großer Beliebtheit.

Vielleicht hätte Wladimir Putin sich nicht in die Ostukraine gewagt, wenn die Annexion der Krim weniger einfach abgelaufen wäre. Fest steht, dass Putins Interventionsplan von Anfang an die

Möglichkeit umfasst, weitere Teile der Ukraine zu annektieren. Als der Föderationsrat am 1. März 2014 den Einsatz russischer Truppen auf ukrainischem Territorium autorisiert, erwähnen die Senatoren neben der Krim auch mögliche andere Einsatzorte russischer Soldaten: Charkiw, Odessa, Donezk, Luhansk, Kherson und Dnipropetrowsk. Die Zentren der Südostukraine. Die Truppen sollten auf ukrainischem Territorium eingesetzt werden, «bis die soziopolitische Lage sich normalisiere».

EIN STRATEGIEPAPIER WIRD GELEAKT

Als ich knapp ein Jahr nach diesem Beschluss des Föderationsrats die Redaktion der kleinen, unabhängigen russischen Tageszeitung *Nowaja Gazeta* besuche, sagen die Kollegen mir, dass Wladimir Putin auf die Ereignisse von 2014 nicht nur einfach reagiert habe – sondern dass er lange vor dem militärischen Eingreifen einen Plan hatte. Dessen ist sich der stellvertretende Chefredakteur Sergej Sokolow sicher: Der Redaktion der *Nowaja Gazeta* sei von einer nicht identifizierbaren Quelle ein Dokument zugespielt worden, erstellt zwischen dem 4. und dem 15. Februar 2014, also in der Zeit, als Wiktor Janukowitsch noch Präsident der Ukraine war. Ein Dokument, das als Handlungsempfehlung in dieser Zeit auf Putins Schreibtisch gelegen haben müsse: «Das Papier hat unsere schlimmsten Befürchtungen wahr werden lassen. Denn jetzt stellt sich heraus, dass der Kreml nicht einfach nur situationsbedingt reagierte auf die Geschehnisse in der Ukraine. Nein, es war durchdachte Politik.» Die Redaktion ist überzeugt: Das Strategiepapier für die Ukraine erreichte den Kreml noch, als Präsident Janukowitsch an der Macht war. Es sei authentisch. «Wir haben unsere Quellen in regierungsnahen Kreisen», sagt mir der Chefredakteur im Gespräch. «Wir genießen mit dieser Person eine lange Zusammenarbeit, sie hat uns noch nie im Stich gelassen.»

Hat der Kreml sich an diesem Strategiepapier, das die *Nowaja*

Gazeta druckt, orientiert? Die Handlungsanleitungen entsprechen im Wesentlichen dem tatsächlichen Verlauf der Ereignisse durch das Jahr 2014 hindurch: die Krim-Annexion, der Aufstand im Osten der Ukraine, die darauf abgestimmte Propagandastrategie. Das Szenario: der herbeigeführte Zerfall eines Staates. Der Anschluss ganzer Landesteile an Russland. Die Diagnose lässt jeden Ukraine-Experten verwundern. Handelt es sich um ein russisches Wunschbild und Angstszenario, das die Autoren skizzierten?

Die Grundannahmen des Textes beruhen darauf, dass eine überwiegende Mehrheit der Ukrainer eine gemeinsame Geschichte mit Russland habe, sich dessen erinnere und von einer Wiedergeburt der gemeinsamen imperialen bzw. sowjetischen Staatsstruktur träume. Der *Maidan* wird charakterisiert als eine Ansammlung krimineller Hooligans unter der Kontrolle britischer und polnischer Geheimdienste. Der Westen erwarte einen Zerfall der Ukraine und wolle seinen Anteil am Land. Die Empfehlung der Autoren: Russland müsse in der Ukraine intervenieren, sonst stehe viel auf dem Spiel. Russland könne den großen ukrainischen Gasmarkt, die Gaspipelines, einen großen Wirtschaftsmarkt, weitere slawischstämmige (sprich: ukrainische) Arbeitsmigranten und eine für Russland wertvolle ukrainische Militärindustrie verlieren. Der staatliche Energiekonzern *Gazprom* könne infolgedessen in ganz Zentral- und Südeuropa an Einfluss verlieren. Das Papier bewertet Wiktor Janukowitsch als einen politisch bankrotten Präsidenten. Russland sollte ihn nicht mehr unterstützen, sondern direkt intervenieren. Es gelte nun, «die zentrifugalen Bestrebungen verschiedener Regionen der Ukraine» auszunutzen, mit dem Ziel, eine Vereinigung der Ostukraine mit Russland herbeizuführen. Die ersten Regionen für einen Anschluss sollten die Krim und Charkiw sein. Die empfohlene diplomatische Strategie Moskaus: Der Kreml müsse eine Föderalisierung der Ukraine verlangen, um pro-westliche Kräfte im Land politisch zu blockieren. Die Krim und große Teile der Südostukraine müssten dann in die Eurasische

Zollunion integriert und im letzten Schritt von Russland annektiert werden.

Was im Strategiepapier nicht angesprochen wird: der «Schutz ethnischer Russen», wie er so oft in den Staatsmedien und öffentlichen politischen Aussagen als Rechtfertigung russischen Handelns erwähnt wurde. Im Gegenteil: Gefahren sollten geschaffen werden. Der Kreml solle bewusst Spannungen schüren und mit Hilfe einer Medienkampagne pro-russische Gruppen und Demonstrationen erschaffen – gegen eine angebliche ethnische Verfolgung. Diese Gruppen und Bewegungen sollten Referenden über die Autonomie der Regionen organisieren, um «dem Prozess seine ‹politische Legitimität› und seine ‹moralische Rechtfertigung›» zu geben. Figuren wie der spätere Krim-Präsident Sergej Aksjonow, der zum Zeitpunkt der Verfassung des Dokuments nur ein Abgeordneter auf der Krim war, könnten «die Abspaltungsprozesse anführen».

Wer hat dieses Papier geschrieben, das ein Jahr später geleakt wird? Die Spur führt zu imperialnationalistischen Kreisen, die sich seit längerem zusammengeschlossen und im Kreml Gehör gefunden haben. Sie führt zu einem ehemaligen KGB-Agenten, der nun eine Denkfabrik leitet und an die orthodoxe Wiederauferstehung des Russischen Reiches glaubt. Die Spur führt weiter zu einem orthodoxen Millionär und Philantropen. Und zu dessen Angestellten, nationalistischen Milizenanführern aus Russland, die in der Ostukraine den Weg zum Krieg ebnen. Das alles erfahren wir von Alexander Sytin, seines Zeichens politischer Analyst in jener Denkfabrik, die den Kreml berät und aus dem der promovierte Historiker und leitende Angestellte Sytin entlassen wurde. Die Institution, erzählt Sytin, habe sich zunehmend von einer göttlichen Instanz, einem orthodoxen Messianismus geleitet gefühlt. Das Institut, wo Sytin arbeitete, ist das *RISI*, das *Russische Institut für Strategische Forschungen*, eine der größten wissenschaftlichen und analytischen Denkfabriken Russlands, das die Regierung in Fragen der Außenpolitik berät und das bis 2009 Teil des russischen

Auslandsgeheimdienstes war. Sytin, der ehemalige Mitarbeiter der Denkfabrik, zeichnet ein vernichtendes Bild dieser Institution, die ursprünglich vom Präsidialamt gegründet wurde, um dieses mit Strategiepapieren zu beliefern. Sie sei zu einem «Wespennest» geworden, ganz und gar nicht wissenschaftlich kompetent, sondern von unwissenschaftlicher, emotionaler Ideologie getrieben. Seit 2009 gehe es dem Institut vorwiegend um die Stärkung der Russisch-Orthodoxen Kirche und die Wiederbelebung des Russischen Reiches. Über das Jahr 2013 hinweg habe das *RISI* falsch, einseitig und irrational argumentiert – und den Kreml schließlich überzeugt, dass westliche Sicherheitsdienste die russischen Interessen in der Ukraine gefährdeten und es für Russland wesentlich sei, die Krim heimzuholen.

An der Spitze des *RISI* steht Leonid Reschetnikow, ein KGB-General, der in Russlands Auslandsgeheimdienst *SVR* die Balkanregion beaufsichtigte und später die analytische Abteilung leitete. Der ehemalige Kommunist sei, kommentiert sein entlassener Angestellter Sytin, ein glühender Gläubiger geworden und habe eine extreme Faszination entwickelt für die Ideen der «Weißen Bewegung», einer Fraktion des russischen Bürgerkrieges, und für die spirituelle und territoriale Wiederauferstehung Russlands. Mit Reschetnikow seien immer mehr bärtige Orthodoxe mit Ikonen über dem Computer ins Personal des *RISI* hinzugekommen. Zu den Fachgebieten hätten nun Maßnahmen «gegen die Falsifizierung der Geschichte» gehört, um orthodox-imperiale Ideen herauszuarbeiten. Von der Ukraine und ihrer Staatlichkeit habe das Institut keinerlei Wissen gehabt, diese Ignoranz habe in Aussagen gegipfelt wie «die ukrainische Sprache wurde künstlich geschaffen von Österreichern und Polen, um Russlands Einheit zu zerstören». Das antiwestliche geistige Fundament des Instituts habe auf der These beruht, dass Europa den Menschen in den Mittelpunkt seines Wertesystems stelle, Russland dagegen Gott diesen Platz gebe. Die wissenschaftlichen Arbeiten des Instituts seien durchweg von einer extremen, antisemitischen und homophoben Grundhaltung geprägt. Der ehemalige Mitarbeiter Sytin erzählt, dass die Denkfabrik bereits 2013 in der Ukraine pro-russische Experten identifizierte und überdurchschnittlich vergütete, deren Texte aber alles andere als analytisch stichhaltig gewesen seien. Die «Expertisen» dieser Ukrainer hätten argumentiert, dass ein europäischer Weg für die Ukraine einem wirtschaftlichen, kulturellen und spirituellen Selbstmord gleichkäme. Janukowitsch sei als Vasall oder Gouverneur russischer Interessen behandelt worden, auf ihn sollten Handels und Energieblockaden und Erpressungsmethoden angewandt werden. Während des EU-Gipfels in Vilnius habe das *RISI* der Präsidialadministration Texte geschickt, die «westliche Trends» in der Ukraine als marginale Erscheinung und Merkmal «faschistischer Westukrainer» klassifiziert hätten, lediglich hervorgerufen durch den Einfluss US-amerikanischer und osteuropäischer Nichtregierungsorganisationen und deren obskurer Hintermänner. «Das *Maidan*-Szenario wurde vom *RISI* nicht nur nicht gesehen – es wurde auch für prinzipiell unmöglich gehalten», erklärt Sytin. Das Institut habe im Geheimen mit staatlichen Geldern antifaschistisch-patriotische Organisationen in Russland und der Ukraine entwickelt, die in der Öffentlichkeit als spontan entstandene Bürgerbewegungen wahrgenommen werden. Im Frühjahr 2014 hätten die Strategiepapiere des *RISI* viel über das Großprojekt «Neurussland», von dem Putin tatsächlich zu diesem Zeitpunkt sprach, aber nichts über den zu erwartenden Widerstand der Ukraine und die Reaktion des Westens geschrieben. Und wenn, dann sei der Westen in den *RISI*-Analysen immer nur als schwacher Westen aufgetaucht, der 2008 nach dem Georgien-Krieg auch nicht reagiert habe – und daher alles schlucken werde.

DIE KRIM WIRD ÜBERNOMMEN

«So hat also diese ‹öffentlich-private Partnerschaft› auf der
Krim ausgesehen: Auf staatlicher Seite wurde die Krim von
der russischen Armee annektiert, auf der privaten Seite von
den Leuten des Oligarchen Malofejew.»
(Oleg Kaschin, russischer Journalist)

Auffällig sind jene Figuren, die einerseits im *RISI* den «akademischen» Ton angeben, andererseits aber ganz praktisch für voll-
endete Tatsachen in der Ukraine sorgen. Sie bilden einen Kreis, der
offenbar in einer Art Partnerschaft mit dem Kreml in der Ukraine
ein russisches, imperialnationalistisches Szenario umsetzen soll,
beseelt von einer historischen Mission. Da taucht an der Seite des
Institutschefs Reschetnikow zum einen der orthodoxe Oligarch
Konstantin Malofejew auf. Zum anderen Malofejews Berater für
Öffentlichkeitsarbeit, Alexander Borodai – der Inhaber der PR-
Agentur «Sozio-Master» wird später der erste «Premierminister
der Volksrepublik Donezk». Und zum dritten Igor Girkin alias
Strelkow, der Sicherheitschef Malofejews, und spätere Milizenfüh-
rer aus Moskau, der in der Ostukraine eine Republik ausrufen will.
Der Mann, der mit seinem Schnauzbart und seinem fliehenden
Kinn wie ein kleiner Bruder des syrischen Präsidenten Assad aussieht und begeisterter Nachsteller von historischen Schlachten ist,
habe immer öfter im *RISI* vorbeigeschaut, Institutsleiter Reschetnikow habe ihn als engen Freund vorgestellt, erinnert sich Sytin.[12]
Einer der langjährigen Gefährten Girkins ist jener Mann, den ich
2013 kennenlernte: Marat Musin, der eine Informationsagentur
für eine kremlfreundliche Berichterstattung über Syrien gegründet
hatte. Er gehört zum Netzwerk Girkins, zu den Paramilitärs und
Informationskriegern, die Wladimir Putins Neurussland erschaffen wollen.

Ein Milieu, das einen genaueren Blick verdient. Denn die geistigen Bande dieser Männer und ihrer Freunde sind sowohl für die Annexion der Krim von Bedeutung als auch für den Fortgang des russischen Abenteuers in der Ostukraine. Ein Milieu, das den Kreml offenbar nicht nur geistig befruchtet, sondern ihm in der praktischen Umsetzung seiner Ideen geholfen hat.

In seiner Mitte sitzt der Multimillionär Konstantin Malofejew. Er gehört zu jener Kategorie orthodoxer Geschäftsmänner, die Schulen, Kirchen, historische Forschung und einen orthodoxen Fernsehsender finanzieren. Er besitzt eine große Bücherei, lässt orthodoxe Reliquien auf Tour gehen und wird auch der George Soros Russlands genannt, obwohl sein Vermögen «nur» 160 Millionen Dollar schwer sein soll. Malofejew, der 39-jährige Gründer der Investmentgesellschaft Marshall Capital, entdeckt als Schüler die Orthodoxie, studiert Jura, lässt sich taufen und wird beruflich schnell erfolgreich, als er die Kontrolle über die damals größte russische Telekommunikationsgesellschaft erlangt und vom Telekommunikationsminister gedeckt wird. Er entdeckt die Freundschaft zu Putins angeblichem Beichtvater und geistlichem Vertrauten, Bischof Tichon Schewkunow, finanziert dessen Ausstellung über die Zarenfamilie in der Moskauer Manege und gründet mit der Unterstützung des Telekommunikationsministers die Liga des sicheren Internets, den größten Lobbyisten für Zensur im russischen Netz.

Malofejew begreift sich als «orthodoxer *Tschekist*»: als Gläubiger im Dienste der Staatssicherheit. Die *Tscheka* ist die nach der Oktoberrevolution 1917 gegründete Staatssicherheit Sowjetrusslands, und Malofejew kann diese Geheimdienst-Tradition, die auch für den Terror Andersdenkender steht, offenbar problemlos mit seinem Gott vereinbaren. Die Staatsschützer der Sowjetunion hätten ja nicht aus marxistischer Überzeugung gehandelt, sondern weil sie Patrioten gewesen seien, glaubt Malofejew. Selbst als der Staat in den 1990er Jahren zerfiel, hätten diese Staatsschützer weiter gedient. Sie hätten Russland als metaphysisches Konzept begriffen und statt Kommunismus oder Liberalismus den patriotischen

Glauben gewählt. Diese Symbiose der sowjetischen und der orthodox-imperialen Epoche in Russlands Geschichte wird auch in Wladimir Putins Reden immer wieder auftauchen, und in imperialnationalistischen Netzwerken ist sie in der einen oder anderen Form ebenfalls präsent, als Ausdruck einer neuen, alten Ideologie.

Konstantin Malofejew bringt mit einem weiteren orthodoxkonservativen Politiker, dem ehemaligen Chef der russischen Eisenbahnen, Wladimir Jakunin, das «Heilige Feuer» an einem Karsamstag erstmals nach Serbien. Er gründet in Moskau die Denkfabrik *Katechon*, der Name bedeutet in seiner griechischen Ursprungsbedeutung «Aufhalter des Antichrist», und bringt Präsidentenberater Sergej Glasjew, den Eurasien-Rechtsextremen Alexander Dugin und seinen engen Freund, *RISI*-Chef Reschetnikow in dessen Aufsichtsrat.

Auf gemeinsamen Reisen nach Bosnien sichern Malofejew und Reschetnikow dem pro-russischen Kandidaten und serbischen Nationalisten Milorad Dodik ihre Unterstützung für seine Wiederwahl zu, und auch in anderen Teilen des Balkans sind die beiden politisch aktiv. In Moskau setzen sich Malofejew und Reschetnikow im November 2013 für eine «spirituelle Souveränität» Russlands ein, in dessen (explizit keine Religion nennender) Verfassung die Orthodoxie einen besonderen Stellenwert erhalten müsse. Malofejew wird seine Fühler auch ausstrecken zu Europas Rechtsnationalen und Rechtspopulisten sowie zu Amerikas christlichen Fundamentalisten und Verschwörungstheoretikern. Über die Ukraine hat der Philanthrop feste Ansichten: «Die Ukraine ist nur ein künstliches Gebilde auf den Ruinen des Russischen Reiches. Die Ukraine ist ein Teil Russlands. Ich kann die Ukrainer nicht als Nicht-Russen erachten.»

2013 begibt sich der Unternehmer auf eine Art Pilgerfahrt in die Ukraine, gemeinsam mit dem Moskauer Patriarchen Kyrill I., und stellt auf einer Ausstellungsreise Reliquien vor, die aus dem russisch-orthodoxen Kloster der griechischen Mönchsrepublik Athos ausgeliehen sind. Die Artefakte – Goldtellerchen, Weihrauch und Myrrhe – gelten als Geschenke der Drei Könige an das Jesuskind. Malofejew erzählt Journalisten die Geschichte seiner Pilgerfahrt nach Kiew und auf die Krim, die mitten in den Wirren des *Maidan* stattfindet, gerne in der Form eines Erweckungserlebnisses, eines Zeichen Gottes für Russland. Als Malofejews Fahrt im Januar 2014 unerwartet in Sewastopol auf der Krim endet, sollen Tausende Gläubige zur Reliquien-Schau gekommen sein und dabei gebetet haben, dass Sewastopol ein Teil Russlands werden möge. Malofejews Erinnerungsstücke vom Berg Athos, Zeugnisse der historischen Bestimmung Russlands und seiner byzantinischen Wurzeln, sollen Gefühle der Volkszugehörigkeit geweckt haben, so stellt der konservative Wohltäter es später dar.

Malofejews Erinnerungen klingen wie im Märchen – ein Märchen, dem aber ganz praktische Planungen zugrunde liegen. Noch bevor Russlands Soldaten die Krim besetzen, finanziert der Geschäftsmann den neuen Bürgermeister Sewastopols, der in den ersten Tagen der Unruhen in der Stadt scheinbar spontan, beflügelt von den Forderungen der Einwohner, in Wirklichkeit aber strategisch geplant, an die Spitze rückte.[13]

Ganz real und keine plötzlich aufgetauchte Märchenfigur ist auch der Mann, der als Sicherheitschef von Malofejews Unternehmen auf die kostbaren Reliquien und ihre Schausteller aufpasst. Er heißt Igor Girkin und ist ehemaliger Offizier des russischen Militärgeheimdienstes. Malofejew bezeichnet ihn als «Mann mit Idealen», einen Mann, der den Geist eines russischen Offiziers habe, einen «echten Helden», wie er später die militärischen Verdienste Girkins, seines angestellten Sicherheitschefs von Marshall Capital, in der Ostukraine kommentieren wird.

Wie durch ein Wunder nach einem gefährlichen Flug in einem Wintersturm heil in Sewastopol gelandet, soll Malofejew dort, wie er selbst sagt, den Chef einer kleinen pro-russischen Vier-Prozent-Partei und späteren Ministerpräsidenten Aksjonow kennengelernt haben, jenen Politiker, der im März das Krim-Referendum organisierte. Malofejews PR-Berater Alexander Borodai, nach Angaben einiger russischer Medien ein ehemaliger leitender FSB-Geheimdienstmann, wird in der Folge zu Aksjonows erstem Gehilfen, nach der Krim-Annektion wird Borodai die Sache der Separatisten in Donezk weiterführen. Für den ukrainischen Geheimdienst ist klar: Konstantin Malofejew ist einer der aktiven Koordinatoren der Unruhen in der Ostukraine, und Malofejews Business-Gehilfen Borodai und Girkin sind, neben einigen anderen Figuren, die zentralen Ausführer seines Plans. Kiew zeichnet Telefongespräche in der Ostukraine auf, in denen Milizenführer Borodai seinen Chef Malofejew um Geld für Girkin und andere Mitstreiter bittet. Darin wird deutlich, dass Wladimir Putins geistlicher Freund Schewkunow als Mittler zwischen der Präsidialadministration und Malofejews Milizenführern Girkin und Borodai in der Ostukraine agiert – und der gläubige Millionär keineswegs unabhängig handelt.[14]

«Am Anfang wollte niemand kämpfen. Ich war es, der den Abzug drückte und so den Krieg auslöste. Wenn unser Trupp nicht die Grenze überschritten hätte, dann hätte alles so wie in Charkiw, so wie in Odessa geendet. Ein paar Dutzend Tote, Verbrannte, Verhaftete. Und es wäre vorbei gewesen. Unser Trupp setzte den Krieg praktisch in Bewegung, und er geht bis heute weiter», wird Igor Girkin, der Kriegsliebhaber, Kriegsnachsteller, Soldat, Monarchist und orthodoxe Gläubige später seinem Freund Alexander Prochanow in der russischen Nationalisten-Zeitung *Zawtra* erzählen. Jenem rechtsextremen Alexander Prochanow, der den *Izborsk-Club* gegründet hatte, das Tête-à-Tête der Imperialnationalisten, und der wie viele andere aus seinem Umkreis mit sehr ähnlichen Argumenten im Frühjahr 2014 im Kreml Gehör fand. «Das sind Menschen, die schon immer von einem solchen Kreml geträumt haben, wie wir ihn jetzt haben, für die die Arbeit für diesen Kreml nicht einfach ein Job ist, sondern die Fortsetzung dessen, was sie bei der (rechtsnationalistischen) Zeitung *Zawtra* schon vor langer Zeit gemacht haben», beschreibt der russische Journalist Oleg Kaschin das Milieu, aus dem jene kommen, die den «Russischen Frühling» heraufbeschwören. Bei ihrer Ankunft in Donezk ist die Millionenstadt friedlich, erinnert sich Girkin später: «Die Leute lagen in der Sonne, gingen schwimmen, Sportler trainierten, Menschen saßen in den Cafés der Stadt. Donezk war wie Moskau im Sommer.» Girkins Freund Alexander Borodai wird Jahre später zugeben, dass er im Donbass nicht viel Unterstützung von Einheimischen hatte. Aber als Girkins Einheit in die Ukraine drang, da musste er, der Strippenzieher im Hintergrund, «das Spiel spielen» und an die Öffentlichkeit treten. Die junge «Republik» des «Premierministers» Borodai sollte denn auch fast nur aus Russen bestehen.

In einem Moskauer Büro der «Nachrichtenagentur» *ANNA NEWS*, am Tisch des Informationskriegers Marat Musin, nimmt Girkin nach seinem Abenteuer ein Video auf, hinter den beiden sind Ikonenbilder zu sehen, ein Fläschchen mit Wasser, eine Plastikpflanze. Girkin und Musin reden vor der Kamera über die «alten Zeiten». Wie viele ihrer alten Freunde noch lebten, was er und Musin zusammen alles schon erlebt hätten und wie der Krieg in der Ostukraine angefangen habe: «Mit der Entsendung von Truppen auf die Krim begann Putin die Revolution von oben. Das war eine abrupte Tat, die im Gegensatz stand zu allem, an das wir uns in den zwölf Jahren seiner Herrschaft irgendwie gewöhnen mussten. Das war ein abrupter Richtungswechsel», kommentiert Girkin mit gleichgültig-monotoner Stimme. Sein Freund Musin, der Syrien-Experte und Wirtschaftsdozent, antwortet, leider habe Putin nur den politischen und sozialen, nicht aber den ökonomischen Kurs Russlands geändert. Girkin wendet ein, eins käme nach dem anderen. Beide, Musin und Girkin, haben Verbindungen zu russischen Söldnern und Russlands erster Privatarmee in Syrien. Girkins Leben ist ein Leben für den Krieg und für seine Idee von Russland.

Wo es um Russlands neoimperiale Expansion und Aufrechterhaltung der Großmacht geht, ist Girkin nicht weit. Nach Informationen der russischen Menschenrechtsorganisation *Memorial* verübte Igor Girkin als Soldat Kriegsverbrechen im Tschetschenien-Krieg 2001. Der Mann, der gerne historische Schlachten nachspielt und Literatur schreibt, gibt vor, als freiwilliger Söldner 1992 in Transnistrien und kurze Zeit später in Bosnien gedient zu haben. Fest steht, Girkin war als Soldat im ersten Tschetschenien-Krieg, bevor er zur Anti-Terror-Einheit des russischen Geheimdienstes FSB kam und von dort in den Dienst des Oligarchen Konstantin Malofejew wechselte. Girkin kennt unzählige Veteranen und Kameraden, die er für seinen Einsatz auf der Krim und in der Ostukraine zusammentrommeln wird, jetzt wo er endlich handeln darf, im Auftrag von ganz oben.

Noch vor der Flucht Janukowitschs ist Girkin auf der Krim. Er wird Berater Aksjonows, er dirigiert als «einer der Kommandeure» schwerbewaffnete Männer in das Krim-Parlament, wo sie die Abgeordneten zur Abstimmung über die Abspaltung der Krim von der Ukraine bewegen werden. Sein Auftrag führt ihn weiter in die Ostukraine, wo er ebenfalls Veteranen und Freiwillige sammeln wird und wo er als «Separatisten»-Führer in Slawjansk, einer Kleinstadt bei Donezk, Stellung bezieht, bald als «Verteidigungsminister der Donezker Volksrepublik». Als die ukrainische Armee Igor Girkins «Ministerium» erobert, findet sie Dokumente auf dem Boden, gestempelt und unterschrieben von Girkin, darunter ein Hinrichtungsbefehl für einen Einwohner, der geplündert habe und nun «auf der Grundlage des Dekrets des Obersten Sowjets der UdSSR über das Kriegsrecht vom 22. Juni 1941» hingerichtet werde. Girkin, der Moskauer Militärgeheimdienstoffizier in Reserve, hat in der Ukraine kurzzeitig die Ära Josef Stalins wiederbelebt.

DIE GEWALT REISST NICHT AB:
MOSKAU BESETZT «NEURUSSLAND»

Unruhen, Demonstrationen, Gegendemonstrationen und ge-
stürmte Rathäuser. Der «Russische Frühling» zieht durch die
Südostukraine. Was ist echt und was ist inszeniert und künstlich
angeheizt? Welche Proteste sind authentisch, welche Bürgerbewegungen nur Potemkin'sche Ansammlungen? Diese Frage bewegt
viele Beobachter, die sich seit Jahren mit der Entstehung des Krieges in der Ostukraine beschäftigen. Die Revolution in Kiew schafft
Ängste, die durch die Berichterstattung der Kremlmedien tausendfach verstärkt werden. Zwar hat es in jedem der Landesteile,
auch im Osten, lokale *Maidane* gegeben. Aber die Stimmen dieser
Maidane waren unterschiedlich laut. Die Zeit danach: Ein sensibler
Moment für das Land, in dem jede Einmischung von außen die
bloßen Meinungsverschiedenheiten zwischen Bürgern zu einem
realen Konflikt verwandeln kann.

Die Leaks über das *RISI*-Strategiepapier ebenso wie die öffentlichen, überraschend offenen Aussagen vieler Separatistenführer
aus Moskau, geleakte Mails, empirische Forschungen von Wissenschaftlern, unzählige Augenzeugenberichte und die ukrainischen
Aufzeichnungen von Telefongesprächen zeigen: Für den Kreml
gilt es, im Frühjahr 2014 bestehende spontane pro-russische und
pro-ukrainische Demonstrationen auszunutzen. Weitere Kon-
frontationen pro-russischer und pro-ukrainischer Aktivisten in
den Straßen der Südostukraine gilt es zu verstärken oder aus dem
Nichts zu erschaffen, mittels Medien und Männern, die im Auftrag von oben Unruhe gestalten: «Ich habe einen Befehl an alle,
das Volk zu erheben. Sie sollen sich auf den Plätzen in Zaporijie
sammeln und von Russland fordern, gegen die Bandera-Faschisten
einzuschreiten. Speziell ausgebildete Leute sollen die Faschisten
aus der Stadtverwaltung werfen. (…) Ich habe direkte Order von
der russischen Staatsführung, das Volk in der Ukraine, soweit wir

es können, zu erheben. Bringen wir sie auf die Straße, wie wir es in Charkiw getan haben!» Die Stimme von Putins Präsidentenberater Sergej Glasjew ist klar zu erkennen in einer Tonbandaufnahme des ukrainischen Geheimdienstes, es ist ein Telefonat Glasjews mit einem ukrainischen Mittelsmann im Frühjahr 2014. In elf Städten der Ostukraine werden daraufhin Demonstrationen entstehen, meist gruppiert um ein umstrittenes Symbol wie die alten Lenin-Statuen in den Stadtzentren – für die einen Zeichen sowjetischer Größe oder schlicht der Nostalgie, für die anderen ein Merkmal russischer kolonialer Herrschaft über die Ukraine.

Als in Charkiw, der Millionenstadt im Nordosten des Landes, zwei pro-russische «Anti-*Maidan*»-Demonstranten von Pro-Ukrainern getötet werden, gibt ein «Anti-*Maidan*»-Organisator zu, dass Dutzende Busse voller russischer Staatsbürger, in Military-Uniformen und mit Russland-Flaggen versehen, über die russisch-ukrainische Grenze nach Charkiw gebracht worden sind. Ein solcher Bustourist, ein Student aus Moskau, tauscht auf dem Dach der Regionalverwaltung die ukrainische Flagge gegen die russische aus, unter den Rufen «Putin, rette uns» und «Putin, schick uns Friedenstruppen».

Ist denn Krieg, frage ich mich, als ich diese Szenen beobachte. In dieser Zeit geht – wohlgemerkt – die einzige militärische Aktion auf ukrainischem Boden von Russland aus. Die Forderung nach einer Rettung durch Russland ergibt also keinen Sinn, die eher abstrakten Begrifflichkeiten in den Rufen der Demonstranten, Begriffe wie «Friedenstruppen», sind Russlands Staatsmedien und Strategiepapieren für den Kreml entlehnt. In einer Art «*Maidan*-Mimikry», einer bewussten, verkehrten Nachahmung der *Maidan*-Demonstranten in Kiew, besetzen pro-russische Aktivisten die Stadtverwaltungen im Osten des Landes, nicht nur mit Stacheldraht, Reifen, Russland-Flaggen und Bannern, sondern auch mit Waffengewalt, Verletzten und Toten. Die Inhalte ihrer Forderungen wirken ebenfalls wie nachgeahmt – entlehnt aus einem Kreml-Szenario. Es geht um Geopolitik, die NATO und den Föderalismus für die Ukraine, die Slogans wirken wie abgeschrieben von den Kremlmedien, und auch die Demonstranten können nichts anderes, als Inhalte des russischen Staatsfernsehens immer und immer wieder mechanisch zu wiederholen.

In meinen Interviews begegne ich nur wenigen Menschen, die die Lage beobachten und ohne Angst zu ganz eigenen Schlussfolgerungen kommen. «Wissen Sie, Luhansk hat nie erfahren, was genau in Kiew passiert ist. Die kämpfen hier gegen etwas, was sie nicht verstanden haben. Der ‹Rechte Sektor›? Das ist ein Mythos. Ich habe hier niemanden von den Rechten gesehen. Die, die hier Maschinengewehre tragen, sind ganz andere», erzählt mir ein junges Paar, sie Studentin, er IT-Fachmann, im Stadtzentrum, abseits der besetzten Gebäude. «Ich weiß nicht einmal, was die Leute mit ihren Waffen fordern. Sie machen ihre Absichten nicht öffentlich. Und die Bürger unserer Stadt sind sich nicht sicher, ob diese Leute das Volk verteidigen oder gegen das Volk sind», sagt ein Stadtratsabgeordneter in Kramatorsk, der nicht mehr ins von Aufständischen besetzte Rathaus zurückkann. Wer nicht mitmacht, wird entfernt. Den Polizeichef von Kramatorsk halten die Bewaffneten fest: «Wir müssen kontrollieren, was die Polizei hier macht, ob sie auf der Seite des Volkes ist oder nicht, und wir müssen unser Referendum sicherstellen.» Sind auch russische Staatsbürger unter den Bewaffneten? «Na ja, einige machen hier Ferien, andere haben hier Verwandte, verstehen Sie, die kamen alle, weil sie dem Ruf ihrer Seele folgten.» Die Einwohner der Stadt erzählen, dass die Bewaffneten mit russischer Hilfe gekommen seien, dass sich nun aber viele Einheimische unter ihnen befänden.

Im April 2014 verliert die Ukraine ihr staatliches Gewaltmonopol in den zwei größten Städten des Donbass, jener Gegend, aus dem Janukowitsch und seine «Partei der Regionen» kommt und das zahlreiche Fabriken aus sowjetischer Zeit – und oft noch mit sowjetischer Technik – beherbergt: Maschinenbauanlagen, Stahl und Chemie, Kohleminen und Kühlschrankhersteller. In Donezk und in Luhansk kann die Polizei die Verwaltungen nicht mehr zurück unter ihre Kontrolle bringen, als einige tausend Demonstranten und ihre Moskauer Anführer diese besetzen. Zeitgleich legitimiert Russlands Präsident in Moskau ihre Rathaus-Erstürmungen und unterfüttert sie ideologisch. Er spricht erstmals von einem historischen Konstrukt, das in den Schriften der Imperialnationalisten zentral ist: «Neurussland». Zwischen 1774 und 1794 gelang es Katharina der Großen, dieses fruchtbare Land von den Osmanen zu erobern, russische Siedler zogen dorthin. «Es geht darum, die Rechte und Interessen des russischen Südostens zu sichern. Das ist Neurussland», sagt Putin in seiner jährlichen vierstündigen Pressekonferenz. In der Zarenzeit seien Charkiw, Luhansk, Donezk und Odessa – also das Gouvernement «Neurussland» – ja nicht Teil der Ukraine gewesen, ab 1920 aber sei das Gebiet, «Gott weiß, warum», übergeben worden, sagt Putin, ohne die Oktoberrevolution zu erwähnen, und deutet an, diese Übergabe sei ein historischer Fehler gewesen. Nun müsse Moskau die Menschen, die dort seit 1764 lebten, «ermutigen, eine Lösung zu finden». Später spricht Putin auch von der «Neurussland-Miliz», die erfolgreich «gegen Kiew» vorgehe, und bald stellen die Kämpfer eine eigene «Neurussland»-Flagge vor, ein blaues Schrägkreuz auf rotem Grund.

«Neurussland» ist nur eine Komponente der «Russischen Welt» – ein Konzept, das vor allem seit 2013 eine der treibenden Kräfte von Putins Außenpolitik ist. «Russische Welt», so werden jene in unabhängigen Staaten lebenden ethnischen Russen genannt, die nach dem Zusammenbruch der Sowjetunion in einer verstreuten Diaspora landeten. Und diese Welt interpretiert Wladimir Putin sehr weit. Er beansprucht nun nicht nur den Schutz seiner Landsmänner, sondern auch der Russischstämmigen, der Russischsprechenden und überhaupt den Schutz von jedermann, der nicht einmal unbedingt ethnischer Russe sei, aber sich russisch fühle. Diese Menschen quasi aus Moskau zu ermuntern, sich selbst zu verteidigen, wird in dieser Logik als Verteidigung Russlands verstanden. Per definitionem hebt die «Russische Welt», diese zentrale Idee russischer Staatlichkeit, die Souveränität der ex-sowjetischen, unabhängigen Staaten auf.

CHAOS IM DONBASS

2012 hatte Donezk, die Finanz- und Industriemetropole des Ostens, noch ganz Europa eingeladen: zur Fußball-Europameisterschaft in der neuen Donbass-Arena. Ein schmucker, großer Flughafen war entstanden, in den Bussen gab es WLAN, noch bevor die Moskauer Metro das WLAN einführte, in Hochhäusern aus Glas und Stahl residierten Vertreter internationaler Unternehmen, darunter viele Angestellte aus Westeuropa. In nur drei Monaten verwandelt sich Donezk in eine Geisterstadt, in der die Erinnerung an Europa surreal erscheint. Über den Straßen hängen Ankündigungen für Konzerte westlicher Popsänger, die nie stattgefunden haben, auf den Straßen fahren Panzer. Der Großsupermarkt wird bald von den neuen Herren der Stadt verwüstet und geplündert. Der große Flughafen, benannt nach dem Komponisten Sergej Prokofjew, verwandelt sich in eine Ruine voller Soldatenleichen. In den neuen Einfamilienhäusern prangen riesige Einschusslöcher, ihre Gemüsegärten sind verbrannt, eine zusammengefallene Autobahnbrücke versperrt den Weg, überall zerborstene Scheiben, leere Straßen, ein paar streunende Hunde und das einzige Leben in diesem Verfall: die Kontrollpunkte der Separatisten und das Geräusch explodierender Granaten.

Donezk verliert seine Lebenskraft jeden Tag mehr, als ich im April und Mai 2014 versuche, das Chaos zu bebildern, das die Stadt und die Menschen so plötzlich erfasst hat. Immer wieder halte ich inne, um zu verstehen. Wenn der Separatismus wirklich eine Kraft von unten ist, wo sind dann eigentlich die Würdenträger und Prominenten des Donbass unter jenen, die sich von der Ukraine abspalten wollen, nur wenige Wochen nach dem

Maidan? Wo sind die Ärzte, Professoren, Journalisten, Schriftsteller und die geschlossenen Reihen von lokalen Politikern, die
sich von der Ukraine endgültig abkehren wollen, warum finde
ich stattdessen nur unbekannte Gesichter mit zweifelhafter Vergangenheit unter den Rädelsführern des «Separatismus»? Geht es
den Menschen in Aufruhr um eine Föderalisierung des Landes, in
der die Stimmen des Donbass in Kiew mehr gehört werden sollen,
und ist die Forderung nach Föderalisierung überhaupt eine genuin
ukrainische Forderung? Oder geht es doch um eine Abspaltung,
die doch etwas ganz anderes ist als die im gleichen Atemzug ge-
nannte Föderalisierung? Warum bleibt das so unklar für die, die
diese Forderungen stellen? Ist der Osten so rein russisch, wie es die
westlichen Journalisten in ihren Schlagzeilen suggerieren, oder ist
er ein zusammengewachsener Flickenteppich von ukrainisch- und
russischsprechenden Gemeinden, wie die Einwohner ihn mir beschreiben, die ständig zwischen ihren beiden Sprachen wechseln,
ohne dass es ihnen auffällt?

Im April 2014 beginnt die – unter Janukowitsch bewusst ver-
nachlässigte – ukrainische Armee ihre «Anti-Terror-Operation»
gegen die massiv bewaffneten Aufständischen in der Südostukraine. Die Einheiten der Ukrainer sind unentschlossen, die Taktik
völlig unklar, die Ausrüstung hoffnungslos veraltet, die Gesichter
der jungen Soldaten voller Angst, als Einwohner sich ihnen in den
Weg stellen. Die ersten geben auf und werden gefangen genommen
von den mysteriösen «grünen Männchen», wie die vermummten
Männer mit russischer Ausrüstung genannt werden. In Slawjansk
bei Donezk, einer 100 000-Einwohner-Stadt, beobachte ich den
Einzug der «Volksmiliz», auf gepanzerten Fahrzeugen, die sie von
der ukrainischen Armee gerade in Besitz genommen haben, auf
ihnen bewaffnete Männer in unterschiedlichen Kampfuniformen
und Schutzwesten, manche mit schwarzen Sturmmasken. Sie erreichen das Stadtzentrum, halten an, die Einwohner sammeln sich
um sie, junge Frauen lächeln sie an, machen Fotos mit den Män-

nern mit Maschinengewehr. «Bleibt hier, beschützt uns», rufen sie den unbekannten Kämpfern zu. In der Menge sehe ich nicht nur Begeisterung und Schwärmerei. Sondern auch ratlose Gesichter. «Vor wem wollt ihr uns denn beschützen? Ich sehe keine Faschisten. Wo sind denn die Faschisten?», fragt eine Einwohnerin nachdenklich. Auch dem russischen Journalisten Pawel Kanygin, dem Korrespondenten der *Nowaja Gazeta*, fallen die Skeptiker in der Bevölkerung auf, die nicht verstehen, warum ihr Rathaus von den Ankömmlingen zu einer bewaffneten Festung umgebaut wurde: «Wer ist euer Auftraggeber? Was wollt ihr von uns? Niemand hat euch gerufen, geht zurück!» Kanygin ist einer der ersten Journalisten, denen es gelingt, schon zu Beginn des Konflikts in der Ostukraine etwas über die Herkunft der schweigsamen Vermummten herauszubekommen. Er hört den Gesprächen der Milizen mit den Einwohnern zu und erfährt, dass einer der Bewaffneten auf den gepanzerten Wagen aus Rjasan, 200 Kilometer vor Moskau, in die Ostukraine gekommen ist: «Wir sind keine Milizen. Wir sind Spezialeinsatzkräfte des russischen Militärnachrichtendienstes GRU», erzählen sie schließlich in einem Russisch ohne ukrainischen Akzent. Einer der neuen Russen vom GRU befehligt bereits eine übergelaufene ukrainische Polizeieinheit in einer Nachbarstadt von Slawjansk.

Kann ein «Volksaufstand» im Südosten sich als Reaktion auf den *Maidan* und die neue Regierung in Kiew in nur vier Wochen zu einem Flächenbrand entfalten und zu einem bewaffneten Konflikt entwickeln? Der Verlauf des «Russischen Frühlings», die Taten seiner Handlungstreiber in der Ostukraine, entwickeln sich zu früh und zu schnell zu militant, um authentisch zu sein. Das renommierte Kiewer Internationale Institut für Soziologie veröffentlicht im April 2014 Zahlen zu den «Meinungen und Ansichten der Bürger in den südlichen und östlichen Regionen der Ukraine»: Wirtschaftlich sieht eine Mehrheit ihre Region eher bei Russland denn bei der Europäischen Union. Doch mehr als zwei Drittel der

Befragten wollen keine Abspaltung, keinen Anschluss an Russland. Genauso viele lehnen die Aktionen der Separatistenmiliz ab. Und genauso viele sehen in Wiktor Janukowitsch nicht mehr den legitimen Präsidenten der Ukraine.

Den Separatisten fehlt der Rückhalt einer breiten, aktiven Masse in der Bevölkerung. Wahrscheinlich auch deshalb müssen schnell Fakten geschaffen, muss jede pro-ukrainische, jede zweifelnde Stimme schnell unterdrückt werden. Die Entfernung politischer Gegner ist ein Teil dieses zielgerichteten Handelns: Westliche Journalisten werden als Geiseln genommen. Ukrainische Journalisten werden verhaftet und in den Kellern der Separatisten gefoltert. Ukrainische Unternehmer werden verschleppt, und es wird Lösegeld von ihren Familien gefordert. Wer einen Geländewagen oder eine Limousine fährt oder zum Beispiel ein Restaurant betreibt, muss damit rechnen, dass die «Miliz» sie für ihre gute Sache beschlagnahmt und eine private Firma plötzlich zum Volkseigentum erklärt wird. Wer den Bewaffneten entschlossen gegenübertritt und ihre russischen Fahnen von den Stadtgebäuden herunterreißt, wird hingerichtet. So wie der Lokalpolitiker Wolodymir Rybak, Stadtrat aus Horliwka, der im April 2014 von Separatisten festgenommen und dessen Körper wenige Tage später aufgeschlitzt in einem See gefunden wird. Rybak ist höchstwahrscheinlich im Hauptquartier von Igor Girkin gefoltert worden. «Der Körper liegt hier und beginnt zu stinken», sagt Igor Girkin einem seiner Gehilfen in einem abgehörten Telefonat und bittet ihn, die Leiche Rybaks zu entsorgen. Als ich kurze Zeit später einen Parteifreund des getöteten ukrainischen Lokalpolitikers treffe, bereitet dieser sich gerade auf die Flucht aus seiner Heimatstadt vor. «Wissen Sie, wir dachten einmal, dass unsere Gegner die Janukowitsch-Anhänger seien oder die kriminellen Banden hier im Donbass. Aber wir sehen gerade, dass gewöhnliche Kriminelle nichts sind im Vergleich zu den pro-russischen Anhängern, zu den russischen Soldaten und Agenten hier», erzählt er mir. Nun würden lokale Politiker wie er, die sich gegen den «Russischen Frühling» positionieren, als «Faschisten» beschimpft. In seinem Büro zeigt mir der ostukrainische Lokalpolitiker sein teuerstes Andenken, einen Stahlhelm und die Utensilien eines russischen Soldaten aus dem Zweiten Weltkrieg. Er versteht die Welt nicht mehr. Und fühlt sich alleingelassen: Die Übergangsregierung in Kiew habe die Region entweder aufgegeben oder könne mit der unter Janukowitsch völlig verwahrlosten, absichtlich heruntergewirtschafteten Armee den Donbass nicht mehr retten.

DIE FIEBERKURVE STEIGT

> «Die russischen Medien stellen es leider so dar: Jeder Ukrainer, egal mit welchem Hintergrund, gilt ihnen als ein aus dem letzten Weltkrieg übriggebliebener Faschist, wenn er nicht unter Russland leben möchte.»
> (Andrej Buzin, ukrainischer Demonstrant in Donezk)

Selbst die Hilfe aus der Luft kommt zu spät. Auf dem Militär-Flugfeld im ostukrainischen Kramatorsk steigen schwarze Rauchwolken auf, eine laute Explosion ist zu hören. Stunden später berichten pro-russische Separatisten, sie hätten mit einer Panzerabwehrrakete auf einen ukrainischen Hubschrauber geschossen. Derweil nimmt ein unter Drogen stehender, selbsternannter «Volksbürgermeister» in Slawjansk sechs internationale Militärbeobachter einer offiziell von der Ukraine eingeladenen OSZE-Mission als Geiseln und wirft ihnen Spionage für die NATO vor. Die Fieberkurve steigt.
Spätestens Ende April wird mir bewusst, dass sehr bald ein Krieg ausbrechen wird. In Donezk bin ich mit einem Absolventen der Russischen Literatur und seinem Freund, einem Theatermanager, verabredet. Beide wollen sie zu einer Kundgebung für die Einheit der Ukraine. Dass sie, die Russischsprachigen im Osten, in irgendeiner Weise bedroht würden, erscheint beiden Jugend-

lichen absurd. Es wird ihre letzte Demonstration für die Ukraine in Donezk werden. Nach wenigen Minuten verliere ich die beiden aus den Augen. Pro-russische Aktivisten prügeln auf die Menschen ein, unter ihnen Alte und Kinder, Frauen mit Kränzen in den Haaren und blau-gelben Flaggen. Die Angreifer werfen Blendgranaten, ziehen Messer, verschleppen einige Teilnehmer in das besetzte Rathaus. Die Polizei bleibt passiv und greift kaum ein. Die Knüppel und Messer der Männer verfehlen mich um Haaresbreite. Nach wenigen Minuten ist die Kundgebung gewaltsam aufgelöst, Demonstranten versorgen die Wunden ihrer Mitstreiter.

Ein Mann in einer schwarzen Limousine hat die Szenerie beobachtet. Mitte vierzig, stoppelkurze Haare, Anzugträger mit einem distinguierten Äußeren. Er stellt sich als Offizier a. D. der ukrainischen Luftwaffe und Sicherheitsberater der ukrainischen Regionalregierung vor. Ich bitte ihn, Roman Switan, um ein Gespräch. Als ich ihn erneut treffe, trägt er eine Militäruniform. Im Interview frage ich ihn, warum so viele Polizisten die Milizen gewähren lassen, was in den Köpfen der Polizisten vorgeht, ob seine Heimatregion noch zu retten ist. Ich erzähle ihm von meiner Vorahnung, dass es Krieg geben wird. Er schüttelt den Kopf. Nein, er glaube nicht daran. Es sieht aus wie eine Selbstbeschwichtigung, denke ich mir. Und habe ein ungutes Gefühl. Switan versucht, mir die Psyche der Polizisten zu erklären. «Die meisten Polizisten wurden gegen den *Maidan* in Kiew eingesetzt. Jetzt fühlen sie sich schuldig, sind unzufrieden, ausgebrannt. Sie kämpfen immer noch ihren eigenen Krieg. Den Krieg gegen den *Maidan*, den sie verloren haben.» Aber in nur wenigen Wochen wähle die Ukraine einen neuen Präsidenten, sagt Switan. Dann werde der ganze Spuk vorbeigehen, und die Anstifter des Chaos würden zurück nach Moskau fahren, ist er sich sicher.

Einen Monat später wird Roman Switan mitten in der Nacht aus seinem Haus in Donezk entführt werden. Die Männer, die ihn holen, sprechen kein ukrainisches Russisch, es sind Vertreter des russischen Militärgeheimdienstes, der russischen 58. Armee und lokale Separatisten: ehemalige ukrainische Polizeioffiziere. Switan werden die Augen verbunden, ihm werden Hände und Füße gefesselt. Er wird gefoltert, in einer Art und Weise, die er später als mittelalterlich beschreiben wird: Seine Füße werden mit einem glühenden Eisen verbrannt, Nadeln werden unter seine Nägel geschoben. Nachdem er von einem Separatistentrupp zum anderen gereicht wird und drei Schein-Hinrichtungen erlebt, wird der Gefangene ausgetauscht und kommt zwei Wochen auf die Intensivstation. Vier Jahre später erzählt Switan mir, wie Alexander Borodai, der Moskauer «Premierminister der Donezker Volksrepublik», ihn zunächst töten lassen wollte. Jener Borodai, der als Polit-PR-Profi des orthodoxen Multimillionärs Malofejew in Donezk das Fundament des Pseudo-Ministaates «Donezker Volksrepublik» gelegt hat. Als ich Switan frage, warum die Machtübernahme in Donezk so schnell ging, erklärt er mir die Zusammenhänge. «Während des *Maidan* wurden meistens Sicherheitskräfte aus dem Osten und von der Krim nach Kiew geschickt, um den Protest auszulöschen und Menschen zu töten. Nach der Flucht Janukowitschs konnten diese Einheiten nicht alle wegrennen. In Donezk waren es um die 16 000 Mann, sie erkannten, dass sie für ihre illegalen Aktionen auf dem *Maidan* eine ganze Weile ins Gefängnis kommen könnten, diese Männer kennen ja das Gesetz. Also beschlossen sie, eine kleine Enklave für sich zu schaffen, wie auf der Krim auch. In der Ostukraine erhielten sie Hilfe von einem heimischen ostukrainischen Oligarchen, der sich für den eigenen Machterhalt eine Verhandlungsposition mit Kiew schaffen wollte. Und die russischen Geheimdienste FSB und GRU waren ebenfalls an der Schaffung dieser Enklave interessiert», erklärt mir Offizier Switan, der jetzt im ukrainisch kontrollierten Dnipropetrowsk lebt, 300 Kilometer vom Kriegsgebiet in Donezk entfernt. Der heimische Oligarch habe seine Männer wie Matrjoschka-Puppen lange vor dem Ausbruch des Konflikts in allen großen Behörden der Region untergebracht, damit seine Geschäfte reibungslos liefen. Der Separatismus im Donbass bestehe aus russischen Truppen und den ehemaligen ukrainischen Sicherheitskräften. «Das sind sie, die sogenannten Separatisten. In Wahrheit sind sie Verräter und Kollaborateure. Sie brachen ihren Eid.» Glaubt der Ukrainer, der von Russen entführt und gefoltert wurde, an Vergebung und Versöhnung? «Dafür braucht es zwei Generationen», sagt er mir. «Wissen Sie, ich bin kein Nationalist. Ich bin ein Ukrainer. Ich hasse den Nationalismus, alles Schlechte auf der Welt kommt daraus hervor. Die Völker sind nie schuld.» Er seufzt. «Wir müssen kämpfen, um den Donbass zu befreien.»

Roman Switan war einer von 17 Ukrainern, die in einem offiziellen Gefangenenaustausch übergeben wurden. 17 Mann, ausgetauscht gegen eine einzige Frau: die Russin Olga Kulygina. Eine Frau mit Vorliebe für knöchellange Röcke und langärmlige Blusen, sie trägt stets einen Zopf, und sie ist vielseitig tätig. Als Dozentin der Wirtschaftswissenschaften und Doktorin der Biotechnologie an einer Moskauer Universität, als Kämpferin einer separatistischen Einheit, als persönliche Vertraute von Igor Girkin, als Freundin von Alexander Borodai und Marat Musin – dem Mann, der mir «authentische Bilder» vom Krieg in Syrien für das deutsche Fernsehen verkaufen wollte. Girkin und Borodai soll Kulygina seit einem gemeinsamen Kampfeinsatz in Transnistrien kennen. Mit Musin arbeitet sie für sein wissenschaftliches Projekt über Russlands korrupte Schattenwirtschaft, sie besucht mit ihm mehrmals Syrien, um Assads Truppen zu helfen und Musins Nachrichtenagentur *ANNA NEWS* aufzubauen. Auch in der Ostukraine ist sie als Journalistin mit automatischem Gewehr für Musins Medienprojekt unterwegs und schmuggelt nebenbei Waffen und Geld für die Kämpfer Girkins ins Land. Marat Musin kennt Olga Kulygina schon seit 1993, als sie mit ihm Russlands Parlament verteidigte, gegen Präsident Boris Jelzin. Die alten Geister, die orthodoxen *Tschekisten*, sind zurück, im Herzen und in den Außenposten der Macht. Ihrem imperialen Traum sehen sie sich jeden Tag dieses «Russischen Frühlings» ein Stück näher.

Gewalt und Gegengewalt. Der ewig gleiche Zyklus spielt sich in Donezk ab, und ein Vertreter der Kirche sagt mir, er könne verstehen, wie und warum das eine das andere gebiert. Ich treffe Pfarrer Sergej Kozjak an einer Brücke im Donezker Stadtzentrum. Er und andere Pfarrer halten seit einigen Wochen ein öffentliches «Gebet für die Ukraine und für die Einheit» ab, unter einem großen Holzkreuz. Die Kirchenlieder und das Vaterunser wirken wie eine Beruhigungspille für die Anwesenden. Aber mit jedem Tag werden die Teilnehmer des Friedensgebets weniger, weil es in Donezk gefährlich geworden ist für sie. Viele verlassen ihre Stadt. Pfarrer Kozjak will ein Zeichen setzen gegen den Hass. «Die ganze Zeit werden wir angegriffen. Gestern haben sie hier einen Priester zusammengeschlagen und zwei, die am Kreuz Wache hielten. Und heute erwarten wir wieder so etwas.» In Odessa am Schwarzen Meer sind am Vortag 46 pro-russische Demonstranten und zwei pro-ukrainische bei einem Brand im Gewerkschaftshaus umgekommen, mehr als 200 Verletzte hat es gegeben. Als das Vaterunser in Donezk beendet ist, schlägt ein Mann gegen das Holzkreuz von Pfarrer Kozjak und trifft anschließend meine Kamera. «Wir werden euch Odessa nicht vergeben», brüllt er die Betenden an, die auseinanderrennen. Monate später wird der Gründer der Gebetsinitiative, der Donezker Priester Alexander Chomtschenko, von der Separatistenmiliz entführt und gefoltert. In einem Gebäude, das die Kämpfer «NKVD» genannt haben – der Name des einstigen sowjetischen Innenministeriums und Geheimdienstes. In den Räumen sieht der Priester eine ganze Reihe von Folterinstrumenten, sein Peiniger erzählt, er sei aus dem russischen Belgorod gekommen, um gegen die Faschisten zu kämpfen. Als der evangelikale Priester sich später an seine Haft in den Kellern der Separatistenmiliz zurückerinnert, muss er lächeln über seine Folterer. «Ich war verwirrt: Eine Person namens ‹Bes›, dessen Kampfname ‹Dämon› bedeutet, kämpft für die Orthodoxie, wie er sagt, während eine Separatisten-Einheit, die sich den deutschen Namen ‹Abwehr› gegeben hat, gegen den

Faschismus kämpft. Da hat sich einiges wild zusammengemischt in den Köpfen dieser Männer.»[15]

Zu den Eigenarten des «Russischen Frühlings» gehört seine Fokussierung auf Minderheiten. Männer mit schwarzen Masken verteilen in Donezk Flugblätter, auf ihnen der Stempel der Separatistenregierung und der Aufruf, dass jüdische Einwohner sich fortan registrieren und eine Steuer zahlen sollen, sonst müssten sie die Stadt verlassen. Immer wieder höre ich in meinen Interviews mit Einwohnern, die die Separatisten und Russland unterstützen, dass die «Juden», die «jüdischen Kapitalisten», die «jüdisch-amerikanische Weltverschwörung» das Chaos in der Ukraine zu verantworten habe. In der Miliz finden sich russische Neo-Nazis. Die religiösen Minderheiten spüren als Erste, wie sich ihre Umgebung verändert. Auf der Krim waren es die Krimtataren, die während des Beginns der russischen Invasion in einigen Gegenden Kreuze auf ihren Häusern entdeckten, die Unbekannte in der Nacht angebracht hatten. Eine Warnung und Einschüchterung zugleich, sich mit den neuen Hausherren zu arrangieren.

Auf ukrainischer Seite bilden sich erste paramilitärische Bataillone neben der Armee. In einem der ersten Freiwilligen-Verbände treffe ich eine meiner früheren Interviewpartnerinnen wieder, eine Professorin an der Technischen Universität Donezk – sie ist jetzt keine Wissenschaftlerin mehr. Der Tropfen, der für sie das Fass zum Überlaufen brachte, sagt sie mir, sei das «Referendum» in der Ostukraine gewesen. Das wird völlig chaotisch vorbereitet, als ob die Befehle aus Moskau zweideutig ausgefallen seien. Die Frage – «Unterstützen Sie die Ausrufung der staatlichen Eigenständigkeit der Donezker Volksrepublik?» – bleibt vielen Wählern unklar. Was wollen die neuen Machthaber? Unabhängigkeit? Autonomie? Russland? Am internationalen Flughafen Donezk beginnt der Krieg. Mit jedem Gewaltausbruch, der in russischen Staatsmedien Kiew angelastet werden kann, mit jedem ukrainischen Artilleriebeschuss auf die Zivilbevölkerung der Ostukraine entfremden sich die Einwohner mehr vom Zentralstaat. Und von ihren eigenen Nachbarn, Freunden und Verwandten, die auf der anderen Seite stehen. Als Separatisten in einem Marsch auf den Straßen von Donezk ukrainische Kriegsgefangene vorführen, gefesselt und mit Wunden am Körper, werden die Gefangenen mit Flaschen beworfen und als «Faschisten» beschimpft – und danach werden die Straßen gewaschen, auf denen sie vorgeführt wurden. Eine bewusste Wiederbelebung einer Parade im Zweiten Weltkrieg, in der deutsche Kriegsgcfangene von Sowjet-Diktator Stalin vorgeführt wurden. An eine Straßenlaterne ist eine Familienmutter aus Donezk gefesselt, eine Ostukrainerin, die den ukrainischen Soldaten etwas zu essen gebracht hatte. Sie wird bespuckt und getreten, um ihren Hals hängt ein Schild. Darauf steht: «Sie hat unsere Kinder umgebracht. Eine Spionin unserer Unterdrücker». Die Ostukrainerin muss in ihrer Gefangenschaft «Sieg Heil» rufen, das habe der Separatisten-Kommandeur aus Tschetschenien mit sichtlichem Vergnügen immer wieder von ihr gefordert, erzählt sie später.

Die Ukraine darf sich ihren Weg nicht selbst suchen, darf nicht selbst die Meinungsverschiedenheiten über diesen Weg diskutieren und beilegen. Eine fremde Macht hat sich eingemischt, Menschen gekauft und Menschen bis zu ihrer Entmenschlichung gegeneinander aufgehetzt, bis zu jenem Moment, als nur noch Waffen sprechen können. Leonid Reschetnikow, der Chef des Moskauer Thinktanks *RISI*, der dem Kreml das Strategiepapier über die Ukraine vorgelegt hat und den Selbstbehauptungswillen der Ukraine nicht vorhersah, hat sich geirrt und Russland in eine tiefe Krise geführt. Die Ukraine verteidigt sich und erobert die Hochburgen der Separatisten zurück. Die Ukraine ist nicht Russland.

DER FALL MH17

«Ich weiß, dass Alexander Borodai einen Medienvertreter anrief, vierzig Minuten nachdem die Passagiermaschine verschwand. Borodai sagte: ‹Möglich, dass wir eine zivile Maschine abgeschossen haben›. Das wurde mir berichtet von Menschen, deren Worte ich gewöhnlich ernst nehme.»
(Dimitrij Muratow, Chefredakteur der *Nowaja Gazeta*)

«Beim Recherchieren hast du das Gefühl, dich weit jenseits der Wirklichkeit zu bewegen, die sich meine Landsleute überhaupt vorstellen können.»
(Pawel Kanygin, Reporter der *Nowaja Gazeta*)

Als die zwei «Volksrepubliken» im Frühjahr 2014 entstehen, ernennen sich der Moskauer GRU-Mann Igor Girkin zum «Verteidigungsminister» und sein Freund Alexander Borodai zum «Premierminister». Borodais Vertreter kommt ebenfalls aus Moskau, er ist ein ehemaliger sowjetischer Polizeioffizier, der 1991 den Angriff auf das lettische Innenministerium befehligte und dann zu Moskaus Statthalter in Transnistrien aufstieg. In Donezk sagt er bei seiner Selbstvorstellung vor der Presse, er leide bis heute unter dem Zusammenbruch der Sowjetunion, deren Werten er sich immer verpflichtet gefühlt habe. Im Mai 2014 wird die «Neurussland-Partei» gegründet, die Eurasien-Ideologen des Moskauer *Izborsk-Clubs* – die rechtsextremen Alexander Dugin und Alexander Prochanow – sind zugegen, der Club soll «Neurussland» ökonomisch und ideologisch unterstützen und eine Verfassung ausarbeiten.

Als die ukrainische Armee viele Städte im Osten langsam zurückzuerobern beginnt, erhöht Moskau seine Hilfe: Nicht nur bildet Russland die Separatisten-Kämpfer auf seinem Boden aus, nicht nur liefert es Ausrüstung, sondern es beginnt auch, im Juli 2014, von seinem Territorium aus mit dem Beschuss der Ukraine.

Der Weltöffentlichkeit bleibt dies lange verborgen, und als die Belege immer klarer werden, nehmen die Massenmedien kaum davon Notiz.[16] Durch den Druck der Artillerieangriffe aus Russland werden die ukrainischen Streitkräfte schließlich Hunderte Kilometer Grenze aufgeben. «Sie standen in meinem Vorgarten mit ihrer Artillerie und feuerten», wird mir später ein Russe erzählen, der an der Grenze zur Ukraine lebt. In der Ukraine werde ich die Mutter eines ukrainischen Soldaten kennenlernen, der durch diesen Beschuss von russischem Territorium getötet wurde.

Zugleich liefert Russland den Kämpfern Luftabwehrwaffen. Ein ukrainischer Suchoi-Jet wird über der russisch-ukrainischen Grenze abgeschossen. Einen Tag später zielen die Separatisten auf eine malaysische Passagiermaschine, die von Amsterdam auf dem Weg nach Kuala Lumpur ist – und in der Ostukraine in der Luft zerbirst. Alle 298 Insassen – darunter Niederländer, Malaysier, Australier, Briten, Deutsche – werden von einer BUK-Rakete der 53. Luftlande-Brigade der russischen Armee getötet. Sofort nach der Explosion der Maschine setzt Igor Girkin die Nachricht ab: «Wir haben (Kiew) gewarnt: Fliegt nicht in unseren Luftraum!» Er ist sich zu diesem Zeitpunkt höchstwahrscheinlich der Verwechslung nicht bewusst. Ob ein Bedienungsfehler am BUK-System die Verwechslung einer Passagier- mit einer Militärmaschine ermöglicht hat?

Jahrelang recherchieren die digitalen Detektive der Bürgerjournalistengruppe Bellingcat und Reporter Pawel Kanygin von der Nowaja Gazeta den Abschuss der Malaysian Airlines MH17. Als einen der Hintermänner identifizieren sie den russischen Aufklärungsoberst a.D. Sergej Dubinskij, der 2014 in der «Donezker Volksrepublik» Leiter des militärischen Geheimdienstes ist. Die Rolle Dubinskijs, der den Transport der BUK-Rakteneinheit von Russland über die Grenze an die Separatisten organisiert, wird ausgerechnet von Dubinskijs Freund in der Ukraine später erkannt und bestätigt: dem Ukrainer Sergej Tiunow, der mit dem Russen Dubinskij einst im sowjetischen Afghanistan-Krieg gekämpft hatte und ihn persönlich kennt, aber seit dem Ausbruch des Krieges in der Ukraine für seine ukrainische Heimat kämpft und mit Dubinskij im Streit ist.[17] Die beiden Sowjet-Veteranen treffen sich im September 2014, um einen Gefangenenaustausch zwischen ukrainischen und Separatisten-Streitkräften zu organisieren. «In Afghanistan kämpften wir auf der gleichen Seite, aber jetzt kämpfen wir gegeneinander. Ich verstehe nicht, wieso du für die Kiewer Junta bist», habe Dubinskij seinem ukrainischen Freund gesagt. Tiunow erzählt, er sei wütend geworden. «Ich konnte nicht mehr an mich halten. ‹Ihr habt doch die Passagiermaschine runtergeholt wie Banditen›, sagte ich ihm.» Der russische Oberst habe die Entrüstung seines Veteranenfreunds persönlich genommen: «Du glaubst doch nicht, dass ich das gemacht habe? Das waren die Bastarde aus Moskau!» Noch heute verteidigt der Ukrainer Tiunow seinen russischen Freund von der Sowjet-Armee. «Wenn er gewusst hätte, dass es eine zivile Maschine war, dann hätte er doch nicht die Rakete starten lassen.» Aufklärungsoberst Dubinskij sei nicht der Hauptschuldige im Fall MH17.

Mindestens ein weiterer russischer *GRU*-Offizier taucht in den Untersuchungen der russischen Journalisten und der *Bellingcat*-Rechercheure auf. Eine Schlüsselfigur bei der russischen Besetzung des georgischen Südossetiens und später eine Schlüsselfigur in der verdeckten russischen Intervention in der Ostukraine – und beim Absturz von MH17: Oleg Iwannikow, geboren in Chemnitz, Kindheit in der DDR, Sohn eines sowjetischen Generals, Absolvent der Moskauer Militärakademie, Militärgeheimdienst-Offizier, dann «Verteidigungsminister» in der selbsternannten, von Georgien abtrünnigen «Republik Südossetien», die er 2008 in den Krieg mit Georgien führte. Außerdem Gründer einer russischen Söldnerarmee, die im Dienst des Kreml auf der Krim, in der Ostukraine und in Syrien kämpfen wird, und schließlich Akademiker, dessen Fachgebiet der russische Informationskrieg ist, für den der Kreml sich ab 2008 auch mit Iwannikows Hilfe rüsten wird. Zum Beispiel eröffnet er wissenschaftliche Forschungszentren, die für die Unabhängigkeit der Kaukasus-Republik Südossetien auch in Deutschland Polit-PR betreiben. In den vom ukrainischen Geheimdienst abgehörten Telefonaten in der Ostukraine ist Oleg Iwannikow Koordinator zwischen russischem Militär und den Separatistenrepubliken und für die Übergabe von Ausrüstung aus Moskau verantwortlich. Einmal vermeldet er triumphierend: «Wir haben jetzt eine BUK. Wir werden ihre Kisten in die Hölle schießen damit!»[18]

Die «Gründerväter» des neuen «Neurusslands», Igor Girkin und Alexander Borodai, werden im Herbst 2014 abgezogen – als Moskau bereits begonnen hat, die Separatisten mit russischen Vertragssoldaten «auf Urlaub» aufzustocken und mit regulären Einheiten in das Kriegsgeschehen einzugreifen, um die von der ukrainischen Armee verkleinerten Gebiete der Separatisten zurückzugewinnen und bis hin zum Schwarzen Meer zu erweitern. Girkin und seine Mitstreiter blicken heute enttäuscht auf den Beginn des «Russischen Frühlings» zurück: «Wir dachten zuerst, dass das Krim-Szenario wiederholt werden könnte: Russland würde hereinkommen, das wäre das beste Szenario gewesen.» Der in Russland sich steigender Beliebtheit erfreuende Kriegsherr Girkin verlässt die Ukraine in Verbitterung über die ausbleibende Annexion und gründet in Russland später einen Verband für die Kämpfer «Neurusslands», deren imperialer Traum vom zaristischen Gouvernement spätestens ein Jahr nach dem «Russischen Frühling» geplatzt ist. Dem Kreml sind die «Volksrepubliken» genug. Es braucht kein «Neurussland», um sich der Ukraine in den Weg zu stellen. Die Pseudo-Ministaaten machen es dem Land unmöglich, einen von Moskau unabhängigen Weg zu gehen und Mitglied der NATO zu werden. Sie erschweren es Kiew, die politischen und sozialen Reformen nach dem *Maidan* zu konsolidieren und seine Wirtschaft zu reformieren. Sie sind wie ein Stachel in der Wunde, die Wiktor Janukowitsch und Wladimir Putin nach dem *Maidan* in der Ukraine zurückgelassen haben.

Das Waffenstillstandsabkommen, das Wladimir Putin im Februar 2015 in Minsk mit dem neuen ukrainischen Präsidenten Petro Poroschenko aushandelt, verpflichtet Moskau – eigentlich Kriegspartei, formal aber immer nur «Sympathisant» der Separatisten – zu nichts. Die Interpretation des Minsker Vertrages ist bis heute beliebig. Offenbar braucht Putin dieses Abkommen nur, um seine Streitkräfte umzustellen. In den stundenlangen Verhandlungen mit dem ukrainischen Präsidenten redet er sich dermaßen in Rage, dass er für einen kurzen Moment die Selbstbeherrschung verliert – und indirekt zugibt, Kriegspartei zu sein. Putin, Russlands Oberkommandierender der Streitkräfte, droht seinem Gegner Poroschenko, er werde dessen Truppen vernichtend schlagen. Der damalige französische Präsident François Hollande erinnert sich in seinem Buch «Die Lehren der Macht» an die Atmosphäre am Verhandlungstisch in Minsk. An Putins Drohung, Putins plötzliches Innehalten und seine Erkenntnis, dass er zu weit gegangen ist, sich verraten hat, seine Fassung wiedergewinnen muss. Dann beginnt Putin erneut, seine Rolle zu verschleiern, er müsse nun «die Separatisten» konsultieren und diese müssten über den Minsker Friedensplan entscheiden. Als Frankreichs Präsident ihn darauf hinweist, dass schließlich Russland für die Kämpfe in der Ostukraine vom Westen sanktioniert ist und nicht irgendeine nebulöse Truppe unbekannter Rebellen, tut Putin so, als ob er nicht versteht oder nicht hört. François Hollande schreibt, dass Putin den Waffenstillstand um Wochen hinausschieben wollte. Der Deal, der am nächsten Morgen von den Spitzen Deutschlands und Frankreichs in Minsk verkündet wird, ist nur Stunden später Makulatur. Zwei Tage nach dem Abkommen nehmen Separatisten und reguläre russische Einheiten die ostukrainische Kleinstadt Debalzewe ein, einen wichtigen Eisenbahnknotenpunkt. Die ukrainische Armee rettet sich aus der drohenden Einkesselung dort und zieht unter großen Verlusten ab.

RUSSISCHE SOLDATEN STERBEN, DIE ES GAR NICHT GIBT

«Man kann diese Information nicht verstecken. Man kann nicht heimlich Soldaten begraben und heimlich Menschen ins Ausland schicken, um zu kämpfen.»

(Sergej Kriwenko, Mitglied der russischen Menschenrechtsgruppe *Memorial*)

Die Dementi- und Vernebelungstaktik des Kreml erreicht zuweilen absurde Ausmaße. Selbst zu seinen in ukrainischer Haft sitzenden Soldaten kann Moskau sich nicht bekennen, weil sonst die gesamte Lügenlegende einstürzen würde. Als zwei Mitglieder der russischen Spezialeinsatzkräfte, Jewgenij Jerofejew und Alexander Alexandrow, in der Ostukraine von ukrainischen Truppen gefangen genommen werden und im Kiewer Gefängnis darauf warten, dass Moskau ihre Lage wahrnimmt und sich für ihre Rückkehr einsetzt, distanziert sich ihr Heimatland von ihnen. Sie hätten ihre Einheit verlassen und seien aus eigenen Stücken in die Ostukraine gegangen, lässt das Moskauer Außenministerium verlauten. Beide Inhaftierte verneinen dies. Sie hätten nie ein Rücktrittsgesuch unterschrieben, sie hätten in der Ostukraine lediglich die Befehle ihrer Vorgesetzten ausgeführt. Selbst die Mutter einer der Soldaten meldet sich und bekräftigt, dass ihr Sohn weder aus der Armee ausgetreten noch eigenmächtig in die Ostukraine gegangen sei.

«Warum müssen russische Soldaten sterben und Sie, Herr Putin, als Oberkommandierender, lügen und behaupten, dass diese gar nicht kämpfen? Wir sehen doch die Gräber dieser Soldaten – in Kostroma, in Pskow, in Nizhnij Nowgorod (…)», wird Russlands Oppositioneller Boris Nemzow den Präsidenten fragen. Eine Frage, für die er Monate später mit seinem Leben bezahlen muss.

Russlands Soldaten werden anonym begraben, weil der Krieg, in dem sie kämpften, vor der Welt als ein ukrainischer Bürgerkrieg, als innerukrainische Reaktion auf den *Maidan* dargestellt werden soll. Wer als Soldat aus Russland in die Ostukraine ziehe, folge nur dem Ruf seines Herzens, wird Wladimir Putin immer wieder sagen. Oder er sei an der Grenze eingesetzt und verirre sich dann immer wieder mal auf das Territorium des Nachbarlandes, aus Versehen. Für solche bis zur Schmerzhaftigkeit banalen Erklärungen haben die Familien der getöteten russischen Armeeangehörigen nur Entsetzen übrig. «Ich kann einfach nicht verstehen, wofür mein zwanzigjähriger Sohn starb», erzählt Jelena Tumanowa am Grab ihres Sohnes, als der Krieg in der Ostukraine bereits seit Monaten schwelt.[19] Die Sterbeurkunde ihres Sohnes benennt einen unbekannten Einsatzort, er sei gestorben am «Ort der temporären Verlegung seiner Militäreinheit 27 777 (…), an massiven Blutverlusten durch mehrere Granatsplitter». «Warum konnten wir die Menschen in der Ukraine nicht einfach selbst ihre Probleme lösen lassen? Und jetzt, wo wir sehen, dass unser Staat meinen Sohn dorthin geschickt hat, wieso kann der Staat das nicht zugeben und uns genau sagen, was passiert ist?»

Jelena Tumanowa und viele andere Soldatenmütter wissen nicht, dass ihre Söhne, wenn sie durch den «Trichter» des russischen Militärapparats zu den «Separatisten» geschickt werden, kaum mehr Papierbelege für ihre Herkunft haben, und dass das Prinzip der Abstreitbarkeit russische Strategie ist. Russische Journalisten und oppositionelle Politiker, die auf die geheimen Gräber dieser Einsatzkräfte aufmerksam machen, werden bedroht, verfolgt, zusammengeschlagen.

Auch Zivilisten, die zufällige Augenzeugen dieser geheimen Operation werden und ihre Beobachtungen weitergeben, begeben sich in Gefahr. So wie die siebenfache Familienmutter Switlana Dawidowa in Wiazma, einer Stadt zwischen Smolensk und Moskau. Im April 2014 bekommt Dawidowa zufällig auf der Straße ein Telefonat mit. Ein Militär aus der *GRU*-Militärkaserne in der Nähe ihrer Wohnung informiert auf der Straße offenbar einen Kameraden, dass er und andere in kleinen Gruppen nach Moskau geschickt würden und von dort in ziviler Kleidung weiter zu einem Arbeitsausflug. Als Dawidowa die ukrainische Botschaft in Moskau auf dieses Telefonat aufmerksam macht, bekommt sie kurz darauf Besuch. Sie stillt gerade ihr zwei Monate altes Kind, als plötzlich Offiziere des Geheimdienstes in ihrer Wohnung stehen und sie in ein Untersuchungsgefängnis mitnehmen. Wegen der großen Aufmerksamkeit, die der Fall von Switlana Dawidowa bekommt – die unabhängige Tageszeitung *Nowaja Gazeta* sammelt über 47 000 Unterschriften für ihre Freilassung –, wird die Anklage schließlich fallengelassen und Dawidowa unter Auflagen entlassen.

Die 73-jährige Ljudmila Bogatenkowa, Vorsitzende der Nichtregierungsorganisation «Komitee der Soldatenmütter» in Buddjonowsk, wird nach ihren Recherchen zu Soldatentoden in der Ostukraine des «massiven Betrugs» und der Unterschlagung von Geldern angeklagt. Ihre Organisation wird noch im Sommer 2014 per Gesetz zum «ausländischen Agenten» erklärt. Präsident Putin erlässt 2015 ein Dekret, wonach Informationen über militärische Verluste in Friedenszeiten unter Verschluss gehalten werden müssen. Die Ukraine bringt ihre Erkenntnisse über Russlands Soldaten in der Ostukraine in eine Klage gegen Russland vor dem Internationalen Strafgerichtshof ein. Derweil kommen in Deutschland viele Politiker und Beobachter des Krieges in der Ostukraine immer noch zu dem Schluss, dass Russland keine Kriegspartei ist.

«GOOD BYE AMERICA, WO ICH NIE GEWESEN BIN, LEBWOHL AUF EWIG» (Filmmusik aus Brat II)

«Wir sind einfach stärker als alle anderen, weil wir im Recht sind. Die Macht liegt in der Wahrheit. Wenn ein Russe fühlt, dass er im Recht ist, ist er unbesiegbar», wird Wladimir Putin am Ende des Jahres

2014 sagen, als ein russischer Journalist ihn demonstrativ fragt, ob das mit der Krim gutgehe, ob Putin die Konsequenzen seiner Handlungen einkalkuliere. Der Präsident verteidigt die Krim-Landnahme als «strategische Entscheidung» und beansprucht Wahrheit und Recht für sich. Den Ausdruck «Die Macht liegt in der Wahrheit» hat Putin entlehnt aus «Brat» (auf Deutsch «Bruder» oder «Kumpel»), einem populären und verstörenden Kinostreifen der 90er Jahre. Der Protagonist von «Brat» ist Danila, ein junger Mann aus der Provinz, aus der Familie eines Kriminellen. Danila ist gerade aus dem Tschetschenien-Krieg zurückgekehrt, und landet im Mafia-Milieu von St. Petersburg. Hilfe unter Brüdern ist das Wichtigste, und so begibt sich der Held nach Chicago, wo er den Mord an einem in Bedrängnis geratenen Gangsterkumpel aufklären und rächen will. Dabei verfolgt der Russe einen reichen, kriminellen Amerikaner, und fragt ihn skeptisch, ob Geld tatsächlich Macht verleiht: «Ich glaube, dass die Macht in der Wahrheit liegt: Wer Wahrheit besitzt, ist der Stärkere. Du hast jemanden betrogen und viel Geld gemacht. Wozu das Ganze, bist du dadurch stärker geworden? Nein. Weil die Wahrheit nicht mit dir ist. Und der, der betrogen wurde – hinter dem steht die Wahrheit. Der ist der Stärkere.» Die Filmdrama-Reihe «Brat» porträtiert eine Generation der missverstandenen, wütenden jungen Russen, von niemandem in Russland und in der Welt gewollt, und unheilbar geschädigt von Krieg, Kriminalität, Gewalt und Fremdenfeindlichkeit. In der Fortsetzung erlangt der Held, der seine Identität sucht, ein neues Selbstbewusstsein gegenüber einem entzauberten Amerika, pflegt die Bande und Bruderschaft «unter Russen», findet zum spirituellen Wert der «Wahrheit», und reist im Triumph nach Russland zurück. Die Fortsetzung des Kultfilms im Jahr 2000 ist ein rechter, nationalistischer Streifen, in dem der russische Held neokolonial agiert und zugleich ein neokoloniales System bekämpft: Die USA besitzen darin die Wirtschaftsmacht, die Russen «die Macht der Wahrheit».

Wahrscheinlich geht das (von Putin mehrmals zitierte) Gleichnis über die Macht und die Wahrheit auf einen orthodoxen Heiligen zurück – den Großfürsten von Kiew und Wladimir, Alexander Newski. Er benutzte die Worte «Gott ist in der Wahrheit, nicht in der Macht», als er 1240 die schwedische Armee vor Nowgorod besiegte. Heute muss man den geflügelten Satz umdrehen: Nicht «die Macht liegt in der Wahrheit», sondern «die Wahrheit liegt in der Macht» – in Putins Macht. Putin spricht im Namen absoluter Legitimität, er wähnt sich im Recht, in der Gerechtigkeit. Und er schafft sich seine Wahrheit, mittels «richtiger Informationen», die doch falsch sind. Die Taktiken dieses Informationskrieges – ein Begriff, der seit vielen Jahren in militärischen Schriften auftaucht, vor allem nach 2008 – überraschen den Westen, auch weil er Russland lange Jahre unterschätzt und übersehen hat. Und weil die – immer breiter benutzten – sozialen Medien Erscheinungsform und Wirkung klassischer Propaganda und klassischer psychologischer Kriegsführung vertausendfachen.

Einige Jahre vor meiner Entsendung nach Moskau arbeitete ich erstmals als «Social-Media-Reporterin» im Fernsehstudio. Ich ergänzte die Berichterstattung von den Unruhen im Iran 2009 nach den gefälschten Präsidentschaftswahlen und von den Unruhen in der arabischen Welt 2011 mit den Augenzeugenberichten von Bürgeraktivisten aus dem Netz. Beide Proteste hatten ein gemeinsames Merkmal: den hohen Grad an zivilgesellschaftlicher Selbstorganisation durch das Internet. Die Handy-Videos der Bürgerjournalisten waren näher am Geschehen als westliche Fernsehkameras, die Diskussionen der Revolutionäre im Netz ein bislang nie da gewesener Einblick in ein Labor der Demokratie in Autokratien. In einer bislang geschlossenen Gesellschaft trieben soziale Medien und Blogs Demokratisierung und Pluralisierung voran, sie ermöglichen Vernetzung, Organisation, Transparenz, Weltöffentlichkeit. Was für eine Errungenschaft! Bis diese Entwicklung sich jäh umdreht. Bis der Zugang zum Netz immer weiter erschwert wird. Und Autokratien das Netz und seine Möglichkeiten entdecken.

Es ist in dieser Zeit zwischen iranischem und arabischem Aufruhr, als ich die englischsprachigen Videos von «RT», schwarze Buchstaben auf grünem Grund, in den sozialen Medien entdecke. Mir nahestehende Bekannte teilen sie, Freunde mit sozialem Gewissen und ausgeprägtem Sinn für Gerechtigkeit. Sie fühlen sich angesprochen von der kritischen Machart der Videos, die oft westlichen Anspruch und Realität miteinander vergleichen. Nur: Als sie die Videos teilen, wissen sie zunächst nicht, wofür RT steht und dass ein Staat hier seine Weltsicht, seine strategischen Informationen verbreitet.

Als Reporterin vor Ort, die erlebt, wie absichtlich verbreitete, falsche Informationen zu Gewalt und Gegengewalt führen, ist es für mich zunächst bizarr und unbegreiflich zu erleben, dass die Propaganda einer verdeckten Kriegspartei nicht nur in der Ukraine, sondern zeitgleich auch in Deutschland beginnt, Wirkung zu zeigen – und sich zur Parallelrealität entwickelt. Ich erinnere mich an diese seltsame Gleichzeitigkeit von dem, was ich selbst vor Ort sehe, und jenem, das viele in Deutschland glauben, in meinem Berichtsgebiet zu sehen.

Nur ein Beispiel: April 2014, die letzte Demonstration von Einwohnern in Donezk für ihr Land, ihre Nation, für Reformen in der Ukraine. Minuten nach ihrem Beginn wird diese Demonstration von bewaffneten Männern aufgelöst, die friedliche Menge wird gewaltsam auseinandergetrieben, einige werden mitgenommen in die von Separatisten besetzte Stadtverwaltung, sie sollen dort, wie die neuen Machthaber der Stadt sagen, «umerzogen» werden. In Moskau erfahre ich von der Menschenrechtsorganisation *Memorial*, dass die verschleppten Studenten aus dieser Demonstration in Donezk zum Zwecke der «Umerziehung» gefoltert wurden. Von einigen deutschen Bekannten werde ich daraufhin gefragt, ob die Nichtregierungsorganisation *Memorial* nicht vom US-Milliardär George Soros finanziert würde: «Da sind doch die Amis dahinter. Das kann ja gar nicht wahr sein, was die Menschenrechtler da behaupten …!» Die Diskreditierung von Nichtregierungsorganisationen – ein typisches Instrument russischer Staatsmedien und der russischen Autokratie – ist in Deutschland angekommen, eine angebliche westliche Beeinflussung ist zur eigentlichen Geschichte geworden, es geht gar nicht mehr um die Gewalt gegen friedliche Demonstranten, gegen ein Land und eine Nation, zu der ein Staat verdeckt aufgerufen hat. Die Geschichte ist spiegelverkehrt geworden: Ich will über die Gewalt reden, die ich gesehen habe, doch der Nachrichtenrezipient sieht die Chronisten der Gewalt – Menschenrechtsaktivisten, die Menschenrechtsverstöße notieren – als westliche Agenten. Irgendetwas kippt gerade in Deutschland, schreibe ich im Frühjahr 2014 in meinen Kalender.

Als britische Journalisten des Guardian und des Telegraph im August 2014 im Süden Russlands einen Militärkonvoi aus Russland in ukrainisches Hoheitsgebiet fahren sehen und darüber berichten, werden sie von russischen Staatsmedien und Internet-Trollen angegriffen. Einige auswärtige Beobachter fragen sich nun erstmals, ob der Krieg in der Ostukraine tatsächlich ein Krieg zwischen Russland und der Ukraine sein könnte. «Die Ukraine bestätigt den Vorfall. Für die Ukraine ist der illegale Grenzübertritt russischer Militärs bereits nichts Besonderes mehr», berichte ich aus Kiew. Mehrere hundert Kilometer Grenze zu Russland sind seit Monaten nicht mehr unter ihrer Kontrolle, Russland schickt immer wieder militärische Ausrüstung über diese Grenze in die Ostukraine. Doch die Legende vom ukrainischen Bürgerkrieg muss der Kreml vor der Welt aufrechterhalten. Als der Artikel der britischen Kollegen erscheint, konstatiert das russische Verteidigungsministerium: «Europa ist ernsthaft krank geworden.» Das Außenministerium in Moskau spricht von einer absichtlich ausgedachten Story, die der Vorbereitung eines NATO-Treffens dienen sollte. Russlands Staatsmedien beginnen, westliche Journalisten zu verfolgen und im Programm lächerlich zu machen.

RUSSLANDS VERSCHLEIERUNGSTAKTIK – DIE VERTUSCHUNG VON MH17

Der Abschuss einer Passagiermaschine mit 298 Menschen an Bord und die Berichterstattung russischer Staatsmedien darüber ist eines der besten Beispiele dafür, wie die Propaganda der russischen Staatsmedien funktioniert. Vier Jahre nach dem Abschuss ist für das internationale Ermittlerteam klar: Die Rakete, mit der die Maschine nach Kuala Lumpur über der Ostukraine abgeschossen wurde, stammt von einer russischen Militäreinheit. Die Ermittlungen konzentrieren sich nun auf Russlands Militär, die Frage der Verursacher ist also inzwischen zweifelsfrei geklärt. Doch der Kreml und seine Medien haben so viel Verwirrung und Vernebelung geschaffen, dass die Frage der Schuld bis heute, selbst in seriösen westlichen Medien, zuweilen als umstritten gilt – und kontrovers dargestellt wird. Ich erinnere mich noch genau an meine ersten Beobachtungen am 14. Juli 2014. In zumindest einem Kremlmedium wird der erfolgreiche Abschuss einer ukrainischen Militärmaschine durch die Separatisten vermeldet und auf die Quelle, einen Account in einem sozialen Medium, der dem Milizenführer Igor Girkin zugeschrieben wird, verwiesen: «Das Vögelchen ist heruntergefallen» steht dort. Dann wird diese Nachricht nie wieder gemeldet und die Quelle gelöscht. Girkin spricht später von einer Maschine, die schon vor dem Abschuss voller Leichen gewesen sein muss – eine irrsinnige Theorie, neben unzähligen anderen wahnhaft wirkenden Ablenkungsmanövern. Die Vielfalt der kursierenden Theorien, die Widersprüchlichkeit und Wirrheit der Erklärungsversuche und der absolute Ausschluss – a priori – der Möglichkeit, dass Separatisten die Tragödie verursacht haben könnten, sind nur die ersten Auffälligkeiten in der Berichterstattung der Staatsmedien. Über Blogs, internationale Kremlmedien, aber auch über ganz gewöhnliche Medien erreichen dann schließlich die offiziellen staatlichen Dementis, die wirren Theorien, die gefälschten Satellitenaufnahmen des russischen Verteidigungsministeriums (erst viel später mühsam als Fälschung identifiziert) die westliche Informationssphäre. Medienforscher beschreiben als ultimatives Ziel der russischen Medienmanipulationen, dass der Rezipient Fakten anzweifelt und dass viele «Wahrheiten» – als «alternative Fakten» – in völliger Widersprüchlichkeit nebeneinander existieren.

Auf internationaler Ebene verhindert Russland durch sein UN-Veto eine internationale Untersuchung, wie es sie 1988 nach dem Lockerbie-Attentat auf ein ziviles US-Passagierflugzeug gegeben hatte. Zugleich setzen die Kremlmedien ohne stichhaltige Argumente die Bürgerjournalisten von *Bellingcat* herab, deren Rechercheergebnisse später vom internationalen Ermittlerteam bestätigt werden. Der spanische Ableger von *Russia Today (RT)* geht so weit, einen Spanier als «Fluglotsen in Kiew» zu zitieren, der im Interview den Abschuss von MH17 auf zwei ukrainische Militärjets zurückführt. Auch Wladimir Putin beruft sich dann auf «Carlos, den spanischen Fluglotsen in Kiew». Vier Jahre später identifizieren rumänische Journalisten in einer aufwendigen Recherche den angeblichen Fluglotsen von *RT* als vorbestraften Mann, der schließlich vor den Journalisten behauptet, niemals als Fluglotse gearbeitet und für seine Lügen über den Absturz von MH17 große Geldsummen aus Russland erhalten zu haben.[20]

Gerade im Fall MH17 fällt mir diese seltsame Gleichzeitigkeit von «Realitäten» auf. Meine Realität ist das Absturzfeld. Ich trete versehentlich auf Leichenteile und Trümmerreste und interviewe traumatisierte Einwohner, die den Absturz mit eigenen Augen gesehen haben. Diese Drehreisen finden statt, während in der Ostukraine gekämpft wird. Auch im Hotel bin ich nicht sicher: An meiner Hotelzimmertür in Donezk prangt irgendwann ein Fadenkreuz aus schwarzem Klebeband. Krieg und Drohungen – das sind die Arbeitsbedingungen westlicher Journalisten in der Ostukraine. Und zeitgleich etabliert sich eine Parallelrealität nicht nur in russischen Medien, in der «russischen Welt», sondern auch in den

Köpfen westlicher Nachrichtenrezipienten. In Deutschland erlebe ich auf einer Podiumsdiskussion, wie einige den «Mainstream-Medien» gegenüber kritisch eingestellte Zuschauer sich mit den betrunkenen Separatisten an der Absturzstelle von MH17 identifizieren, aber nichts über meine Erfahrungen aus Donezk hören möchten. In sozialen Medien beobachte ich, dass mir nahestehende Bekannte Absturztheorien aus Putin-apologetischen Blogs teilen, aber nicht etwa zum Hörer greifen, um mich anzurufen, um mit jemandem zu sprechen, den sie kennen und der vor Ort war.

Die Parallelrealität, die gefühlte und gewollte Wahrheit, der Glaube ist wohl mächtiger als alle anderen Erkenntnisse, stelle ich fest.

KRIEG MIT FALSCHEN FAKTEN

«Wer heute die klassischen Prinzipien des Journalismus befolgt, bringt das Land dazu, den Informationskrieg zu verlieren.»

(Andrej Kondraschow, Moderator des russischen Staatsfernsehens)[21]

«*Vesti*», die Nachrichten im russischen Staatsfernsehen, widmen sich im Jahr 2014 nur noch der Ukraine. Das Leben, die Fragen, die Probleme in Russland existieren nicht oder scheinen sich nun in der Ukraine abzuspielen. Meinen russischen Kollegen fällt auf, dass viele angebliche «Einwohner», die in den Staatsmedien zu Wort kommen, wohl in Wirklichkeit gar keine Ukrainer sind, weil sie reines Russisch ohne ukrainischen Akzent sprechen. Manche «Einwohner» tauchen hintereinander in verschiedenen ostukrainischen Städten vor der Kamera auf, als variable Kronzeugen angeblicher schrecklicher antirussischer Schandtaten. Die Nachrichtensprache ist emotional und laut, die Intonation voller Schärfe: «Wir verurteilen mit Nachdruck», «das Böse muss bestraft werden», oder «wir geben die Unseren nicht auf».

Ich beobachte, wie grotesk viele «Falschnachrichten» der russischen Staatsmedien sind und wie schnell sie doch die Gemüter in der Ostukraine derart emotionalisieren, dass ganze Familien sich zerstreiten. Russische Staatsmedien zeigen eine Reihe von entstellten Leichen in einem Massengrab. Doch das Foto stammt eigentlich aus dem Jahr 1995, als tote Tschetschenen in Grosny ausgegraben wurden. Oder: Im westukrainischen Lemberg habe man ein erstes Kindersoldaten-Bataillon zusammengestellt, das in die Ostukraine ziehe. Die Bilder zeigen aber tatsächlich, wie Kinder in Lemberg Geld für die ukrainische Armee sammeln. Oder: Die ukrainische Nationalgarde habe einen friedlichen Zivilisten in Slawjansk erschossen. Diese Bilder wiederum stammen aus dem russischen Kaukasus. Oder: Das ukrainische Militär habe öffentlich die Familie eines Separatisten in Kramatorsk erschossen. Die Frau, die das im Staatsfernsehen erzählt, hat bereits in verschiedenen Rollen als Zeugin gedient. Oder: Ein dreizehnjähriger Junge sei von der ukrainischen Nationalgarde mit Drogen abhängig gemacht und gezwungen worden, zu spionieren. Es handelt sich um einen geistig behinderten Jungen, der zum Zeitpunkt der Ausstrahlung der Sendung als vermisst gemeldet wurde. Oder: Ukrainische Behörden hätten angefangen, die russische Sprache in ukrainischen Schulen abzuschaffen und durch die deutsche Sprache zu ersetzen, da diese Sprache ihnen ideologisch näher sei.

Nichts von alledem stimmt, und auch diese Schlagzeilen sind erfunden: Eine aus Slawjansk geflohene Frau erzählt, wie ein drei Jahre alter Junge in der Öffentlichkeit von der ukrainischen Armee gekreuzigt und seine Mutter an einem ukrainischen Panzer angekettet über den Platz geschleift worden sei. Die Tochter des ukrainischen Geheimdienstchefs organisiere Ausflüge in die Ostukraine, um dort mit Haubitzen zu schießen. Ein Arzt in Odessa habe gesehen, wie Zehntausende pro-russischer Demonstranten starben. Separatisten berichten, die ukrainische Nationalgarde stecke hinter einem «Genozid» in einem Dorf nahe Donezk, alle

Männer seien lebendig in zwei Hälften geteilt worden. Der Anwalt von Julia Timoschenko hätte die Organe lebender, verwundeter Ostukrainer an eine in Deutschland lebende Ärztin verkauft. Ein «Konzentrationslager für pro-russische Demonstranten»? Ein «faschistischer Genozid»? Eine «Junta an der Macht» in Kiew? Eine ehemalige Ministerpräsidentin, Julia Timoschenko, mit «jüdischen Wurzeln»? Ein aktueller Ministerpräsident als «Scientologe»?

Eine solche Anzahl an Falschmeldungen kann kein Flüchtigkeitsfehler, keine journalistische Unachtsamkeit sein, sie kann nicht der Schnelligkeit der Aktualität geschuldet sein. Eine solche Anzahl an Abstrusitäten erübrigt jeden Vergleich mit den Fehlern der westlichen Berichterstattung über den Ukraine-Krieg. Eine solche Dimension an Falschmeldungen, verbreitet mit der Absicht, Öl ins Feuer zu gießen, verbietet es, in Kategorien relativierender Analogien zu denken, sprich: russische Medien mit ukrainischen oder westlichen Medien zu vergleichen. Eine solche Masse an «Fake News» hat nichts zu tun mit dem Sprichwort, wonach «das erste Opfer des Krieges eben die Wahrheit» ist. «Sie können russische Propaganda nicht mit dem vergleichen, was ukrainische Medien tun», sagt mir Pawel Scheremet, ein langjähriger weißrussischer Journalist, der 2014 seinen Posten beim russischen Kanal *OTR* aufgibt, als Zeichen des Protests gegen die Medienpolitik des Kreml.

In Kiew erklärt mir Scheremet: «Die ukrainischen Medien setzen zum Beispiel die Zahl der getöteten Soldaten der ukrainischen Armee herab. Sie erhöhen die Zahl der getöteten Separatisten, und sie zeigen generell keine Videos, die Separatisten gedreht haben. Aber all das ist nicht vergleichbar mit Russlands Propaganda.»

Manchmal verirrten sich Russlands Staatsmedien in logischen Widersprüchen, im Labyrinth ihrer Propaganda, erklärt mir Juri Saprykin, der Geschäftsführer des Magazins *Afisha*, der ebenfalls 2014 seine Stelle kündigt. Saprykin erinnert sich an einen Film im Ersten Kanal: «Eine Story über russische Milizen, die aus einem Wohnhaus in der Ostukraine auf die ukrainische Armee schießen und beim Wegrennen in die Kamera erzählen, dass sie das Feuer eröffnet hätten und nun die ukrainische Artillerie in das Wohnhaus schießen werde. Und im gleichen Atemzug sagt der Reporter: ‹Die ukrainische Junta schießt auf Wohngegenden.› Nun, es wurde uns ja gerade gezeigt, warum die Ukraine auf Wohnungen von Zivilisten schießt: weil von dort das Feuer auf sie eröffnet wurde und weil Milizen absichtlich von dort schießen, um einen Gegenangriff zu provozieren. Journalisten haben für gewöhnlich keine Zeit, über diesen Widerspruch zu reflektieren. Und ich fürchte, das Publikum auch nicht. Der Krieg, den der ukrainische Staat führe, sei ein Verbrechen, sagt man uns. Aber der Krieg, den die Separatisten begannen, der ist rechtens, der füge friedlichen Bürgern keinen Schaden zu, im Gegenteil: er beschütze sie.»

Ich beginne, mich mit dem Denken der staatlichen Medienschaffenden auseinanderzusetzen. Mit ihrer zynischen Überzeugung, dass jeder Journalist, auch der im Westen, im Krieg sei, dass jeder Journalist Befehle von oben ausführen müsse. «Wenn Sie, Golineh Atai, mich jetzt hier interviewen, dann weil der deutsche Geheimdienst Ihnen das befohlen hat», lacht Juri Saprykin auf. Ich frage ihn: Eigenständiger, gegenüber jedem Staat und jeder Macht kritischer Journalismus kann also im Denken der staatlichen Medienschaffenden und des Kreml gar nicht existieren? «Richtig», sagt er. In der Folge muss kritischer westlicher Journalismus diskreditiert werden: als «Russophobie» und «Kriegstreiberei», als irrationaler Wesenszug, als Angst vor und Hass auf Russland und Russen. Ein Vorwurf der Staatsmedien und Politiker, der seit der Krim-Annexion immer wieder erhoben wird und der an die «antisowjetische Hysterie», eine rhetorische Figur der Sowjet-Medien gegen westliche und gegen eigene Kritiker, erinnert.

Der gegen Kritiker erhobene Vorwurf der «Kriegstreiberei» ist ebenfalls entlehnt aus der Sowjetzeit. Als 1958 der Literaturnobelpreis an den russischen Schriftsteller Boris Pasternak ging, setzte das Zentralkomitee der KPdSU die Auszeichnung gleich mit einem anti-sowjetischen, «feindlichen Akt, der den Kalten Krieg anheizen» solle. 1973 bezeichneten die Russische Akademie der Wissenschaften und sowjetische Intellektuelle den Physiker Andrej Sacharow und den Schriftsteller Alexander Solschenizyn als «Verleumder unseres Staates», die «Misstrauen» geschaffen hätten gegenüber der «friedensliebenden Politik unseres sowjetischen Staates» und die angeblich den Westen aufforderten, seine Politik des Kalten Krieges weiterzuführen. Der Friedensnobelpreis an Sacharow verblüffe, weil dieser doch die friedlichen Beziehungen zwischen Staaten unterminiere. Jeder Mensch auf Erden wüsste, dass die UdSSR konsistent eine Politik des Friedens und der Entspannung verfolge. 1974 forderte das Zentralkomitee der KPdSU die Staatsmedien auf, die wahren politischen Ziele der Schriften Alexander Solschenizyns zu veröffentlichen: eine antisowjetische Kampagne gegen die Erfolge der sowjetischen Außenpolitik, die auf Entspannung setze.

«Es gibt einen Unterschied der heutigen Propaganda zur Sowjet-Propaganda», merkt der Journalist Juri Saprykin an. «In Sowjetzeiten insistierten die Staatsmedien, dass der Westen Krieg wolle, wir aber immer für den Frieden seien. In der Wirklichkeit war es natürlich nicht so. Es gab unseren Krieg in Afghanistan, wir stellten SS20-Raketen auf gegen Westeuropa und so weiter. Aber die offizielle Propaganda lautete: Der Westen will Krieg und wir wollen Frieden. Jetzt ist es anders: Wir wollen den Krieg. Unsere Staatsmedien erwähnen ständig die Reichweite unserer Raketen und wie sie Amerika in nukleare Asche verwandeln könnten.» Gleichzeitig bezichtigen diese Staatsmedien kritische westliche Journalisten der Kriegstreiberei.

Saprykin zieht eine Linie: von der Zeitung *Zawtra* bis zu *Russia Today*. Von einer Zeitung, die in den neunziger Jahren das Medium der sogenannten geistigen Opposition, der Kommunisten und Patrioten war und dann Sprachrohr der Rechten und Imperialnationalisten wie Borodai, Girkin und Prochanow wurde, zum internationalen Kreml-Kanal *RT*. «*Zawtra* war die Zeitung jener, die sich 1993 im Weißen Haus, dem damaligen Parlament, gegen Boris Jelzin auflehnten und eine Niederlage erlitten. Ich las *Zawtra*, weil sie ein Fenster zu einer ganz anderen Welt war, zu einer Welt der verrückten Verschwörung, zu einer Welt wahnsinniger Theorien, zu einer Welt, in der die offensichtlichsten politischen Handlungen Jelzins zurückgeführt wurden auf, sagen wir, eine angebliche Echsen-Invasion des Planeten vor Tausenden Jahren. *Zawtra* war eine seltsame, groteske Sache. Und dann kreierte der Staat irgendwann die internationale Version von *Zawtra*: *Russia Today*, ein Medium mit einem paranoiden Weltbild.»

RUSSIA TODAY ERKLÄRT DIE WELT

Russia Today (RT) wurde 2005 gegründet – nach der ukrainischen «Orangenen Revolution», nach der damaligen Niederlage des von Russland unterstützten ukrainischen Präsidentschaftskandidaten Wiktor Janukowitsch. Als *RT*-Chefredakteurin Margarita Simonjan 2012 befragt wurde, warum der russische Steuerzahler denn ein globales Staatsmedium wie *RT* finanzieren solle, antwortete sie mit einem militärischen Vergleich: «Der Steuerzahler sollte uns unterstützen aus dem gleichen Grund, aus dem ein Land ein Verteidigungsministerium braucht. Im Moment bekämpfen wir keinen. Aber 2008 kämpften wir. Das Verteidigungsministerium kämpfte gegen Georgien, und wir führten den Informationskrieg aus, gegen die ganze westliche Welt. Es ist doch nicht möglich, eine Waffe zu schmieden, wenn der Krieg bereits begonnen hat! Deshalb bekämpft das Verteidigungsministerium gerade niemanden, aber es ist bereit zur Verteidigung. Genau wie wir.» Auch 2013 wiederholte die *RT*-Chefin den militärischen Nutzen von *RT*: «Die Informationswaffe wird in kritischen Momenten gebraucht. Krieg ist immer ein kritischer Moment, da ist Information eine Waffe wie jede andere.»[22]

Russlands Georgien-Krieg endete zwar mit einem militärischen

Sieg, aber nicht mit einem Propaganda-Sieg, argumentiert Simonjan. Dies habe die politische Elite davon überzeugt, dass Russland ein internationales Medium brauche.

Und so betitelt *RT* die Revolution in der Ukraine 2014 als neofaschistische «Herrschaft des Mobs», die Russland nicht zulassen dürfe. *RT* lässt Russlands Oppositionelle nicht zu Wort kommen. Es erwähnt nicht Russlands Internetzensur, während *WikiLeaks*-Gründer Julian Assange eine *RT*-Sendung moderiert. Der Sender verschweigt Russlands Korruption und Offshore-Konten, während eine westliche soziale Bewegung wie Occupy Wall Street viel Sendefläche bekommt. Es verschweigt zivile Proteste in Russland, während die Demonstrationen gegen rassistische Polizeigewalt in Ferguson, Missouri, als Beleg für ein brennendes, implodierendes Amerika dargestellt werden, als Zeichen einer USA, in der Tyrannei herrsche. Ganz so, wie die Sowjetunion Rassenunruhen in den USA als willkommene Ablenkung für eigene Fehler brauchte. Die Gäste von *RT* stellen die Anschläge vom 11. September auch schon einmal als eine CIA-Verschwörung dar oder Osama bin Ladens Tod als Fake. Der politische Rand und Experten, die keine Experten sind, werden gerne eingeladen, von rechts und ganz rechts, von links bis antiglobalistisch. Nicht nur ein Teil, sondern die gesamte politische Kultur des Westens erscheint dem *RT*-Zuschauer als fragmentiert und erweckt nur noch Skepsis und Misstrauen. Nicht einmal der Westen glaube noch an seine eigenen Werte, lautet die Botschaft. Der Gegner, gegen den gesendet und publiziert wird, ist klar.

Als Margarita Simonjan und Dimitrij Kisseljow 2014 ihre neue internationale Informationsmarke *Sputnik*, die Schwester von *RT*, vorstellen, richten sie sich explizit gegen etablierte westliche Medien, gegen den westlichen «Mainstream», der just in dieser Zeit eine Phase schwindender Glaubwürdigkeit erlebt: «Deutsche Propagandisten sind in großen Schwierigkeiten: Das Vertrauen des Publikums in deutsche Medien schwindet. Nur 32 Prozent der Deutschen vertraut dem Fernsehen, nur 19 Prozent den Printmedien.

Der Rest sucht nach alternativer, wahrer Information. Deshalb haben wir alle Chancen, in Deutschland erfolgreich zu werden!» *RT* und *Sputnik* sind Nutznießer westlicher Pressefreiheit. Umgekehrt haben es unabhängige Medien in Russland immer schwerer, sich gegen die Staatsmedien und gegen neue repressive Gesetze zu behaupten.

In den vergangenen Jahren haben Experten das Medienphänomen *RT* immer wieder auseinandergenommen. Sie haben den Ausspruch der *RT*-Chefs seziert, wonach es keine Objektivität gebe – und deswegen auch nicht einmal das Bemühen um Objektivität geben müsse. Sie haben das Weltbild der Macher von *RT* analysiert: ihre zynische Grundhaltung, nach der jede Meinung das gleiche Gewicht habe und nach der jeder, der von Wahrheit spricht und diese beansprucht, nicht wisse, dass nicht die Wahrheit, sondern nur die Macht real sei und alle Meinungen käuflich. Sind die Medien des Kreml die postmoderne Avantgarde? Sind sie Pioniere des postfaktischen Zeitalters, das 2016 im Westen diagnostiziert wird? Haben sie etwas Neues, Revolutionäres bewirkt, das Nachahmer hervorrief, und Fakten und Wahrheit immer weiter relativiert?

Vielleicht. Im Grunde aber sind sie vor allem Ausdruck der inneren Verfasstheit Russlands und der postsowjetischen Welt. Wahrnehmungssteuerung gehörte stets zum sowjetischen Repertoire der Meinungserzeugung und Willensbildung von oben. Die Polit-Technologen des Kreml verfeinerten diese alten Instrumente mittels der alten und neuen Medien. Sie lenkten und manipulierten Politik. Sie kreierten virtuelle Politik: eine Illusion der Demokratie, eine falsche Opposition, mit Schein-Kandidaten und Abmachungen, damit Wahlen die richtigen Ergebnisse produzieren. Sie kreierten pseudo-zivilgesellschaftliche Organisationen, sie radierten das Konzept objektiver Wahrheit aus und erschufen Realitäten, wie sie selbst sagen. Politischer Wettbewerb wurde zu einem Wettbewerb um das Recht, die öffentliche Meinung zu programmieren. Vielleicht flossen postsowjetische Polittechnologie und westliche PR irgendwann zusammen oder lernten voneinander. Vielleicht wurde daraus irgendwann ein Lehrbuch auch für westliche Autokraten.

JOURNALISTEN ALS SOLDATEN

«Das ist etwas, das für Europäer nicht so leicht begreifbar ist. (…) Alle Studenten der Journalistik in Russland müssen eine militärische Unterrichtseinheit besuchen. Das ist bis heute so, auch wenn die UdSSR seit über zwanzig Jahren nicht mehr existiert. In dieser Unterrichtseinheit werden die Journalistik-Studenten als Experten im Falle eines Krieges, als Experten der Informations-Gegenpropaganda geschult. Das ist ein absolut ernstes Training», sagt der Journalist Pawel Scheremet im Interview mit mir. Begriffe wie «Infomations-Sabotage» oder «Rhetorik und Psychologie der Massenpropaganda» gehörten seit Jahrzehnten zur Lehreinheit über die Verteidigung des Vaterlandes im Informationskrieg gegen den Westen. Ich beginne zu verstehen, warum russische Journalistik-Absolventen Propaganda und Gegenpropaganda als normale Phänomene und nicht etwa als etwas Unnatürliches im Journalismus empfinden. Ich beginne zu verstehen, dass Informationskriegsführung sowohl in Kriegs- als auch in Friedenszeiten erfolgen muss, als Begleitung oder als Vorbereitung militärischer Kampfhandlungen. Es geht darum, Ziele zu erreichen, die früher eine beachtliche militärische Gewalt und Blutvergießen gekostet hätten.

Den grundlegenden militärischen Sicherheitsstrategien und Theorien Russlands liegt ein dystopisches Denken zugrunde – das Selbstverständnis, ständig bedroht, angreifbar zu sein: Viele Staaten seien Russland technologisch voraus, die Globalisierung reduziere Russlands Sicherheit, Informationskriege gegen Russland seien allgegenwärtig. Als Gefahr für die nationale Sicherheit begreift der Kreml die Expansion ausländischer Medien im eigenen souveränen Informationsraum. Oder den angeblichen Versuch von außen, die offizielle Interpretation der Geschichte Russlands zu revidieren.

All dies könne das Protestpotenzial der Bevölkerung entfachen, könne die Jugend dazu bringen, ihre historischen, spirituellen und patriotischen Traditionen aufzugeben.[23]

Ich beginne zu begreifen, welches Selbst- und Fremdbild Russland prägt; wie und warum Russland Instrumente der Informationskriegsführung in der Ukraine und später gegen den Westen einsetzt und diese als «defensiv» beschreibt: «Wenn die politische Führung Russlands zutiefst glaubt, dass die Welt ein Nullsummenspiel ist und jeder da draußen sie fangen will, wird sie dementsprechend handeln – und zum Teil aus der Welt genauso ein Spiel machen.»[24]

RUSSLANDS INFORMATIONSKRIEG UND MEDIENZENSUR

«Die Standard-Antwort, wenn man Journalisten fragt, warum sie in Staatsmedien arbeiten: ‹Wir sind wie Soldaten. Propaganda-Soldaten. Wir sind gezwungen, das zu tun›.»
(Alexander Orlow, ehem. Journalist des russischen Staatsfernsehens)

Als ich im Dezember 2014 erstmals Alexander Orlow treffe, ist er bereits seit einem Jahr nicht mehr beim Staatsfernsehen. Sechs Jahre lang war er stellvertretender Chefredakteur der Fernsehsender *Rossija 24* und *Rossija 2* gewesen. Dann wurde er im Juli 2013 entlassen, weil er in sozialen Medien den Oppositionellen Alexej Nawalny unterstützt hatte, der niemals im Staatsfernsehen auftaucht und dessen Name Wladimir Putin niemals nennt. Orlow will darüber reden, was in seinem Büro passiert ist. «2013 schrieb ich auf Facebook, wie traurig und verbittert ich darüber bin, dass Nawalny ins Gefängnis gehen muss. Meine Chefs entdeckten mein Posting, es gingen Berichte an die Präsidialadministration und sogar an die Generalstaatsanwaltschaft, in denen ich des Extremismus beschuldigt wurde. Als Nawalny selbst meine Stellungnahme ver-

169

breitete, kam unverzüglich die Order der Präsidialadministration an das Management der staatlichen Medienholding-Gesellschaft *WGTRK*, mich zu feuern. Meine Chefs bezeichneten mich als einen gestörten, verrückten und kreativen Produzenten. Aber ich war der stellvertretende Chefredakteur eines Informationssenders.»

Schon ein Jahr vor seiner Entlassung, zu Beginn von Putins dritter Amtszeit, habe sich der Wind gedreht, sagt mir Orlow. Mehr Ideologie, noch weniger Journalismus und ein sehr direktes Diktat der Präsidialadministration. Die Korrespondenten hätten gemurrt. «Aber jeder hat eine Familie. Will sich schöne Schuhe kaufen, die Kredite für Autos und Wohnungen zurückzahlen – und sie zahlen gut bei *WGTRK*.» Ein Kollege Orlows schickt mir Bilder von den cremeweißen Telefonen in den Büros der Chefredaktion. «Sie schauen noch genauso aus wie die ‹Vertuschkas› der Breschnew-Zeit. Auf jedem Telefon ein Name: Gromow, Stabschef in der Präsidialadministration, Peskow, Kreml-Sprecher, früher war da auch Surkow, Chefideologe. Ich kann bezeugen, wie durch diese Telefone Anweisungen gegeben wurden, Berichte abgesetzt, neue Berichte erstellt werden sollten.» Es habe zum Beispiel klare Anweisungen von oben gegeben, bei den Regionalwahlen die Namen der Regionen, in denen die Präsidentenpartei schlecht abgeschnitten hatte, nicht zu nennen. In den Räumen der Redaktion seien stets FSB-Beamte in Zivil umhergegangen, die den Journalisten über die Schulter schauten, ihre Präsenz habe nun zugenommen. Der Moderator sei zum Papagei geworden: «Jetzt gibt es Listen, was ein Ansager sagen kann und was er unter allen Umständen vermeiden muss. Über die Ostukraine ist eine ganze Bibel geschrieben, was wie mit welchen Begriffen zu berichten ist.» Einige Wochen später meldet sich Alexander Orlow erneut bei mir. Er hat Berichte von seinen Kollegen gesammelt, sie packen aus über ihre Arbeitsverhältnisse, Orlow will sie irgendwann veröffentlichen. «Da kommt noch mehr, viel mehr», sagt er mir, als er Russland bereits verlassen hat.

2014 ist das Jahr der Schließungen, Kündigungen, das Jahr,

in dem Russlands unabhängige Medienmacher aufgeben oder schmerzhafte Kompromisse schließen müssen. «Ich bin für gewöhnlich sehr, sehr stark. Aber heute bin ich nicht zur Arbeit gegangen. Ich weine», schreibt Natalja Sindejewa, die Chefin des kleinen Fernsehsenders *Doschd*, als ihre Station vor dem Aus steht. *Doschd* – das sind die letzten Unabhängigen in Russlands Fernsehlandschaft. Als Russland «Siebzig Jahre nach der Blockade von Leningrad» feiert, stellt der Sender seinen Zuschauern die Frage, ob Leningrad den Deutschen hätte übergeben werden sollen, um das Leben Hunderttausender Russen zu retten. Als eine Zuschauer-Debatte über den Grund der Blockade und die unantastbare sowjetische Geschichtsschreibung beginnt, in der der Überlebenskampf der Leningrader auch Heldenverehrung ist, sieht der Kreml eine «rote Linie» überschritten. *Doschd* fliegt aus dem Kabelnetz, ist nur noch über das Internet zu empfangen. Putins Menschenrechtsrat fordert die Staatsanwaltschaft vergebens dazu auf, die Kabelnetzbetreiber zu überprüfen, weil diese «die Funktion der Zensur der Massenmedien eingenommen haben, was von der Verfassung Russlands ausdrücklich verboten wird».

Beim Moskauer Radiosender *Echo Moskwy*, einem Überbleibsel der Glasnost-Zeit, setzen die Sender-Aktionäre plötzlich, nach 22 Jahren, den Generaldirektor ab und wählen eine Repräsentantin der Kremlmedien an die Spitze. Ein unmissverständliches Signal an den Chefredakteur der liberalen Welle, dass eine neue Epoche angebrochen ist. Im sibirischen Tomsk wird der unabhängige Fernsehsender *TV2* aus dem Kabelnetz genommen und existiert nur noch als Internetprojekt. Sein Chefredakteur hat zuvor Besuch von Männern des Geheimdienstes bekommen, er müsse verstehen, sagen sie ihm, dass seine Zeit vorüber und ihre Zeit nun gekommen sei. Leitende Journalisten werden ausgetauscht, kritisch-analytische oder zu kreative Programme und Publikationen eingestellt. Nur einige Beispiele: Bei *Lenta.ru*, einer der beliebtesten Online-Zeitungen Russlands, verliert die Hälfte der Redaktion ihren Job, nachdem *Lenta* ein Interview mit dem «Rechten Sektor» des *Maidan* in der Ukraine geführt hatte. Für den Kreml ist das Interview ein Beleg für verbotene «extremistische Inhalte». Russlands Generalstaatsanwalt befiehlt föderalen Zensoren, kremlkritische Oppositions-Webseiten wie *Grani.ru* zu blockieren, sie hätten zu illegalen Demonstrationen aufgerufen. Pawel Durow, der Gründer des größten sozialen Netzwerks in Russland, *Vk.com*, und Symbol für Russlands digitale Moderne, tritt nach einem Streit mit den neuen kremlnahen Eigentümern der Firma zurück und verlässt Russland. Um den «kalten Informationskrieg des Westens» zu beenden, legt der Kreml fest, dass Ausländer in Russlands Massenmedien nur noch über 20 Prozent der Anteile verfügen können, infolgedessen kommen viele Medienunternehmen nun direkter als zuvor unter den Einfluss des Kreml. Zugleich bringt die Regierung die letzte Insel der Pressefreiheit in Russland, das Internet, noch mehr unter seine Kontrolle. Ein neues Gesetz zielt auf Blogger, die täglich mehr als 3000 Leser haben. Sie müssen sich nun registrieren, anonymes Schreiben ist verboten, ihre Daten können den Behörden jederzeit zugänglich gemacht werden. Der Kreml hat damit die gesetzliche Grundlage geschaffen, die es ermöglicht, irgendwann populäre soziale Netzwerke in Russland ganz zu blockieren.

Der Informationskrieg des Kreml nach innen und außen wird in Russlands Militärtheorie als rein defensiver Mechanismus dargestellt. Doch faktisch werden die Grundlagen einer Offensive gelegt. Zeitgleich zur Welle der Medienzensur, die 2014 das Land erfasst, reisen drei Russinnen in die USA, um mehrere Bundesstaaten zu besuchen. Laut ihres Visumsantrags «aus persönlichen Gründen», inoffiziell, um Informationen über Politik und Zivilgesellschaft zu sammeln, die sie später zur Steuerung von Kampagnen gegen die USA in allen sozialen Medien nutzen werden – so wird es die Anklageschrift des amerikanischen Sonderermittlers zusammenfassen, der die Einflussnahme Russlands auf die US-Präsidentschaftswahlen 2016 untersuchen wird.

ÜBERALL DER HASS

Zwei Tage nach dem Referendum auf der Krim am 16. März 2014 bestimmt Wladimir Putin die seelische Tonlage des neuen Russland. Er spricht von – fast persönlich wirkenden – Kränkungen, Fügungen, Schmerzen Russlands. Er spricht von einem seit dem Zusammenbruch der Sowjetunion geteilten russischen Volk und von dem kontinuierlichen «Betrug» des Westens. In den Ohren eines geschichtsvergessenen Zuhörers klingt das, als ob der Westen die Krim an sich gerissen, Russland zerstückelt und militärisch an den Abgrund getrieben hätte. Die Krim, deren Verlust kaum je ein brennendes Thema in Putins Reden war, ist jetzt also Russland «geraubt» und «gestohlen» geworden, ein «Raub», an den sich Russland jäh zurückerinnert, kurz bevor es die Krim besetzt.

Russlands Präsident geht gar so weit, die Landnahme mit der deutschen Wiedervereinigung zu vergleichen. Dass sich die Wiedervereinigung ohne die Waffengewalt einer Besatzungsarmee vollzog, verschweigt er. Vielmehr scheint sich nun eine Wut, die sich offenbar nicht nur zwei Jahrzehnte, sondern dreihundert Jahre – so weit führt Putin die westliche Unterdrückung Russlands zurück – aufgestaut hatte, zu entladen: «Wenn man eine Feder bis zum Anschlag zusammendrückt, wird sie sich irgendwann einmal mit Gewalt ausspannen», sagt Putin. Die ausgespannte Feder trifft neben den Feinden im Westen auch den Feind im Innern. Putin nennt sie die «‹Fünfte Kolonne›, also verschiedene ‹Vaterlandsverräter›». Der Begriff macht fortan Karriere: Künftig werden alle Kritiker der russischen Außenpolitik und der Krim-Euphorie pauschal als Verräter verurteilt, als «Fünfte Kolonne», sprich: als subversive Gruppen, die auf den Umsturz im Kreml im Interesse einer fremden Macht hinarbeiten.

Die öffentliche Verunglimpfung von kremlkritischen Aktivisten ist normal in Russland. Doch die Aggression gegen die angebliche «Fünfte Kolonne» erreicht nun beispiellose Ausmaße. Als ich eines

Morgens zum Büro pendle, tauchen an meiner Bushaltestelle am *Dom Knigi*, Moskaus größtem Buchladen, plötzlich die Köpfe der «Nationalverräter» auf. Ein riesiges, schwarz-weißes Banner, der Titel «Die Fünfte Kolonne: Feinde unter uns», darunter die Gesichter von Oppositionspolitikern wie Alexej Nawalny, Boris Nemzow und Ilja Ponomarjow, Musikern wie Andrej Makarewitsch und Juri Schewtschuk. Wer so ein riesiges Banner an einer Straße anbringt, die gut bewacht ist und wo der Präsident selbst zuweilen entlangfährt, muss wohl eine Erlaubnis gehabt haben, denke ich mir. Das Staatsfernsehen greift Putins Vokabeln auf und sendet Filme über Verräter, die als «13 Freunde der Kiewer Junta», als Unterstützer der «Faschisten» bezeichnet werden: Politiker, Popmusiker und soziale Aktivisten, die die Ukraine-Politik des Kreml kritisch kommentieren.

Zu den neuen Sündenböcken gehört zum Beispiel die Moskauer Geschichtslehrerin Tamara Eidelman. Als ich sie in der Schule besuche, hat sie sich ihre Nägel in den ukrainischen Landesfarben angemalt. Der Direktor habe sich hinter sie gestellt und die Journalisten des Staatsfernsehens nicht in die Schule gelassen, erzählt sie erleichtert. Aber das ist kein Grund für sie, nicht beunruhigt zu sein. Putins Russland sei nicht Stalins Russland, sagt sie im Interview. Verhältnismäßig wenige Kritiker landen im Gefängnis oder Straflager. Dennoch erinnere die Bezeichnung als «Verräter» an dunkle Zeiten. «Es ist viel leichter zu regieren, wenn man Feinde hat und das Land gegen diese Feinde vereinen kann. Dann kann man alle negativen Entwicklungen im Land allein damit erklären. Das haben wir in der Geschichte mehrfach gesehen.»

Der Hass ist überall. Ein TV-Sender strahlt gar erstmals eine direkte Morddrohung aus, gegen eine Journalistin, die später das Land verlässt. Im Netz denunziert eine neue Webseite alle öffentlichen Persönlichkeiten, die «Russlands Soldaten» angeblich kritisch sähen, Leser werden aufgefordert, neue Gesichter, neue «Verräter» für die Seite zu nominieren. Der Hass strahlt auch in die Vergangenheit. Den sowjetischen Bürgern, die einst für einen ausländischen Staat arbeiteten und ihr Vaterland verrieten, wird nun eine neue Fernseh-Dokumentarreihe gewidmet, ihr Titel ist schlicht «Verräter». Moderiert wird sie von Andrej Lugowoi, jenem Mann, den die britische Polizei des Giftmordes am früheren russischen Spion Alexander Litwinenko, einem Putin-Kritiker im britischen Exil, verdächtigt und dessen Auslieferung sie von Moskau verlangt – und der nun eine Fernsehkarriere beginnt. Demonstrativer könnte die Botschaft der politischen Eliten nach innen und an den Westen nicht sein. Viele Intellektuelle, Wissenschaftler, Journalisten und Aktivisten der Zivilgesellschaft, die ich in den Jahren zuvor immer wieder getroffen und interviewt habe, verlassen Russland 2014.

Flaggen. Überall Flaggen. Eine weiß-blau-rote russische Nationalflagge hier, eine sowjetische Flagge dort, selbst weiß-gelb-schwarze Flaggen des Zarenreichs wehen manchmal über den Kontrollposten der Separatisten. Und der russische Doppeladler prangt überall, auch auf der schwarz-blau-roten Flagge der «Donezker Volksrepublik». An jeder Fahne sind schwarz-orangene Bändchen und Schleifen befestigt. Jede meiner Exkursionen in die besetzte Ostukraine ist eine Rückkehr zu Russlands Farben, ein Ausflug in Russlands Vergangenheit und Geschichte, und eine Beschäftigung mit der Frage, was den russischen Staat ausmacht. Eine Beschäftigung mit dem Erbe des Zweiten Weltkriegs, der in der Sprache des Kreml und seiner Medien und im Geiste seiner Moskauer Milizenführer erneut ausgebrochen ist, erneut ausgetragen wird: Die ukrainische Revolution gegen eine Kleptokratie wird in der Sprache des Kreml zum «faschistischen Staatsstreich», die ukrainische nationale Identität zum «faschistischen Feind», das Brudervolk oder Teile dieses Brudervolks sind nun so hassenswert wie der alte Kriegsfeind. Separatistenführer verteilen historische Lehrbücher an Donezker Studenten und fordern diese auf, die Heldentaten ihrer Großväter im Weltkrieg, auf den Schlachtfeldern der Ostukraine, zu studieren.

Kinofilme und wissenschaftliche Lehrbücher widmen sich erneut dem Zweiten Weltkrieg. Der von Moskau provozierte Krieg in der Ostukraine, ein verdeckter russisch-ukrainischer Krieg, wird nach Kreml-Lesart zum erneuten Kampf gegen den Faschismus, zum neuen «Großen Vaterländischen Krieg», wie der Zweite Weltkrieg in Russland immer noch heißt. Spätestens seit der dritten Amtszeit Wladimir Putins ist der Sieg in diesem Krieg zu einer Art Zivilreligion erhoben, zu einem Mythos, einer Mission, zu einer bestimmten Identität, zu einem Code, um die nun unabhängigen postsowjetischen Staaten in der russischen Einflusssphäre zu halten. Dafür ist offenbar kein Zukunftsprojekt, keine Vision vonnöten – nur die Vergangenheit, nur die Beschwörung des Sieges und des Feindes. Nur ein Gedenken, das nie individuelle, schmerzvolle Erinnerungsarbeit und Aufarbeiten bedeutete. Nur kollektive Machtdemonstration, die im Grunde auch gegen den Westen gerichtet war und ist.

Ein Symbol für den propagandistischen Missbrauch dieses Gedenkens sind die schwarz-orangenen Schleifen, die nun allgegenwärtig sind – als Flagge, als Bändchen an Handtaschen und Autoantennen und aufgedruckt unter Plakaten. Die Farben gehen zurück auf den Sankt-Georgs-Orden, ein Ehrenabzeichen für militärische Siege unter Katharina der Großen, und werden in der Sowjetunion als Symbolfarben des Sieges über Nazi-Deutschland verwendet. 2005 tauchen sie wieder auf, werden als Zeichen des Respekts für Veteranen wieder populär. Die Tatsache, dass die Gedenkschleifen ausgerechnet 2005 mittels einer PR-Kampagne von Staatsmedien wieder zum Leben erweckt werden, führen manche russische Beobachter auf die zeitgleichen Massendemonstrationen in der Ukraine zurück. Dort wurde in der «Orangenen Revolution» der Wahlbetrug von Wiktor Janukowitsch aufgedeckt, und unter dem Druck der Massen kam es zu einer Neuwahl. Ein patriotisches schwarz-orangenes PR-Projekt des Kreml gegen die orangenen Banner der «Farbrevolution» im Nachbarland, gegen den Sieg der Demokratie in der Ukraine.[25]

NATIONALISTISCHE GESCHICHTSSCHREIBUNG
IM DIENSTE DES REGIMES

Das Ringen um die «richtige» – sprich: patriotische, Wladimir Putins Regime unterstützende – Geschichtsschreibung Russlands ist eine Konstante der Kreml-Politik. Die Herausgabe eines neuen, von Widersprüchen befreiten Geschichtslehrbuchs für Russlands Schulen ist ein Anliegen, das Putin seit seinem ersten Regierungsjahr 2001 verfolgt. Die Schulbuch-«Bereinigung» ist nur ein weiteres Kapitel seiner Politik, in der die offiziell vorgegebene Wahrnehmung wichtiger ist als die komplexe historische Wahrheit. Im Kreml trifft Putin sich im Januar 2014 mit dem Vorsitzenden der Staatsduma, Ministern, Wissenschaftlern, Lehrern und dem Sretensker Klostervorsteher Tichon Schewkunow, seinem geistlichen Berater. Putin will die Geschichtsbücher, wie er sagt, von «ideologischem Müll» befreien, «Respekt für die Vergangenheit», «Stolz» und «Liebe für das Vaterland» sollen die maßgeblichen Kriterien sein und nicht mehr die Beleidigung, das «Kleinreden» der Taten der Vorfahren, das «Herabsetzen» der Rolle des sowjetischen Volkes im Kampf gegen den Faschismus, die Putin in den bisherigen Lehrbüchern zu erkennen meint. Stalins Terror von 1937 sei gewiss nicht zu vergessen, doch andere Länder hätten noch schrecklichere Gräueltaten vollbracht, und niemandem sei erlaubt, Russland ein Schuldgefühl aufzuerlegen. Was Putin nicht erwähnt: Viele Gesellschaften haben die dunklen Kapitel ihrer Geschichte, Hiroshima oder den Holocaust, bewusst durchgearbeitet, und deren Regierungen haben diese dunklen Kapitel nicht gerechtfertigt und nicht entschuldigt. Für den Kreml hingegen ist die Erinnerung an Gräueltaten in Russlands Geschichte nur bedingt möglich, er hat die Nichtregierungsorganisation *Memorial*, die für die Erinnerung an die Opfer des Stalin-Terrors gegründet wurde, immer wieder unter Druck gesetzt. Wer sich kritisch mit Russlands Geschichte auseinandersetzt, ist laut Putin oft aus dem Ausland gesteuert.

Russische Wissenschaftler, die mit Hilfe ausländischer Stipendien arbeiten, «tanzen nach jemand anderes Pfeife» und hätten «bedauerlicherweise» bereits ihre Spuren in den Geschichtsbüchern hinterlassen, glaubt Putin. Geschichtsschreibung ist im Denken der Eliten mit Regimesicherheit verknüpft. Der «korrekte» Gebrauch, die Nützlichkeit der russischen Geschichte, ist – laut nationaler Sicherheitsstrategie – eine Sache des nationalen Interesses.

Im Mai 2015 billigt Russlands Bildungsministerium die neuen einheitlichen Geschichtslehrbücher. Sie seien ein Versuch, einen nationalen Konsens über Russlands Geschichte zu erreichen. Die Historikerin Natalja Potapowa, die an der Europäischen Universität von St. Petersburg lehrt, kommt in ihrer Studie über die alten und neuen Lehrbücher der Geschichte zu erschreckenden Ergebnissen: «Laut unseren Beobachtungen wird in den Lehrbüchern der Anschluss der Krim bereits drei Jahre vor dem Ruf ‹Die Krim ist unser›, der 2014 in den Medien erhallte, erwähnt. Der Schwerpunkt in den Schulbüchern liegt nun auf den Militärbasen der baltischen Staaten, die wir angeblich brauchen: Wer die Militärstützpunkte im Baltikum besitzt, der sorgt für Sicherheit im Staat, heißt es. Dies seien unsere Militärbasen, wir bräuchten sie, sonst würden es ausländische Basen werden, was schlecht für uns sei. (…) Alles, worüber Russland Kontrolle ausübe, sei freiwillig Russland beigetreten: die Krim, die Insel Sachalin, der Kaukasus, Zentralasien, Finnland, die Ukraine, das Baltikum (…). Diese Anschlüsse seien gut für das Gemeinwohl gewesen. Wir hätten die Zivilisation und den Fortschritt zu den rückschrittlichen Völkern gebracht: Sie hatten keine Fabriken, wir bauten sie, sie sprachen kein Russisch, wir brachten es ihnen bei. Russisch sei die Sprache der interethnischen Kommunikation, die Sprache der Zivilisation. (…) Darin liegt der Unterschied zwischen den jetzigen und den alten Büchern aus der Stalin-Zeit, die von einer ‹Familie der Brudervölker› sprachen.»

Natalja Potapowas Untersuchung bestätigt, dass der Geschichtsunterricht an Russlands Schulen überwiegend daraus besteht, die derzeitige Kreml-Politik als identisch mit dem Staatswohl darzustellen. «Die Intervention des Staates in die Wirtschaft (...), das Verbot ausländischer Investitionen in die russische Industrie, (...) – all dies führe zu Wohlstand. Je mehr staatliche Intervention, umso besser. Wenn der Staat dies nicht tue, dann sei es notwendig zu protestieren, nur dann sei Protest legitim. In allen anderen Fällen seien Proteste absolut böse und würden gewaltsam ausgelöscht (...). Spontane Proteste führten zu strikter Repression und Blutvergießen (...). Sobald man auf die Straßen gehe, verweigere sich der Staat der Reform und das Regime verschärfe sich, egal in welcher historischen Epoche Russlands (...). Die Erlösung komme nur durch den Staat (...). Es wird immer wieder erwähnt, dass Revolutionäre ihr Leben und das ihrer Liebsten riskierten (...). Viele saftige Zitate werden präsentiert, wenn es um die Repressionen geht, die jene erwarteten, die sich entschieden hätten, zu protestieren.»[26]

Ein neues Element in den aktuellen Lehrbüchern sei die Russisch-Orthodoxe Kirche, berichtet Potapowa. Sie werde als Unterstützerin des Staates und der Regierung dargestellt, ihre Funktion ähnle der Rolle der bolschewistischen Partei in den Stalin-Schulbüchern. «Als wir diese neuen Kapitel über die Rolle der Kirche Kirchenhistorikern zeigten, sahen wir den Schock auf ihren Gesichtern. Kirchenhistoriker schreiben über die Repressionen und bewerten die 1930er Jahre als eine Katastrophe, aber in den Schulbüchern sieht es so aus, als ob die Kirche gemeinsam mit Josef Stalin eine der Hauptantriebskräfte für die Industrialisierung, Kollektivierung und den militärischen Sieg im Zweiten Weltkrieg gewesen sei. 2016 kehrten die Schulbücher dahin zurück, Stalin als Organisator des Weltkriegssieges zu beschreiben (...).» Stalins Repressionen werden zwar nicht gerechtfertigt, aber «ohne sie», heißt es, «wäre es unmöglich gewesen, jene Gesellschaft aufzubauen, die wir gebaut haben und auf die wir stolz sind.» Das Ausmaß der Stalin-Repressionen bleibe den Schülern unklar, beobachten andere Historiker. Dass zwischen 1930 und 1953 etwa 18 Millionen Menschen im Gulag waren, findet sich nur noch in einem der alten Lehrbücher.[27]

Nicht nur in Schulbüchern, auch über das Strafgesetzbuch betreibt der Kreml Geschichtspolitik im Dienste der nationalen Sicherheit. Im Februar 2014, während die Ukraine um einen neuen Staat und die Menschenwürde ringt, fühlt sich das politische System Russlands offenbar von innen und von außen so bedroht, dass es seine Interpretation der Vergangenheit schützen will. Das russische Parlament erlässt ein Gesetz, das bestimmte Meinungsäußerungen über die sowjetische Vergangenheit unter Strafe stellt: Für die Verbreitung von Lügen über geschichtliche Ereignisse, für die Kritik an sowjetischen Aktivitäten während des Zweiten Weltkriegs und für eine Rehabilitierung des Nationalsozialismus sieht das neue Gesetz Strafen von bis zu fünf Jahren Gefängnis vor. Aber was genau versteht der Gesetzgeber unter einer «Lüge»? Alles, was abweicht von der offiziellen Geschichtsschreibung, die sich mit Putins persönlicher Lesart der Geschichte deckt. Nach der offiziellen Lesart ist der Zweite Weltkrieg eine Art desinfizierte Geschichte, weil er ein positiver Grundpfeiler der Nation sein muss. Der Krieg war demnach eine Errungenschaft, die Russland stolz macht, ein Krieg gegen den Faschismus, ein Krieg der Verteidigung. Alle Mehrdeutigkeiten, alles Problematische, das der Rolle der Sowjetunion im Weltkrieg anhaften könnte, werden ausgeblendet. Mehrdeutigkeiten machen keine guten Mythen. Und nur mit Mythen können Protest und Demonstrationen gegen die Regierung vorgebeugt werden.

Mehrdeutig ist zum Beispiel der Hitler-Stalin-Pakt von 1939. Der Pakt garantierte Adolf Hitler die Neutralität der Sowjetunion für den Krieg mit Polen und den Westmächten. Ein geheimes Zusatzprotokoll sicherte Stalin im Gegenzug die Rückgewinnung von im Ersten Weltkrieg verlorenen Territorien des Russischen Kaiserreichs zu und dehnte die sowjetische Einflusssphäre über Ostpolen,

Finnland und das Baltikum aus. Damit war Stalins Handeln keine Verteidigung mehr, sondern ein Angriff. Er unterminierte die Souveränität von Nachbarländern und verübte Massaker an der politischen Elite der annektierten Länder. Folglich ist der Zweite Weltkrieg chaotischer und wirrer, als Wladimir Putin ihn gern präsentiert. Der Pakt machte die Sowjetunion zunächst zum De-facto-Alliierten Hitlers, bevor sie selbst Opfer des Nazismus wurde. Während Historiker historische Wahrheit kontrovers diskutieren, nutzt Putin Geschichte als nationalistische, positive Ideologie. Als er sich 2014 im Kreml mit jungen Historikern trifft, gibt er sich als «Chefhistoriker» und hält lange, detailreiche Monologe. Die Begeisterung über sein privates Hobby, das Studium der Geschichte, ist ihm anzusehen. Die um ihn versammelten Akademiker sollten genau untersuchen, was zum Zweiten Weltkrieg geführt habe. Dann relativiert er alles Mehrdeutige: Der Hitler-Stalin-Pakt sei einfach nötig gewesen, weil dies eben zu jener Zeit die Methoden der Außenpolitik waren. Und das Opfer dieses Pakts, Polen, habe doch zuvor auch selbst Teile eines anderen Landes an sich gerissen. Die Repressionen Stalins, die Grausamkeit der Führung seien notwendig gewesen: «Es ist einfach schwer zu sagen, ob wir den Krieg hätten gewinnen können, wenn der Staat weniger brutal gewesen wäre. (...) Was wären die Folgen gewesen, wenn wir den Krieg verloren hätten? Sie wären katastrophal gewesen.»

Nicht nur der Bürger, der im Internet etwas anderes als die positiv-nationalistische Geschichtsschreibung verbreitet, kann nun ins Gefängnis kommen. Auch renommierte Historiker können per Gesetz als «Extremisten» und «Neo-Nazis» gelten. Mitten in der Ukraine-Krise 2014 werden die Untersuchungen des deutschen Historikers Sebastian Stopper von der Berliner Humboldt-Universität von einem russischen Gericht als extremistisch bezeichnet und in Russland unzugänglich gemacht. Stopper hatte die deutsche Besatzung der Region Brjansk südlich von Moskau untersucht und dabei herausgefunden, dass die sowjetischen Partisanen weitaus weniger deutsche Soldaten getötet hatten, als in der offiziellen russischen Geschichtsschreibung verbreitet wird. Eine gefährliche Wahrheit: Stoppers Recherchen, so das Gericht, seien schädlich für Russlands Jugend, die den Heldentaten ihrer Vorfahren Respekt erweisen müsse. Nach mehreren Jahren guter Zusammenarbeit mit seinen Brjansker Kollegen muss der deutsche Historiker nach diesem Gerichtsurteil Russland verlassen.

Es bleibt nicht nur bei neuen Geschichtsbüchern, neuen Strafgesetzen und neuen «Extremisten». Inmitten der Krim-Krise, im März 2014, als Russlands Soldaten ohne Abzeichen die Krim besetzen, beschließt die «Kommission zum Schutz von Staatsgeheimnissen», geheime historische Akten der sowjetischen Staatssicherheit, die von 1917 bis 1991 als geheim eingestuft wurden, länger als geplant – bis 2044 – geheim zu halten. Damit ist Historikern wie auch Verwandten der Opfer der Zugang zu den Belegen von Massenrepressionen versperrt. Sie können nicht einmal vor Gericht ihr Recht auf Freigabe durchsetzen. Die Daten seien weiterhin relevant und könnten der Russischen Föderation schaden. Während die Ukraine ihre KGB-Archive im Sommer 2014 öffnet, hält Russland sie weiter geheim.

«Wir brauchen die Lektionen der Geschichte zuallererst für die Versöhnung, für die Stärkung der sozialen, politischen und zivilen Eintracht, die wir bereits erreicht haben (…). Lasst uns daran erinnern, dass wir ein einziges Volk sind, ein vereintes Volk, und dass wir nur ein Russland haben» – so fasst Wladimir Putin den Nutzen der Geschichte und der Geschichtsschreibung zusammen. Die Suche nach der Wahrheit und die Auseinandersetzung mit ihr sind in diesem Nutzen nicht vorgesehen.

KAPITEL DREI

DIE NEUE FRONT

Die Jahre 2015 bis 2017

«Russlands Stärke ist in der Wahrheit.»

(Tweet der Botschaft Russlands in Den Haag zum Tag der Diplomaten 2018)

gor Girkin kenne ich seit 1994. Wir haben diese Nachrichten-agentur zusammen gegründet, denn wir haben verstanden, dass die Amerikaner nicht aufhören werden – und ein Massaker in Moskau verüben werden», sagt mir Marat Musin, als ich ihn im Herbst 2015 erneut treffe. Die Enttäuschung der Imperialna-tionalisten, dass Wladimir Putin nicht die gesamte Südostukraine annektierte und dass das Projekt «Neurussland» ein Jahr nach dem «Russischen Frühling» mit der Ausrufung von Pseudo-Ministaa-ten endete, sitzt tief. Musin stellt seinen langjährigen Gefährten als «Stimme des russischen Volkes» vor. Girkins und Musins Agentur macht jetzt Programme auf Englisch und Deutsch, es gibt mehr und mehr Arbeit für ANNA NEWS. Zwar hat der Ökonomiepro-fessor, der jetzt Journalist ist und stets bewaffnet herumläuft, es nicht geschafft, mir seine Aufnahmen von Fahrten auf Panzern der syrischen Regierungsarmee und bei den Separatisten in der Ost-ukraine für das deutsche Fernsehen zu verkaufen. Aber die «Wahr-heiten» des Informationskriegers Marat Musin haben mittlerweile weltweit einen festen Platz in anti-amerikanischen, linken und rechten Verschwörungszirkeln und in «Anti-Mainstream-Medien-Blogs» gefunden. Ein propagandistischer Erfolg. Erst recht mit dem Beginn des «heiligen Krieges» Russlands in Syrien.

RUSSLANDS «HEILIGER KRIEG» IN SYRIEN

Krim, Donbass, Syrien. Im September 2015 beginnt also Russlands dritte Militärintervention, die aus Luftschlägen und Sonderein-sätzen bestehen wird. Ihr Ziel: Land für den syrischen Präsidenten Assad zurückzugewinnen und Russland als unverzichtbaren Mitspieler bei einer politischen Lösung des syrischen Kriegs zu etablieren, gegen die USA. Die Russisch-Orthodoxe Kirche bewertet die Intervention als «konsistent mit der Mentalität des russischen Volkes und mit der Rolle, die Russland schon immer im Mittleren Osten hatte». Der Kampf gegen den Terror in Syrien sei ein «heiliger Kampf». Die Korrespondenten des Staatsfernsehens wandern von Donezk nach Damaskus.

Krim, Donbass, Syrien – das Land gewöhnt sich an den ewigen Krieg und glaubt, dass es ein gerechter Krieg sei, erklärt mir der russische Politikwissenschaftler Andrej Kolesnikow. «Das ist gefährlich für die geistige Gesundheit. Wenn der Einsatz in Syrien endet, was tun wir dann? Beginnen wir einen weiteren Krieg? Es scheint, dass in den Köpfen unserer Eliten und in Putins Kopf die Emotion über der Ratio steht», sagt der Forscher. Mehr als 63 000 russische Soldaten werden in den nächsten Jahren in Syrien eingesetzt. Putins Porträt wird neben dem von Assad über den Straßen Syriens hängen. An syrischen Schulen wird nun Russisch gelehrt. Baschar al-Assad, der Träger des *Preises für Russische Imperiale Kultur 2012*, schickt seine Söhne nun zum Urlaub auf die Krim, in das legendäre Lenin-Pionierlager «Artek», jenes Jugendcamp, das Wladimir Putin nach der Annexion der Krim wieder zum Leben erweckt hat.

DIE RUSSISCHEN DARSTELLUNGEN DER KÄMPFE IN SYRIEN

Marat Musin ist gerade aus Syrien zurückgekommen, als ich ihn in seinem Fernsehstudio mit dem Bluescreen treffe. Eine Nachrichtensprecherin moderiert eine Sendung auf Arabisch, Musin erzählt, er sei in Latakia, Hama und Daraa gewesen, er spricht von Terroristen in Tunneln, von russisch-kaukasischen Islamisten in Syrien und vom Krieg der zivilisierten Welt gegen die Barbarei der USA und Israels. Ich habe Mühe, seinen Redefluss zu unterbrechen, Mühe, einzuschreiten, um Fakten von Fiktion zu trennen. In Musins Kopf tönt offenbar ein einziges wirres geopolitisches Geraune, tausendfach verstärkt von den schrillen Stimmen der Staatsmedien. Ich schalte geistig ab, als Musin die ewig alte Leier atemlos wiederholt, das «Kreml-Schlagwort-Bingo»: Er sieht einen «Krieg gegen russisches Gas», «niemand hört auf uns Russen», «Deutschland, Frankreich, Italien haben doch dieselben Interessen wie Russland», die amerikanische Weltverschwörung steuere «Flüchtlingsströme», Europa werde von den Amerikanern zerstört, Russland aber errette Europa.

Schon Wochen vor Beginn der Intervention in Syrien scheinen weitaus mehr Russen im Land zu sein, als es die kleine russische Reparaturbasis in Syrien vermuten ließe. Mit Ruslan Lewiew, einem Blogger in Moskau, der im Netz nach der Wahrheit hinter der «offiziellen Wahrheit» recherchiert, sitze ich in seinem in warmem Gelb gestrichenen Wohnzimmer, die Katze des jungen Aktivisten fläzt sich auf der Fensterbank, während wir Lewiews Funde, neue Fotos und Videos von russischen Soldaten in Syrien, anschauen. Gefunden hat er sie in sozialen Medien, wo Soldaten oder Verwandte von Soldaten sich austauschen. Sie zeigen Schützenpanzer mit russischen Kennzeichen, immer mehr schweres Militärgerät, den Aufbau einer Marinebasis. Spezialeinsatzkräfte posieren vor den Plakaten mit dem Konterfei Putins und Assads, «Auf Heldenmut und echte Männer», steht darunter geschrieben. Trotz dieser Bilder, die sich im Netz oft sehr genau zurückverfolgen, datieren, verorten lassen, leugnet der Kreml zunächst einmal seine Syrien-Interventionspläne. Es ist das alte Muster: zahlreiche Belege und Indizien über Russlands «grüne Männchen», die Digital-Forensiker wie Lewiew stutzig machen, aber aus Moskau gibt es lange Zeit keine offiziellen Stellungnahmen über einen neuen Krieg. Offenbar ist im Kreml immer noch nicht die Einsicht vorhanden, dass Spuren von militärischen Aktionen im digitalen Zeitalter immer leichter zu identifizieren sind. Monate vor der Syrien-Entscheidung hatte der russische Präsident kategorisch jeden Einsatz seiner Soldaten in der Ostukraine verneint, trotz gegenteiliger Hinweise, und dann ein vages Dekret unterzeichnet, mit dem «Informationen über personelle Verluste bei Spezialeinsätzen zu Friedenszeiten» fortan geheim bleiben sollten. Angaben zu militärischen Verlusten in Kriegszeiten waren zuvor bereits zum Staatsgeheimnis erklärt worden. Journalisten unabhängiger Medien, Oppositionspolitiker oder Blogger wie Ruslan Lewiew können nun wegen ihrer Recherchen mit mehreren Jahren Gefängnis bestraft werden.

Was Marat Musin schon 2012 perfekt beherrschte – das Umetikettieren der Wahrheit, das Umdrehen der Schuld, von den Grausamkeiten des Assad-Regimes auf die Barbarei der syrischen Opposition und der islamistischen Internationale in Syrien –, wird nun zum System. Ein kompliziertes, selbstreferenzielles Gedankengebäude der Falschmeldungen und Schlüsselbegriffe ist entstanden, in Russlands Staatsfernsehen, in den Pressekonferenzen seines Außen- und Verteidigungsministeriums. Und auch in den Foren selbsternannter Aktivisten sowie zweifelhafter Journalisten und Wissenschaftler. Foren, Blogs und Twitter-Auftritte, die spätestens seit 2012 wie Pilze aus dem Boden schießen, in Europa und in den USA. Musins ANNA NEWS und weitere Erzeuger «alternativer Wahrheiten» stellen die Objektivität westlicher Medien in Frage und beeinflussen damit den Rezipienten, darunter auch Entscheidungsträger: Wer ohnehin schnell zum Business as usual mit dem Kreml zurückkehren möchte, findet umso mehr Argumente. Die neuen «alternativen» Medien attackieren die «traditionellen» westlichen Medien so scharf und so systematisch, mit so komplexen Lügen – für deren schnelle Aufdeckung der westliche Medienbetrieb nicht gemacht ist –, dass in vielen Redaktionsräumen Verunsicherung ausbricht, auf Einordnung verzichtet wird und ein Mikrophonständer-Journalismus sich durchsetzt: Der eine sagte dies, der andere sagte jenes (was impliziert: mehr wissen wir auch nicht, oder haben nicht die Zeit, mehr zu wissen). Das fortwährende Dementi des Kreml wird als Fakt berichtet, im Sinne der Ausgewogenheit. Die investigative Recherche der Journalisten vor Ort oder in offenen Quellen, die das Dementi in Frage stellt, erreicht nicht oder nur verspätet die Redaktion. Das Dementi einer Staatsführung erscheint dem Nachrichten-Redakteur, der nicht vor Ort ist, zunächst faktischer und realer als vereinzelte Recherchen, die dieser offiziellen Wahrheit widersprechen. Die grundsätzliche Frage, wie in einem Informationskrieg Lügen einer Staatsführung berichtet, dargestellt, aufgedeckt werden können, wird nicht gestellt.

Alternative Medien wie die von Marat Musin profitieren von dem in den Jahren zuvor erfolgten Ausdünnungs- und Umgestaltungsprozess westlicher Medien, von ihrem Diktat der aktuellen Schnelligkeit, von ihrer Auslagerung der Recherche – des Kerns des Journalismus – in kleine Einheiten, vom Fehlen des Fachredakteurs sowie von der falschen Annahme, dass Aufklärung «Gegenpropaganda» bedeute. Das Recherchenetzwerk *Bellingcat*, das anders als viele Medienhäuser systematisch die Kreml-Fiktionen über Wochen und Monate untersucht, besteht nicht aus gut bezahlten Journalisten großer Medien – es sind unbezahlte, digital versierte Laien mit viel Lust, sich nach der Arbeit mit offenen Quellen im Netz akribisch auseinanderzusetzen. (Erst nach vielen Jahren wird sich dieses Netzwerk teilweise professionalisieren.)

Der Moskauer Online-Rechercheur Ruslan Lewiew und seine Mitstreiter bezeichnen sich explizit nicht als Journalisten. Sie nennen sich «Team für Konflikt-Aufklärung», sind oppositionell: «Unser Ziel besteht darin, Russlands Militärpolitik zu verändern. Diese Militärpolitik hat zur Isolation Russlands, zu wirtschaftlichen Problemen, zum Kapitalabfluss aus Russland geführt. Wir wollen hinter die Berichterstattung unserer großen Medien schauen, hinter jegliche Propaganda», sagt der Blogger mit den schwarzen Knopfohrringen, der mit falscher Identität in Online-Foren stochert, um in erster Linie die eigene Gesellschaft über Russlands Kriege zu informieren und Fragen zu stellen: Zu welchem Zweck sind russische

Soldaten in der Ostukraine oder in Syrien? Wie und wo haben sie Verluste erlitten? Welche Waffen setzen sie ein? «Oft arbeiten wir in den Netzwerken sozialer Medien, bekommen Informationen direkt von den Einheimischen, von Zeugen, von Sanitätern, von den Kämpfern selbst. Die russischen Soldaten selbst beginnen dann oft, Informationen an uns zu geben.» Zum Beispiel über einen Hubschrauber mit zwei Mann an Bord, der abgeschossen wird und von dem das russische Verteidigungsministerium dann behauptet, es sei ein syrischer Hubschrauber gewesen. Lewiew dagegen hat den Beleg dafür, dass es ein russischer Hubschrauber war. Er hat den Beleg über den Tod von drei Männern der 16. Brigade der Spezialeinsatzkräfte aus der russischen Militäreinheit 54 607 in der Ostukraine. Er hat den Beleg, dass ein Soldat einer geheimen Militäreinheit des russischen Verteidigungsministeriums in Syrien getötet wurde. Manche Dinge sind ganz einfach, sagt Lewiew lächelnd. Wenn das Verteidigungsministerium sich weigert zuzugeben, dass Russlands Streitkräfte in Syrien Streubomben einsetzen, lohne es sich, die Filme der Staatsfernsehens genau anzuschauen: «Die Streubomben-Ladungen der russischen Jets sind dort – wohl aus Versehen – kurz im Bild.»

2015 beginnt Russland seine Syrien-Intervention mit einer massiven Bombardierung, die Zivilbevölkerung und bewaffnete Opposition jedweder Couleur ohne Unterschied trifft. Moskaus Feldzug ermöglicht es dem fast am Boden liegenden syrischen Regime und seinen Alliierten, den größten Teil des Landes zurückzuerobern, mit Ausnahme des Nordens. Nur wenige russische Bomben treffen 2016 die Terroristen des «Islamischen Staats» (IS), der laut offizieller Darstellung doch das Hauptziel der russischen Kampagne sein soll. In den ersten Tagen seiner Luftbombardements zeigt der Sprecher des russischen Verteidigungsministers Videos, die die erfolgreiche Vernichtung von Positionen des IS zeigen sollen. Die digitalen Detektive der Gruppe *Bellingcat* lokalisieren die meisten Videos. Sie finden zum Beispiel heraus, dass die Raketen auf Gebiete zielten, in denen sich nach der eigenen Karte des Ministeriums in den meisten Fällen überhaupt keine IS-Stellungen befanden.[1] Sie finden heraus, dass statt einer Ölraffinerie in Wirklichkeit eine Wasseraufbereitungsanlage getroffen wurde und dass das Moskauer Ministerium die Luftaufnahmen von einer Ortschaft *vor* einem Angriff zeigte, um zu vertuschen, dass es überhaupt einen Angriff gegeben habe. Präsident Putin selbst präsentiert dem US-Filmemacher Oliver Stone falsche Aufnahmen. Sie sollen eine Vernichtung von IS-Stellungen durch russische Streitkräfte zeigen, sind aber in Wirklichkeit alte amerikanische Aufnahmen aus dem Afghanistan-Krieg.

Stattdessen treffen die russischen und syrischen Kampfflieger immer und immer wieder Zivilisten. Menschenrechtsorganisationen und das UN-Flüchtlingswerk bezeichnen denn auch die Belagerung und den Luftkrieg gegen Ost-Aleppo, die bewusst auf zivile Einrichtungen zielen, als mögliche Kriegsverbrechen. Die Recherchen von *Bellingcat* liefern überzeugende Belege dafür, dass Dutzende Angriffe zivilen Kliniken, Ärzten, Krankenschwestern, Kindern, Einwohnern galten. Russlands Verteidigungsministerium dementiert dies zwar, aber legt dazu Satellitenaufnahmen vor, die offenbar gefälscht sind. Russland dementiert auch den Einsatz von Brandbomben, obwohl diese im Staatsfernsehen an einer russischen SU-34 zu sehen sind, Russland dementiert den Gebrauch von Streubomben, auch wenn diese an seinen Flugzeugen zu sehen sind, und Russland dementiert wieder und wieder den Einsatz von chemischen Waffen durch Assads Armee – unterstützt von einer systematischen Desinformationskampagne seiner Staatsmedien, seiner Internet-Trolle, und von den «alternativen Medien» seiner internationalen Gesinnungsanhänger.

Die BBC zählt in einer Untersuchung 106 chemische Angriffe in Syrien – seit September 2013, als Wladimir Putin die USA davon überzeugte, dass Syrien seine Chemiewaffenvorräte vernichten lassen werde. Die Mehrheit der Chemiewaffenangriffe in Syrien

191

«scheinen einem Muster zu folgen, das zeigt, dass sie das Werk des Regimes und seiner Alliierten sind, und nicht anderer Gruppen in Syrien», schlussfolgert die BBC. Das Regime nutze in seinem jahrelangen Überlebenskampf Chemiewaffen, wenn es mit konventionellen Waffen ein Gebiet nicht zurückerobern könne und der Bevölkerung in diesen Gebieten die eindrückliche Botschaft schicken wolle, dass ihre Gegenwart unerwünscht sei.[2] Die vom UN-Menschenrechtsrat eingesetzte unabhängige internationale Untersuchungskommission bestätigt mindestens 34 Chemie-Attacken in Syrien seit 2013. Die meisten – mindestens 28 – seien durch die Truppen Assads ausgeführt worden, meistens handele es sich um den Einsatz von Chlorgas. Russland unterstützt Assad beim Gebrauch von Chlorin, Sarin oder Senfgas, indem es das Dementi zu einer rhetorischen Kunstform erhebt. So wie in der Ukraine ein «Bürgerkrieg» herrschen muss, muss in Syrien ein «Krieg gegen Terroristen» herrschen – wer diese «strategischen Narrative», die sorgsam gefertigten Erzählungen der Kriegsherren im Kreml, herausfordert, wird mit falschen «Nachrichten» überhäuft. Menschenrechtsorganisationen werden für staatliche Propaganda-Zwecke im Internet erfunden, genau wie 2014 für die Ukraine auch. Echte zivile Helfer, wie die syrischen «Weißhelme», die Tausende Leben retten und die Folgen der Luftangriffe dokumentieren, werden vom russischen Außenminister diskreditiert – erst recht, als die «Weißhelme» mit dem Alternativen Nobelpreis ausgezeichnet werden. Sie gelten wahlweise als Kollaborateure des IS, als talentierte Kriegsschausteller oder westliche Marionetten. Auch wenn humanitäre Helfer in jedem Krieg den Kriegsparteien ein Dorn im Auge sind, weil diese ihrer freiwilligen Arbeit misstrauen und sie oft als Spione betrachten – die erfolgreiche Schmierenkampagne Russlands gegen die 3400 «Weißhelme» ist zugleich eine beispielhafte Studie des russischen Informationskriegs. Der Missbrauch eines selbstgedrehten Videos der «Weißhelme», die sich beim Bergen einer Übungspuppe aus Trümmern filmen, als Betrugsbeleg für eine «vom Westen finanzierte Nichtregierungsorganisation», ist nur einer der Höhepunkte dieser Kampagne, gleichermaßen betrieben von westlichen linken und rechten politischen Kräften. Marat Musins «Nachrichtenagentur» ist ganz vorne mit dabei. Sie erstellt eine ganze Dokumentation über die angeblichen Untaten der «Weißhelme», der Film heißt «Weißhelme – die Maske des Terrors» und der Reporter in Flecktarn gibt vor, Dokumente zu finden, die die NGO in Verbindung mit islamistischen Terrorgruppen brächten. Ein Mitglied der «Weißhelme» aus Aleppo, das auf der Flucht mit seiner Familie von syrischen Regierungssoldaten gefangen genommen wurde, «gesteht» darin in einem Interview, das wie abgelesen wirkt, dass die Rettungsaktionen der «Weißhelme» nachgestellt seien, um Geld aus Europa, der Türkei und den Golfmonarchien zu erhalten. Die Organisation weist darauf hin, dass das Geständnis ihres Mitarbeiters wohl unter Zwang erfolgte.[3]

Die Rücksichtslosigkeit der russischen Desinformations- und Militärkampagne in Syrien erinnert jene, die Russlands Krieg gegen tschetschenische Unabhängigkeitskämpfer erlebten, daran, wie Russlands Armee die Großstadt Grosny aus der Luft auslöschte, alle politischen Gegner wahllos als Terroristen bezeichnete, sodass schließlich Zehntausende von Tschetschenen fliehen mussten. Konfliktlösung durch Flächenbombardements und Brutalität ist nie nachhaltig. Es ist bezeichnend, wenn russische staatliche Kommentatoren Tschetschenien, den perfekten Polizeistaat eines Putin-Statthalters, als Modell für Syrien preisen. Auch wenn die tschetschenische Hauptstadt Grosny, einst laut den UN die am meisten zerstörte Stadt der Welt, heute blitzblank aufgebaut ist – hinter den Glitzerfassaden ist Leere, sind Jugendliche, die sich in Syrien dem «Islamischen Staat» angeschlossen haben, sind Einwohner, die nur noch wegwollen.[4] Der russische Schriftsteller Sergej Lebedew sieht Russlands Tschetschenien-Kriege als einschneidende Erfahrung, die Russlands Militär für alle künftigen Einsätze geprägt habe:

«Dieser Krieg hat die Moral der russischen Armee stark verändert. Wie sehr, das wird erst heute angesichts des Krieges in der Ukraine klar. Indem man den Terror und die gesetzwidrigen Aktionen der Armee in Tschetschenien nicht ahndete, gab man ihr das Signal, dass zur Durchsetzung russischer Interessen alles erlaubt ist. Die heutige Armee betrachtet ihren Einsatz in der Ukraine genau unter diesem Blickwinkel – wir dürfen alles, auch wenn es sich um Befehle handelt, die nicht legal sind.»[5]

DIE INOFFIZIELLEN KÄMPFER RUSSLANDS

«Was denken Sie, gibt es in Ihren Reihen viele, die bereit wären, von der Ostukraine nach Syrien zu fahren?», frage ich Oleg Melnikow, einen jungen Kämpfer auf der Seite der Separatisten, der im Herbst 2015 von der Ostukraine nach Moskau zurückgekehrt ist. Das Projekt «Neurussland» ist inzwischen auf Eis gelegt, die Freiwilligen desillusioniert, professionelle russische Söldner ersetzen immer mehr die Freiwilligen der «Volksrepubliken». «Ich kenne relativ viele Leute, die jetzt nach Syrien wollen. Sie sagen, dass es ihnen schwerfällt, sich zurück in ihrem friedlichen Alltag zurechtzufinden, und dass sie dorthin fahren wollen, um gegen den IS zu kämpfen», sagt mir Melnikow. In welcher Form diese Männer in Syrien kämpfen, ob freiwillig oder bezahlt, ob als offizieller Teil der russischen Armee oder inoffizieller Teil halbstaatlicher Strukturen, ist geheim und wird vielen Beobachtern erst Jahre später in Gänze klar. Offiziell sagt Moskau im Herbst 2015, dass es keine Bodenoffensive in Syrien vorhabe. Inoffiziell sind russische Einsatzkräfte am Boden bereits seit 2013 aktiv. Nicht als Freiwillige, sondern als Söldner einer teils privaten, teils staatlichen Armee.

Es sind Männer wie Nikolaj, der als Vertragssoldat in den frühen 2000ern in Tschetschenien kämpfte, dann des Diebstahls bezichtigt wurde und im Gefängnis saß, nach seiner Freilassung schließlich in die Ostukraine zog und zweieinhalb Jahre für die «Donezker Volksrepublik» als Söldner kämpfte. Der sogar ohne aktive Kampfeinsätze gutes Geld, 150 000 Rubel, etwa 2000 Euro im Monat bekam – viel für russische Verhältnisse.[6] Es sind Soldaten wie Kyrill Schadrin, geboren 1991 in Kirow, der 2015 auf Fotos vor einer Flagge «Neurusslands» auftaucht und später in Militäruniform mit Fledermaus-Armabzeichen posiert, einem Kennzeichen des russischen Militärgeheimdienstes, das ich viele Male in der Ostukraine gesehen habe. 2016 ist Schadrin im ostukrainischen Ilowaisk zu sehen, 2017 dann plötzlich mit einem arabischen Armabzeichen der «Syrischen Wüstenfalken» als russische «Spezialeinsatzkraft» in Syrien, wie verschiedene soziale Medien ihn im Foto betiteln.[7]

Während meiner Drehreisen in der Ostukraine habe ich oft mit «Separatisten» gesprochen, deren Leben aus einer Aneinanderreihung von Kriegsschauplätzen bestand, sie kämpften zuvor, wie sie erzählten, im Kaukasus, in Jugoslawien, in Afghanistan oder im Irak. Natürlich stellten sie sich vor der Kamera stets als «Freiwillige» vor, die dem «Ruf der Seele» folgend für Wladimir Putins Vision einer russischen Welt kämpften. Wovon sie dort in der Ostukraine denn eigentlich lebten, blieb stets unklar. Sehr wahrscheinlich waren sie Söldner von privaten Militärfirmen, vielleicht hatten sie für die «Moran Security Group», für «E. N. O. T. Corp.» oder «Tigr Top-Rent Security» gearbeitet, wie erste russische private Sicherheitsfirmen hießen. In der Ostukraine kämpften Russen aus Russland und neu angeheuerte Ostukrainer gegen Geld. Wer die von der russischen Aktivistengruppe *Shaltai Boltai* geleakten Mails des Moskauer Milizenführers Igor Girkin öffnet, findet ebenfalls Hinweise darauf, dass Girkin nicht nur aus seiner Vergangenheit Veteranen kennt, die er für patriotische Zwecke als «Freiwillige» mobilisieren kann, sondern dass er in den Einsatz der ersten privaten Söldnergruppe in Syrien 2013 involviert war, ebenso wie sein späterer Arbeitgeber, der orthodoxe Oligarch Konstantin Malofejew. Zwischen den Aktivitäten Igor Girkins als Geheimdienstmann, als Veteran oder als

Söldner, der Männer für «Spezialeinsätze» sammelt, koordiniert oder einsetzt, ist der Übergang offenbar fließend. Diese fließenden Grenzen zwischen öffentlichen und privaten Arbeitseinsätzen sind ein typisches Merkmal des politischen Systems Russlands.

Die Rekruten der privaten russischen Sicherheits- und Söldnerfirma «Wagner» zum Beispiel beraten und trainieren Assads Militär und betreiben neben der Sicherung von Ölfeldern für die syrische Armee Militäraufklärung und Kampfeinsätze. Gleichzeitig werden sie in Russland in einer Basis der 10. Sondereinsatzbrigade des Militärgeheimdienstes GRU ausgebildet. Auf dem Papier gibt es keine offiziellen Verbindungen zwischen dem russischen Militär in Syrien und den russischen Privatmilitärs dort. Doch in Wirklichkeit verstärken die Söldner russische Boden-Einheiten bei der Ausführung spezieller Aufgaben.[8] Damit kann der Staat Verlustmeldungen verringern oder abstreiten, militärische Niederlagen leugnen, öffentlichem Druck aus dem Innern entgehen und über mehr Raum für Propaganda verfügen. Die Eltern und Ehefrauen der Söldner verpflichten sich, über den Einsatz (und den Tod) ihrer Söhne und Ehemänner zu schweigen. Die staatlichen Medaillen für die – per Gesetz unzulässigen – Einsätze in Syrien sind zwar neu, aber auf Tschetschenien ausgestellt, obwohl es in Tschetschenien derzeit keine aktiven Kriegseinsätze gibt. «De jure haben wir keine gesetzlichen Einheiten wie private Militärfirmen», sagt der Kreml. De facto sitzt aber der Sponsor einer solchen Firma mit am Tisch bei hochoffiziellen politischen Gesprächen, neben dem Generalstabschef und dem Verteidigungsminister. De facto wurde mindestens ein solches Unternehmen mit dem Segen des Verteidigungsministers von einem seiner Generäle im Ruhestand gegründet, mit Söldnern, die als *Speznaz*, als Spezialeinsatzkräfte im aktiven Dienst sind. De facto gibt es Denkmäler für die Söldner, in Regierungsmedien als «Freiwillige» betitelt, aufgestellt in Russland, Syrien und in der Ostukraine. De facto lässt sich der Präsident Russlands neben einer solchen Söldner-Einheit heimlich abbilden.

Schon 2012 hält Präsident Putin private Militärunternehmen für «ein Instrument für die Realisierung nationaler Interessen ohne direkte Teilnahme des Staates». Waleri Gerassimow, Generalstabschef der russischen Streitkräfte, trieb 2012 den Plan voran. Die russische Investigativ-Webseite *The Bell* zitiert anonyme Quellen aus der Nähe des Verteidigungsministeriums, wonach diese Truppen unter anderem finanziert wurden vom Milliarden-Gewinn, den ein Putin-Vertrauter bei großen Staatsaufträgen machte – Aufträge für Essenslieferungen an staatliche Stellen.

Seit 2013 werden die Söldnertruppen, ein wichtiges Instrument russischer Außenpolitik, in Afrika eingesetzt, oder zur Unterstützung von Venezuelas Präsident Nicolas Maduro während der Unruhen in Venezuela. Der Kreml bestreitet dies alles. Denn Söldner sind per Verfassung Russlands illegal. Die Gesetzentwürfe zur Legalisierung der Söldner sind bislang gescheitert. Nur der Einsatz der Söldner im Ausland für Sicherheitszwecke gilt als legal, die privaten Militärunternehmen per se aber als illegal.

Ein – über eine Reihe von Tarnfirmen verdeckter – mutmaßlicher Sponsor einer solchen Söldnertruppe sticht besonders hervor: Jewgenij Prigoschin – ein vorbestrafter Restaurateur und Inhaber mehrerer Firmen, in russischen unabhängigen Medien oft «Putins Koch» genannt, wegen seines Nobelrestaurants, in dem Putin speist, und seines Essenslieferdiensts an Ministerien. Prigoschin ist aktiv beteiligt an den militärischen, propagandistischen und außenpolitischen Zielen des Kreml in verschiedenen Funktionen, die er alle abstreiten lässt: Als Inhaber einer Troll-Agentur, die sich später auch in die US-Präsidentschaftswahlen einmischen wird. Als wahrscheinlicher Sponsor hinter der «Nachrichtenagentur» *FAN*, die «patriotische» Berichterstattung macht gegen Putins oder Prigoschins Kritiker weltweit. Seine Söldner der Kampftruppe «Wagner» sind in der Ukraine, in Syrien oder in Zentralafrika aktiv, wo der Präsident einen Russen als nationalen Sicherheitsberater einsetzt, und sich offenbar auf ein Tauschgeschäft einlässt: Russische Waffen gegen russischen Einfluss im Land und Zugang zu Rohstoffen für Moskau.

Prigoschin scheint eine Art Mäzen für die Militärabenteuer des Kreml zu sein. Von diesem bekommt er viel Geld über staatliche Ausschreibungen und Verträge, davon verwendet er offenbar einen Teil für die inoffiziellen Militäroperationen des Kreml. Mal nennt Putin den glatzköpfigen, bulligen St. Petersburger Oligarchen einen Privatmann, der «wie jedermann» weltweit «seinem Business nachgehen» dürfe. Mal sitzt Prigoschin mit am Tisch, wenn ein libyscher General mit dem russischen Verteidigungsminister in Moskau verhandelt. Prigoschins Sicherheitsmänner haben nach eigenen Aussagen tödliches Gift an syrischen Kriegsgefangenen ausgetestet, einen Putin-kritischen Blogger mit einer Eisenstange angegriffen, zielgerichtet nach Putin-kritischen Kommentatoren gesucht und versucht, den Ruf von Journalisten der im Herbst 2013 vom Kreml aufgelösten Agentur *Ria Nowosti* zu beschädigen. Prigoschins Unternehmen steht hinter der Gründung einer ukrainischen Nachrichtenagentur, die schon im Herbst 2013 den Begriff «Neurussland» benutzt. Prigoschins Netzwerk kreiert Pseudo-Demonstranten, die dem Ansehen der liberalen Opposition schaden sollen.[9] Unabhängigen russischen Journalisten scheint der Mann, der seine Karriere als Hot-Dog-Verkäufer anfing, unmissverständlich zu verstehen zu geben, dass sie nicht in seinen Angelegenheiten schnüffeln sollen: Bei investigativen Recherchen zu Prigoschins Aktivitäten werden Journalisten vergiftet, ermordet, ausspioniert, bedroht oder haben mysteriöse tödliche Unfälle. Im September 2018 unterzeichnet Präsident Putin schließlich ein Dekret, das Informationen über alle nicht zur festen Belegschaft gehörenden Agenten der russischen Geheimdienste als geheim einstuft. Damit gelten Mitarbeiter der privaten Söldnerunternehmen sowie ihre ganze Struktur als geheim, ihre Nennung und Aufdeckung steht unter Strafe.

«Putin rekrutiert Freiberufler oder Selbständige – im Kreml

angeblich bekannt als Sachwalter –, um bestimmte Problemfelder zu lösen. Putin lässt diese Individuen ihre eigenen Teams aufstellen und lässt sie dann im Namen des Präsidenten Unterstützung und Gehorsam von anderen einfordern», fasst der langjährige amerikanische Russland-Forscher Daniel Treisman das Modell dieser öffentlich-privaten Partnerschaft zusammen.[10] Wenn dieser Mechanismus wirklich so abläuft, wie die zahllosen Belege und Hinweise zeigen – was erhofft sich Wladimir Putin davon? Sicherlich erhöht das Auslagern und Outsourcen von Projekten die Schnelligkeit und Effizienz. Zudem gehört der Dienst am Staat in Form von Kriegsführung oder Bereitstellung von Infrastruktur für die Oligarchen unter Putin ohnehin zur Grundvoraussetzung für Eigentum und Beteiligung an staatlichen Gewinnquellen. Dafür schaffe Putin einen «anderen» Staat, der außerhalb des gewöhnlichen Staates existiere, erklärt der russische Wirtschaftsjournalist und Forscher Maxim Trudoljubow: «Der ‹andere Staat› sammelt Einkommensquellen und rekrutiert Oligarchen, die sie überwachen. Dem gewöhnlichen Staat überlässt er die Kosten, sozialen Verpflichtungen und das Fußvolk der Gouverneure.»[11] Zugleich kann der Kreml über diesen Mechanismus Verantwortung von sich weisen. Ganz so wie im Falle der Ostukraine, wo Russlands Soldaten aufgrund ihres geheimen Einsatzes falsche Namen bekommen, als «Phantome» im Ausland kämpfen – und diese falschen Namen, selbst wenn sie als Kriegsverletzte in russischen Krankenhäusern behandelt werden, beibehalten müssen. Selbst die Kennziffern ihres Kriegsgeräts werden unkenntlich gemacht.[12]

Krim, Donbass, Syrien: Die Grenzen zwischen Fakt und Fiktion, Wahrheit und Lüge, Geheimhaltung und Bestätigung, Krieg und Nicht-Krieg, Kämpfer und Nicht-Kämpfer, staatlich und nicht staatlich verschwimmen. Übrig bleibt beim Beobachter dieser verdeckten Aktionen ein verschwommenes «Der Kreml ist überall» – eine Einschätzung, die dem Kreml tatsächlich in die Hände spielt, weil sie seine Rolle aufbläht. Gleichzeitig fordert diese Konfusion jede Analyse heraus und stellt auch die klassische Methodik des tagesaktuellen westlichen Journalismus auf die Probe: Dieser muss jedes Abstreiten des Kreml zitieren, aber kann es sich zeitlich und organisatorisch kaum leisten, die Belege für die verdeckte russische Intervention und Einflussnahme zeitnah zu sammeln und zu analysieren und die Doppeldeutigkeit der Lage, das offene Geheimnis (offen, weil es Satellitenbilder und soziale Medien gibt), schnell selbst zu begreifen und anderen begreifbar zu machen. Wenn Monate später die Belege und Indizien ausgewertet vorliegen, ist das Interesse verpufft und die mediale Karawane weitergezogen. Zurück bleibt nur die Konfusion.

Die Existenz der «zwei russischen Staaten» bringt nicht nur den Vorteil der Abstreitbarkeit, die Konstruktion ist auch fehler- und risikoanfällig. 2013 werden fast 300 russische Söldner in Syrien, die ursprünglich lediglich eine Ölpipeline beschützen sollten, damit beauftragt, sich in Kampfhandlungen einzumischen, und dabei vom IS überfallen – damit ist die Mission beendet. Im Februar 2018 greift die Söldnerarmee Prigoschins in Ostsyrien einen US-Stützpunkt der syrisch-kurdischen Opposition an. In dem mehrstündigen Gefecht sollen mindestens 200 russische und pro-russische Söldner im amerikanischen Feuer getötet worden sein. Es kommt also zu einer direkten Auseinandersetzung zweier nuklearer Großmächte – die der Kreml aber abstreitet. Es seien nicht seine Männer gewesen, die den US-Stützpunkt angegriffen haben. Später erwähnt der Kreml zwar Opfer, spielt aber die Verluste herunter. Die Doppeldeutigkeit der Situation – gehören die Angreifer nun zur Armee des Kreml oder nicht? Ist dieser Akteur legitim oder illegitim? – macht die Entscheidungsfindung und eine angemessene Antwort des militärischen Gegners Russlands, in diesem Fall der USA, sehr viel komplizierter und riskanter. Wie dieser Angriff zeigt, führen Russlands Söldner nicht nur Friedensoperationen aus, sondern sind mit Panzern und mittleren Feldhaubitzen unterwegs, um staatliche Interessen zu schützen. Aber sie fühlen sich an kein Gesetz gebunden, weder die russische Verfassung noch das Kriegsvölkerrecht schränkt sie ein. Der Staat wird sich für ihre Sicherheit und ihre Interessen kaum einsetzen. Kämpfen sie für einen Oligarchen oder kämpfen sie für ihr Land?

An anderen «Fronten» setzt für Russlands nationale Interessen ein «Sachwalter» seine Tätigkeiten als Einflussagent fort: Der orthodoxe Geschäftsmann Konstantin Malofejew, der in der Ostukraine den «Russischen Frühling» mit organisiert und finanziert, wendet sich im Herbst 2014 Südosteuropa, genauer gesagt der *Republika Srpska* zu, einer Teilrepublik von Bosnien und Herzegowina mit mehr als 1,2 Millionen überwiegend serbischen Einwohnern. Die Föderation steht gerade vor den Präsidentschaftswahlen. Der Präsident der *Republika Srpska*, Milorad Dodik, will im Falle eines weiteren Wahlsieges ein Referendum organisieren, um seine *Republika* von Bosnien und Herzegowina abzuspalten. Er trifft sich mehrmals symbolträchtig mit Putin in Moskau – und ausgerechnet am Wahltag mit Oligarch Malofejew in der Hauptstadt Banja Luka. Malofejews wohltätige Stiftung hat 144 Kosaken nach Banja Luka gebracht. Die der orthodoxen Kirche nahestehenden Männerbünde hatten zuvor auf der Krim als Paramilitärs gewirkt. In Banja Luka stellen sich die Kosaken gerne demonstrativ auf öffentliche Plätze, ohne den Medien zu verraten, warum sie eigentlich gekommen sind – und warum gerade vor den Wahlen.

Wir erinnern uns: Konstantin Malofejew war es, der sein Männer-Netzwerk in der ostukrainischen «Donezker Volksrepublik» als erste Milizenführer etabliert und der die ersten Politikerkandidaten des Pseudo-Staates mit Putin-Berater Wladislaw Surkow im Kreml abgestimmt hatte.[13] Auf dem Balkan ist Malofejew ebenfalls der Mann des Kreml für Abspaltung, Referendum und Machterhalt von Russlands Wunschkandidaten. Der Vordenker von Malofejews politischem Analyse-Institut, Alexander Dugin, hat in einem Artikel bereits die Abspaltung der *Republika Srpska* und ein Groß-Serbien unter Kandidat Milorad Dodik als Wunsch-ziel für Russland vorgezeichnet. Aber 2014 ist es zu früh für dieses Szenario – trotz der symbolischen Hilfe aus Moskau. In den folgenden Jahren wird Moskaus ultrarechter Kandidat Dodik weiter das politische Klima für die Unabhängigkeit vorbereiten, gegen ein multiethnisches Bosnien und Herzegowina. 2018 rückt er an die Staatsspitze von Bosnien und Herzegowina, jener Föderation von Serben, bosnischen Muslimen und Kroaten, die Dodik auch mit Hilfe Russlands zerschlagen will – idealerweise.[14]

Historische Symbolik und orthodoxe Wirkmacht kennzeichnen auch die weiteren Aktivitäten des Konstantin Malofejew. Während er in der Ostukraine das zaristische «Neurussland» wiederbelebt, lädt er in Wien zu einem geheimen Auftakt-Treffen westeuropäischer Rechtspopulisten, Aristokraten und Unternehmer ein, die Europa unter der Führung des Kreml vor dem Liberalismus und der «Schwulenlobby» retten wollen. Das Motto der Großver-anstaltung: die Erinnerung an den Wiener Kongress 1814/15 und die damals geschaffene «Heilige Allianz» der konservativen Groß-mächte Russland, Preußen und Österreich. Diese hatten sich zu einem Bund gegen die liberalen Ideologien in Europa vereinigt. Malofejew will den Geist der alten Allianz aufleben lassen. In Moskau veranstaltet er einige Monate später den Kongress «Mehrkind-familien und die Zukunft der Menschheit». Dabei geht es um die Bewahrung von Mehrkindfamilien als spirituellen Eckpfeiler der Gesellschaft und der nationalen Identität und Zivilisation. Zum Auftakt werden Grußworte Putins vorgelesen, der die Mehrkind-familie als Norm empfiehlt. Europäische Rechtspopulisten warnen in ihren Reden erneut vor der «Schwulenlobby». Zu den Sprechern gehören Rechtskonservative aus Russland, Frankreich, Ungarn, Griechenland und den USA.

DIE ARBEIT DER TROLLE

«Eine neue Epoche beginnt jetzt. Gegen das, was jetzt kommt, war der Kalte Krieg, waren die 70er und 80er Jahre Kinderkram.»

(ein Chefredakteur eines staatlichen Rundfunksenders im Februar 2014)

2015 beginnt Alexander Orlow, der gefeuerte stellvertretende Chefredakteur beim Staatskanal *Rossija 24* und *Rossija 2*, damit, frühere Kollegen der Staatsmedien zu interviewen und stellt mich denjenigen von ihnen vor, die zu einem Gespräch bereit sind. In ihren Schilderungen, bei denen sie anonym bleiben wollen, erzählen uns die Journalisten, die in verschiedenen Positionen arbeiten, über ihre Arbeitsbedingungen und ihre Motive, mit mir darüber zu reden. Viele datieren den Beginn des Informationskrieges auf den Wahlkampf 2011 und den Beginn von Putins dritter Amtszeit 2012. «Davor war es nie so kannibalistisch, davor gab's mehr Selbstzensur als Zensur. 2013 wurden keine Witze mehr erlaubt, kein Lachen in der Redaktionskonferenz über ein neues idiotisches Gesetz der Duma oder die idiotische Aussage eines Politikers. Alles wurde todernst. Jeder Müll der Präsidialverwaltung musste breit berichtet werden. Wenn die Direktleitungen zum Kreml klingelten, verließ einer den Raum und kam mit klaren Anweisungen zurück: Wer porträtiert wird, wer auf den Index kommt, was betont werden soll, wer ins Studio zum Interview kommt und wer gerade nicht. Vor den ersten Minsker Waffenstillstandsverhandlungen wurden einige Pflicht-Begriffe wie ‹Kiewer Junta› oder ‹Faschisten› runtergefahren, dann wieder hochgefahren. Die russische Opposition kam nur ins Programm, wenn es Ermordete unter ihnen gab. Es kam niemals jemandem in den Sinn, nach der Annexion auch einmal die Unzufriedenen auf der Krim zu interviewen. Nicht einmal der Gedanke, nicht einmal eine Diskussion darüber fand statt. Unsere Quoten verdoppelten und verdreifachten sich mit dem Krieg.» Wo früher als Hirngespinste und Hauptfeinde die «Rothschilds, Morgans und die übrige Verschwörung des Weltkapitals» genannt wurden, habe es mit dem Ukraine-Krieg mehr «emotionalen Stoff» gegeben: «Das war natürlich viel interessanter zu bearbeiten als die Verschwörungen der Rothschilds und Rockefellers.»

Ein Mann, der auch heute noch im Geschäft ist bei einem Staatssender, trifft sich mit mir. «Die heuern jetzt mehr und mehr Leute aus den Provinzen für diese Arbeit an», erzählt er mir 2015. «Du schickst ihnen deinen Lebenslauf, und auch wenn du vorher was ganz anderes gemacht hast, zum Beispiel Werbung verkauft hast, kannst du nun zum Producer oder Korrespondenten aufsteigen.» Er zeigt mir Bilder seiner eigenen Berichte aus der Ostukraine. Wo ein intaktes medizinisches Zentrum oder ein intaktes Wasserwerk stand, war seine Aufgabe, von einem ukrainischen Angriff zu sprechen und die Szenerie für die Kamera entsprechend zu frisieren. Wo eine geschäftige Fernbusstation mit normalem Passagierverkehr gezeigt wurde, musste eine Geschichte über eine tragische Flucht aus der Stadt entstehen. Wo Separatisten-Einheiten mitten in Wohngebieten einen ukrainischen Angriff provozierten, musste berichtet werden, dass die Ukrainer unvermittelt Zivilisten und lebenswichtige Infrastruktur angegriffen hätten, die in Wirklichkeit intakt war. Moskau gibt den Korrespondenten genaue Anweisungen, wie Bilder und Geschichten auszusehen haben. «Die Menschen in der Ostukraine sagen uns: Helft uns, diesen Krieg zu beenden. Stattdessen heizt ihr ihn weiter an! Es gibt keine einzige Geschichte, wo ich keine Gewissenbisse spürte. Ich fühle mich schuldig. Dieser schlechte Nachgeschmack, der bleibt. Wahrscheinlich spreche ich deshalb heute hier mit Ihnen.»

Ich erzähle diesem jungen Mann, dass ich in sozialen Medien, in Blogs und durch Programmbeschwerden über meine Berichte, die ja gar nicht einem russischen Publikum gelten, oft angegriffen werde. Und dass mit meiner Wahrnehmung gespielt wird: Ich verbreite eine Information, werde anschließend von wütenden Followern der Lüge und Propaganda bezichtigt, bemerke, wie nach dieser Kritik meine Unsicherheit einsetzt, und verzichte schließlich auf die Nennung von solchen Hinweisen, die doch für das Verständnis des Krieges in der Ostukraine so wichtig gewesen wären. Wenige Monate später erklärt mir jemand, wie eine solche Beeinflussung über soziale Medien und Foren-Kommentare großer Medien die Journalisten erreicht und wie eine systematische, großangelegte Bewusstseinstrübung funktioniert. Der Mann, für dessen Interview ich von Moskau nach St. Petersburg fahre, heißt Marat Burkhard. Anders als der Staatsmedien-Journalist, der etwa so alt sein dürfte wie er, ist Burkhard sehr belesen. Er stellt sich als liberaler Blogger und ehemaliger Erdkundelehrer vor.

Die Idee zu der Institution, in der Marat Burkhard aus reiner Neugier mehrere Monate arbeitete, entstand 2011. Nach den aufgedeckten Wahlfälschungen während der Parlamentswahlen im Dezember 2011, die Massendemonstrationen auslöste, soll im Kreml die Idee aufgekommen sein, eine Desinformationskampagne im Netz zu lancieren. Die Demonstrationen sollten von Internet-Trollen gestört und der wichtigste Oppositionelle des Landes, Alexej Nawalny, im Netz als «ausländischer Agent» dargestellt werden, um Zweifel an seiner Redlichkeit aufkommen zu lassen. Die Idee zur «Internet-Recherche-Agentur» war geboren, ein Oligarch soll als Finanzier und Eigentümer ausgesucht worden sein. Die Recherchen unabhängiger russischer Journalisten über den Eigentümer der Institution führen schließlich zum Restaurateur und mutmaßlichen Sponsor einer Söldnertruppe, Jewgenij Prigoschin. Das Gebäude seiner Trollfabrik liegt in einem verschlafenen St. Petersburger Wohngebiet. Die Vorhänge sind zugezogen. Außen steht nur «Businesszentrum» geschrieben, nichts weiter deutet auf das Innenleben hin. Die meisten, die hier arbeiten, sind jung, achtzehn, zwanzig Jahre alt. Niemand will mir erzählen, was genau er hier macht. Niemand bis auf einen Aussteiger: Marat Burkhard.

Er bewarb sich dort, weil er ein Experiment vorhatte, er wollte erfahren, was Trolle wirklich machen. Einen Vertrag gab es nicht, das Gehalt bekam er bar auf die Hand. Die Kollegen sprachen nicht miteinander, und wer zu spät kam, zahlte Bußgelder. In seiner Zwölf-Stunden-Schicht musste er 135 Online-Kommentare absetzen. Ein typischer Auftrag für Marat Burkhard sah so aus: Er bekam einige Schlüsselwörter – wichtig für die Suchmaschinen. Zum Beispiel EU, Merkel, Sanktionen. Dann die Idee für seinen Troll-Auftrag: «Die EU handelt auf Anweisung der USA.» Die Schlussfolgerung seiner Arbeit in den Foren müsse lauten: «Europa muss von den USA unabhängig werden.» Für das Gedankengebäude müsse er einen Experten zitieren, der darlege, wie die Sanktionen Europas gegen Russland seiner eigenen Wirtschaft schadeten, wie Deutschland Washington nicht widersprechen könne, weil ja Washington Deutschlands Sicherheit garantiere. Diese Themen musste Marat in den Online-Foren russischer Städte unterbringen, von Wladiwostok bis Nowosibirsk. Um den Anschein einer Diskussion zu wecken, arbeiteten drei Trolle an einem Thema, erklärt mir Marat. Der eine ist der Bösewicht. Der andere widerspricht. Ein Dritter vertritt ausgleichend die Kreml-Sicht. «Einmal musste ich die Leser überzeugen, dass eine Mehrheit der Deutschen Putins Politik unterstützt. Der Böse schreibt: ‹Quatsch, die Deutschen lieben Putin nicht.› Dann kommen wir und schreiben: ‹Natürlich lieben die Deutschen ihn. Schau mal, hier.› Und dann gibt's einen Link zu einem dubiosen russischen Nachrichtenportal. Und die Schlussfolgerung: Putin wird verehrt in Deutschland. Merkels Popularität sinkt. Europa ist im Fall und so weiter.»

Zur Unterstützung setzen die Trolle Bilder ein. Vulgäre, meist rassistische Darstellungen, schnell und billig produzierte *Memes*, die Marat «Demotivatoren» nennt: Sie zeigen US-Präsident Obama als Affen, darüber die Worte «Noch Fragen?». Oder die US-Flagge als Fußabtreter, darüber die Worte: «Jedem seinen Platz». Oder das Foto von Conchita Wurst, einem homosexuellen Eurovisions-Sänger mit Bart und Busen, und daneben das Foto einer ostukrainischen blonden Schönheit, darüber die Worte: «Europäische Union und Eurasische Zollunion». Manche Memes sind obszön: Bundeskanzlerin Merkel links, eine Bulldogge rechts, darüber die Worte: «Finde zehn Unterschiede». Oder Putin und Merkel nach sechzehn Stunden Verhandlungen zum Waffenstillstandsabkommen in Minsk: Er lächelt, sie hat die Mundwinkel nach unten gezogen.

So viel Text wie für drei Zeitungsseiten musste Marat täglich schreiben. Er kann nur mutmaßen, in wessen Auftrag er das tat. «Wenn man den Fernseher in Russland einschaltet oder eine große Zeitung liest, entdeckt man, dass das alles unsere Themen sind. Das kann nur bedeuten, dass die Themen von oben gesetzt wurden. Vom Kreml vielleicht. Oder von der Regierung.» Auch in fremdsprachigen Zeitungen und Nachrichtensendern, bei CNN, BBC oder New York Times, auf Facebook oder Twitter, sind die Trolle aktiv. Die englischsprachigen Trolle verdienten mehr, erzählt Marat. Der ehemalige Erdkundelehrer beobachtete, dass viele Kollegen anfangen, das zu glauben, was sie schreiben. Die Arbeit erscheint ihm jeden Tag absurder. Als er kündigt, bekommt er eine Flut gehässiger Troll-Kommentare nachgeschickt.

Die Ex-Trollin Ljudmila Sawtschuk ist von einer ähnlichen Neugier getrieben wie Marat Burkhard. Eine Mutter, Mitte dreißig, die sich ebenfalls bewusst unter die Informationskrieger mischen wollte. Mit ihrer Klage gegen die Troll-Fabrik – es geht ihr um ein symbolisches Schmerzensgeld von einem Rubel – legt sie 2015 die Struktur und Existenz der «Internet-Recherche-Agentur» in St. Petersburg offen. Für sie ist der wahrscheinliche Gründer der Trollfabrik, Jewgenij Prigoschin, «einer dieser typischen Geschäftsmänner Putins, der ein Restaurant- und Catering-Imperium und einen Putzdienst aufgebaut hat, der Militärschulen, Kindergarten und ein Ministerium mit seinem Lieferservice versorgt. Es ist interessant, dass die Trolle Putin und Verteidigungsminister Schoigu so verherrlichen, die Arbeitsanweisungen für Kommentare betreffen immer diese beiden – das ist wahrscheinlich auch der Weg für Prigoschin, immer mehr Aufträge für sich selbst zu bekommen, vom Verteidigungsministerium und vom Präsidenten.»

Der 39-jährige Elektrotechniker und Familienvater Andrej Bubejew hat keine Troll-Kommentare im Netz verfasst. Er repostet den Artikel «Die Krim gehört der Ukraine» eines russischen Schriftstellers und das Bild einer Zahnpasta und einer Zahnbürste, darüber die Worte «Drück alles Russische aus dir raus», die satirische Zeichnung eines russischen Künstlers. Bubejews Account – er hatte elf Online-Freunde, die seinen Post hätten sehen können – wird daraufhin mindestens ein halbes Jahr von staatlichen Organen beobachtet. «Er versucht immer, nach der Wahrheit zu graben, das ist sein Lebensprinzip», sagt seine Frau Anastasia im Interview. «Eine Gruppe von fünf Leuten – sie hatten Maschinenpistolen mit Schalldämpfern und trugen schusssichere Westen – stürmte unsere Datscha, fesselte meinen Mann.» Andrej Bubejews Vergehen: Er habe extremistisches Material verbreitet und zum Separatismus aufgerufen. Seit der Annexion der Krim kann jeder, für den die Krim zur Ukraine gehört, des Separatismus angeklagt werden, die Höchststrafe dafür sind fünf Jahre Gefängnis. Zwei Jahre und drei Monate wird Anastasias Mann Andrej hinter Gittern sitzen, davon mehrere Wochen in einer feuchten, ungeheizten Einzelzelle. «Ich habe Briefe bekommen, Mails, da steht drin: ‹Ihr Mann verdient das alles. Sie hätten ihm noch mehr Jahre Gefängnis geben sollen. Verrotten sollt ihr. Geht und lebt in eurer Ukraine! Wieso seid ihr immer noch hier?›» Anastasia erzählt, es mache sie krank, in dieser Zeit eine russische Staatsbürgerin zu sein. Selbst die eigene Verwandtschaft habe sich von ihnen abgewandt. Ein halbes Jahr nach diesem Interview und kurz nach Andrejs Freilassung wandern die Bubejews aus ihrer Heimatstadt Twer in Zentralrussland aus – in die Ukraine, nach Kiew. Russische Menschenrechtler zählen über

400 Strafverfahren wegen der Online-Kommentare kritischer Russen – allein für 2017, die Tendenz ist steigend. Zu extremistischen Inhalten im Netz gehören auch atheistische Witze, Satire-Bilder über Nonnen und Priester oder eine Jesus-Darstellung mit dem Gesicht eines amerikanischen Schauspielers.

Der Hass, den die Trolle im Netz verbreiten, ist der Hass, den die Nachrichtensprecher und Wetteransager, den die Talkshow-Gäste und den auch viele russische Politiker verbreiten. Ukrainische Gäste im russischen Staatsfernsehen werden gerne angeschrien oder von oben herab behandelt («Haben Ihre Eltern Sie überhaupt erzogen?»), ihre Funktion ist eindeutig: Sie sind Blitzableiter einer hysterischen Talkrunde. Boulevard und Quotenlust vermischen sich mit legitim empfundenem Troll-Journalismus und offizieller Kreml-Politik. Militär-Planspiele in Talkshows sind keine Seltenheit: «Die Großstädte in der Ukraine können wir komplett zerstören, mit Artillerie und Kampffliegern», sagt ein Politikexperte. Zehntausende könnten sterben. «Wie lange dauerte es, bis wir Aleppo einnahmen?», fragt die Runde den Moderator. «Nicht so lang. Drei Monate dauerte Aleppo». Ein anderer Moderator wirft den ukrainischen Talkshow-Gast gleich aus dem Studio: «Red keinen Quatsch! Raus mit dir! Verschwinde!» Ein weiterer Moderator schlägt vor, nach dem Fall der ukrainischen Regierung alle nationalistischen Ukrainer nach Deutschland oder Polen zu schicken. Was tun mit den restlichen Ukrainern, fragt er einen russischen Politiker. «Theoretisch wäre auch die Stalin-Lösung denkbar. Wir siedeln sie alle um, hinter den Ural. Töten werden wir sie nicht. Nur umsiedeln.»

Das Publikum klatscht. Und die Familienbande zwischen Russen und Ukrainern zerbrechen. Millionen Ukrainer haben Verwandte in Russland. Jetzt herrscht immer mehr Sprachlosigkeit. Telefonate endeten mit Beschimpfungen, erzählen mir Ukrainerinnen im Interview. «Mein Cousin ist bei der Armee in Russland.

Er sagte, so Leute wie ich hätten hier einen Bürgerkrieg angefangen. Ich sagte ihm: ‹Moment mal, du meinst, es gibt keine russischen Truppen in der Ostukraine?› Er: ‹Ach, die sind doch freiwillig dahin, um den russischsprachigen Ukrainern dort zu helfen›. Ich fragte: ‹Wie jetzt? Mir helfen? Ich spreche nur Russisch. Ich brauche aber keine Hilfe. Vielen Dank!› Mein Cousin kennt mich seit der frühesten Kindheit. Ich wuchs mit ihm auf, er kümmerte sich um mich. Und jetzt glaubt er dem Fernsehen mehr als mir. Es klingt hart, aber ich habe meinen Cousin abgeschrieben.» Eine Ukrainerin aus Luhansk erzählt: «Ich warf meinen Verwandten in Russland vor, dass kein einziger uns half, vor drei Jahren, als der Krieg in der Ostukraine anfing. Und sie antworteten: ‹Ihr seid ja auch Faschisten. Wenn jetzt der Zweite Weltkrieg wäre, hätten wir euch der Anti-Nazi-Polizei übergeben. Ihr verdient überhaupt keine Hilfe.› Im Internet habe ich gesehen, dass meine Verwandten ihre Kinder am Nationalfeiertag in Militäruniformen stecken oder T-Shirts tragen, auf denen ‹Ich bin Russe› steht. Die Verwandten in Samara nennen mich eine faschistische Prostituierte. Sie sagen, sie würden sich schämen, eine Verwandte wie mich zu haben. Wer dafür verantwortlich ist? Die russischen Staatsmedien sind dafür verantwortlich. Die fingen damit an, die Ereignisse in der Ukraine zu verdrehen. Schauen Sie sich meine Familie in Russland an. Die lesen keine Zeitung. Die schauen nur Staatsfernsehen.»

«Meine Mutter sagte mir, ich sei eine Vaterlandsverräterin», sagt mir die 38-jährige Sabina Pawlowskaja in Moskau. Auch in Russland selbst prallen zwei Lager, eine Minderheit und eine Mehrheit, oft in Form zweier Generationen, aufeinander. «Amerika würde Russland wegbomben. Meine Brüder und Neffen würden im Bombenhagel sterben, ist meine Mutter überzeugt.» Sabina und ihre Mutter sind wegen ihrer politischen Ansichten über die Krim und die Ukraine, vor allem aber wegen der Berichterstattung im Staatsfernsehen darüber aneinandergeraten. «Ich fühle Wut. Wut gegen Putin oder wen auch immer, der meine Familie aufgewühlt, meine

Familie in Stücke geteilt hat, es macht mich rasend», sagt die täto-
wierte Motorradfahrerin, die auswandern will. «Ich kenne Fälle, da
haben Menschen, die ich kenne und grüße, andere denunziert, weil
diese auf Facebook etwas aus der Ukraine gepostet hatten.» Drei
Monate hat sie eine Therapeutin besucht. «Zwei meiner Klienten
haben sich getrennt wegen einer politischen Talkshow im Fernsehen. Einer mochte den Moderator, die andere nicht», erzählt mir
die Moskauer Familientherapeutin Rimma Maksimowa über ihre
Kundschaft. «Ein Elternpaar kam zu mir, um über ihre Großeltern
und den Sohn zu sprechen. Sie wussten nicht, wie sie mit ihren Eltern umgehen sollten, die sie mit ihren politischen Ansichten («Die
Krim ist unser») ‹terrorisierten›, und jeden Abend mit ihnen in der
Küche stritten – die Großeltern versuchten dabei, den 10-jährigen
Enkel auf ihre Seite zu ziehen. Sie schauten Fernsehen, die Eltern
informierten sich nur über das Netz.» Das Fernsehen, das ein Land
umzingelt von Feinden zeige, mache aus Zuschauern Trauma-
opfer, ist die Moskauer Psychologin Marina Arutunjan überzeugt.
«Wenn man sich mit Wut und Hass und Aggression gegen einen
mächtigen Feind identifiziert, wird man stärker. Es ist eine absolute
Fiktion, aber psychologisch erleichtert es das Leben: Indem man
sich stark fühlt, erlangt man die Kontrolle über sein Leben zurück,
indem man sich in seiner Phantasie mit einer Kraft vereinigt.»

Das «Runterputzen» von Kritikern mit böser Ironie und rüdem
Troll-Ton ist selbst auf oberen Politiketagen normal geworden. Als
Großbritanniens UN-Botschafter Matthew Rycroft vor dem russischen Kollegen das Assad-Regime in Syrien als «mörderisch, bar-
barisch, kriminell» bezeichnet und Russland mahnt, dass seine Unterstützung Assads nur Schande und Demütigung bringen würde,
platzt dem russischen UN-Botschafter Wladimir Safronkow der
Kragen: «Wage nicht, Russland weiter zu beleidigen! Schau mich
gefälligst an! Was fällt dir ein, einfach wegzugucken? (…) Du hast
vorhin absichtlich nicht hingehört!» Das ist der offizielle Umgang
eines russischen UN-Botschafters mit seinem britischen Amtskol-

legen im UN-Sicherheitsrat. Das jähe Duzen, das aggressive Aus-
lachen, die «Banditensprache» gegenüber dem Westen kommen
gut an im russischen Heimpublikum: «Der hat's ihnen gezeigt,
der hat's ihnen gegeben» ist eine der gängigsten Reaktionen. UN-
Botschafter Safronkow teilt seinen bitteren Zynismus über moralische Ermahnungen des Westens mit sehr vielen Russen. Der Satz
«Niemand auf der Welt ist moralisch» ist tiefste Überzeugung im
Land – in der Politik, unter Journalisten. Eine Haltung, die jede
eigene Unmoral rechtfertigt.

Russlands Außenamtssprecherin Maria Sacharowa gelingt es,
diese Haltung zu vervollkommnen. Ihre psychologischen Spiel-
chen mit westlichen Journalisten haben sie bei ihrem heimischen
Publikum zur geachteten Polit-Lady gemacht. Und lassen westliche Korrespondenten ratlos, verunsichert oder verängstigt zurück. Gerne greift Sacharowa einzelne Fragesteller ihrer Pressekonferenzen – besonders wenn es um Fragen der Menschenrechte
und um Fragen der Wahrheit und Propaganda geht – heraus und
führt sie dem Publikum vor. In einer Talkshow sagt sie einem
Ukrainer, dass er sie aussprechen lassen solle, oder er würde mitbekommen, wie sich russische Raketen wirklich anhörten. Als ein
finnischer Journalist sie fragt, was die Verfolgung von Schwulen
in der tschetschenischen Teilrepublik für das Verhältnis zwischen
Russland und dem Westen bedeuten könne, fragt sie den Mann, ob
er etwa Angst habe, nach Tschetschenien zu fahren und selbst dort
zu recherchieren, wie das Leben in Tschetschenien aussieht. «Sie
haben doch keine Angst, oder?» Wer weiß, dass in Tschetschenien
Menschenrechtler und Journalisten immer wieder bedroht und ermordet werden, kann diese Frage einer ranghohen Diplomatin nur
als Drohung auffassen. «Wir scherzen nicht, wir arbeiten daran, Sie
direkt nach Tschetschenien zu schicken», sagt sie dem Finnen, mit
einem fast unmerklichen Augenzwinkern am Ende ihrer Botschaft.

DER MORD AN BORIS NEMZOW

Der Hass der Fernseh- und Internet-Trolle, die den Krieg und die Kriegsrhetorik für eine kontinuierliche patriotische Mobilisierung einsetzen, fordert Todesopfer. Er entlädt sich schließlich auf der Straße, gegen Vertreter der «Fünften Kolonne» – also die angeblichen inneren Feinde Russlands. Und vor allem gegen einen Oppositionspolitiker, der in den 90er Jahren Gouverneur des Bezirks Nischni Nowgorod war, unter Boris Jelzin, und dann stellvertretender Ministerpräsident. Er hätte dadurch reich werden können, stattdessen fährt Boris Nemzow Metro, spricht mit den einfachen Menschen wie ein normaler Bürger und bewegt sich auf den Straßen ohne Bodyguards. Er formuliert seinen Widerstand gegen das Putin-Regime und seine Korruption unverblümt und lautstark: Bei den Demonstrationen gegen die Wiederwahl Putins 2012 tritt er immer wieder auf die Bühne. Er organisiert Proteste und ist gerade vertieft in einen von ihm selbst lancierten Untersuchungsbericht zur russischen Beteiligung am Ukraine-Krieg, als er bei einem abendlichen Spaziergang mit seiner Freundin auf der Bolschoi Moskworetski-Brücke direkt vor dem Kreml erschossen wird. Wer auch immer den Mord an Boris Nemzow geplant hat, scheint ein Gespür für Choreographie und Inszenierung gehabt zu haben. Kommentatoren sprechen davon, dass die Mörder die Leiche Nemzows, getroffen von sechs Schüssen, «wie eine tote Maus vor die Katze im Kreml» gelegt hätten. Ein widerwärtiger, zynischer Mord, kommentiert Putin später. Ein russisches Gericht findet nach mehr als zwei Jahren die angeblichen Auftragsmörder in Tschetschenien. Aber wer sind die Auftraggeber? Ranghohe tschetschenische Politiker werden nie vor Gericht angehört. Auch nicht die Passanten, die in jener Nacht auf der Kremlbrücke spazierten. Die Staatsanwaltschaft weigert sich, Videos von Überwachungskameras an der Kremlbrücke dem Gericht zu übergeben, mit der leicht zu widerlegenden Begründung, es gebe dort keine Überwachungskameras.

Dem Sonderberichterstatter der parlamentarischen Versammlung des Europarates, der den Nemzow-Mord untersuchen soll, wird vom russischen Außenministerium die Einreise nach Russland verwehrt. Selbst das Gedenken auf der Kreml-Brücke, mit Blumen und einem Bild von Boris Nemzow, stört offenbar die Obrigkeit. Immer wieder räumen Straßenarbeiter die frischen Blumen weg oder werden die Bürger, die die Blumen bewachen, geschubst und getreten. Ein offizielles Mahnmal für Nemzow gibt es bis heute nicht.

«Es gibt nichts, was dem Regime lieber wäre, als dass wir aufgeben und weggehen. Diese Freude werden wir dem Regime nicht bereiten. Denn es gibt viele in Russland, die die autoritäre Herrschaft, die Korruption und die internationale Isolation ablehnen», sagt der Mann, der ein Mitstreiter von Boris Nemzow war. Der Liberale Wladimir Kara-Mursa spielt in Russlands zersplitterter, unfähiger Opposition keine Hauptrolle. Aber er hat Zugang zum US-Kongress. Beim republikanischen Senator John McCain tritt Kara-Mursa für US-Sanktionen ein, gegen prominente russische Politiker, Beamte und Journalisten des Staatsfernsehens, die, wie er sagt, «Hass, Intoleranz und Gewalt» verbreiteten. Für einen bedeutenden Teil von Russlands politischer Elite ist Kara-Mursa immer ein Hindernis gewesen: «Ein Hindernis für deren ruhiges Gewissen, ihre ruhigen Reisen ins Ausland, in den Westen», sagt sein Anwalt. Wenige Monate nach dem Mord an Nemzow wird Kara-Mursa ins Krankenhaus eingeliefert, seine Nieren haben versagt, die Umstände sind mysteriös, die Ärzte sprechen von einer Vergiftung. Zwei Jahre später läuft er immer noch am Stock, ein Nervenschaden, aber er hat sich auskuriert, er reist mit einem Film über Boris Nemzow durch die russische Provinz und füllt Gemeindehallen. Plötzlich wird er Opfer einer zweiten, lebensbedrohlichen Vergiftung. Die Warnung ist eindeutig. Als ich seine Frau treffe, ist Kara-Mursa im Koma, seine Organe versagen mehrfach.

«So wie ich die Wissenschaftler verstehe, ist es so, dass man nicht weiß, nach welchem Gift man suchen soll. Das letzte Mal zeigten sich in seinem Blut Rückstände von Schwermetallen, aber das Gift wurde nicht gefunden.» Als ihr Mann aus dem Koma aufwacht, verlässt die Familie Russland. Heute ist Wladimir Kara-Mursa Vorsitzender der *Boris-Nemzow-Stiftung für die Freiheit.*

Als Boris Nemzow ermordet wird, im Februar 2015, ist der Arbeitsauftrag für die bezahlten Trolle in der «Agentur für Internetrecherchen» in St. Petersburg klar. «Die Hauptidee ist, dass ukrainische Akteure in Nemzows Tod verwickelt sein könnten. Und dass nun Russland wieder mal der Feindschaft des Westens ausgesetzt ist. Der Mord ist eine offensichtliche Provokation, er soll Proteste der Opposition bewirken, die dann zum Sturz der Regierung aufrufen wird» – so lautet eine Arbeitsanweisung. Nicht Nemzow ist hier also als Opfer – nein, Russland ist das Opfer («Russland» verstanden als eine Verschmelzung von russischer Regierung mit russischem Volk, wie stets verwechselt die Führung das Vaterland mit sich). Der von Trollen beförderte Themenwechsel lautet: Nemzow ist tot, aber – was ist mit Russland, ist Russland in Gefahr? Den Trollen und dem Kreml gelingt mit Leichtigkeit ein perfektes Ausweichmanöver, eine Verdrehung der Wahrheit, eine Form der Wahrnehmungssteuerung, die weltweit erfolgreich ist. Experten bezeichnen diese Technik der Desinformation, die nicht nur in und von Russland praktiziert wird, allgemein als «strategische Täuschung». Der Rezipient, auf den die Täuschung zielt, soll verwirrt werden (in diesem Fall fragt er sich: «Wer ist denn jetzt das Opfer?»), er soll nicht mehr standfest sein in seiner Ansicht darüber, was als Nächstes zu tun ist. Entscheidungen zu treffen fällt schwer, wenn die Wahrheitsfindung solchermaßen verzögert wird. Eine destabilisierte Wahrnehmung erleichtert die Kontrolle von außen.

Dabei geht es den Trollen nicht um Konsistenz: Einserseits wurde MH17 von einer ukrainischen Boden-Rakete abgeschossen, andererseits von einem ukrainischen Flugzeug. Einerseits unterstützt Russland Separatisten, andererseits steht Separatismus in Russland unter Strafe. Einerseits bekämpft Russland Nazis in der Ukraine, andererseits interviewt sein Staatsfernsehen deutsche oder britische Rechtsextreme als «Experten». Ein Mann in einem ostukrainischen Krankenbett ist einerseits ein heldenhafter Chirurg, ein andermal ein deutscher Spion, und in seiner dritten Rolle in einem anderen Kanal ein unbeteiligter Zuschauer im Staatsfernsehen. Einerseits ist die Bedrohung von außen ein Dauerbrenner in Politik und Medien, andererseits bleibt der äußere Feind in der offiziellen Rhetorik verschwommen, wird nicht genau benannt.

Die Techniken der Täuschung sind teilweise die gleichen wie jene, die zur Sowjetzeit zu einem umfassenden Desinformationssystem, zu schwarzer und weißer Propaganda ausgearbeitet wurden, um tief in die politischen Systeme des Westens einzudringen: durch Zersetzung, Anstiftung, Störung, Rufschädigung, die Schaffung von Scham und Verlegenheit und das Verbreiten von Wahrheit im Dienste der Lüge. Damals wurde sowjetische Politik als vereinbar mit den Zielen von Friedens- und Umweltgruppen im Westen dargestellt, und diese wurden oftmals aus Moskau unterstützt. Bekennerbriefe von westlichen Terroristen wurden gefälscht. Westlichen Präsidentschaftskandidaten wurde Hilfe angeboten. «Einflussagenten» in westlicher Politik und Medien wurden gesucht und mit oder ohne ihr Wissen propagandistisch eingesetzt. Briefe von Insidern westlicher Geheimdienste wurden gefälscht und veröffentlicht. Die inneren politischen Grabenkämpfe und Interessengegensätze des Westens wurden ausgenutzt und propagandistisch ausgebeutet. Die Boulevardisierung des westlichen Journalismus wie auch das Misstrauen westlicher Journalisten gegenüber ihren eigenen westlichen Geheimdiensten wurden ausgenutzt.[15]

Damals wurde eine Wahrheit im Dienste einer großen sowjetischen Ideologie geschaffen, eine Erzählung von Gerechtigkeit und Gleichheit. Heute wird die Realität in Tausende, einander widersprechende Versionen gebrochen, in Tausende Parallelrealitäten, um Kontrolle über den Rezipienten zu erlangen, indem er verunsichert wird. Es gibt keinen ukrainischen Staat, heißt es einmal. Ein anderes Mal heißt es, der ukrainische Staat sei repressiv. Es gibt keine ukrainische Nation, wird gesagt. Aber alle Ukrainer sollen dann wieder Nationalisten sein. Es gibt keine ukrainische Sprache, wird gesagt. Aber «die Russen» in der Ukraine sollen gezwungen worden sein, Ukrainisch zu sprechen. Russland führe einen Krieg, um die Welt vor dem Faschismus zu retten. Andererseits geht Russland Bündnisse mit Europas Faschisten ein.[16] Russland stehe für den Frieden, heißt es. Russland müsse sich vorbereiten auf den Krieg, mit immer neuen Raketen, heißt es andererseits. Wahrheit wird relativ. Die Unterscheidung zwischen Wahrheit und Unwahrheit wird erschwert.

Die Absicht, die öffentliche Wahrnehmung der Realität mit sehr unterschiedlichen Mitteln zu manipulieren, taucht klar in militärstrategischen Grundlagenschriften Russlands auf, wie zum Beispiel in der «Informationssicherheitsdoktrin» aus dem Jahr 2000. Der Zwang zur Manipulation resultiert auch aus der dystopischen Grundannahme, dass Russland in Ermangelung eigener IT-Technologie im Informationskrieg rückständig und konstant in Gefahr sei und, wie Putin bereits 2006 fordert, auf militärische Bedrohungen mit intellektueller Überlegenheit, sprich: mit asymmetrischen und weniger kostspieligen Mitteln antworten müsse.[17]

«DAS IST WIE EINE GANZ GANZ GROSSE DEMO-KRATIE HIER IN DEN VOLKSREPUBLIKEN»

(Wladimir Djukanović, serbischer Rechtspopulist, Wahlbeobachter Donezker Volksrepublik)

«Sie werden sehen: Wenn es hier Wahlen gibt, dann werden siebzig Prozent der Menschen nicht wählen gehen. Sie vertrauen niemandem mehr. Diese Volksrepublik war nicht unsere Idee. Wir brauchten das nicht, niemand fragte uns.» Die Rentnerin Swetlana

Gregoriewna will mir nicht ihren vollen Namen verraten, sie ist aufgewühlt. Wir sitzen in ihrer Küche in einer Wohnhaussiedlung in Donezk, gerade hat sie aus dem Kühlschrank eine Fischkonserve herausgeholt, eine «Hilfslieferung» an die älteren Einwohner der de facto russisch besetzten Zone. Das könne man doch nicht essen, sagt mir die gelernte Kauffrau. «Nur Kopf und Augen drin!» Ein paar Wohnungen weiter ist eine Rakete in ihrer Siedlung eingeschlagen. Einige Kilometer von ihrem Haus entfernt vollzieht sich ein Stellungskrieg, Explosionen, Schüsse, Einschläge, mal 100 am Tag, mal 12. Weil jeden Monat «nur» vier, fünf oder zwei Dutzend ukrainische Soldaten sterben – die andere Seite veröffentlicht keine Verluste –, wird der Krieg in den Schlagzeilen auch «eingefrorener Konflikt» genannt. Aber direkt an der Frontlinie ist er eigentlich immer heiß – bis heute. Swetlana erzählt, ihre Tochter sei nach Russland geflohen, lebe dort als Illegale. Geld für eine Arbeitserlaubnis habe sie nicht, der Enkel arbeite ebenfalls schwarz dort. «Es ist nicht leicht in Russland. Viele ukrainische Flüchtlinge sind von dort zurückgekehrt.» In den verlassenen Wohnungen in ihrem Block wohnten jetzt russische Soldaten, erzählt sie. So hatte sich Swetlana ihr Leben im Alter nicht vorgestellt: ohne anerkannte Dokumente, in der Luft hängend. «Sie machten uns Angst, sie sagten, dass wir unter den Neuen in Kiew kein Russisch mehr sprechen dürften, dass die Faschisten bald hierher kämen, all diese Erzählungen erregten die Gemüter, dann begann das alles hier, es war nicht nötig, aber es begann halt. Ich versteh's nicht. Warum braucht Putin den Donbass? Hier sind Millionen Rentner, und keine einzige Zeche ist ausgelastet. Die neuen Machthaber hier? Sträflinge, verurteilte Diebe mit Maschinengewehren!» Dann lächelt sie mich an. «Die werden mich bestimmt festnehmen, nachdem Sie gegangen sind. Lassen Sie uns was trinken!»

Im Jahr drei nach Beginn des «Russischen Frühlings» in der Ostukraine sind viele Separatistenführer der ersten Stunde, die ich vor der Kamera interviewt hatte, tot – oder nach Russland abge-

schoben. Der Krieg, die Differenzen mit Moskau, Verteilungs-
kämpfe um Geld und Macht in der politischen *Gang* haben ihren
Zoll gefordert. Die Schwächsten spüren die Rechtlosigkeit und die
Willkür am meisten. Strafgefangene, die schon längst hätten frei
sein müssen, müssen weiter in den Gefängnissen bleiben und als
Zwangsarbeiter schuften, die Gewinne landen in den Taschen der
Leiter der sogenannten Volksrepubliken – moderne Sklaverei.[18]
Längst sind die Lehrer, die Journalisten, viele Studenten, die Ein-
zelhändler und IT-Unternehmer geflüchtet, die meisten leben in
ukrainisch kontrolliertem Gebiet. Wenn diese eineinhalb Millionen Binnenflüchtlinge, wie sie der ukrainische Staat nennt, ihre
Verwandten besuchen wollen, müssen sie über eine militärisch ab-
gesicherte Grenze fahren. Geblieben ist das sowjetische Proletariat,
das die Region schon immer geprägt hat: die Rentner, die Berg-
arbeiter, die stets apolitisch waren und nun noch apathischer geworden sind. Wer ukrainisch denkt, und es in seiner Heimatregion
ausgehalten hat, wird nach und nach «gesäubert», entfernt oder
als Geisel gehalten. Jewgenij Schibalow, ein Donezker Journalist,
der als Freiwilliger in der Organisation «Verantwortliche Bürger»
arbeitete und Hilfslieferungen organisierte, wird vor meiner Kamera aus Donezk ausgewiesen, als er Medizinpakete verteilt. Ihor
Kozlowski, einen bekannten Donezker Religionswissenschaftler,
kann ich nicht mehr erreichen, der 63-Jährige ist im Gefängnis der
Staatssicherheit und wird dort fast zwei Jahre verbringen müssen.
Als ich den jungen Autor Stanislaw Asejew in seiner spartanisch
eingerichteten Wohnung besuche, zählt er die Tage, bevor auch
er abgeführt wird. Mit einem Pseudonym ist Asejew in sozialen
Medien unterwegs und bloggt über das Geschehen in der für westliche Journalisten zunehmend verschlossener werdenden Ostukraine. Nachts liest er Camus und schreibt; tagsüber arbeitet der
Philosophieabsolvent in einer Lagerhalle. Er will nicht weg – Donezk sei seine Heimat, er begreife sich als Chronist. «Die meisten
Leute, die ich persönlich kenne, schlossen sich dem Aufstand an.

Heute sind viele tot. Und von denen die leben, sind die meisten desertiert. In den sogenannten Ministerien bekommen viele keine Jobs, niemand braucht sie mehr, sie haben keine Perspektive. Es werden keine Einwohner mehr eingezogen zum Militärdienst. Hier sind sehr viele Militärprofis aus Russland.» Im russischen Volksmund werden die eigenen Soldaten, die in anderen Ländern Krieg führen, «Ichtamnety» genannt, die «Esgibtsiedortnicht». Was vom «Russischen Frühling» geblieben sei? «Igor Girkin sagt, er sei desillusioniert und fragt sich, warum er den Krieg begonnen hat, wenn nicht einmal Donezk heute russisch ist. Aber das war überhaupt nicht das Ziel. Der Donbass ist eine offene Wunde, und diese Wunde weiter offen zu halten ist äußerst wichtig für Putin. Damit er die Ukraine an der kurzen Leine halten kann, schön weit weg von einem endgültigen Schritt Richtung Westen. Für dieses geopolitische Ziel investiert Russland jeden Tag, es bezahlt die Armee hier, die Renten.» Diese offene Wunde werde sehr lange weiter schmerzen, sagt mir Asejew. Fast zwei Jahre später ist er verschwunden. Als ich wieder etwas über ihn höre, erfahre ich, dass er aus seiner Wohnung verschleppt und im Gefängnis der Staatssicherheit der Donezker Volksrepublik gelandet ist. Er wird wegen Spionage für die Ukraine angeklagt.

Für Europa beginnt eine ungemütliche Zeit. Russland mobilisiert – kontinuierlich. Moskau nutzt sein Militär, um politische und diplomatische Ziele zu erreichen, und sich als Supermacht zu inszenieren – mit Nachdruck und Durchsetzungsfähigkeit. Wladimir Putin schickt Signale, und manche dieser Signale gleichen Nadelstichen. Im aufwändig produzierten Dokumentarfilm «Die Krim: Der Weg zurück zum Mutterland» stellt er sich als Regisseur der Krim-Operation vor und erwähnt en passant, er sei bereit gewesen, die «nukleare Option» zu erwägen, um die Krim zu schützen – also Russlands Atomwaffen alarmbereit zu machen, damit alles nach Plan läuft. Seit der Annexion wird die Halbinsel zu einer militärischen Festung umgestaltet, die ihre Macht auf alle Anrainer des Schwarzen Meers ausstrahlt. Auf der Krim werden mehrere S-400-Systeme, Langstrecken-Boden-Luft-Raketen, stationiert, um Kampfflugzeuge, Kurz- und Mittelstreckenraketen abzufangen oder Ziele auf dem Boden anzugreifen. Militärische Großübungen, die unerwartet über Nacht beginnen, senden ebenfalls die gewünschten Signale. Im Juni 2015 simulieren russische Bomber einen Nuklearangriff auf die dänische Insel Bornholm, just als die politische Führung Dänemarks auf der Insel ist. Im März 2016 spielen 33 000 russische Soldaten eine Offensive gegen Dänemark, Finnland, Schweden und Norwegen durch. Die erste Panzerarmee Russlands entsteht. Komplexe Raketenschläge auf Syrien werden vorgeführt. Eine Basis in der Arktis wird aufgebaut. «Unsere westlichen Partner hatten sich in den letzten zwanzig Jahren zu sehr daran gewöhnt, dass Russland keine Übungen durchführt, nirgendwohin fliegt und nicht auf das Meer geht. Aber diese Zeiten sind vorbei. Russlands Führung hat entschieden, zu den Ausgangspunkten zurückzukehren, die wir während der Sowjetunion hatten», erklärt mir General Jewgenij Buschinski in Moskau. Russlands Verteidigungsminister kündigt den Aufbau dreier neuen Militärdivisionen an, zwei in Westrussland, eine im Süden. Die Küstenverteidigung am Schwarzen Meer wird weiter ausgebaut, Russlands modernster Flottenstützpunkt entsteht. In der Ostukraine setzt Russland auch Drohnen und Cyberangriffe ein, um die Kommunikation des «Feindes» zu stören. Auch Polen meldet russische Drohnen in seinem Luftraum.

An Weißrussland liefert Moskau weitere S-300-Boden-Luft-Raketen. Das Ziel: ein gemeinsamer Luftverteidigungsraum. Doch Minsk beharrt auf einer neutralen Außenpolitik. Es fühlt sich schon jetzt von den neuen russischen Divisionen vor seiner Grenze bedrängt. Derweil taucht in der Nähe des Ärmelkanals plötzlich das russische U-Boot *Stary Oskol* auf. Und im baltischen Luftraum fliegen weiter russische Kampfjets ohne Kennung. Im April 2016 simulieren russische Kampfjets einen Angriff über der Ostsee – und fliegen im Tiefflug über den US-Zerstörer *Donald Cook*. Auch in der russischen Exklave Kaliningrad stehen die Zeichen auf Konfrontation. Russland stationiert dort – nachdem Moskau jahrelang mit einer Antwort auf den US-Raketenschild in Osteuropa gegen den Iran gedroht hatte – ab 2018 permanent seine atomar bestückbaren *Iskander*-Kurzstrecken-Raketen, die problemlos Warschau oder Berlin erreichen können.

Präsident Putins Rhetorik ist mal kühl-rational, mal drohend. Er deutet an, dass Russland reagieren würde, falls Finnland sich der NATO anschließen würde. Rumänien hatte er zuvor ermahnt, nicht ins Fadenkreuz Russlands zu geraten. Das Baltikum ist schon lange hochnervös. Natürlich sei alles nur rein defensiv, versichert mir Militärexperte Buschinski im Sommer 2017: «Sie versuchen mich immer auf den Gedanken festzunageln, dass Russland ein Aggressor sei und sich auf den Krieg vorbereite. Nein, wir sind friedliche Leute, aber unser Panzerzug steht auf dem Reservegleis», zitiert er ein Lied aus einem sowjetischen Film von 1935. «Übersetzen sie es ins Deutsche maximal genau: Wir haben keine Absicht, jemanden zu überfallen, die Ukraine und die Krim sind Sonderfälle.» Buschinski spricht von Ausnahmen – und erwähnt ganz offen und unbegreiflicherweise auch Russlands Intervention in der Ostukraine. Ich wende ein, dass man auch mit militärischen Signalen und Desinformation Länder destabilisieren und Einflusszonen schaffen könne. Die «Heavy-Metal-Diplomatie» Russlands – so umschreibt der Russland-Forscher Mark Galeotti Russlands Einsatz von unvorhersehbarer Bedrohung als diplomatisches Beugemittel – hat das Ziel, ein risikoscheues Europa abzuschrecken, zu verunsichern, zu erschöpfen, und schließlich zum Entgegenkommen gegenüber Moskau zu bewegen.[19]

Flankiert wird diese Heavy-Metal-Diplomatie von der Soft Power der Sachwalter im Kreml, die gelegentlich auch zu Waffen greifen dürfen. Zu diesen zählt Alexander Saldostanow ganz sicherlich. Zum ersten Mal lerne ich ihn kennen, als ich 2014 eine Einladung zu einer Pressekonferenz im Staatsfernsehen erhalte. Alles Böse kommt aus dem Westen, erklärt mir ein hochrangiger Beamter, neben ihm sitzt der Chef des größten Motorradclubs, der «Nachtwölfe». Alexander Saldostanow ist ein großer, breitschultriger Mann mit Bart, schwarzer Mütze, Zopf und schwarzem Leder-Outfit. Was für ein seltsamer Anblick, diese beiden, denke ich mir. Die Journalisten hier sollen wissen: Der Westen habe Boris Nemzow ermordet. Um Präsident Putin zu schaden. Und die bekannten russischen Oppositionellen, die seien alle im Dienste des Westens! «Also wissen Sie, ich denke, ich bin die Opposition. Die Opposition gegen Amerika, das – hinter den Kulissen – die Welt dominiert. Ich bin die Opposition gegen die US-Dominanz», erklärt mir Saldostanow, sanft drohend, und steigt in sein Auto. «Für die Heimat. Für Stalin», steht darauf geschrieben. Wer Russlands Zurechtbiegen der Geschichte des Weltkrieges und der Politik der Gegenwart verfolgen will, kommt an dem Biker nicht vorbei.

Saldostanows Bühnenshow auf der Krim fängt mit einem Idyll an. Mütter und Kinder spielen friedlich, bis plötzlich Sirenen erklingen und rote Lichter aufblitzen. «Feinde, die uns hassten, töteten den sowjetischen Staat, nahmen sein Territorium und seine Armee weg … Jetzt hat die Heilung begonnen. Sie kommt aus dem russischen Sewastopol», sagt die tiefe Stimme. «Wir feiern unseren heiligen Sieg. In einer Zeit, in der der Faschismus wie ein fauler, giftiger Teig aus seinem Trog in Kiew aufgeht und sich über die ganze Ukraine ausbreitet. Die neue Schlacht gegen den Faschismus ist unvermeidbar. Stalins elfter Schlag ist unvermeidbar», trägt Saldostanow vor. Auf seinem Hals ist er tätowiert, er trägt Schwarz, auf den Ärmeln sind orthodoxe Kreuze. Mit «Stalins elfter Schlag» spielt er an auf die zehn erfolgreichen Offensiven der Roten Armee im Zweiten Weltkrieg. Alexander Saldostanow, der Chef des ältesten Motorradclubs Russlands, der «Nachtwölfe», ist jetzt in seinem Element. Vor hunderttausend Zuschauern und 5000 Bikern, live im russischen Staatsfernsehen, erzählt er eine Art Epos über die Wiederauferstehung Russlands unter Putin, in einer Art Musical mit Feuerwerk und Akrobatik. Saldostanow, Spitzname «Chirurg», ist Putins Freund, ein muskelbepackter ultrarechter Biker, seine Jungs greifen auf der Krim während der russischen Machtergreifung als Paramilitärs eine ukrainische Militäreinheit an und sind später in der Ostukraine als Separatistenmilizen aktiv. Auf der Bühne formen schwarze Männer in Masken ein rotierendes Hakenkreuz, als Sinnbild für ukrainische Nationalisten und den *Maidan*. Riesige Kunststoff-Hände über der Bühne – die der USA und des Westens – ziehen die Strippen der ukrainischen Marionetten unten, während die Stimmen Hitlers und Obamas ertönen. Die Bühnenshow der Biker ist ein kruder Mix, wie jedes Jahr. 2013 hatten die «Nachtwölfe» auf der Bühne eine russische Märchenfigur, die Begleiterin von Väterchen Frost, Snegurotschka, von der amerikanischen Freiheitsstatue entführen lassen.

Saldostanow taucht überall da auf, wo der Kreml patriotische Mobilisierung, Spektakel und Paramilitärs braucht. Die «Anti-Maidan-Bewegung» des Chefbikers, gegründet mit einem Propagandisten des *Izborsk-Clubs*, schreit gerne die liberale Opposition nieder, wettert gegen Schwule und russische Landesverräter. Die Motorradfahrer, bekannt als «Putins Engel» – ihr Vorsitzender hat 2013 einen Ehrenorden von Putin bekommen –, bringen gerne Unruhe in westliche Länder. «Wo immer die ‹Nachtwölfe› sind, da ist Russland» – mit diesem Motto reisen die orthodoxen Ordnungshüter durch ganz Europa, oft zum Tag des Sieges über Nazi-Deutschland im Mai. Hinter dem Motorradclub steht ein Konglomerat von 60 verschiedenen Unternehmen: Sicherheitsdienste, Motorradkleidung, Tattoo-Studios, zusätzlich werden die Biker vom Staat kräftig bezuschusst, zum Beispiel für die Auslieferung einer riesigen Kirchenglocke der Russisch-Orthodoxen Kirche an eine Kirche auf der Krim. In Sachsen fährt der Gründer der rassistischen Pegida-Bewegung mit den Bikern mit, in der Slowakei haben die «Nachtwölfe» ein Camp mit ausgemustertem Militärgerät – Panzer und Artillerie – auf einem ehemaligen Militärstützpunkt aufgebaut. In der bosnischen *Republika Srpska* verleiht ihnen der serbische Hardliner und Präsident Milorad Dodik einen Ehrenorden, die Biker dürfen Kirchen und nationalistische Gesinnungsgenossen besuchen – und ihre Netzwerke knüpfen und pflegen. In Montenegro wird der serbische Anführer der «Nachtwölfe», ein Milizionär der ostukrainischen «Volksrepubliken», angeklagt, einen Mordanschlag gegen den montenegrinischen Präsidenten geplant zu haben, um den pro-westlichen Staatschef mit Gewalt zu entfernen; Agenten des russischen Militärgeheimdienstes sollen in den Staatsstreich mit involviert sein. Die «Nachtwölfe» – eine demonstrativ private Bürgerinitiative, hinter der sich mancher Staatsbediensteter Russlands gut verstecken kann.

«IN SCHWIERIGEN ZEITEN KEHREN DIE MENSCHEN ZU GOTT ZURÜCK. SO KEHREN WIR HEUTE ZU STALIN ZURÜCK.»
(Iwan Kasankow, Leiter des Fleischbetriebs Zwenigkowski)

«Wenn wir so einen Herrscher wie Stalin hätten, dann hätten wir die Amerikaner schon längst hinter uns gelassen», erklärt mir Iwan Kasankow, der alte Fabrikchef, allen Ernstes. Ich bin Hunderte Kilometer von Moskau Richtung Osten, in die russische Teilrepublik Mari El gefahren, um herauszufinden, warum immer mehr Russen, ein Vierteljahrhundert nach der Perestroika, Respekt, Sympathie, Bewunderung und Gefallen an einem Gewaltherrscher finden, derzeit mehr als 57 Prozent, laut einer unabhängigen Meinungsumfrage – an einem Mann, der über dem Gesetz stand und Millionen ihrer Verwandten umbringen ließ. Ich will wissen, warum in Russland noch immer Straßen nach Stalin benannt werden, warum in Moskaus staatlicher Justizakademie eine Gedenktafel für Stalin hängt, und warum das Kulturministerium eine Ausstellung organi-

225

siert, die Werke von Stalins Lieblingskünstler in Moskau vorführt. Warum Wladimir Putin sagt, eine Dämonisierung Stalins sei ein Angriff auf Russland. Und warum in Russland der britisch-französische Kinostreifen «Stalins Tod» nicht gezeigt werden darf, eine politische Satire auf den Stalin-Apparat.

Iwan Kasankow, der Chef der Fleischfabrik und örtliche KP-Vorsitzende, hat sich einen Wunsch erfüllt: Er hat einen goldenen, sanft und zugleich streng blickenden Stalin in seinem Werk aufgestellt. Der neue Glanz seines Idols wird aber längst nicht nur von Russlands Kommunisten geteilt. «Wir freuen uns über das Denkmal, wenn wir zur Arbeit kommen, und am Abend, wenn wir gehen, da nimmt er Abschied von uns», sagt eine 27-jährige Angestellte des Werks, während sie Berge von Schweinefleisch mustert und zerhackt. Für ihren Chef Kasankow ist die «harte Hand», die «Russland von den Knien erhoben» hat, eine Inspiration für seinen Alltag, und wenn seine Arbeiter am Todestag Stalins Nelken am Denkmal niederlegen, sprechen sie von Disziplin und Sieg, von Stalin als Gottes Peitsche und Gottes Segen: «Im Sturm der Kolchosentraktoren blüht auf das sowjetische Land, flammende Sterne leuchten über grauen Kremlmauern.» Für sie verkörpert Stalin die Sehnsucht nach Gerechtigkeit, nach einem korruptionsfreien Mann der Tat.

Ich fahre von einem Stalin-Denkmal zum nächsten. Eine goldene Büste in Pensa, eine graue Büste in Twer, vor einem Häuschen, wo einst der *Wojd*, der Sowjetführer, im Krieg übernachtete, jetzt ist ein Museum dort, und selbst ein Dorfbewohner, der unter Stalin in einem Straflager verstümmelt wurde, komme oft zur Büste, erzählt Lydia Kaslowa stolz, sie ist die Museumsleiterin. Der Mann wisse, sagt sie, «wie groß das war, was geschaffen wurde», und lege Blumen nieder vor Stalins Kopf draußen im Hof. «Zunächst einmal war er ein Gigant. Stalin hat viele negative Seiten, aber die Pluspunkte überwiegen, denke ich.»

Nicht nur in Kaslowas Museum, in ganz Russland wird eine umfassende Aufarbeitung seiner Verbrechen und Fehlentscheidungen gemieden. In der Zeit vor dem Krieg sind die Opferzahlen seiner Politik unbestritten: mindestens 8,5 Millionen Menschen in der UdSSR, darunter hingerichtete «Konterrevolutionäre», enteignete, an Hunger gestorbene Bürger, während der Zwangsdeportationen getötete Bürger und Strafgefangene in Arbeitslagern und Gefängnissen. «Bislang hat niemand gesagt, dass Stalin ein Tyrann war und dass sein einziges Mittel der Terror war. Solange das auf Staatsebene nicht gesagt wird, kommen wir nicht weiter», sagt Julia Samorodnizkaja, 85 Jahre alt, deren Mutter, eine Ärztin, unter Stalin in ein Straflager geschickt und deren Vater, ein Jude, erschossen wurde. «Man erzählte denjenigen, die nach Stalin geboren wurden, nie etwas über den Gulag, man erwähnt dieses Wort nicht einmal, aus Angst. Deswegen glauben manche aus der jüngeren Generation auch gar nicht mehr, dass es den Gulag überhaupt gab.»

Sechzig Kilometer entfernt von Iwan Kasankows Fleischgroßbetrieb, im ehemaligen Sitz der sowjetischen Geheimpolizei in Joschkar-Ola, war zehn Jahre lang ein von Freiwilligen betriebenes Museum der Gulag-Geschichte untergebracht. Mit dem neuen Gouverneur kommt der Schließungsbefehl. Zuvor hatte die Obrigkeit ein anderes privates Museum zum Gedenken an die Straflager geschlossen, 1994 gegründet im Dorf Kutschino in der Region Perm, untergebracht auf dem Gelände eines ehemaligen Gulag. Ein Fernsehzuschauer hatte sich über das Museum beschwert. In einer Sendung über Landesverräter hatte das Staatsfernsehen gezeigt, dass in der Museumsausstellung litauische und ukrainische Nationalisten, die gegen die Sowjetunion gekämpft hatten, angeblich rehabilitiert worden seien. Die Fernsehsendung bedeutet das Ende einer einzigartigen Erinnerungsstätte der Geschichte politischer Repressionen. Als drei Jahre später die Gedenkstätte «Perm-36» als staatliches Museum wiedereröffnet wird, sind die Repressionen zwar immer noch Teil des Konzepts. Aber der neue Schwerpunkt liegt auf den angeblichen positiven Aspekten des Straflagersystems.

«Wir brauchen keine alternative Geschichte! Sie verdummen unsere Kinder!», sagt ein Demonstrant. Vor einem Saal in Moskau, in dem die Preisverleihung zu einem Geschichtswettbewerb stattfindet, stehen 20 Menschen, teils in Uniformen aus dem Zweiten Weltkrieg. Es ist ein Schüler-Wettbewerb, der jedes Jahr von *Memorial* veranstaltet wird, einer NGO, die sich um die Aufarbeitung der Sowjet-Verbrechen kümmert. Die Demonstranten bezeichnen die Geschichtslehrerinnen, die bei der Veranstaltung mitmachen, als Huren. Sie verteilen Eier und Farbspritzer auf die Gäste, rufen den Gästen und Teilnehmern antisemitische Beleidigungen und «Faschisten!» zu. Jedes individuelle Erinnern an den Schmerz des Krieges und der Stalin-Herrschaft gilt ihnen als Verrat am großen Heldenepos, zu dem der Zweite Weltkrieg unter Wladimir Putin geworden ist. In einer Zeit, in der die Analyse sowjetischer Verbrechen als störend angesehen wird, soll keine Debatte über persönliche Verantwortung angestoßen werden. Das Staatsfernsehen sieht in jedem Versuch der Aufarbeitung ein Rezept zu Bürgerkrieg und Chaos: «Reue wird zur Brechstange, mit der das sowjetische Erbe vollständig zertrümmert wird, bis hin zum Krieg, Brudermord, Raketenhagel und Flüchtlingen», sagt ein Moderator sichtlich angewidert, als die Menschenrechtsorganisation *Memorial* eine Datei mit mehr als 40 000 Namen von Stalins Schergen veröffentlicht.[20]

Als ich 2016 am 75. Jahrestag des Überfalls von Nazi-Deutschland auf die Sowjetunion durch Moskaus Straßen fahre und Stimmen für meine Reportage sammle, fällt mir am Abend eine sonderbare, in meinem Empfinden unpassende Volksfeststimmung auf. Altes Kriegsgerät steht an der Moskwa, ein Schießstand, ein Hindernislauf, Musik und Tanz. Putins liebster Motorradclub, die «Nachtwölfe», hat eine Gedenkflamme aus einer Kathedrale auf die Bühne gebracht. Der 22. Juni 1941 ist der offizielle Beginn des «Großen Vaterländischen Krieges», ein Tag des Schmerzes, der Trauer, der Tragik. Die Hauptbotschaft aber, die ich heute verbreiten solle, sagt mir ein Mann, der seinen Vater im Krieg verlor, sei die Parallele zu heute: «Wenn wir zusammenhalten, schaffen wir es, unser Land zu verteidigen, wenn wir uns nicht auf den Krieg vorbereiten, könnte man uns erwürgen, jederzeit.» Für Präsident Putin ist der Tag eine Mahnung, die Kampfbereitschaft Russlands zu stärken, das einer aggressiven NATO gegenüberstehe. Putins Außenminister wird später von einem Weltkrieg sprechen, der aufgrund der «antirussischen Bestrebungen der europäischen Eliten» ausgebrochen sei; Russland sei von diesen wie stets in seiner Geschichte kleingehalten worden. Ein Gedenken mit eindeutigem politischem Nutzen: Die Staatsführung reiße eine historische Wunde, lange verheilt, bewusst wieder auf und erkläre sie zu einem Geschwür, das sich erneut geöffnet habe, schreibt der russische Schriftsteller Wiktor Jerofejew. Damit lässt sich das Volk trefflich im Zustand der Mobilisierung halten: Russland als belagerte Festung, der Präsident als einziger Retter des Landes, Opfer in diesem Kampf sind egal.

Die staatlich betriebene Erinnerung ist eine nationalistische Erzählung, sie weist Lücken und Tabus auf. Dass der Krieg schon 1939 begann, als die Sowjetunion Polen, Finnland und das Baltikum angriff, davon spricht nur ein einziger meiner Interviewpartner, und zwar auf der Gedenkveranstaltung der liberalen Opposition: Sein Vater habe schon 2 Jahre vor dem Überfall 1941 gekämpft, erinnert er sich. «Hitler war der einzige Mensch in der Weltgeschichte, der sich mit Stalin im Ausmaß des Bösen messen konnte», schreibt Jerofejew. Und doch bleibt an diesem Tag in Moskau Stalin ein Held: «Stalin, das war der einzige Mann, der das Land für den Krieg vorbereitete», sagt mir ein älterer Oberst. «Ich kenne die Geschichte nicht von Anfang bis Ende. Ich weiß nur, wie Stalin geehrt und gelobt wird. Nicht umsonst wollte man Stalin ein Denkmal bis zum Himmel erbauen. Aber das kam dann nicht, weil man ihn in den Wolken nicht gesehen hätte», erklärt ein junger Mann. Wie Stalin die eigenen Kriegsgefangenen, die eigenen Offiziere behandelte, ist an diesem Tag kein Thema. Die großen Opferzahlen und die Verantwortung Stalins für diese Verluste auch nicht. Dass alle Völker der Sowjetunion kämpften und Verluste beklagten – Ukrainer, Georgier, Aserbaidschaner, Armenier, Juden, Tataren, alle Völker Zentralasiens –, wird verdeckt vom Mythos eines «russischen Krieges». «Diese Entwicklung bereitet jedem Historiker Sorge», sagt mir Irina Scherbakowa, eine der Gründer der Menschenrechtsorganisation *Memorial*. «Man darf nicht zulassen, dass aus Geschichte Ideologie wird. Wenn man Geschichte als Staatsideologie benutzt, mit nationalem Stolz vom Siegervolk redet, dann ist das für Historiker eine Verhöhnung des Geschehens, dann sieht man sehr deutlich, dass keine Lehren aus unserer Geschichte gezogen worden sind.»

Vier Monate später erklärt das russische Justizministerium die Menschenrechtsorganisation *Memorial* zum «ausländischen Agenten», gemäß dem Gesetz von 2012. *Memorial* wird beschuldigt, als Nichtregierungsorganisation unter anderem Gelder von der Europäischen Kommission zu erhalten. Seitdem sind die Mitarbeiter noch vorsichtiger geworden, verteidigt sich die Organisation immer wieder vor Gericht und reicht schließlich Klage ein beim Europäischen Gerichtshof für Menschenrechte gegen Russlands Gesetz über Nichtregierungsorganisationen, das die Meinungsfreiheit russischer Bürger verletze. Die Zensurwelle geht derweil weiter: Wegen der «Verdrehung historischer Fakten und der Interpretation der Ereignisse vor, während und nach dem Großen Vaterländischen Krieg, sowie den Charakter und Geist sowjetischer Bürger in dieser historischen Zeit» wird 2015 ein – für die Obrigkeit ideologisch inkorrekter – Hollywood-Streifen aus dem Verkehr gezogen. Ridley Scotts Drama «Child 44» über einen sowjetischen Serienmörder sei «historisch fehlerhaft», sagt das Kulturministerium. Am Theater von Nowosibirsk wird im selben Jahr die Wagner-Oper «Tannhäuser» verboten, sie beleidige die Gefühle der Gläubigen. Aktivisten der russisch-orthodoxen Kirche hatten über Wochen Demonstrationen gegen die Aufführung veranstaltet, ein gekreuzigter Jesus zwischen den Beinen einer nackten Frau war auch für Russlands Kulturminister zu viel, ein staatliches Theater müsse den Zuschauern schließlich Respekt entgegenbringen: Der Theaterchef von Nowosibirsk wird entlassen. Kurze Zeit später entscheidet die russische Region Swerdlowsk, die Bücher der britischen Historiker Antony Beevor und John Keegan aus Schulen und Universitäten zu entfernen, darunter Bestseller über die Schlacht von Stalingrad, die Schlacht um Berlin und den D-Day, die Landung der Alliierten in der Normandie. Die Bücher verbreiteten angeblich Stereotype, die im Dritten Reich formuliert worden seien. Antony Beevor war zuvor immer wieder angegriffen worden: Seine in sowjetischen Archiven gefundenen, klaren Belege über Massenvergewaltigungen der Offiziere der Roten Armee an sowjetischen Zwangsarbeiterinnen in Deutschland und an deutschen Frauen gelten als Beleidigung und Schmähung – und entsprechen nicht der offiziellen, positiven Geschichtsschreibung.

«GESCHICHTE BEGINNT NICHT MIT FAKTEN, SONDERN MIT INTERPRETATIONEN.»
(Wladimir Medinskij, russischer Kulturminister)

Auch russische Historiker kommen unter die Lupe der Ideologieproduzenten der Regierung. Sergej Mironenko, seit fast 24 Jahren an der Spitze des Russischen Staatsarchivs, wird plötzlich entlassen. Sein Staatsarchiv hatte einen – zuvor als geheim eingestuften – Briefwechsel aus dem Jahre 1948 zwischen sowjetischen Spitzenbeamten veröffentlicht und damit eine sowjetische Legende entlarvt: die Legende über eine Einheit sowjetischer Soldaten, die 28 *Panfilowzy*, benannt nach Iwan Panfilow, dem General der 316. Schützendivision der Roten Armee. Seine Männer sollen angeblich im Winter 1941 etliche deutsche Panzer vernichtet, den Vormarsch der Wehrmacht auf Moskau aufgehalten haben und dabei alle getötet worden sein. Jeder der 28 *Panfilowzy* wurde postum mit dem Titel «Held der UdSSR» geschmückt, Straßen und Denkmäler wurden nach ihnen benannt, ihre Taten tauchen in der Hymne der Stadt Moskau auf. Der vom Staatsarchiv veröffentlichte Briefwechsel aber zeigt, dass Journalisten die erbauliche Geschichte erfunden hatten, auch um die Soldaten an der Front zur Selbstaufopferung zu ermutigen. Die Sowjets hatten die politisch unpassende Wahrheit einfach weggesperrt. Einer dieser 28 *Panfilowzy* hatte den Angriff gar überlebt und war später für Verrat am Vaterland festgenommen worden.

Kulturminister Wladimir Medinskij kritisiert das Staatsarchiv für die Veröffentlichung. Russlands Chefarchivar solle keine historischen Einschätzungen vornehmen: «Selbst wenn die Geschichte von Anfang bis Ende erfunden wäre, selbst wenn Panfilow nie existieren würde, ist sie eine heilige Legende, die man unmöglich besudeln kann. Menschen, die das tun, sind absolute Mistkerle.» Chefarchivar Mironenko, der Mann, der in den 90er Jahren im Fernsehen unzählige historische Dokumente der Sowjets ausgepackt und die Zuschauer immer wieder kommentarlos mit den Fakten konfrontiert hatte – um den Rest sollten sich die Psychologen kümmern, sagte er einmal –, wird nun vom Kulturminister indirekt als «widerlicher Beschmutzer» bezeichnet. Medinskijs Ministerium hat bereits einen Film über die 28 Helden, die keine sind, mitfinanziert. Wenige Monate später schaut sich Präsident Putin die Premiere an, der Film ist ein bildgewaltiges Epos geworden, über tapfere Helden gegen faschistische Aggressoren. Helden, die es so nie gab.

Die Freiheitskämpfer der russischen Geschichte erfahren in dieser Zeit einen interessanten Bedeutungswandel. Sie werden nicht mehr bewundert, sondern zunehmend als «Zarenmörder und Meineidbrecher» betrachtet, wie 2016 das Russische Historische Museum in einer Ausstellung feststellt. Beispielsweise interessiere sich für den Aufstand der Dekabristen, so das Museum, nun kaum noch jemand. Die Dekabristen: 3000 russische Offiziere, die 1825 dem Zaren Nikolaus I. die Gefolgschaft verweigerten. Im Krieg gegen Napoleon hatten viele von ihnen die politischen Ideen Westeuropas kennengelernt: Die Leibeigenschaft der Bauern war dort aufgehoben, die Macht des Monarchen eingeschränkt worden. Zurück in Russland entwickelten diese Offiziere Zukunftsvisionen für ihr Land. Doch ihr Aufstand gegen einen Zaren, den übrigens viele heute mit Wladimir Putin vergleichen, wurde niedergeschlagen. Dass nun ein Moskauer Museum die Dekabristenbewegung öffentlich anzweifelt und stattdessen eine Ausstellung den opferbereiten Ehefrauen der Dekabristen-Offiziere widmet, ist wohl ein typisches Beispiel für Geschichtsrevisionismus.

Gehen wir zurück in das Jahr 2009. Wladimir Medinskij, damals noch nicht Kulturminister, sondern Abgeordneter der Putin-Partei, moderiert eine Radiosendung[21] und trifft in seiner Talkrunde den erzkonservativen Publizisten Nikolaj Starikow. Starikow hat ein Buch geschrieben: «Wer füttert unserer Revolutionäre – von den Dekabristen zu den Mudjahedin. Die Rolle ausländischer Regierungen in der Organisation russischer Revolutionen». Starikow erzählt in der Radio-Talkshow, für ihn markierten die Dekabristen den Beginn subversiver Aktivitäten gegen Russland, die vom Ausland, von Westeuropa gesteuert würden und sich gegen die russische Armee richteten, die die Dekabristen angeblich auflösen wollten. Das Vereinigte Königreich sei der antirussische Verschwörer schlechthin, es habe alle russischen Revolutionen finanziert. Nikolaj Starikow verbreitet nicht nur seit Jahren historische und aktuelle Verschwörungstheorien. Er sitzt – gemeinsam mit dem 2012 zum Kulturminister aufgestiegenen Medinskij – im *Izborsk*-Club, ist Vorsitzender einer kremlnahen Partei zur Förderung des Patriotismus und betreibt eine «Internet-Miliz», die mit Hasskampagnen gegen Intellektuelle und Oppositionelle auffällt. In westlichen «alternativen Medien» sind Starikows Theorien weit verbreitet. Kulturminister Medinskij wird seit 2012 des geistigen Diebstahls beschuldigt. Seine Habilitationsschrift der Geschichtswissenschaften, die von Historikern als «absurd», «voller Irrtümer» und propagandistisch bezeichnet wurde, ist nach einer staatlichen Entscheidung weiter gültig, obwohl Experten eine Aberkennung von Medinskijs Titel befürwortet hatten.

«Es fällt einem Bundestagsabgeordneten nicht ein, zu sagen: ‹Ja, Auschwitz war schlimm, aber was für exzellente Autobahnen unter Hitler gebaut wurden!› Wir hier hingegen hören immer wieder: ‹Ja, es gab den Gulag, die Zwangskollektivierung, eine Million Bauern starben, eine Million wurden erschossen … aber andererseits wurde das drittgrößte Wasserkraftwerk der Welt gebaut, und der Weltraum …› Aber was bitte bedeutet der Weltraum angesichts Hunderttausender Enteigneter, die grausam starben während der Deportationen und Umsiedlungen?», fragt Kyrill Alexandrow. Er ist ein anerkannter Historiker. Seit den 90er Jahren analysiert er den antistalinistischen Widerstand in Russland, die Geschichte des Zweiten Weltkriegs und der «Russischen Befreiungsarmee»: Eine Armee aus sowjetischen Kriegsgefangenen und Emigranten, die unter der deutschen Wehrmacht gebildet wurde und mit den Nazis kollaborierte, dann aber die Stadt Prag von der Nazi-Besatzung befreite. Alexandrow studiert die Biographie und ambivalente Motivation der Offiziere der Wlassow-Bewegung, 120 000 Mann, darunter 4500 Offiziere, er schreibt über ihre objektiven Gründe, die Sowjets zu hassen. Es sind unversöhnliche Stalin-Feinde, Opportunisten, oder Männer, die aufgrund ihrer Feindschaft gegen Stalin unter den Deutschen kämpften, aber dann zu Hitlers Gegnern wurden. Doch das sowjetische Geheimnis über die Existenz von Stalins russischen Feinden und der Armee der Kriegsgefangenen soll auch im 21. Jahrhundert weiter geheim bleiben. Historiker Alexandrow wird von Kollegen denunziert. Als er seine Habilitationsschrift verteidigt, eilen Priester, Veteranen und Patrioten in das Historische Institut an der Russischen Akademie der Wissenschaften. Alexandrows wissenschaftliche Arbeit könne nicht zur Konsolidierung der Gesellschaft beitragen, sagt ein Akademiker. Ein Priester bezeichnet die Arbeit als «Informationskrieg gegen Russland». Veteranen und Pensionären fehlt der Begriff «Patriotismus» darin. Kyrill Alexandrows Habilitationsschrift wird abgelehnt. «Die Existenz der Wlassow-Armee ist ein historischer Fakt … Historisches Wissen darüber sollte das Wichtigste sein. Geschichte ist eine deskriptive Wissenschaft. Die Aufgabe des Forschers ist, die Vergangenheit so ausführlich und so präzise wie möglich zu beschreiben», erklärt der Historiker. Er macht darauf aufmerksam, dass der heute in der offiziellen Rhetorik gängige Begriff der «Verfälschung der Geschichte» ein stalinistischer Begriff ist, mit dessen Hilfe unter Stalin ungeliebte Wissenschaftler zum Verstummen gebracht wurden. «Die Sowjetunion zerfiel nicht wegen der Freimaurer, der CIA und der Waschpulver-Coupons. Sondern aufgrund von Lügen, darunter Lügen über die eigene Geschichte», sagt Alexandrow im Interview mit der unabhängigen Tageszeitung *Nowaja Gazeta*. «Ich will nicht, dass die Russische Föderation das Schicksal der Sowjetunion wiederholt. Ich glaube, dass eine Lüge eine kurzfristige Wirkung hat, aber dann die zentrifugalen Kräfte nur beschleunigt. Am Ende kann eine Lüge die dauerhafteste Struktur vernichten.»[22]

«Also, seit zwei Jahren haben wir in der Schule eine neue Schulleiterin. Und die hat uns diesen Patriotismus ins Bewusstsein gehämmert, und den Wunsch und die Sucht danach», sagt der Schüler Alexander Karimow. Ich frage nach: «Gehämmert?» «Ja. Mit Worten. Sie hat immer das Gleiche wiederholt. Sie hat uns angestachelt, überall teilzunehmen und so», erzählt Alexander Karimow. Jetzt muss der Teenager eine Maschinenpistole auseinandernehmen und wieder zusammensetzen. Er bekommt eine Exerzierausbildung, militärische Körpererziehung, und er muss sich auf ein historisches Quiz vorbereiten. Militärcamps für Jugendliche habe ich schon einige gesehen, sie erfreuen sich immer größerer Beliebtheit, aber dieses Projekt ist etwas Besonderes. In Schukowski, sechzig Kilometer vom Kreml entfernt, werden neue «Jungarmisten» per Gelöbnis aufgenommen, dann liefern sie sich einen Wettbewerb, zu dem Dutzende militärpatriotische Jugendgruppen gekommen sind. «*Junarmia*, die Jungarmee, hilft uns, das Gleichgewicht im Land aufrechtzuerhalten. Gerade deswegen haben wir keine Feinde, weil alle halt Angst vor uns haben», meint Alexander noch. Er redet über Disziplin, «keinen Unfug treiben», er selbst sei ja «Russlands verlorene Generation». Ich bin mir nicht sicher, ob er nicht wieder die Worte seiner Schulleiterin nachplappert oder die Worte irgendwelcher Politiker. Aber die Begeisterung der Jugendlichen ist authentisch. Ein Mädchen in der Gruppe will zur Grenzpolizei, ein anderes zur Kaliningrader Militärhochschule. Gegen wen sie sich hier vorbereiten müssten, frage ich. «Die größte Gefahr ist wohl drüben, in der Ukraine. Unser Trainer hat viele Kontakte dorthin.»

2015 schafft Präsident Putin per Dekret Russlands Jugendarmee *Junarmia*, um den Patriotismus in der Jugend zu fördern. Das Verteidigungsministerium setzt 2016 die Idee um. Die Schüler-Bewegung solle Militärideologie popularisieren und ein besonderes Band zwischen jungen Russen und der Armee knüpfen. Das Projekt wird ein voller Erfolg. *Junarmia* nimmt in ganz Russland Kinder vom 11. bis zum 18. Lebensjahr auf, 200 000 sollen es derzeit sein. Afghanistan- und Tschetschenien-Veteranen bereiten die Kinder auf den Krieg vor, und bringen ihnen die offizielle, positive Geschichtsschreibung bei. Dabei geht es – ganz im Geiste von Russlands Informationssicherheitsdoktrin – um den Schutz der Jugend vor «Informationsfeindschaft», vor Versuchen, die Sicht eines Volkes von außen zu beeinflussen, ihm fremde Werte und Glaubensgrundsätze aufzuerlegen – aus der Sicht Wladimir Putins eine «absolute Realität», der Russland sich stellen müsse.[23] Im Staatsprogramm «Patriotische Bürgerausbildung» steht als Ziel, die Jugend moralisch, psychologisch und physisch für die Verteidigung des Vaterlands vorzubereiten, und in Friedens- und Kriegszeiten die militärische Pflicht zu erfüllen. Bürgermeister Andrej Woitjuk eröffnet die Veranstaltung, in Uniform und mit Orden, er ist selbst Oberst der Reserve. «Wir sehen, wie viele ideologische Tricks der Gegner verwenden. Durch das Internet werden unsere Kinder in diverse Gruppen involviert … Das starke Russland findet keine Akzeptanz. Um das Land zu besiegen, muss man ihm die Zukunft rauben, ihm die Kinder nehmen. Wir werden unsere Kinder nicht hergeben … Wenn einer nicht gelernt hat, die Heimat zu lieben, dann wird er entweder in einen Sumpf hineingelockt, wo er als gleichgültige Amöbe lebt, außerstande, Entscheidungen zu treffen, sich zu entwickeln … oder er wird zum Feind wechseln, mit Plakaten herumstehen und Steine auf die Polizei werfen, wie es in Kiew der Fall war, und sein eigenes Land verlieren», erklärt Woitjuk die militärische Bedeutung der Heimatliebe.

2016 verkündet Putin, dass der Patriotismus gleichbedeutend sei mit der russischen nationalen Idee. Abgeordnete wollen die Idee in der Verfassung verankern, das Verfassungsverbot einer Staatsideologie entspreche nicht mehr den nationalen Interessen. Ein Gesetz über die nationale Idee soll entworfen werden. Dabei gebe es schon längst eine Ideologie von oben, kommentiert die *Nowaja Gazeta*, als sie den Fall des Historikers Kyrill Alexandrow noch einmal aufarbeitet. «Von oben kommt die Ideologie, die den Anti-Sowjetismus mit dem Angriff auf die Grundlagen des existierenden politischen Systems gleichsetzt, und die Kritik an Stalin mit der Kritik am Präsidenten. Die nationale Idee ist seit langem schon formuliert worden, sie klingt so: ‹Wir sind gut. Und sind immer gut gewesen. Und wer anders denkt, ist der Feind.› Diese Position schafft ideale Voraussetzungen dafür, Menschen zu belästigen und Rechnungen zu begleichen.»[24]

KAPITEL VIER

ANGRIFF AUF DEN WESTEN

Die Jahre 2016 bis 2019

«Was die Sache angeht, wem man glauben soll und wem man nicht glauben soll und ob man überhaupt glauben kann – man darf niemandem glauben.»
(Wladimir Putin, 2018)

«Zweifelsohne verstehen unsere Diplomaten, wie wichtig der Kampf, die öffentliche Meinung zu beeinflussen und die öffentliche Stimmung zu formen, heutzutage ist. Da wir einer immer größeren Flut von Informationsattacken gegen Russland von einigen unserer sogenannten Partner gegenüberstehen, müssen wir diesbezüglich noch größere Anstrengungen unternehmen.»
(Wladimir Putin, 2016)

Sie hier sind doch Spezialisten, Sie sind alle Journalisten, korrekt? Sie wissen, was ein ‹Informationsprodukt› ist. Und das ist der Grund für diese Offshore-Geschichte. (…) Es gab einen Auftrag. Die mussten ihren Job machen. Also, was haben sie getan? Sie haben ein Informationsprodukt angefertigt. (…) Da gibt es also eine Art Freund vom russischen Herrn Präsidenten, der hat da was gemacht. Möglich, dass das eine korrupte Komponente hat. Aber was? Huch, da ist ja gar nichts!» Wladimir Putin sitzt inmitten einer Menge in einem kreisrunden Saal, auf einem Medium-Forum in St. Petersburg. Er erzählt den Zuschauern eine Geschichte und lacht dabei immer wieder kurz auf, ein kurzer Moment des Spotts, den er für die Naivität der Protagonisten seiner Geschichte übrig hat. Die Protagonisten sind: ein internationales Journalistennetzwerk. Es hat in monatelanger Recherche- und Detailarbeit herausgefunden, dass Putins Jugendfreund und Pate seiner ältesten Tochter, der Meistermusiker Sergej Roldugin, Konten in einem Offshore-Finanzplatz besitzt, durch die Putins Oligarchenfreunde Milliarden Dollar geschleust haben. Als die Investigativjournalisten der *Nowaja Gazeta* den Cellisten und Gastdirigenten Roldugin anrufen, geht der ihren Fragen aus dem Weg. Er verstehe, sagt er ihnen, dass die Sache ernst sei, und er stellt Fragen, die so klingen, als ob er sie sich selbst stellt: Er wisse, dass dies alles «heikel» sei, und er frage sich, ob das alles nun Business sei oder nicht, wo sei das Geld her, wem gehöre das alles. Schon vor der Perestroika sei er «in diesem Business» gewesen, und dann sei das alles gewachsen. Das Haus der Musik in St. Petersburg, das Roldugin leitet, werde «auch dadurch» subventioniert.

EIN CELLIST MIT VIEL GELD

Roldugin, der unbekannte Cellist, der ein Geflecht von Offshore-Firmen besitzt, aber zuvor vor Bankern stets bestritten hat, ein Geschäftsmann zu sein oder öffentliche Personen zu kennen, ist nur eine Figur in einem beispiellosen Leak, von dem etliche Beamte und deren Familienangehörige betroffen sind – Beamte, die eigentlich keine Bankkonten im Ausland besitzen dürfen. Der Leak, bekannt unter dem Namen *Panama Papers*, besteht aus Millionen Dateien der viertgrößten Offshore-Anwaltskanzlei der Welt, Mossack Fonseca – von einer anonymen Quelle der *Süddeutschen Zeitung* zugespielt und von Journalisten in 76 Ländern über ein Jahr lang ausgewertet. Die Dokumente zeigen, wie reiche Menschen, Politiker und Staatschefs weltweit geheime Offshore-Steuerparadiese nutzen, in Scheingeschäften Geld waschen, legal Sanktionen und Steuern umgehen. Eine Zwei-Milliarden-Dollar-Spur führt zu Putins bislang unscheinbarem Freund Sergej Roldugin und weiter von dessen Offshore-Konten zum Beispiel in ein Ski-Resort, wo 2013 Putins Tochter Katerina heiratete. Der Name Putin taucht in keiner Unterlage auf. Aber der Leak zeigt, dass Putins Freunde Millionen verdient haben an Geschäften, die offenbar ohne Putins Patronage nicht stattgefunden hätten. Und dass Putins Familie von diesem solchermaßen verschleierten Geld profitierte – ganz als ob die Vermögen von Putins Freunden auch seine Vermögen sind.

Viele von Putins Freunden tauchen auf der Forbes-Liste der reichsten Russen auf. Doch das Vermögen des Mannes, der Wladimir Putin so nahesteht wie einem Bruder, wie er selbst sagt, war bislang unbekannt. In der Bank *Rossija*, die Bank der Freunde des Präsidenten, hatte Roldugin einen kleinen Anteil, sonst nichts. Doch die Reporter der *Nowaja Gazeta* analysieren den Leak und erkennen, dass in den Offshore-Firmen des bescheidenen Musikers wohl Geld von allen großen Putin-Oligarchen liegt. Er betreibt außerbörsliche Geschäfte mit Anteilen der größten

Staatsfirmen Russlands oder Vorzugsdarlehen einer größtenteils russischen Bank in Zypern. Der Umsatz von einer von Roldugins Offshore-Firmen allein betrug von 2009 bis 2012 etwa 2 Milliarden US-Dollar. Der finanzielle Nutzen der Transaktionen erscheint Experten fragwürdig. Sind das direkte Zahlungen oder Spenden an Roldugin? Geht es um einen «Anteil für den Boss» im Gegenzug für das Ergattern von Staatsaufträgen? Das Geld fließt zurück nach Russland, in Resorts, Paläste, Yachtclubs, wichtige Unternehmen. Der Musiker Sergej Roldugin, der Jugendfreund Putins, scheint in Wahrheit ein zweites Leben zu führen – als geheimer Vermögensverwalter einer Präsidenten-Clique, die mit den Offshore-Geschäften auch ihre private Bank, die Bank *Rossija*, immer größer und gewichtiger macht – auf Kosten des russischen Steuerzahlers.[1]

Wie so oft erscheinen die Antworten des Kreml und des Staatsfernsehens widersprüchlich, auch auf diese Enthüllung. Die USA steckten dahinter, sagt Putin zunächst. Das Journalistennetzwerk *OCCRP* (Organized Crime and Corruption Reporting Project) werde schließlich von *USAID* und vom Philanthropen George Soros gesponsert. Hier zitiert Putin den Sprecher der Enthüllungsplattform *WikiLeaks*, Julian Assange. Assange hat mit diesen Äußerungen Journalisten denunziert, mit denen *WikiLeaks* einst zusammengearbeitet hatte. «*WikiLeaks* hat uns gezeigt, dass die offiziellen Beamten und Organe der USA dahinterstehen», glaubt Putin. Gleichzeitig hätten sich US-Beamte privat bei Putin für die Story entschuldigt, die Geschichte sei ihnen angeblich peinlich gewesen. Die Namen dieser Beamten könne er aber nicht verraten. Offenbar macht Putin die US-Demokraten für die Story über die Panama-Papers verantwortlich. Das Staatsfernsehen spricht später davon, die Existenz von Offshore-Konten für staatliche Notfälle sei durchaus möglich. Der Musiker Roldugin spricht von Spendengeldern russischer Geschäftsmänner, die er für den Kauf teurer Instrumente verwendet habe. Auch Putin betont die Wohlfahrtsaktivitäten des Cellisten. Gibt es nun Offshore-Konten –

oder gibt es keine? Zusammengenommen ergeben die offiziellen Rechtfertigungen keinen Sinn. Als Fakt bleibt, dass Putins engste Oligarchenfreunde Offshore-Firmen nutzen, obwohl Putin selbst die Russen dazu aufruft, ihr Geld gefälligst nach Hause zu bringen.

Nach einer Schätzung des Londoner Wirtschaftsforschungs-instituts Centre für Economic Policy Research sind die Finanzver-mögen, die russische Oligarchen in Offshore-Zentren im Ausland halten, so groß wie das Gesamtvermögen der gesamten russischen Bevölkerung innerhalb Russlands.[2] Fakt ist, dass Offshore-Kon-strukte die Ungleichheit im Land massiv verstärken – und in Russ-land ist das Vermögen im weltweiten Vergleich am ungleichsten verteilt: Das oberste Zehntel besitzt 87 Prozent aller Haushaltsver-mögen. Geld für die Entwicklung des eigenen Landes wird mit Hil-fe einer westlichen Expertenriege, die legale Wege für Steuerflucht und Verschleierung aufgebaut hat, versteckt. Fakt ist außerdem, dass Offshore-Banking ein Instrument für Russlands Kleptokraten darstellt, im Westen Einfluss zu erlangen. Ein Schuldeingeständnis über die Finanzgeschäfte der Eliten ist nicht zu erwarten, denn das russische politische System kennt kein öffentliches Eingestehen von Fehlern. Der öffentliche Aufschrei in der Bevölkerung über die ver-steckten Milliarden der Putin-Clique bleibt ebenso aus. Niemand geht auf die Straße und fordert Putins Rücktritt. Ein zynischer Rea-lismus beherrscht die Stimmung: Politik sei halt immer schmutzig, Geschäfte eben immer dunkel, korruptes Geld werde stets versteckt.

Wenn Russlands unabhängige Medien über Putins wahr-scheinliche Vermögen und seine Familie schreiben, erfahren sie sehr schnell, wo die «roten Linien» des Kreml sind. Redaktionen erleben Polizeirazzien, Chefredakteure können abgesetzt und aus-getauscht werden, wie 2016 bei *RBK*, dem größten unabhängigen Medienhaus des Landes. Es war Medienpartner jenes internationa-len Netzwerks gewesen, das die *Panama Papers* enthüllte.

Auch wenn der Kreml die Leak-Analysen internationaler Jour-nalisten demonstrativ herunterspielt, empfinde er sie doch als echte Bedrohung, erklärt mir die Politologin Jekaterina Schulman im Interview: «Da sind sehr sensible Informationen über Entscheidungsträger ans Licht gekommen. Das ist unangenehm für sie – und das ist das Mindeste. In unserer höchsten Bürokratie ist Verschwörungsdenken weit verbreitet, sie kann das Ganze als ein Komplott gegen sie betrachten oder als ein ernstes Zeichen dafür, dass der Westen sie ‹ausgeliefert› habe. Dass der Westen nicht kooperieren wolle.» Dass Putin fünf Tage nach der weltweiten Veröffentlichung der *Panama Papers* den nationalen Sicherheitsrat einberuft, sehen die unabhängigen Journalisten Irina Borogan und Andrej Soldatow, langjährige Experten der russischen Sicherheitsdienste, als ein Zeichen. Auf dieser Sitzung habe die Sicherheitselite wahrscheinlich eine Vergeltung für die *Panama Papers* besprochen, sind Soldatow und Borogan überzeugt. Putin habe geglaubt, dass diese «Informationsattacke» von Hillary Clintons Leuten – von der amerikanischen Präsidentschaftskandidatin, die im Herbst 2016 zur Wahl stehen wird – losgetreten worden sei. Der Apparat habe sehr emotional darauf reagiert.[3]

Waren es die Enthüllungen über den Reichtum Putins und seiner Freunde oder waren es die Enthüllungen über Russlands systematisches staatliches Doping von russischen Sportlern vor den Olympischen Winterspielen 2014, die den Kreml zu einer «Vergeltung» am Westen trieben? Beide journalistische Enthüllungen können – im Denken der Militärs und des Sicherheitsapparats – als Angriff auf die Souveränität Russlands begriffen werden. Oder geht der Gedanke einer Vergeltung etwas weiter zurück, auf die angeblich von den USA betriebene Anstiftung und Ermunterung von Demonstranten, die gegen Wladimir Putins Wiederwahl 2011 und 2012 auf die Straßen gingen? Der Kreml präsentierte der Welt nie Belege für diese angebliche Einmischung der damaligen US-Außenministerin Hillary Clinton. Fakt ist: mit Putins erneutem Machtantritt im Mai 2012 und mit dem Krieg in der Ukraine 2014 hatten sich die Koordinaten bereits verändert: Der Kreml beabsichtigte längst, seinen Aktionsradius auszuweiten, die dritte Amtszeit Putins stand ohnehin für einen Großmachtanspruch «gegen die weltweite US-Hegemonie». Im Jahr 2016 werden nur die Konsequenzen immer deutlicher, die dieser Entschluss mit sich bringt: Einmischung und Eingriffe haben nicht nur in der postsowjetischen Welt, nicht nur in der Ukraine und Osteuropa, nicht nur in Syrien zu erfolgen, sondern der Kreml muss seinen Radius nunmehr auf die westliche Welt – auf Europa und die USA – ausweiten. Dabei sind «Informationsattacken» eine mögliche Form des Angriffs.

UND WIEDER *RUSSIA TODAY*

Wladimir Putin ist sichtlich stolz auf seine Chefredakteurin. Er ist in bester Laune, als er im Dezember 2015 auf der Jubiläumsfeier von *RT – Russia Today*, der Auslandssender des Kreml ist zehn Jahre alt geworden – über die Mannschaft und ihr Produkt spricht. «Wir haben ihnen die Möglichkeit gegeben, Spaß zu haben, ihre Arbeit zu genießen, kreativ zu sein. Das Ergebnis ist beeindruckend: sechs Informationskanäle, eine globale Videoagentur. Sie sind die Nummer eins auf YouTube, sie haben an einigen Orten der Welt höhere Quoten als alteingesessene Nachrichtenagenturen.» *RT* zeige die «Wirklichkeit» in der Ukraine und biete ein wahrhaft dreidimensionales Bild. Dass zwei Moderatorinnen, Liz Wahl und Sara Firth, in den vergangenen Monaten den Sender verlassen haben – aus Protest gegen die, wie sie sagen, «schockierende Desinformation» über die Ukraine –, verschweigt Putin. Seine Politik sei ehrlich und offen, sagt er am Ende seiner Rede.

Die Tische sind gedeckt, als Putin redet. *RT* hat Politiker, Außenpolitik-Experten und Medienchefs aus dem Ausland eingeladen, zum Jubiläum gehört auch eine Konferenz mit dem Titel: «Information, Botschaften und Politik: die formverändernden Kräfte in der heutigen Welt». An Putins Tisch sitzen unter anderem sein Sprecher, die Chefs der Präsidialverwaltung und Gäste aus dem

Ausland: der ehemalige Bundestagsabgeordnete Willy Wimmer, der von «NATO-Netzwerken» in westlichen Medien überzeugt ist. Die US-Präsidentschaftskandidatin der Grünen-Partei, Jill Stein, die oft auf *RT* interviewt wird und dort den US-Militarismus anprangert. Und ihr gegenüber: Michael Flynn, US-General, früherer Direktor der *Defense Intelligence Agency*, des militärischen Nachrichtendienstes der Vereinigten Staaten. Flynn kritisiert Präsident Obama scharf, sieht in Russland einen potenziellen Verbündeten im Kampf gegen den islamistischen Terror – und wird einige Monate später zum Sicherheitsberater des neuen US-Präsidenten Trump ernannt werden. Flynns Reise nach Moskau bezahlte *RT*. Auf den Monitoren taucht während der Feier auch der Sprecher der Enthüllungsplattform *WikiLeaks*, Julian Assange, auf, zugeschaltet aus der ecuadorianischen Botschaft in London, er spricht vor den eingeflogenen und einheimischen Gästen über die Bedeutung des Rechts auf Privatsphäre.

Ein Recht, das es in Russland nicht gibt. Ein Kremlmedium gibt westlichen Kritikern des Westens eine Bühne – dies allein schon ist eine meisterliche, wenngleich alte Taktik der Täuschung und Umkehrung. Und viele dieser westlichen Kritiker erkennen offenbar nicht einmal – oder nehmen es einfach hin –, dass ebendiese Bühne ihre Botschaft diskreditiert, indem sie ihr persönliches, ziviles Anliegen in den Dienst eines ausländischen, autoritären Staates stellt, in den Dienst einer Obrigkeit, die sie für ihre eigenen Ziele einspannt. Eine Medienbühne, die Russlands eigenen Kritikern und Kämpfern für die Meinungsfreiheit bewusst keinen Platz gibt. Eine Medienbühne, die geschaffen wurde, um westliche Medien als zensierte Lügenpresse darzustellen und sich selbst, *Russia Today*, als nonkonformistische Vertreterin einer «Gegenöffentlichkeit». Mit einem progressiven, linken Anti-Autoritarismus, den viele dieser westlichen Gäste von *RT* predigen, haben ihre Auftritte jedoch nichts zu tun. Der Auftraggeber von *RT* ist nicht progressiv und antiautoritär. «Mit *RT* soll man», schreibt die Schweizer Slawistin

Silvia Sasse, «gemeinsam mit der russischen Regierung Clinton, Merkel, die EU, den Neoliberalismus etc. hassen können und dabei vergessen, dass die Putin'sche Politik nicht links ist, sondern nationalistisch, xenophob, homophob, ultrareligiös, korrupt und autoritär.»[4]

EIN NEUES ZIEL: DIE WAHLEN IN DEN USA

«Es ist notwendig, der US-atlantischen Geopolitik auf jeder Ebene, in jeder Region entgegenzuwirken, indem man den Feind schwächt, demoralisiert, täuscht und schließlich besiegt. Es ist besonders wichtig, geopolitische Turbulenzen in die inneramerikanische Realität zu bringen, alle möglichen Formen von Separatismus, ethnischen, sozialen und Rassenkonflikte zu fördern, sowie aktiv alle regimekritischen Bewegungen extremistischer, rassistischer, sektiererischer Gruppen zu unterstützen, die die inneren politischen Prozesse in den USA destabilisieren. Zugleich macht es Sinn, isolationistische Tendenzen amerikanischer Politik aufrechtzuerhalten, jene Aussagen von (oft rechten, republikanischen) Kreisen, die glauben, dass die USA sich auf ihre inneren Probleme fokussieren müsse. Dieser Zustand wäre Russland sehr nützlich.» Was geradezu wie eine Regieanweisung Russlands für das US-Wahljahr 2016 klingt, stammt aus der Feder des russischen Rechtsextremen und Eurasien-Theoretikers Alexander Dugin, der diese Sätze 1997 in seinen «Grundlagen der Geopolitik» veröffentlichte. Ein Buch, das laut Dugin auf Gesprächen mit Russlands Generalstab und dessen Hardlinern beruhe sowie auf Einsichten nach Russland eingeflogener Vertreter der westlichen Neuen Rechten in den 1990er Jahren. Manchen dienen solche Gedanken offenbar immer noch als Orientierung. Das Buch ist weiterhin Teil des Lehrplans, und Dugin, der 2014 seinen Soziologie-Lehrstuhl an der Lomonossow-Universität verlor, rühmt sich, immer noch an der Militärakademie des Generalstabs zu unterrichten.[5]

2017 tauchen in der Öffentlichkeit zwei weitere Papiere des ehemaligen Geheimagenten und nun Direktors des *Russischen Instituts für Strategische Forschungen* (*RISI*), Leonid Reschetnikow, auf. Dieses Mal geht es nicht um ein Szenario für den Ukraine-Krieg – eine Handlungsanleitung, die ein orthodoxer Geschäftsmann tatkräftig mit umsetzte und die auf völlig falschen Annahmen über die Ukraine beruhte. Nein – dieses Mal geht es um die US-Präsidentschaftswahlen und Russlands Strategie und Positionierung im amerikanischen Wahlkampf. Die Papiere des Instituts werden dieses Mal nicht in der *Nowaja Gazeta* geleakt, sondern tauchen in der Hand amerikanischer Regierungsbeamter auf, offenbar erst, nachdem Donald Trumps Wahlsieg verkündet wurde. Wie diese Dokumente in Washington gelandet sind, sei geheim. Für US-Sicherheitskreise sind sie ein Beleg dafür, was der Kreml in den USA vorhatte: eine Propagandakampagne in sozialen Medien und internationalen Kremlmedien lancieren – um US-Wähler zu ermutigen, einen Präsidenten zu wählen, der Russland gegenüber eine weichere Linie einnehmen würde. Ein weiteres Papier der Kreml-Denkfabrik, später veröffentlicht, warnt vor einem sich abzeichnenden Wahlsieg Hillary Clintons, daher sei es angebracht, die Pro-Trump-Propaganda zu beenden und stattdessen die Botschaften über Wahlbetrug zu intensivieren. So könne die Legitimität des Wahlsystems angezweifelt und Clintons Ruf bereits vor ihrer möglichen Präsidentschaft geschädigt werden.

Zum Zeitpunkt, als diese Strategiepapiere des *RISI*, des Kreml-Thinktanks, in der Präsidialverwaltung zirkulieren sollen, ist der Kampf des Kreml gegen das wichtigste Instrument einer Demokratie, die allmähliche Beeinflussung und Aushöhlung der politischen Willensbildung in den USA vor den Präsidentschaftswahlen, bereits in vollem Gange. Putins Ziel ist offenbar früh klar. Schon im Sommer 2014 kundschaften Mitarbeiter der St. Petersburger Trollfabrik mehrere US-Staaten aus, um Grundlagen für ihre auf die USA gerichtete Abteilung zu schaffen. Eine gefakte Mail, die einer offiziellen Mail täuschend ähnlich sieht, landet am 19. März 2016 im Postfach von John Podesta, dem Leiter des Präsidentschaftswahlkampfs von Hillary Clinton – mit einem Klick auf ihren Inhalt ist Podestas Mailfach offen für Russland. Anfang April 2016 kauft die St. Petersburger Trollfabrik ihre erste Online-Anzeige, die explizit Hillary Clinton angreift. Mitte April 2016 registriert Russlands Militärgeheimdienst eine Internet-Domain, die gestohlene Mails der Clinton-Kampagne veröffentlichen wird. Den US-amerikanischen Sender *Fox News* ausgenommen hat vermutlich kein Fernsehsender so permanent den Kandidaten Donald Trump gefördert und Hillary Clinton diskreditiert wie Russlands Staatsfernsehen. Da wird ein Stolpern auf einer Treppe schon mal zu einer gesundheitlichen Krise Clintons inszeniert. Dies gilt auch für den internationalen Kreml-Sender *RT*, wie die US-Sicherheitsdienste später feststellen: *RT* fokussiert sich unverhältnismäßig auf die Mailaffäre Clintons (ihr Gebrauch eines privaten Mailservers in der Zeit als Außenministerin), auf ihre angeblich schlechte körperliche und geistige Gesundheit und beschuldigt sie der Korruption und der Verbindung zum islamischen Extremismus.[6]

«Keiner glaubte an Trump, nicht mal ein kleines bisschen. Es war eine Serie taktischer Operationen. Und zu jedem Zeitpunkt der Umsetzung waren die Leute, die das taten, voller Aufregung darüber, wie gut es funktionierte, und dieser Erfolg trieb sie an, noch weiterzugehen», schreibt der russische Sicherheitsdienst-Experte Andrej Soldatow über die russischen Einmischungsversuche. Hillary Clinton, die Frau, die Putin spätestens seit ihrer Solidaritätsbekundung mit den Demonstranten gegen Putins Wiederwahl 2011 nicht mochte, sollte blamiert werden, Meinungsverschiedenheiten auf die Spitze getrieben und die amerikanische Demokratie als genauso korrupt wie die russische dargestellt werden, ist Soldatow überzeugt. Als der Plan aufgeht, ist die Ekstase und Genugtuung darüber überdeutlich. In Moskau feiern Ultranationale und Eurasier, Kreml-Berater und

Polit-Aktivisten Trumps Wahlsieg mit Champagner und Guy-Faw-
kes-Masken – eine Anspielung auf die russischen Hacker, die die
US-Wahlen zugunsten Trumps beeinflussten, aber deren russische
Urheberschaft die versammelten Gäste natürlich abstreiten. Oder
sind die Masken ein stolzes Augenzwinkern? Drei große Porträts
– mit den Gesichtern von Trump, Putin und Marine Le Pen – die,
nebeneinander gestellt, alle in die gleiche Richtung schauen, gleich
blond sind, und die gleichen weißen Hemden und schwarzen Ja-
ckets tragen – schmücken den Raum. Der Fernsehsender des orthodoxen Oligarchen Konstantin Malofejew, *Zargrad TV*, überträgt
die Feier der Inauguration Trumps live nach Moskau. Der alte KGB-
General Leonid Reschetnikow klingt, als ob die erste Etappe eines
langen Laufs erreicht sei: Amerika werde sich nun auf seine eigenen
Probleme fokussieren, weniger missionarisch, mehr pragmatisch
agieren, aber die konservativen amerikanischen Sicherheitsdienste
würden sich wohl einer Kursänderung widersetzen, da müsse man
eben die mittlere und obere Ebene austauschen, in der CIA, im FBI,
im Pentagon. «Risse sind aufgetaucht in der Welt der Globalisten.
Jetzt geht es darum, diese Risse zu weiten», sagt Leonid Reschetnikow in der Menge. Er spricht von «Rache», von «Krieg»: «Die USA
erlegten uns Sanktionen auf und drängten Europa, das Neo-Nazi-
Regime in der Ukraine zu stützen. Aber, wie Präsident Putin sagt:
Der Hund bellt und die Karawane zieht weiter. Wir machen weiter
mit unserer Strategie – und das wird unser Weg sein, ihnen einen
Schlag in die Zähne zu verpassen.»[7]

Fast zwei Jahre später wird ein Sonderermittler in Washington
12 russische Militärgeheimdienstler anklagen – und ihre Spuren
offenlegen: Ihr Angriff beginnt mit einer unechten Mail an den
Vorsitzenden der Clinton-Kampagne, die ihn aufruft, sein Pass-
wort richtigzustellen. Eine weitere Mail enthält eine unechte Excel-
Datei, die beim Öffnen zu einer unechten Webseite führt und damit Zugang zu Daten auf dem Computer eröffnet. Zwischen März

und April 2016 zapft der russische Militärgeheimdienst auch die Computer des Wahlkampf-Komitees und der Parteiführung der Demokraten an und erhält so Dokumente, Passwörter, Kontoverbindungen.

Im Juni 2016 veröffentlichen die Hacker erstmals ihre gestohlenen Informationen, sie verwenden die Seite *DCLeaks*. Als die Demokraten berichten, dass sie von Russland gehackt wurden, meldet sich eine Person mit dem Namen *Guccifer 2.0* und gibt vor, als alleiniger rumänischer Hacker die Daten veröffentlicht zu haben, hinter *Guccifer* aber, so die US-Anklageschrift, steckte Moskau. Als *Guccifer* waren die Geheimdienstler mit US-Journalisten, der Trump-Wahlkampagne und *WikiLeaks* in Kontakt. Julian Assanges Aktivistenplattform will mit den Dokumenten Politik machen – und bittet *Guccifer*, neue Unterlagen zu senden, damit «eine weitaus höhere Wirkung» mit dem Material erzielt werden könne. Am besten sollten die Leaks während des Parteitags der Demokraten freigegeben werden. Dort sollten die Mails und Informationen offenbar für Zwietracht zwischen den Anhängern von Hillary Clinton und Bernie Sanders sorgen: «Wir denken, dass Trump nur eine 25-prozentige Chance hat, gegen Hillary zu gewinnen (...), damit ist der Konflikt zwischen Bernie und Hillary interessant», schreibt *WikiLeaks* den Russen. Und veröffentlicht im Juli 2016 schließlich selbst die Leaks, die auf dem Parteitag der Demokraten die ohnehin angespannte Stimmung zwischen den Kandidatenanhängern weiter polarisieren. Laut US-Anklageschrift stehlen die Spione nebenbei auch persönliche Informationen von etwa einer halben Millionen US-Wählern und suchen nach Schwachpunkten im amerikanischen Wahlverwaltungssystem.

Einen Tag später wendet sich der republikanische Kandidat Donald Trump in gewohnt provokativer Manier vor seinen Fans an Moskau: «Russland, wenn du zuhörst, dann hoffe ich, dass du die 30 000 Mails finden kannst, die fehlen.» Es handelt sich um die Mails, die Hillary Clinton gelöscht hatte, weil sie privat gewesen seien. Clinton hatte in ihrer Zeit als Außenministerin für dienstliche Mails einen privaten, nicht sicheren Server genutzt. In dieser Nacht nach Trumps Ankündigung sollen die russischen Offiziere laut US-Anklage eine weitere Phishing-Attacke auf Clintons persönliches Büro und ihre persönlichen E-Mail-Konten gefahren haben.

DIE TROLLE ARBEITEN IM AMERIKANISCHEN WAHLKAMPF MIT

«Die Amerikaner sind sehr beeindruckbare Menschen, und sie sehen, was sie sehen wollen. Ich respektiere sie sehr.»
(Jewgenij Prigoschin, Oligarch und Restaurateur)

«Unterstützt Hillary. Unterstützt amerikanische Muslime», steht in verschnörkelten englischen Buchstaben auf einem Foto, auf dem Hillary Clinton eine verschleierte Muslimin anlacht. «Schützt unsere Grenzen» lautet der Name einer Facebook-Community, in der vor «Eindringlingen» gewarnt wird. Die «Armee von Jesus» postet ein Bild, auf dem Hillary Clinton als Kandidatin des Satans erscheint, bevor Gott einschreitet. Eine Gruppe der Lesben, Schwulen, Bisexuellen und Transgender veröffentlicht ein Malbuch, in dem Kandidat Bernie Sanders ausgemalt werden kann. «Schwarze sind wichtig», «Patriotisch sein», «Das Herz Texas'» oder «Liberal geboren» heißen weitere amerikanische Online-Gruppen. Sie sind alle in der St. Petersburger Trollfabrik entstanden. «Betonen Sie, dass John McCains pathologischer Hass auf Donald Trump alle Grenzen der Vernunft überschreitet» lautet ein Arbeitsauftrag an die Trolle. «Stellen Sie Marco Rubio als einen falschen Konservativen dar, der republikanische Werte verrät» – damit soll Trumps Gegenkandidat angeschwärzt werden. Waffenrechte, eine internationale Bewegung gegen Gewalt gegen Schwarze, Einwanderung und Impfdebatten – überall mischen russische Trolle mit, um in der amerikanischen Gesellschaft Menschen gegeneinander aufzuhetzen.

Dass Informationen und Falschinformationen als Waffen eingesetzt werden können, hat der Kreml seit dem *Maidan* in der Ukraine im November 2013 eindrucksvoll demonstriert. Wahrscheinlich haben russische Trolle auch die USA schon seit 2013 im Visier. Die sozialen Netzwerke suchen sie sich aus als ideale verdeckte Medien für anonyme politische Kampagnen. Und betreiben damit Operationen, die so ausgeklügelt sind wie digitale Marketing-Kampagnen für eine Marke oder eine politische Organisation. Mit oft täuschend echten Facebook-Gruppen, täuschend echten Twitter-Einträgen, täuschend echten Online-Werbeanzeigen und Identitäten, samt ihren automatisierten Meinungsrobotern. Das Ziel: den politischen Gegner so mit sich selbst zu beschäftigen, so zu destabilisieren, dass er sich nicht mit Russland und der russischen Einflusssphäre beschäftigt.

Die 2018 veröffentlichte Anklageschrift des US-Sonderermittlers Robert Mueller benennt zwei Firmen, die dem Essenslieferanten und mutmaßlichen Söldnertruppen-Chef Jewgenij Prigoschin gehören, als Aufseher über die Trollagentur. Die Staatsanwaltschaft im US-Bundesstaat Virginia klagt eine 44-jährige Russin aus St. Petersburg an, die das Budget der Einflussoperation in den USA, in der EU und der Ukraine verwaltet und unter anderem Gelder für Aktivisten, für Anzeigen auf sozialen Medien, Registrierung von Domain-Namen und den Erwerb von Proxy-Servern freigeschaltet haben soll.[8] Der Oligarch lässt sich die jahrelange Kampagne gegen die USA jeden Monat geschätzt über eine Million Dollar kosten. Seine Trolle säen Misstrauen gegen alle Kandidaten der Präsidentschaftswahlen, Misstrauen gegen das politische System Amerikas, vor allem aber – Misstrauen gegen Hillary Clinton. Dafür reisen sie in das Land, studieren das Sozialverhalten echter Gemeinschaften, erschaffen fiktive Amerikaner, die sie im Laufe der Zeit als Meinungsführer aufbauen – mit Hilfe falscher Führerscheine, gekaufter Bankkonten und gestohlener Ausweise. Sie decken jede US-Zeitzone und jeden Feiertag mit passenden Inhalten ab. Sie polarisieren, spalten, schüren Ängste, fachen die Unzufriedenheit an, bringen kurz vor den Wahlen Gerüchte über Wahlbetrug in Umlauf oder ermutigen im letzten Moment, nicht zu wählen oder die Kandidatin der Grünen, Jill Stein zu wählen.

Die Mittel von Prigoschins «Agentur für Internetrecherchen» sind teilweise primitiv, die Ergebnisse ihrer Anstrengungen erstaunen die Mitarbeiter selbst, weniger als hundert nur arbeiten in der US-Abteilung der Agentur.[9] Etwa wenn sie, verdeckt aus St. Petersburg, im Frühjahr 2015 eine Aktion in New York ankündigen, in der jedem, der sich zu einer bestimmten Uhrzeit an einen bestimmten Ort begibt, ein kostenloser Hot Dog versprochen wird. Einige New Yorker kommen tatsächlich, und verschwinden wieder, nachdem der Hot Dog ausbleibt. Einige falsche Identitäten haben kaum Follower, andere so viele, dass sie von Donald Trump oder seinem späteren Sicherheitsberater Michael Flynn retweetet werden. Sie verstärken Hashtags wie #MAGA («Make America Great Again») oder #Hillary4Prison («Hillary ins Gefängnis»), sie legen den Fokus auf alle problematischen Folgen der herrschenden Demokraten, sie kontaktieren echte Trump-Anhänger und echte Mitarbeiter der Trump-Kampagne. Sie organisieren von St. Petersburg aus erfolgreich politische Demonstrationen in den USA und beauftragen eine reale Person, ein Schild hochzuheben mit einem falschen Zitat Hillary Clintons, die die Scharia angeblich gutheißt. Sie lassen riesige Poster aufhängen: In Washington ein Bild Putins mit der Schlagzeile «Friedensstifter», in New York ein Poster Obamas mit der Schlagzeile «Tschüs Mörder». Die Bilder der Poster werden über falsche Twitter-Accounts verbreitet. Den Trump-Gegnern werden Botschaften bereitgestellt, die verwirren, ablenken und vom Wählen abhalten sollen. Die Trolle fangen an mit Twitter-Konten, dann kommen YouTube, Instagram und schließlich Facebook dazu. Laut Facebook sehen zwischen 2015 und 2017 mehr als 126 Millionen Amerikaner einige der russischen Trollkampagnen allein in diesem Medium. Auf Instagram sind es weitere 20 Millionen. Ausgearbeitet werden die Kampagnen von weniger als 100 Trollen.[10] Allein in britischen Medien werden ihre Kommentare mehr als 100 Mal zitiert, als echte Stimmen politischer Aktivisten und Meinungsführer in den USA – die sie nicht waren.

Nachdem Wladimir Putin über ein Jahr die amerikanischen Ermittlungen zur Wahleinmischung als antirussische Hysterie bezeichnet und jegliche «Informationsattacken» (wie er es nennen würde) auf die USA dementiert hat, verändert er seine Taktik. Irgendjemand, sagt er, habe sich eingemischt – aber nicht er. «Als Staat», sagt er, habe Russland sich nie in die inneren Angelegenheiten der USA eingeschaltet: «Hacker, das sind freie Menschen, wie Künstler: Die stehen auf, und wenn sie in Stimmung sind, setzen sie sich hin und malen. Genau wie Hacker: Die wachen auf und lesen, dass da was los ist in den internationalen Beziehungen, und wenn sie patriotisch gesinnt sind, dann leisten sie ihren Beitrag zum Kampf gegen jene, die Schlechtes über Russland sagen, und aus ihrer Sicht ist das richtig.» Anschließend sagt Putin, die Hacker seien wohl keine echten Russen, sondern vielleicht «Ukrainer, Tataren, Juden», vielleicht seien sie von den Amerikanern für diese Arbeit bezahlt worden, er wisse es nicht. Dann kommt Putin mit einer weiteren Version, mit einem Vergleich unvergleichbarer Tatsachen – einem seiner liebsten rhetorischen Kniffe: So wie die Aktivitäten des US-Philanthropen und Milliardärs George Soros, der seit den 1990er Jahren die Zivilgesellschaften in Osteuropa unterstützt, nicht Amerika seien, sei *Concord*, die Firma von Troll-Chef Jewgenij Prigoschin, nicht Russland. Eine erstaunliche Aussage – bis vor kurzem setzte der Kreml alle Aktivitäten der Hassfigur Soros (eine Hassfigur, die er sich mit westlichen rechten Politikern teilt) mit denen der US-Regierung gleich. Und was genau haben Trollfabriken und Söldnertruppen mit der Stärkung von Demokratien und Menschenrechten, was haben Destabilisierung und Kriegsführung im Dienste eines Staates mit der Unterstützung für Anti-Korruptions-Organisationen, mit der Stärkung des Rechtsstaats und mit Gesundheits- und Bildungsprogrammen für arme Menschen zu tun? In einer weiteren Hinsicht ist Putins Aussage bemerkenswert: Mit der Existenz von Oligarchen, die im Dienste des Staates handeln und dafür Vorteile bekommen, kann er jederzeit staatliches Handeln glaubwürdig abstreiten. Einen Einblick in seinen privaten, geheimen, inoffiziellen Staat und seine Finanzen ermöglichen nur seltene Recherchen von Journalisten und Anti-Korruptions-Aktivisten.

Hacker, Leaks, Trolle und Fakes – in einer ohnehin seit Jahren polarisierten, auch von US-Medien kräftig auseinandergezerrten amerikanischen Gesellschaft vertiefen sie die Grabenkämpfe. Amerikas Präsident ist Nutznießer einer ausländischen Geheimdienst-Operation – der erfolgreichsten ausländischen Wahlbeeinflussung in der Geschichte der USA. Der Sonderermittler hat keine Beweise gefunden, dass es darüber hinaus aktive Absprachen zwischen Donald Trumps Wahlkampfhelfern und Vertretern des Kreml gab, im Gegenzug für schmutzige Details über die politische Gegnerin Clinton. Wir wissen nicht, ob russisches Geld für die Geschäfte und Projekte des Immobilien-Königs Trump auch eine Rolle spielte. Wir wissen nur: Einige bereits Angeklagte aus Trumps Milieu haben über ihre Kontakte nach Russland gelogen.

CYBER-ANGRIFFE AUF DIE UKRAINE

Acht Monate vor den US-Präsidentschaftswahlen gehen in Kiew, der Hauptstadt der Ukraine, plötzlich die Lichter aus. Oleg Zaitschenko ist nervös, als er vor der Kamera über den Stromausfall sprechen muss. Der Ukrainer arbeitet als Ingenieur im Umspannwerk Piwnitschna bei Kiew. Eine Woche vor Beginn des neuen Jahres 2016 schiebt Zaitschenko Nachtdienst und macht wie üblich einen Rundgang durch das Werk. «Es war gegen Mitternacht, als der Alarm anging. Die 330-Kilovolt-Anlage schaltete sich plötzlich ab, die 110-Kilovolt-Anlage auch. Aber das System meldete keinen Notfall. Ich hatte keine Zeit, Angst zu haben. Ich musste ganz schnell handeln.» Die Systeme fahren runter, irgendetwas ist passiert – aber was? «Ich verstand, dass das alles nicht normal war», sagt Ingenieur Oleg Zaitschenko. «Aber ich konnte zuerst nicht begreifen, dass die ganze Station einen Blackout haben könnte.» Zuerst flackert das Licht, dann haben Teile von Kiew gar keinen Strom mehr. Der Angreifer hatte sich gut vorbereitet. Er versteckte sich schon seit Monaten im Kontrollraum des nationalen Energieversorgers: ein Virus im Netz, aus der Ferne aktiviert. «Es war ein gezielter Angriff», erklärt mir Wsewolod Kovaltschuk vom staatlichen Energieversorger *Ukrenergo*. «Organisiert von einer großen Zahl professionell ausgebildeter Menschen.» Genau ein Jahr zuvor, ebenfalls im Winter, hatte der gleiche Eindringling schon einmal zugeschlagen, in der Westukraine. Mehrere Stunden lang hatte er über 200 000 Haushalte von der Energieversorgung abgeschnitten.

In den Rechnern der Ukraine fänden sich unzählige Indizien für Eindringlinge aus Russland, erklären mir internationale IT-Sicherheitsfirmen. Seit 2014, seit dem Ausbruch des Krieges in der Ostukraine, hat es mehrere Angriffswellen von Russlands Cyberkriegern auf die Ukraine gegeben. Als rund zwei Monate nach dem *Maidan* die ersten Präsidentschaftswahlen anstehen, dringt eine Hackergruppe in die Computer der zentralen ukrainischen Wahlkommission ein. Sie verbreitet die Falsch-Nachricht, dass nicht Petro Poroschenko die meisten Stimmen habe, sondern der Kandidat des Rechten Sektors, Dimitrij Jarosch. Das russische Staatsfernsehen übernimmt diese Falschmeldung. Die gleiche Hackergruppe bekennt sich später auch zu einem Angriff auf die Webseiten des Deutschen Bundestages und des Kanzleramtes. Dann taucht der «Sandwurm» auf, eine weitere Gruppe, zunächst in den Systemen der ukrainischen Eisenbahnen: Das Fahrkarten-system stürzt ab, Fracht kann nicht registriert werden. Auch in den Rechnern des größten Flughafens von Kiew finden sich die Schädlinge, und auch Fernsehsender melden Störungen: Die Angreifer schickten verseuchte E-Mails an Mitarbeiter und krochen so in das Datenherz der Unternehmen. Im Dezember 2016 kann die Staatskasse der Ukraine plötzlich kein Geld mehr überweisen.

Ein Jahr später wird eine ukrainische Buchhaltungssoftware, hergestellt in einem Familienunternehmen in Kiew, zum Geburts-helfer der wohl verheerendsten weltweiten Cyberattacke seit der Erfindung des Internets. Russlands Hacker nisten sich auf den Ser-vern der Firma ein und haben damit eine perfekte Hintertür zu Tausenden Computern weltweit, die diese Software installiert ha-ben. Im Juni 2017, einen Tag vor dem «Tag der Verfassung» in der Ukraine, schleusen sie eine Cyberwaffe durch diese Tür hindurch. In der Ukraine sind in Sekundenschnelle mindestens 300 Unter-nehmen lahmgelegt, darunter mehr als 20 Banken, sechs Ener-gieunternehmen, vier Krankenhäuser, zwei Flughäfen – und die Regierung. Im Kernkraftwerk Tschernobyl fällt das Strahlenüber-wachungssystem aus. Postangestellte können nicht einmal mehr Briefmarken verkaufen. Zehn Prozent der Rechner des Landes werden ausgelöscht. Die Angriffswelle erreicht schließlich interna-tionale Firmen und lähmt sie: die weltweit größte Containerschiff-Reederei Maersk, das französische Bauunternehmen Saint-Go-bain, das Pharmaunternehmen Merck und viele mehr – bis hin zum russischen Staatsunternehmen Rosneft. Die Cyberwaffe ver-ursacht bei jedem der Betroffenen Verluste von hunderttausenden Euro, der Gesamtschaden liegt – nach Berechnungen der amerika-nischen Sicherheitsdienste – bei mehr als 10 Milliarden Dollar.

Das Ziel des Angreifers ist die Ukraine, sein Radius aber wo-möglich größer, als die Angreifer zunächst dachten. Für die Ur-heberschaft der als «NotPetya» bekannten Attacke machen die Regierungen Australiens, Kanadas, Großbritanniens, Dänemarks,

Litauens, Estlands und der USA fast zehn Monate später Russlands Militärgeheimdienst verantwortlich. Unterstützt werden sie dabei von Norwegen, Schweden, Finnland und Neuseeland – eine solche Koordination in der Identifizierung und Zuschreibung einer Cyberwaffe ist bislang einmalig. Außerdem warnen die USA, Großbritannien und Australien, dass Russlands Cyberkrieger bereits in westliche Energiesysteme, Telekommunikation und Medien eingedrungen seien. In den USA hätten bereits ab März 2016 russische «Regierungsakteure» auf Teile der amerikanischen Energie-, Nuklear-, Wasser- und anderer überlebensnotwendiger Infrastrukturen gezielt.[11]

Als ich 2017 in Kiew Oleksij Jasinski treffe, erwartet er bereits jene massive Cyberattacke, die ein halbes Jahr später die Ukraine treffen wird. Der IT-Sicherheitsingenieur weist mich darauf hin, dass die Angriffe auf die Ukraine seit 2014 auf eine Mannschaft von Cyberkriegern mit großen finanziellen Ressourcen hinweisen. «Wir glauben, man will hier vor allem vor den Auftraggebern demonstrieren, wozu man alles fähig ist», sagt der Experte von der IT-Sicherheitsfirma *ISSP*. «Und man will trainieren, man will etwas austesten. Der Cyberraum der Ukraine ist wirklich zu einem Testgebiet geworden. Ein solch tiefes Eindringen, ein solches Maß an Kontrolle über unsere Infrastruktur kann bedeuten, dass die Ziele der Angreifer womöglich von weitaus größerer Dimension sind als das, was wir in den letzten Jahren gesehen haben. Das ist eine echte Militäroperation im Cyberraum.» Sechs Monate später erklärt mir Jasinskis Leiter Roman Sologub in Kiew die Logik der Invasoren: «Was wir im Juni 2017 sahen, war die letzte Phase des Aufräumens. Jeder Einbrecher muss seine Spuren löschen. Und die Beweisketten, die zu ihm führen, reduzieren. Sein Vorgehen passt zu den Einbrüchen der letzten Jahre. Und jetzt schlug er die Tür mit einem Rumms zu, um alles zu löschen.» Aber wer genau sind die Akteure? Werden hier auch kriminelle Hacker für staatliche Zwecke eingespannt? «Wir haben hier echt eine Zweiteilung», erläutert mir der Journalist und Geheimdienstexperte Andrej Soldatow in Moskau. «Es gibt formelle Akteure, Geheimdienste, Militärs. Erst vor kurzem wurden bei uns Cybertruppen geschaffen, man begann davon zu sprechen, dass wir so etwas auch bräuchten, da entstanden wissenschaftliche Divisionen und so weiter. Andererseits gibt es informelle Akteure, diese arbeiten, wie wir glauben, direkt mit dem Kreml, mit der Präsidialverwaltung, dabei sind sie aber kein Teil des Staatsapparats. Sie arbeiten sehr lange an den Zielen, an denen der Kreml ein Interesse hat.» Die russische Analystin Tatiana Stanovaja erklärt die Haltung des Kreml ähnlich: «Hier passiert eine Art geopolitisches ‹Outsourcing›. Das bedeutet, die ‹schmutzige Arbeit› wird von quasi-staatlichen Strukturen erledigt, so wie die Trollfabriken oder private Militärfirmen. (…) Die Verbindungen zwischen dem Staat und informellen Strukturen sind kaum institutionalisiert, sie bleiben vertraulich. Das ist Absicht. Wladimir Putins Führungsstil ist, dass der Staat für Aktionen jenseits des Gesetzes nicht verantwortlich gemacht werden sollte.»[12]

Die Hacker, die ich in Kiew besuche, organisieren sich in Gruppen mit den Namen «Trinity», «Falcon Flame», «Cyber-Junta» oder «RUHeight». Zusammen bilden sie die «Ukrainische Cyber-Allianz». «Sean» und «Jeff» tragen schwarze Sweatshirts, haben Masken aufgesetzt und zeigen mir ihre Beute auf ihren abgewetzten Laptops. «Wir wussten von Anfang an, dass Russland hinter dem konventionellen Krieg und hinter dem Cyberkrieg gegen die Ukraine steckt, also unternahmen wir was, wir können das besser als unser Staat, unser Staat war nicht vorbereitet auf Kriegsführung.» Jahrelang bildeten ukrainische, russische und weißrussische Hacker eine mächtige gemeinsame Cybergang, gefürchtet im Westen, erklärt mir «Jeff». Dann kam der Ukraine-Krieg, 2014. «Sean» und «Jeff» greifen seitdem Russland an – und manchmal kennen sie den Feind und seine Handschrift persönlich, sie wissen, dass sie ihm unterlegen sind – weder haben sie seine Finanzmittel noch so viele Cyberkrieger noch dieses Niveau. Aber all das macht ihnen keine Angst.

«2014 sind wir in die Server des russischen Parlaments eingedrungen, pünktlich zum Geburtstag von Wladimir Wladimirowitsch Putin.» Der russische Gegner liebe es schließlich selbst, an symbolisch wichtigen Daten Angriffe zu starten. «Den Duma-Abgeordneten haben wir die Verkündung der ‹Volksrepublik Astrachan› an der Wolga verkündet», sagt «Jeff» spöttisch. Ein Augenzwinkern an die Erschaffer der Donezker und Luhansker «Volksrepubliken» – nichts fürchten diese mehr als Separatisten in Russland, im eigenen Land.

Dann veröffentlichten die ukrainischen Hacker die «Surkow Leaks», Mails aus dem Mailkonto des Ukraine-Beauftragten des Kreml, Wladislaw Surkow, von internationalen Datenauswertern als ein authentisches Leak bezeichnet. «Die Daten zeigen, wie verschiedene Akteure, darunter die Russisch-Orthodoxe Kirche, Operationen in der Ostukraine finanzieren. Exakte Summen, präzise Pläne, alle Verantwortlichen.» «Sean» und «Jeff» legen Mails der Separatistenarmee offen, die Russlands 58. Armee um Satellitendaten und Drohnen bittet. Sie identifizieren, welche Einheiten der russischen Streitkräfte an der Ostukraine-Operation teilnehmen. Zu den Tausenden Dokumenten der «Surkow Leaks» gehört auch ein «Themenpapier», datiert auf die Woche nach dem Absturz einer malaysischen Passagiermaschine in der Ostukraine im Juli 2014. Dieses Dokument legt acht verschiedene mediale Argumentationslinien zum Abschuss des Flugzeugs dar, um die Ukraine für die Katastrophe verantwortlich zu machen. Die Propagandawerkzeuge des Kreml, um die Verantwortung Russlands zu dementieren.

«Sean» und «Jeff» halten es nach ihrer Spurensuche für wahrscheinlich, dass die Partei der US-Demokraten nicht direkt von russischen Geheimdienstoffizieren, sondern von kriminellen Hackern durchdrungen wurde. «Es ist eine Tatsache, dass Cyberkriminelle in Russland eng mit dem Geheimdienst FSB zusammenarbeiten. Wir haben keine Belege, aber man hackt ja auch die Hacker. Und wir haben eine ganze Reihe von denen im Blick, deshalb wissen wir das. Gut möglich, dass diese Kriminellen, deren erstes Ziel die Bank of America war, dabei auch Infos von der nationalen Organisation der US-Demokraten ergattert haben und damit zu ihren Kuratoren kamen und sagten: ‹Schaut mal, was wir da haben› – und dass ihnen dann gesagt wurde: ‹Gut, dann macht eine vollständige Operation daraus.›»

Am Ende jenes Jahres, in dem Russland die amerikanischen Präsidentschaftswahlen durch Hacks, Leaks und Trolle beeinflusst, unterzeichnet Präsident Putin nach 16 Jahren eine neue Informationssicherheitsdoktrin. Es mag wohl nicht überraschend sein, dass Russland sich in diesem Dokument als belagerte Festung sieht und sich all das verbittet, was es auf fremdem Territorium selbst initiiert hat. Ebenfalls nicht überraschend mag sein, dass der russische Begriff «Informationssicherheit» sich vom westlichen Verständnis unterscheidet. Russlands Militärs spannen Kultur, Gesellschaft, Geschichte, Spiritualität bzw. Religiosität und Psychologie für ihr Konzept von Informationssicherheit mit ein. Nach diesem Verständnis besteht Information aus weitaus mehr als nur Daten. Fremde Information kann demnach Moral und Geist der Russen zersetzen. Die Verfasser der neuen Doktrin gehen davon aus, dass solche informationspsychologischen Einflussnahmen auf Russland zugenommen hätten, ebenso Cyberspionage, Cyberkriminalität oder die Angriffskapazitäten nicht genannter ausländischer Länder. Deswegen dehnt der Kreml 2016 seine Kontrolle über das *Runet*, das russische Internet, aus. Es verpflichtet Internetprovider und Mobilfunkanbieter, sämtliche User-Daten auf russischem Boden zu speichern, und verpflichtet Messengerdienste, Zugang zu verschlüsselten Daten gewähren. «Ein repressives Gesetz, das die Menschenrechte und den gesunden Menschenverstand verletzt. Ein schwarzer Tag für Russland», kommentiert Edward Snowden die neuen Gesetze, der ehemalige Mitarbeiter der US-Geheimdienste, der die Internet- und Telefonüberwachung der amerikanischen Regierung offengelegt hatte und dann in Moskau Asyl fand. Die Freiheit des *Runet* – des Organisations- und Kommunikationsmediums von Russlands Opposition und Zivilgesellschaft – wird weiter beschnitten. Die neuen Gesetze machen es einfacher, Menschen zu verhaften, die im Netz zu Demonstrationen aufrufen. Zwei Jahre später geht der Kreml noch weiter in seinem Bemühen, eine Informationsmauer rund um Russland zu bauen. Er will die Infrastruktur vorbereiten, um das Land vom internationalen Internet abzukoppeln. Westliche Digitalfirmen beugen sich jetzt schon seinen Wünschen: Nach Druck aus Moskau löscht Google etwa ein YouTube-Video, das auf eine bevorstehende Demonstration der Anti-Korruptions-Stiftung von Alexej Nawalny hinweist, und beginnt, Links zu Seiten, die in Russland verboten sind, zu entfernen. Es ist das erste Mal, dass Google einer Zensur-Forderung des Kreml nachkommt – aber nicht das letzte Mal.

DIE «RUSSISCHE WELT» WIRD AUF DEN BALKAN AUSGEWEITET

«Alles steht noch vor uns – und gerade ist Hoffnung aufgekommen, weil Risse in der Welt der Globalisten aufgetaucht sind, ernsthafte Risse. Und die Hauptsache für uns ist, sie langsam zu weiten, diese Risse.»
(Leonid Reschetnikow, Polit-Analyst, bei einer Feier in Moskau anlässlich der Inauguration Donald Trumps im Januar 2017)

Was wird aus den Ideologen der «Russischen Welt»? Jenen, die den «Russischen Frühling» in der Ukraine mit Strategiepapieren für den Kreml, mit eigenem Personal und eigenem Geld mit herbeigeführt haben? Leonid Reschetnikow, der KGB-General mit dem orthodoxen Kreuz am Revers, Konstantin Malofejew, der orthodoxe Multimillionär und Wohltäter, und Bischof Tichon, der Metropolit von Pskow, den russische Medien oft als Beichtvater Wladimir Putins bezeichnen: Sie alle leisten ihren Beitrag, um Wladimir Putins Visionen realisieren zu helfen und Macht, Einfluss und Größe von Putins Russland zu vergrößern. Südosteuropa wird eines ihrer weiteren Spielfelder – eine alte Interessensphäre und eine panslawische, orthodoxe Glaubensbruderschaft. Eine Region, die immer noch an den Wunden vergangener Kriege, an einer unvollkommenen Demokratisierung und an Wirtschaftskrisen leidet. Eine Region mit engen wirtschaftlichen Verflechtungen nach Russland – Geschäftsinteressen, die ihrerseits oft zu Korruption und zu einer Erosion demokratischer Institutionen führen. Die Ausweitung der NATO und der EU in Südosteuropa empfindet der Kreml als «Einkreisung» Russlands. Wenn Wladimir Putin die perfiden Handlungen des Westens anprangert, wird er nicht müde zu erwähnen, wie Russland sich im Drama um Ex-Jugoslawien in den 1990er Jahren übergangen und gedemütigt fühlte.

«Wir haben immer am Balkan festgehalten. Alles, was jetzt auf dem Balkan passiert, ist die Konsequenz unseres tragischen geopolitischen Fehlers. Wir sind in den 1990er Jahren einfach von dort weggegangen, wir haben sie in einer Krise zurückgelassen, zuallererst in einer spirituellen Krise», sagt Leonid Reschetnikow, der siebzigjährige Geheimdienstler, der für den KGB einst auf dem Balkan arbeitete. «Wir haben die Macht dort an die Amerikaner abgegeben (...). Diejenigen, die dagegen Widerstand leisteten – so wie Milošević – wurden zerstört, sie zerbombten und zerstörten das Land. Wer keinen Widerstand leistete, wurde einfach gekauft.» Im Juli 2015, ein Jahr nach Beginn des Krieges in der Ostukraine, hofft der Stratege Reschetnikow, dass der Kreml die Rückkehr Moskaus auf den Balkan ernsthafter als bislang forciert: «Es gibt immer noch Organisationen dort, die bereit sind, uns zu unterstützen. Wir müssen darin investieren, wir müssen jene Politiker, die eine Kooperation mit Russland wollen, unterstützen, zumindest moralisch, wir müssen Massenmedien dort unterstützen (...). Wenn wir das nicht tun, wird der Balkan zu einem Teil der Blockade Russlands werden. Denn der Westen baut gerade einen *Cordon Sanitaire* um Russland auf»[13]. Damit meint Reschetnikow eine angebliche Pufferzone, einen neuen Schutzwall gegen Russland.

Zur Erinnerung: Reschetnikow ist jener Mann, der mit seinem *Institut für Strategische Forschungen* (*RISI*) Russlands imperialen Anspruch umsetzen will. Der den Westen immer beschuldigt, an der Schwächung und Zerstückelung Russlands interessiert zu sein. Der jede nukleare Abrüstung Russlands als gefährlich ansieht und, wie so viele Rechtskonservative und Rechtsradikale, am liebsten ein wiedererstarktes Deutschland an Russlands Seite hätte, als Gegenpol zu den USA und Großbritannien. Leonid Reschetnikow ist jener Mann, dessen «Analyse-Institut» den dramatischen Anstieg von Aids-Erkrankungen in Russland als «Teil des westlichen Informationskrieges gegen Russland» betrachtet und Kondome als untaugliches Mittel gegen eine HIV-Infizierung.

Im Oktober 2013 eröffnet das unter Aufsicht des Kreml stehende Institut eine Filiale in Belgrad und beginnt, Szenarien für eine Annäherung des Balkans zu Russland zu entwerfen: Strategiepapiere, die auf eine aktive Einmischung und Destabilisierung der Region hinauslaufen. Im April 2014 bekommt der *KGB*-General vom Patriarchen der Serbisch-Orthodoxen Kirche in Belgrad einen Orden verliehen, für seine Verdienste um die Freundschaft mit Serbien. Reschetnikow, der Stratege, und Malofejew, der Geldgeber, helfen im Herbst 2014 Russlands Wunschkandidaten Milorad Dodik, als Präsident der bosnischen *Republika Srpska* – einer von zwei Verwaltungseinheiten von Bosnien und Herzegowina – an der Macht zu bleiben. Denn Russland sieht Dodik als Bollwerk gegen eine bosnische NATO-Mitgliedschaft. In Bulgarien, einem EU- und NATO-Mitglied, trifft Reschetnikow sich 2016 mit bulgarischen

Politikern und diskutiert mit ihnen über mögliche Kandidaten für die anstehenden Präsidentschaftswahlen. Reschetnikow soll eine Strategie für die damaligen Wahlen entwickelt und dabei der Vorsitzenden der russlandnahen Sozialistischen Partei bei einem Treffen in Sofia empfohlen haben, mit Hilfe kremlnaher Nachrichtenportale gezielt Falschnachrichten zu platzieren, um politische Konkurrenten zu diskreditieren.[14]

RUSSLANDS FINMISCHUNG IN MONTENEGRO

«Das Herz eines Russen sagt, dass das Wichtigste die Wahrheit ist. Und die Wahrheit – ist der Herr, Gott. Ohne diese Wahrheit bewegen wir uns nirgendwohin.»
(Leonid Reschetnikow)

Spätestens ab 2015 richten Reschetnikow und Malofejew ihren Fokus auch auf Montenegro, die kleine Adriarepublik, der die NATO eine Einladung zur Mitgliedschaft ausgesprochen hat. Regierungschef Djukanovic will diese annehmen und damit auch das jahrelange Antichambrieren Russlands zurückweisen: Moskau hatte sich erhofft, über Montenegro einen Zugang zur Adria zu bekommen und einen Hafen des Landes als Reparaturbasis für seine Militärschiffe zu nutzen. Diese Hoffnung ist fast zerbrochen, und der Kreml droht Montenegro nun unverblümt: Russland würde «Vergeltung» üben, falls es zum NATO-Beitritt käme. Russlands Duma spricht davon, in diesem Fall alle Zusammenarbeit einzufrieren. Das Außenministerium in Moskau warnt, eine NATO-Mitgliedschaft Montenegros verletze direkt die Interessen Russlands und zwinge es, zu reagieren.

Jede Einmischung von außen fällt auf fruchtbaren Boden: Die Unzufriedenheit über Korruption in der Staatsführung ist groß, politischer Streit entzündet sich auch an der Frage einer möglichen Zukunft in der NATO. Im Oktober 2015 organisiert die pro-russische Opposition Montenegros Demonstrationen, um eine Interimsregierung zu fordern. Polizeieinheiten sperren das Parlament und das Regierungsgebäude ab, in dem der pro-westliche Regierungschef Milo Djukanovič sitzt. Eine kleine Gruppe maskierter pro-russischer Demonstranten prallt auf die Polizei, als sie versucht, sich den Gebäuden zu nähern. Einen Monat später formieren sich pro-russische Aktivisten auf dem Balkan zu einer «Donbass-Freiwilligenunion», angeführt von Wiktor Zarplatin, einem russischen Kriegsveteranen. Zarplatin hatte 1991 mit Igor Girkin auf der Seite der Serben gekämpft, und fast ein Vierteljahrhundert später, in der Ostukraine, auf der Seite der Separatisten. Er gilt als verlängerter Arm von Alexander Borodai, jenem Moskauer Milizenführer und Inhaber einer PR-Agentur, der sich im Auftrag Konstantin Malofejews zum ersten «Premierminister» der «Donezker Volksrepublik» erklärte. Zahlreiche Männer aus Serbien kämpfen in dieser Zeit bereits in den Reihen der ostukrainischen Separatisten.

Februar 2016. Reschetnikows *Institut für Strategische Forschungen* ist dabei, die politische Lage in dem Land durch eine Befragung von über 600 000 Einwohnern intensiv zu analysieren. Die Vorhersage des *RISI* für Montenegro entspricht jenem Szenario, das Russlands Militärgeheimdienst offenbar im Voraus entworfen hat und das im Herbst Realität werden soll: Vor und während der Parlamentswahlen in Montenegro wären Massendemonstrationen möglich, so die Einschätzung des *RISI*, gar die Erstürmung des Parlaments könnte bevorstehen. Die Polizei könnte dabei Gummigeschosse einsetzen und Regierungschef Djukanovic verlöre an Rückhalt in der EU und NATO, die grundsätzlich keine politisch instabilen Länder integrieren. «Die Proteste in Montenegro müssen sich weiterentwickeln, wir sehen friedliche Proteste, aber sie könnten eskalieren in etwas Ähnliches wie auf dem *Maidan* in Kiew», prognostiziert die Denkfabrik. «Die Regierung in Pogorica sollte auf das Volk hören und Kompromisse eingehen, um unnötige Verluste zu vermeiden und zu verhindern, dass das Land in ein größeres Chaos abdriftet.»[15]

Mai 2016. Leonid Reschetnikow genießt es, wieder in Belgrad zu sein. Vor Politikern und vor dem Metropoliten der Serbisch-Orthodoxen Kirche Montenegros stellt er sein neues Buch vor, es trägt den Titel «Nach Russland zurückkehren. Der dritte Weg oder die Sackgassen der Hoffnungslosigkeit». Er wirft dem pro-westlichen Ministerpräsidenten Montenegros, Milo Djukanovic, vor, ein «großer Verräter der historischen Erinnerung» der Russen und Serben zu sein: «Niemals in der Geschichte ist das serbische Volk – und die montenegrinische Nation ist ein Teil des serbischen Volkes – gegen Russland gewesen. Das ist ein großer Verrat, für den Djukanovic am Tag des Jüngsten Gerichts Antwort stehen muss. (...) Diese Montenegriner, die in die NATO wollen – sagt mir, habt ihr einen eigenen Kopf? Warum versammeln die USA jedermann in der NATO? Wir im Institut sehen, dass Vorbereitungen für einen entscheidenden Angriff auf Russland getroffen werden. Versteht ihr das nicht?» Auch die serbischen Brüder nimmt Reschetnikow ins Gebet, als klar wird, dass Belgrad einen EU-Beitritt vorbereitet und seine Partnerschaft zur NATO ausbauen möchte: «Auch euch zieht es dorthin. Wieso räumt ihr die letzte Insel der Unabhängigkeit? Damit ihr in eine Front gegen Russland hineingenommen werdet – für unseren Präsidenten ist das klar.»[16]

September 2016. In der montenegrinischen Hafenstadt Kotor gründet sich die «Kosakenarmee des Balkan», wieder unter dem Russen Zarplatin, der auch die «Donbass-Freiwilligen» des Balkan anführt. In einer feierlichen Zeremonie, unter Aufsicht von Russlands «Nachtwölfen» – jenem Motorradclub mit orthodoxer Mission, angereist aus Moskau – und der Serbisch-Orthodoxen Kirche, schließen sich nach einem Gottesdienst 26 Kosakenverbände aus dem Balkan, Griechenland und Bulgarien zusammen und schwören auf die orthodoxe Welt. Nur wenige Tage vor den

Parlamentswahlen in Montenegro lädt Leonid Reschetnikow die Oberhäupter der gerade erschaffenen «Kosakenarmee des Balkan» nach Moskau ein.

Reschetnikows Gefährte, der Geschäftsmann und Wohltäter Konstantin Malofejew, ist ebenso umtriebig: Er hat innerhalb und außerhalb Russlands weitere Netzwerke und Einflusskanäle aufgebaut, zuerst die Denkfabrik *Katechon*, besetzt mit rechts-nationalistischen Politikern. Dann gelingt ihm im April 2015 der Launch seines, wie er selbst sagt, «orthodoxen, patriotischen, imperialistischen» Fernsehsenders *Zargrad TV*, in dessen Aufsichtsrat Leonid Reschetnikow vorsitzt und dessen Fernsehstudio ein riesiges rundes Jesus-Bildnis an der Decke schmückt. In der Redaktion sitzt der Rechtsextreme Alexander Dugin. Einer der Berater Malofejews bei der Markteinführung von *Zargrad TV* ist der langjährige Produzent des konservativen US-Fernsehsenders *Fox News*, Jack Hanick. Der Amerikaner war 2013 von Malofejews kirchlicher Stiftung zu einer Konferenz nach Moskau eingeladen worden, um über die «Heiligkeit der Mutterschaft» zu sprechen. Er konvertierte daraufhin zur Orthodoxie. Hanick ist auch aktiv im Planungsausschuss des «Weltkongresses der Familien», ein Bündnis rechtspopulistischer und -extremer Parteien und christlicher «Lebensschützer», die jährlich an wechselnden Orten ihren «World Congress of Families» abhalten, eine Veranstaltung der amerikanischen Rechten, die Homophobie und Sexismus predigt. Laut Hanick hat das Fernsehen nur einen Zweck: «Wir müssen das Fernsehen benutzen, um die natürliche Familie wiederherzustellen». Hanick und Malofejew, der Amerikaner und der Russe, scheinen vollkommene Brüder im Geiste. Ihre Annäherung ist nur ein Beispiel für die erfolgreichen Versuche Malofejews, zu prominenten Figuren der amerikanischen religiösen Rechten Brücken zu bauen. Ebenso zur europäischen Rechten – die parallel zu seinen Bemühungen auch von Putins Regierungspartei eingeladen werden. So verhilft Malofejew Jean-Marie Le Pen, dem ehemaligen Vorsitzenden des französischen Front National, im April 2014 zu einem 2-Millionen-Euro-Kredit. Oder er lädt über seine Stiftung den AfD-Politiker Alexander Gauland zu politischen Gesprächen nach Moskau ein. Vor allem aber versteht er sich als orthodoxer Netzwerker.

PUTIN BESTEIGT EINEN THRON

Als Wladimir Putin 2016 Griechenland besucht, erinnert er mit einem Gastbeitrag in einer griechischen Zeitung an die gemeinsame Geschichte der Russen und Griechen. Putin und Patriarch Kyrill I., Vorsteher der Russisch-Orthodoxen Kirche, sind zu Feierlichkeiten, die die tausendjährige Präsenz russischer Mönche auf dem Berg Athos würdigen, in die Mönchsrepublik gekommen. Athos ist ein Herzstück der christlichen Orthodoxie. Siebzehn griechische Klöster, ein bulgarisches, ein serbisches und ein russisches Kloster befinden sich auf dem heiligen Berg, jedes repräsentiert eines der traditionellen Zentren des orthodoxen Glaubens.

Russland finanziert das russische Kloster. Als Putin dort eine Kerze anzündet, eine goldene Ikone küsst und auf den engen Thron steigt, kommentiert Konstantin Malofejew persönlich in seinem Fernsehkanal entzückt die hochsymbolischen Bilder, die Moskaus spirituelle Mission ausdrücken: «Das ist ein kaiserlicher Stuhl. Wir sehen praktisch die Thronbesteigung Putins.»

Malofejews Ideal, so sagt er: Eine Allianz orthodoxer Staaten, bestehend aus Russland, Bulgarien, Griechenland und Serbien. Zu Athen – zu griechischen Politikern, Unternehmern und Anwälten – pflegt er vielfältige Beziehungen. Er besitzt einen griechischen Fernsehkanal, und seit Jahren versucht er gemeinsam mit dem rechtsextremen Universitätsprofessor Dugin, mögliche politische Partner mit Kreml-Sympathien im EU-Land Griechenland ausfindig zu machen und daraus strategische und ideologische

Bündnisse zu schmieden. 2014 lädt Malofejew eine ganze griechische Hochzeitsgesellschaft in sein Luxusresort bei Moskau ein, zu den Top-Gästen zählt der griechische Verteidigungsminister Panos Kammenos, Chef der rechtspopulistischen Partei der Unabhängigen Griechen. Kammenos und Außenminister Nikos Kotzias, die pro-russischen Figuren in Griechenlands Kabinett, sollen anschließend gemeinsam mit Malofejew an einem Plan gearbeitet haben, Griechenlands Grenze zu Mazedonien mit Flüchtlingen zu fluten und stürmen zu lassen, um den für Griechenland und Russland unbequemen Kleinstaat (der in die EU und in die NATO will) sowie den gesamten Balkan zu destabilisieren.[17]

Der Name des Unternehmers taucht im Zusammenhang mit verschiedenen Übernahmen und Transaktionen auf. In Bulgarien pflegt Malofejew Kontakte zur russophilen Bewegung, einer seiner Geschäftspartner und einer seiner orthodoxen Vertrauten versuchen, einen bulgarischen Fernsehsender und strategische Vermögenswerte zu erwerben[18]. Auch in Ungarn hat Malofejew Geschäftsinteressen – ein Land, in dem Russlands Geheimdienste rechte, pro-russische Aktivisten unterstützen, um unter russischer Anleitung paramilitärische Strukturen zu stärken oder die Extremisten dazu zu bringen, die ungarische Minderheit in der Westukraine zu einem Konflikt gegen Kiew anzustacheln.[19] In Serbien baut Malofejew über ein kompliziertes Firmengeflecht eine Partnerschaft mit einem serbischen Unternehmer auf und versucht, einen Kabelkanal, einen nationalen Sender, Tageszeitungen und eine Werbeagentur zu erwerben, aus der neuen Medienholding soll der serbische Ableger des Kreml-Senders *Sputnik* entstehen. Nach Montenegro kann er nicht mehr einreisen – er taucht auf der EU-Sanktionsliste auf, als Finanzier des Ostukraine-Krieges. Malofejews TV-Sender *Zargrad TV* sendet nonstop Drohungen Richtung Montenegro, Malofejews Denkfabrik *Katechon* schießt auf Serbisch hinterher. Zum orthodoxen Osterfest 2015 lässt er eine Zeremonie organisieren: Er finanziert den Transport des Heiligen Feuers von Jerusalem nach Belgrad und ins Cetinje-Kloster in Montenegro, mit dem Segen des Metropoliten der Serbisch-Orthodoxen Kirche Montenegros. Oberbischof Amfilohije ist eine der lautesten pro-russischen Stimmen im Adriastaat.

RUSSLANDS GESCHEITERTER STAATSSTREICH IN MONTENEGRO

Und doch treibt Montenegro seine NATO-Beitrittsbemühungen voran. Am 16. Oktober 2016 finden in der Adria-Republik Parlamentswahlen statt. Der pro-europäische Ministerpräsident Milo Djukanovic stellt diese Wahlen als eine Richtungsentscheidung dar – als eine Wahl zwischen einer Partnerschaft mit dem Westen oder einer Zukunft als russische Kolonie. Seitdem es sich 2006 von Serbien lossagte, ist Montenegro der EU und der NATO nähergekommen und will beitreten. Doch Djukanovic bekommt zwar die meisten Wählerstimmen, aber keine Mehrheit – und muss nach der Wahl zurücktreten. Er verkündet zugleich eine abenteuerliche Nachricht: Seine Regierung habe einen Staatsstreich vereitelt. Einen Tag vor den Wahlen sind im Land zwanzig Serben festgenommen worden, die einen paramilitärischen Umsturz in Montenegro planten und, so sagt er, ihn, den Ministerpräsidenten, töten wollten. Ein, wie sich in den nächsten Monaten herausstellen wird, aus dem Ausland geplanter Coup: Am Ende des Wahltags sollten Männer in Polizeiuniformen ins Parlament eindringen, einen Angriff auf Demonstranten vorbereiten, den Ministerpräsidenten festnehmen und entführen und schließlich Djukanovics pro-russischen politischen Rivalen installieren.

Zehn Tage später nimmt Serbien zwei russische Bürger fest, die falsche montenegrinische Polizeiuniformen, Bargeld und verschlüsselte Telekommunikation in ihrem Besitz gehabt haben sollen. Wieder einige Tage später entdeckt die serbische Polizei ein Waffenlager in der Nähe des Domizils des serbischen Premierministers. Moskau schaltet sich ein. Nikolaj Patruschew, Sekretär des russischen Nationalen Sicherheitsrates und enger Gefährte von Präsident Wladimir Putin, reist nach Belgrad. Die britische Tageszeitung *Guardian* zitiert eine anonyme Quelle, wonach Patruschew sich bei der serbischen Regierung für «nicht genehmigte Operationen abtrünniger Kräfte» entschuldigt haben soll – eine Behauptung, die Moskau später abstreitet.[20] Danach veröffentlichen serbische Medien, dass die beiden festgenommenen russischen Staatsbürger nach Russland gebracht worden seien. Es sind zwei Geheimdienstmänner. Der Recherchegruppe *Bellingcat* und dem russischen Investigativmagazin *Insider* gelingt es, die geheime Identität eines zweiten Hintermannes zu enttarnen. Beide Männer, derzeit von der montenegrinischen Staatsanwaltschaft als Hauptorganisatoren des geplanten Staatsstreichs angeklagt, arbeiten für Russlands Militärgeheimdienst GRU und werden von Interpol gesucht. Sie hatten, so der serbische Sonderermittler, zum einen serbische Söldner für die Ostukraine und für ihre Putsch-Pläne rekrutiert und zum anderen einen serbischen Vorbestraften zur Ausführung des Coups ausgesucht: Alexander Sindjelic, der in der Ostukraine gekämpft hatte und den serbischen Ableger der russischen Bikergruppe der «Nachtwölfe» anführt. Moskaus Plan ist gescheitert. Montenegro, das kleine Land mit den strategisch wichtigen Häfen, tritt 2017 der NATO bei.

Welche Rolle spielt Malofejew bei der Vorbereitung des versuchten Montenegro-Putschs? Ukrainischen Hackern gelingt es, den Mailaccount von Malofejews osteuropäischem «Fixer» offenzulegen. Darin finden sich Indizien dafür, dass Malofejew in das Montenegro-Komplott involviert war. Auch osteuropäische Sicherheitskreise gehen davon aus[21], sie sehen Malofejew als einen der Ideengeber des Putsch-Szenarios. Leonid Reschetnikow indes treibt die Dinge ideologisch voran, vor allem in seiner Funktion als wissenschaftlicher Berater in Russlands Sicherheitsrat. Kurz nachdem der Coup scheitert und die Handschrift des Kreml noch nicht in Gänze ersichtlich ist, nutzt er die aufgeheizte Atmosphäre auf dem Balkan und macht in Malofejews Fernsehsender weiter Stimmung gegen Montenegros pro-westliche Politiker, mit einer unmissverständlichen Forderung, die keine politische Analyse ist: «Wir sollten all jene eliminieren, die nun versuchen, dieses Land zu regieren und in die NATO zu führen.» Der Moderator stellt ihm eine rhetorische Frage: «Was erhoffen sich Djukanovic und Co.? Niemand wartet mehr auf sie in Washington, bald wird Trump Präsident, und er wird alle Alten und alle Schlechten aus dem Weißen Haus hinausjagen – und die neue Welt wird beginnen.» Reschetnikow antwortet: «Sie wissen ja, das gejagte Tier wehrt sich und hofft. Auf was hoffte Hitler denn, als er sich hundert Kilometer vor Berlin verteidigte? (…) Die Montenegriner sind emotionale Menschen (…), sie sind ein Bergvolk, stolze Menschen, die Lage kann sogar zu Blutvergießen führen, sie kann gar in Versuchen münden, das Parlament zu stürmen, alles ist möglich (…). Es kommt jetzt darauf an, wie entschlossen und vereinigt die Opposition ist.»[22]

Im Januar 2017, nach dem gescheiterten Putsch in Montenegro, wird KGB-General Leonid Reschetnikow etwas früher als angekündigt pensioniert. Er bleibt Vorsitzender im Aufsichtsrat des Fernsehsenders *Zargrad TV* und stellvertretender Vorsitzender der «Gesellschaft zur Entwicklung Historischer Bildung in Russland». Per Dekret verfügt Wladimir Putin die Ernennung eines neuen Chefs für das *Russische Institut für Strategische Forschungen*, der einen Monat früher als geplant antritt. In der Satzung gilt der Präsident als Gründer des Instituts. Bei der Verabschiedung bedankt sich Putin beim alten Institutsleiter Reschetnikow: «In sieben Jahren wurde vieles erreicht, ich hoffe sehr, dass der Nachfolger dies fortführt.» Er wünscht sich, dass die Arbeit des Instituts – «rechtzeitige, objektive, offene Information und Analyse» – weiter eine gute Hilfe für die Präsidialadministration, die Regierung und die Medien bleibe. Reschetnikow beteuert gegenüber Wladimir Putin:

«Ich möchte sagen, dass wir (…) bestmöglich Ihre Linie in der Außenpolitik ausgeführt haben. Das war unser Grundpfeiler: die Linie Russlands, die Linie unseres Präsidenten.»

Der Balkan bleibt eine Priorität für den Kreml, seine Einfluss-operationen sind mal mehr, mal weniger erfolgreich. Die gleichen Hacker, die schon 2016 die Parteizentrale der US-Demokraten angriffen, fahren eine Cyberattacke gegen das montenegrinische Verteidigungsministerium. In Serbien dominiert Russland den Öl- und Gasmarkt und wirkt weiter in Politik und Gesellschaft hinein: zum Beispiel über ein Zentrum für humanitäre Notfallhilfe oder über strategische Staatsgeschenke wie gebrauchte russische MiG-Kampfjets, die Wladimir Putin dem serbischen Präsidenten mit-bringt. In Mazedonien soll russische Desinformation eine Rolle gespielt haben, als es um die Abstimmung über den Namen der Republik nördlich von Griechenland ging – die Namensänderung war Voraussetzung für Mazedoniens NATO-Beitritt.

PUTIN ALS GOTTGESANDTER – RUSSLAND AUF DEM WEG IN EINE ORTHODOXE MONARCHIE?

2018, zum hundertsten Jahrestag der Ermordung des russischen Zaren Nikolaus II., laden Konstantin Malofejew, der Vorsitzende des «Doppelköpfigen Adlers» – die von ihm gegründete «Gesell-schaft für die Entwicklung der Historischen Bildung» –, und sein Stellvertreter Leonid Reschetnikow zu einer Mitgliederversamm-lung ein.

Der Unternehmer Malofejew hält eine lange Rede, die den Cha-rakter eines Manifests hat: Er beschreibt die Herrschaft des letzten Zaren als eine mythische Blütezeit. Familien hätten mehr Kinder gehabt, die Löhne der Arbeiter seien höher als heute gewesen, die Steuern viel niedriger, die Goldreserven des Russischen Reiches an-geblich die größten weltweit, die medizinische Versorgung angeb-lich kostenlos. Jeder orthodoxe Monarchist müsse, im Rückblick auf die Geschichte Russlands, den Gedanken an eine Revolution ablehnen. Nur Russophobe, nur Atheisten seien fähig zur Revolution: «‹Revolution› ist für uns ein schmutziges Wort. Unter dem Vorwand einer Art ‹demokratisierender› Revolution, angeblich auf das Auftauchen ‹gesünderer›, ‹demokratischer› Macht ausgerichtet, wollen Agenten des Westens oder vielmehr der Welt-Freimaurer-Regierung uns heute einen abgedroschenen Staatsstreich in Russland unterschieben. Die Hauptaufgabe jeder Revolution vor dem Staatsstreich ist, die Macht zu delegitimieren und (…) einen bedeutenden Teil der Bevölkerung zu überzeugen, dass sie aufhören müsse, auf die Obrigkeit zu hören, dass sie aufhören müsse, die Obrigkeit als angemessen, national und legitim anzusehen.» Die Gesellschaft des «Doppelköpfigen Adlers» müsse dem gottgesandten Präsidenten, Wladimir Putin, mit einer Ideologie helfen. Die Demokratie und Russlands Verfassung von 1993 seien eben nicht Russlands nationale Idee. Mit Verve plädiert Malofejew dafür, die Zeit einfach zurückzudrehen: «Wir müssen alles tun, um sicherzustellen, dass Präsident Putin so lange wie möglich an der Macht bleibt. Und wenn man dafür die Verfassung ändern muss – dann sei es drum, das war ohnehin längst fällig.»[23] Mit dem Ruf nach einer Alleinherrschaft Putins steht Malofejew nicht alleine da. Krim-Premierminister Sergej Aksjonow plädiert ebenfalls dafür, dass Russlands Präsident mehr Rechte bekomme, «bis hin zur Diktatur», und sein Amt am besten lebenslang ausüben sollte. Filmproduzent Nikita Michalkow, ein glühender Putin-Anhänger, oder auch Patriarch Kyrill I. erwägen offen die Umgestaltung Russlands in eine orthodoxe Monarchie.

«Das russische Volk kann nicht anders, als Imperien zu bauen», sagt er. Er ist Bischof, Mönch, Drehbuchautor, Bestseller-Schriftsteller, Präsidentenberater, politischer Stratege und vielleicht sogar in nicht allzu ferner Zukunft der neue Patriarch der Russisch-Orthodoxen Kirche. Sein Wort zählt überall, wo es um Kunst, Kultur, Geschichte und Religion Russlands geht: Metropolit Tichon Schewkunow. Sein – in der Gesellschaft über die Staatsmedien verbreitetes – Verständnis von Kirche ist die neoimperiale Kirche, sie legitimiert die Autokratie, sie legitimiert die sowjetische Vergangenheit und mobilisiert all jene, die Moskau als «Drittes Rom» betrachten, als Träger einer weltweiten Mission. In der Ostukraine-Mission des Konstantin Malofejew tauchte er als wahrscheinlicher Vermittler und «Brückenkopf» zum Kreml und zu Putin auf.

Auch Tichon Schewkunows Karriere ist ein Beleg dafür, wie extreme Ideologen in Putins dritter Amtszeit an Macht und Einfluss gewinnen. «Es ist offensichtlich, dass ein neues Reich gebaut wird. Und dieses neue Reich braucht eine vereinigte Kirche. Putin hat realisiert, dass er nicht nur der Herrscher Russlands ist, sondern auch auf eine Art ‹das zerrissene Tuch der Vergangenheit› wiederhergestellt – und Tichon hat eine Schlüsselrolle in diesem Prozess gespielt», analysiert Sergej Tschapnin, der langjährige Chefredakteur der offiziellen Zeitschrift des Moskauer Patriarchats, der sich kritisch über die Rolle der Kirche unter Patriarch Kyrill äußerte – und daraufhin entlassen wurde.[24]

«WIR HABEN KEINE WIDERLICHEN DEMOKRATEN HIER, NUR PATRIOTEN.»[25]

(Ein Besucher des Sretensker Klosters über die Klostergemeinde)

In einer Dokumentation des unabhängigen Internet-Fernsehsenders *TV Doschd* über Tichon heißt es, der Abt des Sretenskij-Klosters auf der Ljubanka, nicht weit weg vom Hauptquartier des Inlandsgeheimdienstes FSB, sei früh «Väterchen der Ljubanka» genannt worden, weil er vielen FSB-Offizieren geistlichen Beistand geboten oder sie getauft habe. Präsident Putin nimmt den Geistlichen auf Reisen mit. Minister müssen auf Termine mit ihm lange warten. 2018, als Bischof Tichon das Amt des Metropoliten von Pskow übernimmt, besucht ihn Putin nur wenige Monate später, nimmt an religiösen Zeremonien teil und geht mit dem Geistlichen spazieren, die Fotos davon werden vom Kreml selbst veröffentlicht. Beobachter sprechen von einer demonstrativen Pilgerfahrt und spekulieren, ob der Mann bald der künftige Patriarch der Russisch-Orthodoxen Kirche werden könnte, immerhin genieße er die Unterstützung der *Silowiki*, des Sicherheits- und Militärapparats, dieser halte ihn für einen geeigneteren Kandidaten als den gegenwärtigen Patriarchen, dessen Vorliebe für teure Uhren und Residenzen zu auffällig geworden sei. Selbst die offizielle Regierungszeitung *Rossiskaja Gazeta* schreibt über Bischof Tichon, indem sie zum Beispiel seine Ansichten zur Wiederherstellung der Monarchie zitiert.

Als er gefragt wird, ob er jemals an Wahlen teilgenommen habe, antwortet Tichon Schewkunow mit dem Datum von Putins Amtsantritt: «Ich wähle seit dem Jahr 2000. Davor wählte ich nur ein Mal, als ich 18 Jahre alt war.» Er hat den Machtantritt Putins willkommen geheißen und seine Freude über das Ende der Ära Jelzin offen bekundet. Die Statuten der Kirche verbieten es, zur Wahl bestimmter Politiker und Parteien aufzurufen. Doch als 2012 Putins umstrittene dritte Wahl ansteht, spricht der Geistliche erneut offen seine Unterstützung für ihn aus: Nur Putin könne das Land durch einen Krieg führen. Als im Winter und Frühjahr 2012 Demonstranten gegen Putins Kandidatur im Land auftauchen, benutzt Tichon das politische Feindbild-Vokabular des Kreml und redet von «Farbrevolutionen», die «einige Kräfte hier umsetzen wollen», und greift die «negativen» Botschaften der Putin-kritischen Demonstranten an.

Die Nähe zur Macht bringt materielle Vorzüge. Als die Journalisten von *TV Doschd* das Dorf südöstlich von Moskau besuchen, in dem Tichons Priesterseminar gebaut wurde, entdecken sie ein prächtiges, 300 Hektar großes Grundstück, von der Regierung dem Sretensker Kloster übergeben, aufwendig gestaltet und gebaut. Ein umzäuntes Anwesen mit Parks, landwirtschaftlichen

Flächen, sprudelnden Teichen – und mittendrin Tichons Residenz. Gewöhnliche Menschen könnten nicht eintreten, aber oft, so erzählen die Dorfbewohner, komme hoher Besuch vorbei, Gouverneure und Minister. Residenzen pensionierter Staatsbeamter seien um das Kloster und die Mönchszellen herumgebaut worden. Das Bauprojekt erinnert an ein anderes Kloster, das Putin gerne besucht: Es befindet sich auf der Insel Walaam im Ladogasee, nördlich von St. Petersburg, und wurde ebenso aufwendig umgestaltet in ein Luxus-Resort mit opulenten Villen für die Geistlichkeit und für Staatsbeamte. Ein Sinnbild für die physische Annäherung und Verschmelzung von Staat und Kirche.

Der Bischof interessiert sich auch für historische Fragen. Wie bei vielen anderen Persönlichkeiten der politischen Elite des Landes ist Russlands Geschichte eines seiner Herzensanliegen, und mit seinen historischen Ansichten ist Tichon dem Kreml eine treue Stütze. Er verkörpert die dominanten pro-sowjetischen Stimmungen in der Kirche. «Wir erhalten eine Menge Klagen darüber, dass unser Kirchenchor, der Chor des Moskauer Sretenskij-Klosters, sowjetische Lieder singt. Aber ich bin froh darüber und sogar stolz darauf», erzählt Tichon. Die Sowjetzeit sei eine Zeit der «echten Brüderlichkeit» gewesen, mit einem einmaligen Bildungswesen, schwärmt er.[26] 2015 lässt der Bischof in der Manege-Halle in Moskau eine historische Ausstellung organisieren, welche den Sowjetdiktator Stalin positiv präsentiert, als siegreichen Führer, der die Sowjetunion zur Großmacht geformt habe. In der Dreifaltigkeitskathedrale von Pskow, dem Herzen der neuen Diözese des Metropoliten, veranstaltet Tichons Kirchenamt einen militärpatriotischen Club für Kinder zwischen zehn und siebzehn Jahren: Überlebenstraining, orthodoxe Glaubenslehre, Schießübungen und taktisches Training bilden die Grundlagen.[27]

EINE BIZARRE MISCHUNG AUS SOWJETISCHEN, ZARISTISCHEN UND ORTHODOXEN IDEEN

«Das ist ganz wesentlich: Eine nationale Strategie zu entwerfen, wie Iwan Iljin sie formuliert hat: eine Strategie für
die Kultur, für Bildung und Erziehung, eine national-ori-
entierte Strategie, eine Strategie im Bereich der nationalen
Interessen.»

(Tichon Schewkunow, 2012)

Bischof Tichons Sowjet-Nostalgie existiert quasi parallel zu seiner
Vorliebe für das Zarenreich – ein Porträt des vorletzten Kaisers, des
bulligen Alexander III., hängt in seinem Büro[28] – und parallel zu
seiner Wertschätzung für einen antibolschewistischen, rechtskonservativen Vordenker, Iwan Iljin. Eine bizarre, aber für das heutige Russland typische Synthese sowjetisch-zaristisch-orthodoxer
Ideen, die zumindest in ihrem Ausdruck von imperialer Größe
und Mission, von Disziplin und Diktatur harmonisch wirken. Wie
der Präsident, der Ministerpräsident und auch der Außenminister Russlands zitiert der Bischof ebenfalls gerne aus den Arbeiten
des Philosophen und Verschwörungstheoretikers Iwan Iljin, der
nach der Oktoberrevolution aus Russland ausgewandert und im
Schweizer Exil gestorben war. 2005 wurden Iljins Überreste nach
Russland gebracht. Putin ließ auf eigene Kosten einen neuen Grab-
stein für Iljin errichten – auf dem Grund des Donskij-Klosters in
Moskaus Stadtzentrum, dort, wo auch der «weiße Bürgerkriegs-
general» Anton Denikin ruht, dessen Tagebuch Putin und Tichon
zur Lektüre empfohlen hatten. Auch Iljin wird in der Präsidialverwaltung gerne gelesen. Seine Bücher werden an Gouverneure und
Parteimitglieder verschenkt. Zum Jahrestag der ersten Inauguration Wladimir Putins strahlt das Staatsfernsehen 2015 wieder
eine seiner langen Dokumentationen über den Staatschef aus, und
natürlich darf darin Putins symbolische Heimbringung Iwan Iljins

nicht fehlen. Für die Kirche ist Iljin ein «religiöser Philosoph», der die «spirituelle Wiedergeburt» Russlands beschrieben habe. Für Russlands Parteichef der Kommunisten ist Iljin der Denker, der die russische Staatsideologie des Patriotismus weiterentwickelt habe.[29]

1922 wurde Iwan Iljin mit über hundert anderen Intellektuellen, die als «weiße Russen», als Feinde des bolschewistischen Staates, bekannt wurden, deportiert. Im Berliner Exil interessierte Iljin sich für die Ideen des Eurasismus, begeisterte sich für Hitler und Mussolini, die seiner Ansicht nach Antworten auf den Bolschewismus böten. Er brachte den Nationalsozialismus und Mussolinis Faschismus in die geistige Nähe der russischen «weißen Bewegung», jener Kräfte, die sich in Russlands Bürgerkrieg gegen die Sowjetmacht zusammengeschlossen hatten. Auch nach dem Grauen des Zweiten Weltkriegs verwarf er die Ideologie des Faschismus nicht gänzlich – eine Haltung, die in einem erstaunlichen Widerspruch steht zur heutigen staatlichen Auffassung von Extremismus und Nazismus und die eigentlich zu einem Verbot von Iljins Werken führen müsste.

Stattdessen liefern seine Texte Moskaus heutigen Ideologieproduzenten Stoff für ihre Phantasien, besonders der Aufsatz: «Was bedeutet die Aufteilung Russlands für die Welt?» von 1950. Darin sah Iljin den Zerfall der Sowjetunion voraus, er war überzeugt, dass westliche Staaten sich ein schwaches Russland wünschten. Der russische Staat jedoch – darunter versteht Iljin das Russische Reich und die Sowjetunion als dessen geographischer Nachkomme – sei ein einzigartiges Gebilde, verbunden durch die spirituelle Einheit der euro-asiatischen Nationen. Ein Staat, der eine autoritäre, patriotische Führung brauche, denn nur sie schütze vor Chaos und Revolution. Wenn es dem Westen gelänge, die Ukraine unter dem Vorwand von «Demokratie» und «Freiheit» zu besetzen, könnte er von dort aus die Macht Russlands aushöhlen. Ein Verlust der Ukraine wäre somit fatal und würde zu einem weiteren Zerfall der russischen Nation führen.

Iljins Begriff «Hinter den Kulissen der Welt», wo die Hintermänner des Westens geheime Verschwörungen gegen Russland aushecken sollen, ist fester Bestandteil des Wortschatzes der Staatsmedien geworden, ich höre ihn auch immer wieder von vielen meiner Interviewpartner: «In erweitertem Sinne impliziert dieser Begriff, dass die offiziell gewählten westlichen Staatsführer tatsächlich nur Marionetten der echten Weltherrscher sind, der Freimaurer-Agenten, der Geschäftsmänner und oft auch der Juden»[30]. Den Staat vor dieser Kabale zu schützen sei die Aufgabe eines nationalen Führers, «ausreichend männlich», mit grenzenloser Regierungsmacht. Dieser nationale Alleinherrscher stütze sich lediglich auf Kirche und Armee und erziehe das Volk bis hin zu einer spirituellen Wiedergeburt.[31]

Der Abt des Sretenskij-Klosters auf der Ljubanka ist ebenfalls von einer Mission beseelt: Tichon will der Jugend die richtige, die erbauliche Geschichte Russlands vermitteln, unterhaltsam präsentiert und leicht zugänglich. Unter dem Titel «Russland ist meine Geschichte» eröffnet er Multimedia-Ausstellungen, sogenannte «Geschichtsparks», 18 davon gibt es bereits in ganz Russland, die Besucherzahlen sind überwältigend. Tichon gelingt es, ein Projekt zur Umbenennung russischer Flughäfen zu lancieren – zu Ehren der Helden seiner Geschichtsparks. Der Staat und der Staatskonzern *Gazprom* sind Co-Sponsoren der Ausstellungen (während der Staatskonzern *Rosneft* den Kirchenbau und die internationalen Tourneen des Chors des Sretenskij-Klosters unterstützt). In der Konzeption der Parks kommt wieder jene positive Ideologie zum Ausdruck, die Wladimir Putins persönliche Geschichtsauffassung prägt. Die Ausstellungen «pflanzen eine messianische Großmachtideologie ins Bewusstsein ein. Die Leitidee der ‹historischen Parks› ist die Ausschließlichkeit und Selbstgenügsamkeit Russlands, anhand geradliniger, spektakulärer kinoartiger Darstellungen, wie Russland sich schrittweise entwickelt und seine Feinde nach und nach besiegt.»[32]

Kulturminister Medinskij will die Geschichtsparks in den nationalen Lehrplan der Schulen einbauen lassen. Nur Russlands *Freie Historische Gesellschaft*, deren Ziel die Förderung des kritischen Denkens ist, widerspricht. Sie bittet den Minister, vor einem solchen Schritt «Russland ist meine Geschichte» zu überprüfen. Den unabhängigen Wissenschaftlern fällt eine «panegyrische Neigung in der Darstellung ausnahmslos aller Zaren» auf. Sie kritisieren die «gewaltige historische Unprofessionalität» der Ausstellungsmacher und ihren Ansatz, historischen Figuren gegenwärtiges politisches Denken zuzuschreiben. Ein Beispiel dafür ist Zar Iwan der Schreckliche: Der Herrscher, der für Terror und Wahn steht, wird als ein Opfer des «ersten westlichen Informationskrieges gegen Russland» dargestellt, eigentlich, so die Ausstellung, sei er wegen seiner antieuropäischen Handelspolitik viel besser als sein dunkler Ruf. Ein anderes Beispiel, aus dem 19. Jahrhundert, sind die (den russischen Rechtskonservativen ohnehin verhassten) Dekabristen-Offiziere, die «mit ausländischen Geheimdiensten zusammengearbeitet haben» sollen. Darüber hinaus sind die Zitate der – so wörtlich – «Feinde Russlands» – darunter Otto von Bismarck, Bill Clinton oder Margaret Thatcher – falsch und frei erfunden. Der Bischof empfindet die Kritik als ungerechtfertigt, einzelne Zitatfehler aber würden korrigiert. Doch die «Freien Historiker» sehen das Projekt, das auf Empfehlung des Ministers in den Geschichtsunterricht integriert werden könne, weiterhin skeptisch. Die Ausstellung nenne sich zwar «Meine Historie», aber sie fokussiere sich nur auf Könige, Kommandanten und Generalsekretäre. Dabei schreibe doch auch das gewöhnliche Volk Geschichte. Über das Leben der Bauern und Bürger aber werde der Besucher in den Geschichtsparks des Bischofs nicht informiert.[33]

Es sind große Männer mit Kalaschnikow und Kreuz, denen Denkmäler gesetzt werden. Monumentale Statuen, den Themen Religion und Krieg gewidmet, sind ein Merkmal der dritten Amtszeit

Wladimir Putins. Dazu zählen Statuen für die getöteten Soldaten des Krieges in der Ostukraine, der russische Soldat mit Mädchen und Katze auf der Krim, drei Monumente, die Iwan den Schrecklichen darstellen, oder die Bronzefigur des Waffenbauers Michail Kalaschnikow in Moskau, die den Ingenieur mit dem weltweit verwendeten Sturmgewehr AK-47 in der Hand zeigt. Oft setzt die (2012 in Anlehnung an ihren Vorgänger im Zarenreich gegründete) «Militärhistorische Gesellschaft» die Denkmäler. So auch auf dem Kremlhügel, wo im November 2016 ein zwölf Meter hoher Großfürst Wladimir – im offiziellen Zeitgeist der mythische Übervater Russlands, angeblich getauft auf der Krim – aufgestellt wird. Das riesige Kreuz, das er in der Hand hält, überragt ihn um weitere vier Meter, in der linken Hand hält er ein langes Schwert. Kein anderer als Bischof Tichon hat den Entwurf für das Denkmal abgesegnet, das Bild, das die Kirche vom Großfürsten habe, sei in das Monument miteingeflossen, sagt der Künstler, der ein staatliches Denkmal nach dem anderen entwirft. Spötter schreiben, dass nun neben einem Wladimir im Kreml, einem Wladimir (Lenin) im Mausoleum auf dem Roten Platz nun auch noch ein Wladimir auf dem Kremlhügel steht – Symbol einer makellosen historischen Kontinuität Russlands. Nun also macht der Moskauer Prinz dem Kiewer Prinzen, dem Wahrzeichen Kiews, Konkurrenz. Denn in Kiew steht der Initiator der Christianisierung der *Kiewer Rus*, des mittelalterlichen Slawenreichs, schon länger, er gilt dort als Gründungsvater der Ukraine. Großfürst Wladimir I. lebte in einer Zeit, in der Moskau noch nicht existierte, doch Präsident Wladimir Putin spricht bei der Einweihungszeremonie des steinernen Abbilds Wladimirs vom «Vereiniger und Verteidiger russischer Erde». Jedes Mal, wenn ich im Taxi am Kremlhügel vorbeifahre und das riesige Kreuz sehe, kommt mir unweigerlich der Satz «Unser Kreuz ist schwer» von Iwan Iljin in den Sinn: Sinnbild der schweren Bürde der Verteidigung des Vaterlandes, des Kampfes, der immer mehr zum politischen Selbstverständnis, zur patriotischen Mission

Russlands geworden ist: «Keine Nation auf der Welt hat eine solche Menge an Last gehabt und eine solche Aufgabe, wie das russische Volk sie hat. Und keine Nation hat aus diesen Prüfungen und Leiden so viel Stärke, so viel Einzigartigkeit, so viel spirituelle Tiefe gewonnen. Unser Kreuz ist schwer.»

«ICH DENKE, DASS EINE KLUGE, RICHTIGE ZENSUR EXISTIEREN SOLLTE.»
(Bischof Tichon)

«Eine normale Zensur existiert überall, in allen Ländern, (…) in den USA, in Europa. Es gibt einige Themen, für die man, wenn man sie anspricht, sofort im Gefängnis landen kann, da wird nicht nur eine Veröffentlichung einfach aus dem Verkehr gezogen (…). Ich glaube, dass der vulgäre Liberalismus, der jetzt in unserem Land herrscht, und die Marktmacht der Medien und der Kultur äußerst schädlich, äußerst gefährlich sind. Früher oder später werden wir verstehen, dass es für den Staat notwendig ist, zwischen jenen Werken, die als Kunst präsentiert werden, und wahrer Kunst zu unterscheiden.» Diese Worte Bischof Tichons, des spirituellen Beraters von Putin, kommen nicht überraschend. Er äußert sie im Moskauer Haus des Kinos, die große Halle ist überfüllt, er sitzt auf der Bühne und beantwortet Fragen zur Kirche, zur Bildung und Gesellschaft, wenige Tage nach Putins dritter Inaugurationsfeier, im Mai 2012.[34] Tichon ist Vorsitzender im Kulturrat des Patriarchen und er ist Mitglied des Präsidiums des Präsidentenrates für Kunst und Kultur, dementsprechend häufig lässt er die Russen seine Meinung über neue Theater- und Filmproduktionen wissen. Ist er auch derjenige, dessen Urteil über die Absetzung von Aufführungen und Filmen maßgeblich ist? Nach Ansicht einiger russischer Politikbeobachter darf der Bischof immer mehr den Zensor spielen – was der Geistliche in Interviews oft verneint. Und doch taucht Tichons Name immer wieder auf, wenn es um kontroverse russische Künstler geht, und allein seine bissige Kulturkritik scheint Geister zu wecken, die sich offenbar verselbständigen.

«Wer ist Kyrill Serebrennikow für Sie? Ein Feind oder ein Gegner?», fragt die Menschenrechtsaktivistin Zoja Swetowa den Bischof. «Ein Mann, dessen Überzeugungen sehr weit weg sind von meinen. Vielleicht ist er ein guter Regisseur, ich habe keines seiner Werke geschaut, daher werde ich kein Urteil fällen», antwortet Tichon. Der Regisseur, von dem er spricht, hat am Bolschoi, an der Komischen Oper Berlin und an der Stuttgarter Oper inszeniert, er ist Professor der Moskauer Theaterschule, seine Filme werden auf internationalen Filmfestivals gezeigt. Hartnäckig konfrontiert die Interviewerin den Geistlichen mit unbequemen Fragen. «Der Chefredakteur des Radiosenders *Echo Moskwy* schrieb, dass Vertreter der Russisch-Orthodoxen Kirche in Zivil zugegen waren, als Serebrennikows Bolschoi-Ballett über den schwulen Tänzer Rudolf Nurejew aufgeführt wurde. Sie sollen das Ballett nicht gemocht und Ihnen davon erzählt haben, und Sie sollen daraufhin Kulturminister Medinskij angerufen haben.» Tichon empört sich: «Das sind Lügen. Kranke Phantasien.»[35] Dennoch fragen sich viele Kulturschaffende in Russland: Welche Rolle spielt die Kirche, als Russlands vielleicht begabtester Regisseur, der homosexuell ist, im Mai 2017 in die Fänge der Justiz gerät?

Zuerst werden die Wohnungen des Ausnahmekünstlers Kyrill Serebrennikow durchsucht, außerdem das *Gogol-Zentrum* in Moskau, dessen künstlerischer Leiter er ist. Die Strafverfolgungsbehörden verdächtigen ihn der Veruntreuung, ihm wird vorgeworfen, eine 2011 gewährte staatliche Subvention von umgerechnet zwei Millionen Euro unterschlagen zu haben. Eine Subvention für ein mutiges, experimentelles, sozial engagiertes Theaterprojekt, bewilligt unter Präsident Medwedew, der sich die Modernisierung Russlands zum Ziel gemacht hatte. Das Theaterprojekt sollte es dann auch nur bis ins Jahr 2014 schaffen, auf Medwedews «Innovation» folgte unter Putin die «Tradition». Serebrennikow ist noch nicht festgenommen, da wird im Juli eine lang erwartete Premiere plötzlich abgesagt. Es ist das von ihm inszenierte Bolschoi-Ballett über den legendären homosexuellen Tänzer Rudolf Nurejew, ein Künstler, der sich gezwungen sah, die Sowjetunion zu verlassen, und der 1993 an Aids verstarb. Im August folgt die Festnahme, mehr als anderthalb Jahre steht Serebrennikow unter Hausarrest; ihm drohen bis zu zehn Jahren Freiheitsstrafe. Die Regeln, die er gebrochen haben soll, sind unklar. Vielleicht hat man ihn festgenommen, weil er in einem Stück nackte Tänzer auf die Bühne gestellt hatte, vielleicht weil er es gewagt hatte, über Nurejew ein Ballett zu machen, vielleicht weil er einen Film über den schwulen Komponisten Tschaikowsky drehen wollte, vielleicht weil er einmal eine machthungrige Figur, die an Putin erinnert, in einem Bühnenstück zu Wort kommen ließ, vielleicht weil einer seiner Filme den orthodoxen Extremismus thematisierte. Aber als strikter Gegner des Putin-Regimes gilt er nicht. Vielleicht will der Kreml mit dem Hausarrest auch nur eine spiegelbildliche Antwort geben auf die Enthüllungen des Oppositionellen Alexej Nawalny über die Korruption ranghoher Politiker, die 2017 in ganz Russland Zehntausende junge Menschen auf die Straßen bringen. Viele Beobachter sehen in diesen autoritären Reflexen auf die Punktsiege der Liberalen eine typische Taktik des Kreml.

«Ich bin ein freier Mann. (…) Ich werde für die Wahrheit kämpfen», sagt der Regisseur in seiner Verteidigungsrede im Sommer 2018, nach dem ersten Jahr unter Hausarrest. «Die Ermittler haben es nicht geschafft, irgendeinen Beleg zu liefern, der meine Isolierung von der Gesellschaft rechtfertigen würde. (…) Wahrscheinlich wollen die Menschen, die so etwas brauchen, jedem Angst machen. Sie wollen, dass alle Kunstschaffenden niemals ein ehrliches Wort äußern. Sie wollen, dass das Theater wieder gleichförmig, konform, komfortabel und sicher wird. Es ist klar, dass es nur einen Weg gibt, das zu erreichen: durch Vergeltung. Vergeltung mit allen notwendigen Mitteln, man fälscht Zeugenaussagen und hängt jemandem einfach etwas an.»

EIN FILM UND SEINE FOLGEN

«Die Ehre des Herrschers ist die Ehre des russischen Volkes.»
(Kreuzprozession in St. Petersburg, 2017)

Fast zeitgleich zum Drama um einen Starregisseur entwickelt sich 2017 eine weitere wahre Geschichte um Zensur und Verbot in der Kunst, um religiösen Terror und orthodoxe Gotteskämpfer. Der russische Regisseur Alexej Utschitel steckt in den Dreharbeiten zu einem opulenten Kinofilm über den letzten russischen Zaren, Nikolaus II., und seine Jugendliebe, die polnische Primaballerina Mathilde Kschesinskaja, eine abrupt endende Romanze, als der Thronerbe schließlich doch Alix von Hessen-Darmstadt heiraten muss. Der Trailer zeigt das errötete Gesicht des Zaren vor einer nackten Brust, und wie er in einem Bett mit der Ballerina herumtollt. Ein farbenfroher Kostümfilm, der den Zaren nicht immer als starken Mann zeigt. Utschitel, der Regisseur, wird von Präsident Putin als bekennender Patriot gepriesen, für seinen Film bekommt er eine kräftige Förderung des Kulturministers. Doch schon Monate vor der Premiere erregen sich fundamentalistische Gemüter an «Mathilde», dessen Held ein – von der Kirche in den Heiligenstand erhobener – Herrscher ist. Die Duma-Abgeordnete Natalja Poklonskaja beschwert sich bei der Generalstaatsanwaltschaft, der Film beschädige das Ansehen eines Heiligen und müsse verboten werden. Poklonskaja, eine Ikone des «Russischen Frühlings» auf der Krim, ist nun Sprecherin obskurer Monarchisten, die den religiösen Terror gegen Feinde der Orthodoxie und des russischen Staates gutheißen und von der Kirchenführung nicht zurückgepfiffen werden.
Unterstützung bekommt dieses Milieu auch von *Sorok Sorokow*,

einer militanten Aktivistengruppe muskelbepackter Männer, die sich 2012 nach dem *Pussy-Riot*-Auftritt in der Erlöserkathedrale formierten, unter ihnen sollen auch Fußballhooligans und rechte Skinheads sein. Die Schlägertruppe begleitete im Januar 2014 den, wie sie sagten, «Bruder und Freund» Igor Girkin, den Moskauer Milizenführer in der Ostukraine, als er die Reliquien-Tournee des Konstantin Malofejew in Kiew bewachte. *Sorok Sorokow* brachte «humanitäre Lieferungen» in die ostukrainischen Separatistenge-biete, in Moskau tat sich die Gruppe außerdem als «Kulturwächter» hervor – die Aktivisten zertrümmerten Skulpturen eines Künstlers, dessen Werke die Kirche als «amoralische Homosexuellen-Propa-ganda» verurteilt. Oder sie griffen Anwohner an, die dagegen pro-testierten, dass auf einer benachbarten Fläche anstatt eines Kinder-gartens oder eines Parks eine Kirche gebaut werden soll. Wer sich für Parks statt für Kirchen einsetzte, wurde von der orthodoxen Sturmtruppe entweder geschlagen oder als «schwul» denunziert. Patriarch Kyrill bezeichnete die Gegner des Kirchenbaus als «Hei-den» und gratulierte dem Gründer von *Sorok Sorokow*, einem ehe-maligen Boxer, zum Geburtstag mit einer Ikone.

Im Juli treffen sich Tausende Gläubige zu einem nächtlichen Gebet gegen den Film «Mathilde». Dann fliegen Molotowcocktails auf ein St. Petersburger Wohnhaus, in dem sich das Studio des Re-gisseurs Utschitel befindet. Bischof Tichon äußert sich in Jekaterin-burg zum Film, dessen allzu menschliche Darstellung des letzten Zaren Missbehagen auslöst. Der Film enthalte «Lügen über unsere Geschichte, Lügen über die Umstände des Lebens der kaiserlichen Familie», in künstlerischer Hinsicht sei er einfach unfassbar grob, aber die Kirche beabsichtige kein Filmverbot. Stunden später fährt ein orthodoxer Radikaler mit einem mit Sprengstoff beladenen Jeep gegen ein Kino in Jekaterinburg, wo eine Premiere von «Mat-hilde» stattfinden sollte, und setzt den Eingang in Flammen. Als verantwortlich für den Anschlag meldet sich eine Gruppe mit dem Namen «Orthodoxer Staat, Heiliges Russland», der selbsternannte Gotteskrieger sagt, dass er vor dem Anschlag am Gottesdienst Bischof Tichons in der Jekaterinburger «Kathedrale auf dem Blut» teilgenommen hatte. Kinobetreiber erhalten Drohbriefe, darin ist von brennenden Kinos die Rede, falls «Mathilde» gezeigt werde. Tage später gehen in Moskau, einige Meter vor meiner Wohnung entfernt, zwei SUVs in Flammen auf, vor dem Büro des Anwalts von Regisseur Alexej Utschitel. «Brenne für Mathilde» steht auf einem Zettel, der in der Nähe der Fahrzeuge gefunden wird. Als Tichon ankündigt, dass die Kirche den Unwahrheiten, die «Mathilde» über Nikolaus II. verbreite, entgegentreten werde, werden in Moskau Tafeln aufgestellt, darauf Briefzitate des letzten Zarenpaars, die von Liebe und Treue künden.

«Wir haben eine Chance, all diesen Bastarden und Schurken zu beweisen, dass das wahre orthodoxe Land existiert, dass die wahren orthodoxen Gläubigen existieren, sie sind bereit, für den Frieden in ihrem Land, für die wahre orthodoxe Welt zu sterben», sagt Alexander Kalinin, Anführer von «Orthodoxer Staat, Heiliges Russland», vor seiner Festnahme. «Was ist so schlimm daran, ein Kino anzuzünden? Na und? Dann ist das eben so mit dem Kino. Das Wichtigste ist, den Glauben zu retten. (…) Früher, vor 300 Jahren, hätte Regisseur Alexej Utschitel eine ganz harte Zeit erlebt. (…) Es steht im Strafgesetzbuch: Man soll nicht auf die Gefühle Gläubiger spucken.»

Es ist, als ob die neuen Gesetze, die zu Beginn von Putins dritter Amtszeit geschaffen wurden, all jene bekräftigen, die mit egal welchen Mitteln Volk und Vaterland schützen wollen. Der Staat verurteilt formal die Gewalt, «fördert aber gleichzeitig ein Gefühl der Straflosigkeit, wenn man sich denn nur aufrichtig für den Schutz Russlands einsetzt»[36]. Ein ehemaliger Mitstreiter der zwei Männer, die hinter dem «Orthodoxen Staat» stecken, behauptet, dass die Gruppe mit Unterstützung vom Inlandsgeheimdienst FSB geschaffen wurde. Einer der beiden Männer habe ihm gegenüber von der Hilfe hochrangiger Kreml-Kreise gesprochen. Die weiteren Indizien dafür lassen einige Experten, mit denen ich spreche, zu der Schlussfolgerung kommen, dass der «Orthodoxe Staat» höchstwahrscheinlich unter dem Schutz des FSB oder von Geistlichen steht. Jekaterina Schulman, Wissenschaftlerin an der Russischen Akademie für Volkswirtschaft und Staatsdienst, sieht die orthodoxen Radikalen als Alliierte von Gruppierungen innerhalb der *Silowiki*, innerhalb der russischen Sicherheitsstrukturen. Ihr Fundamentalismus unterstütze eigentlich die Interessen dieser *Silowiki*. Gleichzeitig fällt ihr auf, dass diese Sicherheitseliten wesentlich frommer und indoktrinierter sind als der Rest der Gesellschaft, die Eliten selbst aber nähmen diesen Unterschied nicht wahr.[37]

Am Tag, als in St. Petersburg schließlich doch die feierliche Premiere von «Mathilde» beginnt, wird in Moskau eine prominente Journalistin des Radiosenders *Echo Moskwy* niedergestochen, die im Staatsfernsehen kurz zuvor als «CIA-Agentin» verunglimpft worden war. Der psychisch kranke Täter sprüht dem Wachmann Pfefferspray in die Augen, rennt in den Aufzug und gelangt in den Korridor des Senders, rennt zielgerichtet auf Tatjana Felgenhauer zu und rammt ihr ein Messer in den Hals. Offenbar scheint er die Büroräume genau zu kennen. Die scharfzüngige, sympathische Radiofrau überlebt. Aber ihre Kollegin Ksenia Larina verlässt nach diesem Schock Russland. Zwar ist *Echo Moskwy* im Besitz des Staatskonzerns *Gazprom*, aber immer noch bekannt für unabhängigen, kremlkritischen Journalismus. Das Staatsfernsehen hatte den Sender deshalb als «verlängerten Arm des US-Außenministeriums» verleumdet. Wenige Wochen vor diesem Vorfall war eine weitere bekannte *Echo*-Journalistin geflohen. Die Kolumnistin Julia Latynina war immer aggressiveren Angriffen von Trollen im Netz und auf der Straße ausgesetzt, als sie einen Artikel über Jewgenij Prigoschin, den Multimillionär-Gastronomen und Finanzier einer Söldnertruppe, veröffentlichte. Unbekannte schütteten Exkremente über ihr aus, als sie zu ihrem Arbeitsplatz lief, mitten im Stadtzentrum. Ihre Eltern wurden durch einen chemischen Kampfstoff in ihrem Haus krank. Dann erlebte Latynina einen Brandanschlag auf ihr Auto, mitten in der Nacht – und beschloss daraufhin ebenfalls, auszuwandern.

«Was gibt es denn da zu feiern?», fragt Kreml-Sprecher Dimitrj Peskow lakonisch, hundert Jahre nach der russischen Oktoberrevolution. Präsident Putin hält Revolutionen per se für staatszersetzend, für einen Verrat an den nationalen Interessen. Folglich gibt es keinen einzigen offiziellen Termin zum Jahrestag, keine einzige Gedenkveranstaltung, die den Anlass für einen nationalen Dialog nutzt. Derweil sammeln sich in St. Petersburg die Gäste zur Premierenfeier für «Mathilde», das Zaren-Drama. Die deutschen Schauspieler sind nicht gekommen, zu groß ist die Verunsicherung über die Ereignisse der vergangenen Monate. Der Hauptdarsteller Lars Eidinger, der den Zaren spielt, ist als «Porno-Schauspieler» und «Nazi-Darsteller» verunglimpft worden. Zwar verläuft der Abend der Premiere ruhig – nur vor dem Saal steht ein Häufchen orthodoxer Gläubiger mit Protestbannern –, aber im Gespräch mit dem Regisseur Alexej Utschitel bemerke ich, dass er angespannt bleibt und einige Sätze nicht beendet: «Diese Leute, die gegen einen Film protestieren, ohne ihn gesehen zu haben, haben einen bestimmten Mythos geschaffen, der die Leute vor unserem Land erschrecken lässt – das ist alles, wozu diese Proteste geführt haben.» Unerschrocken erklärt ein Zuschauer der Premiere mir, was passiert ist: «Unsere Gesellschaft ist krank. (…) Unser Staat hat diese Ungeister selbst aus der Flasche gelassen, und es ist unmöglich, sie wieder zurück in die Flasche zu drängen, das erfordert ernsthafte Arbeit, ernsthaftes Verstehen. Leider hat die Obrigkeit selbst alle diese Saldostanows, Poklonskajas, Prochanows und viele andere mehr herausgelassen, sie ließ sie wie Hunde los auf die Intelligenzija, als Rache gegen ihre Proteste anlässlich der Wiederwahl Putins im Jahr 2012. Und jetzt ernten wir und erntet der Staat das, was da geschaffen wurde.»

DER LETZTE ZAR WIRD INS SPIEL GEBRACHT

Wenige Wochen später schlagen Worte von Putins geistlichem Berater wie eine Bombe ein. Tichon äußert sie auf einer Kirchenkonferenz, einberufen, um die Umstände der Ermordung der Zarenfamilie zu untersuchen. Nikolaus II., seine Frau und seine fünf Kinder wurden in einem Keller in Jekaterinburg im Juli 1918 erschossen, mit dem Bajonett erstochen, die verstümmelten Körper wurden angezündet. «Eine große Zahl der Mitglieder der Kirchenkommission hat keinen Zweifel daran, dass es sich um einen Ritualmord gehandelt hat», erklärt Bischof Tichon, der Vorsitzende des seit drei Jahren ermittelnden Untersuchungsgremiums. Neben Tichon sitzt Patriarch Kyrill I. Ein Vertreter des Ermittlungskomitees des Präsidenten – Russlands oberste Strafverfolgungsbehörde – verspricht daraufhin, eine schnelle psychologische und historische Analyse durchzuführen.

Ein Ritualmord? Auch wenn Tichon nicht von Juden spricht, so assoziieren doch viele Russen diesen Ausdruck mit einer der dunkelsten Episoden jüdisch-christlicher Geschichte – mit jener Zeit, als Gerüchte darüber, dass Juden Christen ermordet hätten, um ihr Blut für obskure Rituale zu verwenden, antisemitische Pogrome auslösten. So auch in Russland, auch noch bis kurz vor der Revolution. Zwischen 1903 und 1905 erlebte das Zarenreich mehrere Pogromwellen, mehr als 2000 Juden wurden getötet, doch Zar Nikolaus II. schwieg dazu. Besonders der Klerus der orthodoxen Kirche verbreitete Judenhass. 1903 erschien in Russland das Buch «Die Protokolle der Weisen von Zion», Dokumente, die eine internationale Verschwörung von Demokraten, Sozialisten und Juden belegen sollten. Möglicherweise war an dieser Fälschung der Geheimdienst des Zaren beteiligt, um die aufkommenden Ideen des Liberalismus, des Sozialismus, der Demokratisierung und Säkularisierung zu denunzieren, analysieren Historiker: «Die Verschwörungstheorie über die Weisen von Zion ist zur zentralen Ideologie des weltweiten Antisemitismus gemacht worden. Die Deutschen haben das aus Russland importiert.»[38]

Am Tag nach Tichons Äußerung verurteilt der Sprecher der Jüdischen Gemeinden Russlands den Gebrauch des Begriffs «Ritualmord», er erinnere an dunkelste Zeiten und absolute Barbarei. Doch gerade radikale Nationalisten betrachten das angebliche Ritual als Teil einer Verschwörungstheorie, von deren Wahrheitsgehalt sie überzeugt sind: Für sie ist die Ermordung der Romanows kein bolschewistisches Verbrechen, sondern auf ein jüdisch-freimaurerisches Komplott zurückzuführen. Die Opferung der Zarenfamilie in einem religiösen Ritual sei ein Symbol für den Mord am russischen Volk, sind sie sich sicher. Warum facht der Bischof den traditionellen Antisemitismus ultrarechter Kreise an – drei Monate vor den nächsten Präsidentschaftswahlen? Haben die vergangenen Monate nicht genug Gewalt gebracht? Tichon verteidigt seine Formulierung sowie die Forderung nach einer Untersuchung des Zarenmords, ohne Bedauern über die Wirkung seiner Worte zu äußern. Das alles habe natürlich nichts mit Antisemitismus zu tun, dies hätte er im Gespräch mit der jüdischen Gemeinde geklärt, aber für die Mörder sei der Akt eben eine symbolisch-rituelle Handlung und das Ende der 300-jährigen Romanow-Dynastie eben «ein bolschewistisches Ritual» gewesen.

Eine nachgeschobene Rechtfertigung, die an eine weitere dunkle Verschwörungstheorie erinnert: diejenige der «jüdisch-bolschewistischen Weltverschwörung», einer der stärksten Mythen des 20. Jahrhunderts. Russlands gegenrevolutionäre weiße Bürgerkriegsbewegung erfand sie, als sie das russische Volk dazu aufrief, Jagd auf die «Juden-Kanaille» von «Trotzki und Co.» zu machen, die «Russland zugrunde richtet». Später übernahm Adolf Hitler die Idee: «Im russischen Bolschewismus haben wir den im zwanzigsten Jahrhundert unternommenen Versuch des Judentums zu erblicken, sich die Weltherrschaft anzueignen», schrieb er in «Mein Kampf»[39].

GESCHICHTE WIRD VERFÄLSCHT

«Fakten allein bedeuten nicht viel. Ich würde es sogar grö-
ber ausdrücken: Wenn es um historische Mythologie geht,
bedeuten Fakten rein gar nichts. Alles beginnt nicht mit
Fakten, sondern mit Interpretationen. Wenn Sie Ihr Land
lieben, Ihr Volk, dann wird die Geschichte, die Sie schreiben, immer positiv sein.»

(Wladimir Medinskij, russischer Kulturminister)

Ein Jahr vor dem hundertsten Jahrestag der Oktoberrevolution
hatte der Nationale Sicherheitsrat debattiert, wie «Verfälschungen
der Geschichte» bekämpft werden können. Russlands Geschichte sei das Ziel «zerstörerischer ausländischer Staatsstrukturen»
geworden, die ihre geopolitischen Interessen durch antirussische
Politik befriedigten. Sechs historische Ereignisse und Epochen
würden besonders schlechtgemacht. Der Generalstab drängt auf
eine staatliche Strategie, um Umdeutungen zu bekämpfen und die
Bedeutung dieser sechs Ereignisse besonders zu schützen. Dazu
gehören die russische Revolution 1917, die ethnische Politik der
Sowjetunion, die sowjetische Kriegsführung im Zweiten Weltkrieg,
Niederschlagungen von Volksaufständen in der DDR, Ungarn und
in der Tschechoslowakei und der Hitler-Stalin-Pakt.

Vier Monate vor der Sitzung des Nationalen Sicherheitsrates verurteilt das Bezirksgericht von Perm im Ural den Automechaniker
Wladimir Luzgin zu einer Geldstrafe von 200 000 Rubel. Luzgin
soll mit einem Posting in einem sozialen Netzwerk Russlands Geschichte verfälscht haben. Der von ihm geteilte Artikel trägt den
Titel «Über was der Kreml schweigt» und beschäftigt sich mit dem,
wie es heißt, russischen Irrglauben über die ukrainische Unabhän-
gigkeitsbewegung im Zweiten Weltkrieg. Zu den zwanzig Lesern
des Postings gehört auch die Staatsanwaltschaft von Perm, die bald

Ermittlungen aufnimmt, weil Luzgin «Lügen über die Aktivitäten der Sowjetunion im Zweiten Weltkrieg» verbreitet habe, strafbar unter dem neuen Gesetzesartikel 354.1 des Strafgesetzbuches über das Verbot der «Rehabilitierung des Faschismus». Der von Luzgin geteilte Artikel ist in der Tat voller historischer Ungenauigkeiten und Fehler. Doch die Tatsache, dass der Automechaniker aufgrund des Satzes «Die Kommunisten und Deutschland griffen Polen zusammen an und lösten den Zweiten Weltkrieg aus» verurteilt wurde, ist eine neue Stufe der Eskalation im Deutungskampf der Obrigkeit über Russlands Historie (historisch korrekt wäre gewesen, dass die Wehrmacht Polen am 1. September 1939 angriff, damit den Zweiten Weltkrieg begann, und die Rote Armee am 17. September 1939 Polen angriff). Der Stein des Anstoßes ist die vom Angeklagten geäußerte zweideutige Rolle der Sowjetunion bei Kriegsbeginn. Sie entspricht nicht der offiziellen Geschichte, die der Staat über den «Großen Vaterländischen Krieg» erzählt. Luzgins Prozess ist eines von 16 ähnlichen Strafverfahren wegen angeblich «falscher» öffentlicher Aussagen über Russlands Geschichte. Der Autokonstrukteur zahlt die Strafe nicht und flieht von Perm nach Prag, wo er Asyl beantragt.

KRIEG SPIELEN IM MILITÄR-DISNEYLAND UND DIE HETZJAGD GEGEN EINEN SCHÜLER

Der Sturm auf Berlin, in Kubinka bei Moskau – das ist der Auftakt der Feiern zum 72. Tag des Sieges. Als die Kämpfer die Flagge auf dem Dach des Reichstages hissen, toben die Zuschauer, die direkt an der Frontlinie sitzen, ich höre Hurrarufe. Wenn es um die «richtige», die «positive», die erbauliche Geschichte Russlands geht, scheut Verteidigungsminister Sergej Schoigu keine Kosten. Er lässt Kriegsspiele für die ganze Familie organisieren, und zwar im Freizeitpark «Patriot» in Kubinka, südwestlich von Moskau. Nachgestellt wird dort erstmals die Schlacht um die Seelower Höhen und die Erstürmung des Berliner Reichstags, samt Häuserkämpfen, Luft- und Panzerschlacht. Schoigu ist Ehrengast, zuvor hatte er im Parlament erklärt, die Teenager der *Junarmija*, der Jungen Armee, sollten bei ihrem Training einen spezifischen Ort und nicht irgendetwas Abstraktes stürmen, daher lasse er den Reichstag aufbauen. Ich traue meinen Augen nicht, als ich vor einem Waldstück das leicht orangene Spanplatten-Gebäude voller Kriegsnarben auf der aufgeweichten Erde sehe. Er trägt sogar ein rundes Kuppelgerüst – das kam zwar, erinnere ich mich, erst 1999 drauf, aber mit historischen Genauigkeiten darf man es im russischen Militär-Disneyland nicht so ernst nehmen – Hauptsache, am Ende der Schlacht weht die sowjetische Fahne über der Kuppel. Die Amateur-Schauspieler fliegen durch die Luft, rennen mit brennenden Beinen durch den Panzergeschützdonner, Hitlers Stimme ruft auf, durchzuhalten. «Eine Non-Stopp-Liturgie von 1945, eine Non-Stopp-Liturgie des Sieges», kommentiert eine der wichtigsten liberalen Stimmen Russlands, der Politikwissenschaftler Sergej Medwedew, die Veranstaltung, als ich ihn über die neue, spielerische Art des Kriegsgedenkens befrage. Die schiere Zahl der Kriegsclubs, deren Mitglieder gerne sowjetische oder kaiserliche Uniformen tragen, die Bilder von dreijährigen Kindern, die in Militäruniformen gesteckt werden – all das irritiert den westlichen Beobachter. «Haben Sie schon die Babyschalen gesehen, die wie Panzer aussehen, oder die Babybetten, die einer BUK-Rakete gleichen, jener *BUK*, mit der man die malaysische Passagiermaschine abschoss?» Medwedew macht mich auf die Banalisierung der Erinnerung aufmerksam, die seit den 2000er Jahren eingesetzt habe, als der Krieg immer mehr zum selbstgefälligen, hochmütigen Spiel, zu Nachstellung und Parade wurde, als die Drohformeln «Wir können das auch wiederholen» und «Nach Berlin!» zu gefragten Autoaufklebern wurden und das sowjetische «Nie wieder Krieg!», das traumatische Gedenken an Schrecken und Tod, verblasste.

Die Aggression der kriegsspielenden Hurra-Rufer schaukelt sich hoch, verselbständigt sich in der gesellschaftlichen Debatte. Wer die Menschlichkeit des Feindes hervorhebt, wer zu Versöhnung statt Konfrontation aufruft, erntet Hass, wird niedergebrüllt. Eine gemeinsame Erinnerungskultur, ein gemeinsames Gedenken der einstigen Kriegsparteien bleibt auch mehr als siebzig Jahre nach Kriegsende angreifbar. Als ein russischer Teenager aus dem sibirischen Nowi Urengoj es dennoch versucht, erntet er eine nicht enden wollende Welle von Drohungen. Der 17-jährige Nikolaj Desjatnitschenko spricht am Volkstrauertag vor dem Deutschen Bundestag über seine Eindrücke, als er für ein russisch-deutsches Schulprojekt – eine Studie über das Schicksal von Kriegsgefangenen des Zweiten Weltkriegs auf beiden Seiten – die Gräber deutscher Wehrmachtssoldaten bei Tscheljabinsk besuchte: «Es machte zutiefst traurig: Ich habe die Gräber von unschuldig gestorbenen Menschen gesehen, darunter viele, die friedlich leben und nicht kämpfen wollten.» Der Schüler endet in Berlin mit dem Wunsch, dass «auf der ganzen Erde der gesunde Menschenverstand triumphiert und die Welt nie wieder Krieg sieht».

Als die Rede in Russland im Internet kursiert, ist die Empörung nicht mehr aufzuhalten. Der Abiturient habe unpatriotisches Mitleid mit deutschen Kriegsgefangenen gehabt, lauten die Vorwürfe. In sozialen Medien wird er des «Verrats am Vaterland» beschuldigt. Das Staatsfernsehen spricht von einem «internationalen Skandal», eine Duma-Abgeordnete fordert die Staatsanwaltschaft auf, Ermittlungen wegen «Rehabilitierung des Nazismus» aufzunehmen, die Aufsichtsbehörde rügt die Schuldirektorin, zugelassen zu haben, dass einer ihrer Schüler eine Antikriegsrede im deutschen Parlament halte. Die Entrüstung hört nicht einmal dann auf, als der Kreml sich einschaltet und fordert, die Angriffe auf den Siebzehnjährigen einzustellen. Ein ultrarechter Abgeordneter beschuldigt – aus dem Nichts, ohne Belege zu präsentieren – die deutsche Friedrich-Ebert-Stiftung in Moskau, das Schülerprojekt organisiert zu haben, um die Siege der Roten Armee zu diskreditieren. Der Anlass ist für ihn eine willkommene Gelegenheit, das Feindbild der westlichen Nichtregierungsorganisationen in Russland zu stärken.

Der russische Schüler, der das Beispiel eines deutschen Soldaten, des Pfarrers Georg Rau, dazu nutzt, um gegen Krieg und Gewalt aufzurufen, wird zurechtgewiesen. Als er im Staatsfernsehen anschließend interviewt wird, macht er die deutschen Projektleiter für sein Versagen verantwortlich. Sie hätten ihn aufgefordert, mit mehr Emotion über die deutschen Soldaten zu schreiben. Der *Erste Kanal* betitelt die Begegnung mit dem Schüler mit der Zeile «Bundestag manipuliert russischen Schüler, Wehrmachtssoldaten zu preisen». Dass Druck auf den Abiturienten ausgeübt wird, ist offensichtlich. Sein ukrainischer Nachname lässt manche Verrat wittern. Der Inlandsgeheimdienst FSB fragt bei der Stadtverwaltung von Nowi Urengoi an, ob Desjatnitschenko etwa Verwandte in der Ukraine habe. Die ärgsten von Desjatnitschenkos Kritikern haben selbst eine zweifelhafte Vergangenheit: Ein Journalist, der die Hetzjagd mit veranstaltet, ist bekannt für seine Sympathien für eine Neo-Nazi-Organisation. Der Manager einer Ladenkette für Jagdausrüstung, der die Staatsanwaltschaft aufrief, gegen den Jungen ein Strafverfahren einzuleiten, ist selbst vorbestraft, weil er einst Nazi-Symbole in Umlauf brachte.

«In Russland ist es schwierig, eine unpopulärere Idee als den Pazifismus zu verbreiten – außer vielleicht den Atheismus», schreibt der Publizist Michail Kaluschskij, der in Moskau das Theaterprogramm des Sacharow-Zentrums kuratierte, über die maßlose öffentliche Erregung und Heuchelei. Der Fall zeige, dass die konservative Kehrtwende nicht mehr nur Teil der Propaganda sei, sondern von den Massen selbst erschaffen werde, schreibt Kaluschskij in seinem Aufsatz «Humanismus ist unmodern». Die staatlich geförderte Identifizierung mit Kriegstoten, die Stolz auslöst, höhle das Lebensgefühl im Hier und Jetzt aus. Wer solchermaßen seine eigene Individualität ablehne, der könne die Probleme der Gegenwart nur verzerrt oder gar nicht wahrnehmen.[40] Der Autor sieht in der offiziellen Geschichtspolitik, in diesem konstanten Begleichen von vergangenen Rechnungen in der Gegenwart auch die Ursache dafür, dass es in Russland niemals Massendemonstrationen gegen Russlands neue Kriege in Georgien, in der Ukraine oder in Syrien gegeben hat.

AUSGRABUNGEN UND EINE FESTNAHME

«Sage die Wahrheit und habe vor nichts Angst. Bleibe unabhängig. Lass dich nicht manipulieren.»
(Jurij Dmitriew, Historiker)

«Ich habe für mich so eine Theorie, dass, wenn wir herausfinden, wer unsere Großmütter, Urgroßmütter – so ungefähr bis ins siebte Glied – waren und was sie zu ihrer Zeit für das Land getan haben, uns dieses Wissen hilft, jede Herrschaft kritisch zu sehen. Oder zumindest nicht zu glauben, was am nächsten Zaun hängt oder auf dem nächsten Plakat steht. (…) Wenn jemand das erkennt, wird keine Nachtigall ihm so leicht mehr etwas in die Ohren pfeifen können», sagt Jurij Dmitriew.[41] Seit 30 Jahren gräbt er die Überreste von Erschossenen aus, im Wald von Sandarmoch, der in der Provinz Karelien, im Nordwesten Russlands liegt. Dort steht ein steinernes Denkmal, darin eingeritzt ein Satz, den der Historiker Dmitriew ausgesucht hat: «Menschen, tötet euch nicht gegenseitig». Der Stein ist eine Erinnerung an mehr als 9500 Opfer des «Großen Terrors» unter Josef Stalin, die hier im Wald liegen. Stalins Geheimpolizei erschoss und begrub sie hier, 1937, der Gulag-Forscher Dmitriew gräbt sie aus und identifiziert sie. Die endlosen Weiten des Nordens eigneten sich gut, um Tausende und Abertausende Menschen zu verstecken. Dmitriew errichtet einfache Grabsteine für sie, Plastikblumen und Fotos von den Toten schmücken den Ort. Er und seine Mitstreiter von der Menschenrechtsorganisation *Memorial* haben sich über drei Jahrzehnte durch sowjetische Archive gewühlt, Gebeine exhumiert und über 6000 Namen der Hingerichteten dokumentiert – Menschen von 58 verschiedenen Nationalitäten, Ärzte, Lehrer, Priester, Beamte, Intellektuelle, einheimische Fischer und Jäger, Lagerinsassen, die den Weißmeer-Ostsee-Kanal bauten.

Unter Stalin waren mehr als 2 Millionen Bauern samt Familien in ferne Regionen umgesiedelt worden, die Zwangskollektivierung kostete Hunderttausende Menschenleben. Als Jurij Dmitriew im Dezember 2016 verhaftet wird, ist seine Arbeit über weitere Opfer Stalins – zwangsenteignete, nach Karelien zwangsdeportierte Bauern, deren Schicksale er jahrelang erforscht – fast fertig. Ein Viertel der Bewohner Kareliens seien die Nachfahren dieser Bauernfamilien, erklärt er. Für den russischen Schriftsteller Sergej Lebedew hat Dmitriews sorgsame, mühevolle Chronistenarbeit etwas Reinigendes, Aufhellendes, das dem Land guttue: «Nicht nur sind das Leben und der Tod eines Menschen geklärt, nicht nur herrscht nun Gerechtigkeit – obwohl sich weder Gerechtigkeit noch Rache vollzieht –, sondern es geschieht etwas: Die Würde wird wiederhergestellt.» Dmitriew sei vielleicht gerade deshalb für die Obrigkeit unbequem geworden, weil er die Verbrechen des Sowjetregimes aus ihrer Abstraktion heraushole, indem er Knochen und Schädel mit Einschusslöchern sammle.

Im Dezember 2016 wird der 60-jährige *Memorial*-Mitarbeiter plötzlich festgenommen. Der Vorwurf: Auf seinem Computer befänden sich pornographische Fotografien seiner minderjährigen Pflegetochter. Dmitriew, selbst Adoptivkind, hatte einige Jahre lang Fotos von dem gesundheitlich angeschlagenen Mädchen gemacht, um ihre körperliche Entwicklung zu dokumentieren. Diese hatte er niemandem gezeigt und an niemanden verschickt. Wie die Polizei davon erfuhr, ist unbekannt. Dmitriews Kollegen sind überzeugt, dass der Historiker wegen seiner Ausgrabungen in Untersuchungshaft kam, etliche Wissenschaftler und Künstler setzen sich für seine

Freilassung ein. Russlands Staatssender *NTV* nutzt indes die Festnahme, um weiter gegen die Nichtregierungsorganisation *Memorial* zu hetzen, die nicht nur ein innerer Feind sei, sondern auch eine «Brutstätte der Pädophilie». Nachdem das Oberste Gericht Kareliens Dmitriew freispricht, wird er im Sommer 2018 erneut festgenommen, nun lautet der Vorwurf, er habe seine Pflegetochter sexuell belästigt.

Damit nicht genug: Russlands Militärhistorische Gesellschaft, 2012 von Wladimir Putin gegründet, um «Falsifizierungen der Geschichte entgegenzuwirken und das Prestige des Militärs zu steigern», gibt eigene Untersuchungen zu Sandarmoch in Auftrag. Der Gesellschaft unter dem Vorsitz von Kulturminister Medinskij gelingt es, mit ihren eigenen Grabungen vom Schicksal Jurij Dmitriews abzulenken und die Debatte auf patriotische Gleise umzulenken. Das erste Ergebnis der Gesellschaft: Die vielen Skelette im Wald von Sandarmoch könnten Soldaten der Roten Armee sein, die in der Zeit der finnischen Besatzung von Finnen hingerichtet wurden. Die präsentierten Belege für die These sind allerdings nicht beweiskräftig, und während es unumstritten ist, dass Finnen sowjetische Soldaten misshandelten, geschah dies nach bisheriger Quellenlage auf finnischem Territorium und nicht in Sandarmoch.[42]

«Das ist wahrscheinlich das Erschreckendste am Fall Dmitriew, der die klare Handschrift des KGB trägt: (...): So wie Familienmitglieder verbunden sind mit den Menschen, die in den Lagern starben, so ist das heutige russische Regime blutsverwandt mit den stalinistischen Scharfrichtern und kann diese nicht aufgeben – wegen ihrer monströsen Familienbande mit ihnen», schreibt der russische Schriftsteller Sergej Lebedew über die tragische Verflechtung von Russlands sowjetischer Geschichte und aktueller Politik, und seinen Menschen, die zu Geiseln der Vergangenheit geworden sind.[43] Seit zwei Jahren wartet Katerina Klodt, Dmitriews älteste Tochter, auf die Rückkehr ihres Vaters aus dem Gefängnis. Im Telefongespräch zeigt sie sich zurückhaltend, alles andere könnte ihren Vater gefährden. «Ich will glauben und hoffen, dass er freikommt, dass die Wahrheit siegt und er nach Hause kommt. Er hält durch, er ist sehr stark, er fühlt die Unterstützung, viele Menschen unterstützen ihn, sie zeigen, dass das, was mein Vater machte, nicht vergessen ist, dass die Menschen seine Arbeit brauchen. Ich werde nicht in die Haftanstalt gelassen und weiß nicht, in welchen Haftbedingungen er gehalten wird. Ich sehe ihn nur in den Fluren des Gerichts. Ich bin mir absolut sicher, dass die Anklage gegen ihn falsch ist, ich kenne meinen Vater, er hätte so etwas nie getan.»

«PATRIOTISMUS – DAS IST EINE STIMMIGE, KLARE, GUT ARGUMENTIERTE ERKLÄRUNG DAFÜR, WARUM WIR SCHLECHTER LEBEN MÜSSEN ALS DIE ANDEREN»
(Michail Schwanetzkij)

«Präsident Russlands, Wladimir Wladimirowitsch Putin, wo bleibt unser Erdgas?», steht in roter Druckschrift auf dem weißen Banner, darunter in Handschrift: «Weg mit Putin.» Der Schriftzug hängt am Zaun von Walerij Slesarews Grundstück, direkt an der Straße, es ist das erste, das mir auffällt, als ich aus dem Auto steige, dann richtet sich mein Blick auf das schöne, aus ganzen Stämmen gebaute Holzhaus. Seit Jahrzehnten ist Slesarew eine Art lokaler Robin Hood, ein Kümmerer und Kämpfer für die Bewohner in den Dörfern rund um Jegorjewsk geworden, ein Gebiet hundert Kilometer südöstlich von Moskau. Als Teenager wollte der Gerechtigkeitsfanatiker Kosmonaut werden, erzählt er mir, er hatte einen Fallschirmunfall und musste am Gehirn operiert werden. Er bekam eine künstliche Schädeldecke aus Amerika eingepflanzt, der sowjetische Kosmonaut Pawel Popowitsch hatte den künstlichen Schädelknochen, den es in der Sowjetunion nicht gab, von dort für ihn besorgt. Slesarew wurde Fernsehtechniker. Er fuhr durch die Dörfer, reparierte Fernseher und überhaupt alles, was im Argen lag.

Auf einer seiner Fahrten fiel ihm eine alte Frau mit einer Axt auf, die auf der Straße zu Fuß unterwegs war. «Ich hielt an und wollte ihr helfen, Holz zu hacken. Als ich die Axt nahm, wär' ich fast umgefallen, so schwer war sie. Ich fragte die alte Babuschka, wie sie die Axt denn so lange tragen konnte, und sie brach in Tränen aus: ‹Warum nur habe ich im Krieg gekämpft?›, fragte sie mich. ‹Es wäre besser, wenn Hitler gesiegt hätte. Wir sind Sieger, aber ich muss mit der Axt Holz hacken, ich habe keine Heizung, ich habe kein Holz, keiner macht sich Sorgen um mich, die da oben auch nicht, und die Deutschen, die bekommen mein Gas›, erzählte sie mir weinend. Da fing ich an, für unser Gas zu kämpfen. Ich sammelte Unterschriften, ich fragte die Behörden, wo unser Gas bleibt und warum es so schwer ist, hier in Jegorjewsk Holz zu kaufen.»

Obwohl die Sowjetunion in den achtziger Jahren ein nationales Gasifizierungsprogramm in Gang setzte, hat etwa ein Drittel Russlands – das Land mit den größten Gasreserven der Welt – immer noch keinen Zugang zu Gasleitungen, vor allem in Sibirien und im Fernen Osten. Nur knapp 60 Prozent der ländlichen Regionen der Gas-Großmacht sind mit Gasleitungen ausgerüstet. Viele Dorfbewohner haben Holzöfen, aber kein Geld, um Holz zu kaufen, also sammeln sie im Sommer Reisig. Der Gesetzgeber erlaubt ihnen seit 2019 auch offiziell, totes Holz für den persönlichen Gebrauch zu sammeln.

Es ist das 21. Jahrhundert, Russlands Gas fließt nach Europa, aber die Einwohner der Dörfer um Jegorjewsk vor Moskau haben im Winter ein Heiz-Problem. Mir fällt auf, dass an Slesarews Haus regelmäßig LKW mit Holzladungen vorbeifahren – zu einer Pressspanfabrik ganz in der Nähe –, nur gibt es kaum Holz zu kaufen. In dreißig Kilometern Entfernung, erzählt Slesarew, könnten die Dorfbewohner zwar Kohlebriketts erwerben, von einem Betrieb, der dem Gouverneur des Moskauer Gebiets gehöre, doch die Kohle mache die alten Öfen kaputt. Und die wenigen Dörfer der Region, durch die eine Gasleitung gelegt wurde, profitierten nicht von ihr.

Die Leitung ist zwar gelegt, aber den Hausanschluss müssen die Bewohner selbst bezahlen. Und so ist der Zugang zum Gas für die meisten hier – fast alle Rentner, viele allein lebende alte Frauen – unbezahlbar. Eine Rente für Stadtbewohner betrage umgerechnet etwa 200 Euro, eine Dorfrente um die 100 Euro, ein Gaszugang auf dem Dorf koste aber umgerechnet inzwischen mindestens 1600 Euro, und je nachdem, wann man den Antrag gestellt habe, sogar ein Vielfaches mehr, rechnet Slesarew mir vor. Er hat Berge von Briefen geschrieben und gesammelt, er adressierte sie an den Kreml, er wandte sich Dutzende Male an Putin, dann richtete er sich mit seiner Unterschriftensammlung sogar an US-Präsident Obama, um seine Frage beantwortet zu bekommen: «Wie sollen wir leben, wie sollen unsere Kriegsveteranen überleben? Sie alle haben Medaillen, aber sie schlafen in Pelzmänteln und Filzschuhen.»

Weil Slesarew die Einwohner mobilisiert, wollen die Behörden ihn mundtot machen. Er bekommt Besuch von Unbekannten, die seine *Banja* im Garten anzünden. Eine Explosion zerstört seine kleine Autowerkstatt im Nachbarort, er und seine Tochter werden dort zusammengeschlagen, die Behörden stempeln ihn ab als psychisch krank, und als der Gouverneur in Jegorjewsk vorbeikommt, wird Slesarew für einen Tag eingesperrt. Verurteilt seien die Täter der Anschläge gegen ihn bis heute nicht, sagt Walerij Slesarew. «Unsere Staatsführung hat kein Mitleid mit uns. Die können nur Syrien, die können Ukraine. Sie können nur Einwohnern anderer Staaten helfen, aber wir, uns sieht keiner.» Slesarew beschäftigt aber nicht nur die Frage, wie alte Menschen im Winter überleben können. Er macht sich auch Sorgen um den Zustand der Gesellschaft, um die korrupte Polizei, um die Opfer des gnadenlosen Kapitalismus, der Ausbeutung, der Gewissenlosigkeit im Land. Solidarität untereinander und Herzensgüte seien den Russen fremd geworden: «Überall ist nur noch Betrug. Und wir werden nicht von den Amerikanern oder von den Deutschen betrogen, sondern wir betrügen einander selbst! Es geht nur noch um Geld, um Gewinne.

Alle sind nur noch böse. Sagen Sie, wie soll man den Menschen hier das Gute einpflanzen?»

Als ich zusammen mit Walerij Slesarew die Dorfbewohner besuche, stehen bald Präsidentschaftswahlen an. Wladimir Putin hat sich für eine vierte Amtszeit beworben. Die Wahlen wurden bewusst auf den 18. März 2018 gelegt, am 18. März 2014 hatte Putin den Anschluss der Krim an Russland formell in Kraft gesetzt. Werden die Rentner rund um Jegorjewsk diese Symbolik des Wahltermins wahrnehmen und dadurch motiviert werden, wählen zu gehen? «Ja, ich wähle ihn. Wladimir Wladimirowitsch soll die Renten der Alten erhöhen und ansonsten so bleiben, wie er ist», sagt einer. Ein Zweiter wirft ein: «Ich bin sehr einverstanden mit seiner Außenpolitik, die ist sehr stark. Aber was die Innenpolitik angeht, müssen die Gouverneure mehr arbeiten. Wenn die sich um das Volk kümmern, werde ich keine Fragen mehr haben.» Ein anderer schüttelt müde den Kopf. «Die Leute haben einfach den Glauben verloren. Ob ich wählen gehe oder nicht, von mir hängt da wenig ab.» Walerij Slesarew, der unbequeme Aktivist, ergänzt: «Der Computer entscheidet. Wer auf die Taste drückt, entscheidet. Putin wird sowieso alles so machen, wie er das will, man drückt auf die Taste und er wird siegen. Es gibt sowieso keine Konkurrenz, er lässt niemanden zu. Sie werden es so machen, wie sie es brauchen. Denn keiner hier trägt Verantwortung für irgendetwas. Das Volk glaubt nicht an diese Wahl.»

PUTIN VERLIERT AN BELIEBTHEIT

«Für die russische Bevölkerung geht es darum, zu überleben – nicht darum, sich zu entwickeln», höre ich einige Tage nach meiner Begegnung in Jegorjewsk, als ich das *Gaidar*-Forum in Moskau besuche, die Jahrestagung der führenden russischen Wirtschaftsexperten und Regierungsvertreter. Armut sei die größte Herausforderung für Russland in den kommenden Jahren. Die

Einkommen sinken immer weiter – in den meisten Landesteilen. Nach einer Studie der «Präsidenten-Akademie für Volkswirtschaft und Öffentlichen Dienst» leben 22 Prozent der Russen in Armut, sie können sich nur Grundnahrungsmittel leisten. Weitere fast 36 Prozent können eine annehmbare Auswahl an Lebensmitteln und Kleidung kaufen, aber keine weiteren Güter.[44]

Als Präsident Putin 2018 das Renteneintrittsalter erhöht – für Männer von 60 auf 65 Jahre, für Frauen von 55 auf 60 Jahre –, gehen in Dutzenden Städten Zehntausende kurzzeitig auf die Straße. Die Lebenserwartung für Männer in Russland liegt bei unter 67 Jahren, viele fürchten, kaum noch eine Zeit ohne Arbeit am Ende ihres Lebens zu haben. Für die meisten gibt es inzwischen sowieso keine Wahl – entweder leben sie ein Leben mit Arbeit in Armut, oder ein Leben ohne Arbeit in Armut. Im Januar 2019 wird auch noch die Mehrwertsteuer erhöht. Putins offiziell gemessene Beliebtheitswerte fallen nach der Rentenreform 2018 auf ein neues Tief, von fast 80 auf 67 Prozent, so niedrig wie im Jahr 2013, vor der Krim-Annexion. Nur noch etwa 33 Prozent der Befragten vertrauten Putin, sagen die Meinungsforscher. Auch wenn es schwierig bleibt, in einer Autokratie Fakten aus diesen Zahlen herauszulesen, sind das schlechte Werte für ein politisches System, dessen Staatsfernsehen nie die politische Konkurrenz zum Kreml zeigt. Der vielbeschworene Pakt, den Putin mit den Russen am Anfang seiner Amtszeit geschlossen haben soll – Stabilität im Gegenzug für politischen Gehorsam – hat einen ersten Riss bekommen.

Meine Begegnungen in den Dörfern rund um Jegorjewsk bilden die Stimmung im Land fast vier Jahre nach der Annexion der Krim sehr genau ab. Was ich erlebe, weist auf die Symptome eines Ungleichgewichts hin, das das Protestpotenzial im Land in den kommenden Jahren anfachen könnte. Ab 2016 sind mir jedes Jahr Dutzende kleine soziale Proteste aufgefallen: Streiks und Demonstrationen gegen Entlassungen, gegen Korruption, gegen Lohnrückstände, gegen den Kollaps der Infrastruktur, gegen Einschnitte in der Gesundheitsversorgung und im Schulwesen und gegen höhere Lebenshaltungskosten. Das Abgleiten in die Armut und der Widerstand dagegen gehören bald zu den Hauptbestandteilen der Berichterstattung über Russland. Von Soziologen durchgeführte Studien weisen darauf hin, dass der Wunsch nach sozialer Veränderung, nach Gemeinwohl und Gerechtigkeit für einen immer größeren Teil der Gesellschaft wichtiger wird als der Wunsch nach militärischer Macht – ein Stimmungsbild, das wieder jenem von vor 2014 ähnelt. Das Interesse an der Außenpolitik nähme ab, die Unzufriedenheit mit der Innenpolitik steige, und damit verbunden dominiere das Gefühl, sich nicht mehr auf den Staat, sondern nur noch auf sich selbst verlassen zu können.[45]

RUSSLAND IM KRIEG GEGEN DEN WESTEN

In dieser Situation setzt Wladimir Putin in seinem «Wahlkampf» dennoch weiter auf das Bild der umzingelten Festung, auf das Leitmotiv der «Konfrontation», und weniger auf Wahlkampfversprechen wie «Wachstum» oder «Reformen». Regierungsbeamte, Duma-Abgeordnete und die Starmoderatoren des Staatsfernsehens beten ihm nach: Russland sei de facto in einem Krieg, und zwar gegen den Westen und insbesondere gegen die USA. Wenige Monate vor seiner vierten Amtszeit berät sich Wladimir Putin in Sotschi vier Tage lang mit Spitzen-Militärs, um Neuanschaffungen und die Entwicklung des Militärisch-Industriellen Komplexes zu diskutieren. Er segnet ein umgerechnet etwa 277 Milliarden Euro schweres Aufrüstungsprogramm für die Jahre 2018 bis 2027 ab. Die Streitkräfte müssten die strategische Abschreckung sicherstellen, sagt Putin, und Bedrohungen von außen wirksam neutralisieren. Alle großen Privat- und Staatsbetriebe Russlands sollten daher darauf gefasst sein, in konstanter Bereitschaft zu arbeiten, sprich: sich auf eine verstärkte, schnelle Produktion von militärischen Erzeugnissen umzustellen. Ein ungewöhnlicher Appell des Präsidenten, der auch noch inmitten einer ökonomischen Stagnation erfolgt – in einem Land, in dem nach Angaben des Finanzministers Verteidigung und Sicherheit ohnehin bereits ein Drittel aller staatlichen Ausgaben ausmachen.[46]

Wenige Wochen vor der neuen Amtszeit verspricht Putin, die Lebenserwartung der Bevölkerung zu erhöhen und die Armut im Land zu halbieren – ohne jedoch Mittel und Wege zu nennen, wie dieses Ziel zu erreichen ist. Seine Jahresansprache an den Föderationsrat wird aber vor allem als Waffenshow und Ankündigung eines neuen Wettrüstens in Erinnerung bleiben. Mit einem Lächeln auf den Lippen und mit Hilfe von Videos auf der Großleinwand präsentiert er neue atomar bestückbare Raketen, die US-Abwehrschilder ausheben und in der Animation die Küste Floridas erreichen. «Der Versuch, Russland zu zähmen, ist gescheitert (…) Ihr habt nicht auf unser Land gehört. Hört uns jetzt zu», sagt er mit theatralisch eingesetzten Pausen. Als Putin in seiner Rede das Volk dazu auffordert, den neuen Raketen Namen zu geben, fragen Kritiker besorgt nach, ob die Atombombe nun endgültig zur neuen Nationalidee geworden sei. Konfrontation statt Wohlstand, Militärmacht statt Wohnungen, statt Bildung, statt Gesundheit. Will der Kreml vor Putins vierter Amtszeit die Opferbereitschaft erhöhen, die Ansprüche der Bürger auf Wohlfahrt herunterschrauben?

Jeder Austausch eines Präsidenten in Kriegszeiten wäre gefährlich, ohne Putin könnte Amerika Russland vernichten – das ist und bleibt die allgegenwärtige Idee. Die Frage ist, ob diese Art der Legitimation des Präsidenten weiterhin funktioniert, in Zeiten, wo immer mehr Bürger beobachten können, dass nur die unteren und mittleren Schichten Einbußen aufgrund des bereits eingesetzten oder immerzu drohenden Krieges hinnehmen müssen – nicht aber die Eliten.

DIE RUSSISCHEN CYBERKRIEGER
GREIFEN DEN WESTEN AN

«Es kam der Tag, da wir alle erkannten, dass das Wort, dass die Kamera, die Fotografie, das Internet und überhaupt die Information zu nur einer weiteren Art Waffe geworden sind, zu einer anderen Art von Streitkräften.»
(Sergej Schoigu, russischer Verteidigungsminister)

«Propaganda muss smart, kompetent und effektiv sein. Wir haben Informationstruppen, die viel effektiver und stärker sind als die frühere (sowjetische) Abteilung für Gegenpropaganda», sagt Verteidigungsminister Sergej Schoigu im Februar 2017, kurz vor dem «Tag der Vaterlandsverteidiger», vor dem Parlament. Informationstruppen hat sein Ministerium bereits 2013 geschaffen, ihre Aufgaben sind vielfältig: Cyberkriegsführung, Informationsbeeinflussung, Propaganda und Gegenpropaganda. Das Ziel dieser Truppen sei «die nationale Verteidigung und Gegenangriffe in der Nachrichtensphäre», erklärt der Vorsitzende des Verteidigungsausschusses in der Duma. Es geht um den Kampf um die Meinungshoheit, um Kontrolle, Motivation und Demotivation jedes einzelnen Medienrezipienten, es ist ein Kampf mit «geistigen Manövern», mit denen die NATO sich nach wie vor schwertut. Ein Kampf in einer grauen Zone, jeder Spielzug lässt sich abstreiten, starke Antworten von Seiten der NATO bleiben dem Kreml erspart.

In zweierlei Weise, sagen Experten, unterschieden sich die Operationen der russischen Informationskrieger vom Vorgehen anderer großer Cybermächte: Sie seien im Vergleich ungenierter und unerschrockener bei der strategischen Verbreitung von Datenlecks, um Entscheidungen von Bürgern oder Politikern zu beeinflussen, gerade vor Wahlen und Abstimmungen. Und: Kein anderes Land habe Cyberangriffe so massiv und so wahllos eingesetzt, um gesellschaftliche und staatliche Abläufe zu stören, wie

Russland es in Estland, in der Ukraine und in Georgien getan hat.[47]

«Welches Land hinter Cyberangriffen steckt, die Frage der Zuschreibung von Angriffen, ist immer verzwickt. Aber wenn wir eine Zuschreibung vornehmen und veröffentlichen, dann sind wir uns recht sicher. Aktuell folgen wir rund 17 000 Hackergruppen, aber am Ende des Tages veröffentlichen wir nur die Zuschreibung von 30 bis 50 dieser Gruppen», sagt David Grout. Er arbeitet für das amerikanische IT-Sicherheitsunternehmen *FireEye*, das sich seit Jahren auf die Beobachtung russischer Hackergruppen spezialisiert hat. Ich interviewe ihn einige Monate nach der US-Präsidentschaftswahl, als Europa gerade aufwacht und beginnt, sich der Gefahr von Informationskriegen bewusst zu werden. Grout definiert das Jahr 2014 als das Jahr, in dem sich die Operationen russischer Hackergruppen veränderten. Zuvor sei es ihnen mehr um Cyberspionage gegangen. Ab 2014 hätten sie ihr Ziel geändert, es gehe ihnen seither um geopolitischen Einfluss, um das Erlangen von Informationen, mit denen sie das Denken, die Haltung von Menschen zu bestimmten Themen beeinflussen könnten. Der IT-Forensiker Grout gibt mir ein einprägsames Beispiel: Am 9. April 2015 werden die Kanäle des größten französischsprachigen Fernsehsenders der Welt, *TV5 Monde*, plötzlich ausgeschaltet. In der Senderzentrale geht ein Bildschirm nach dem anderen aus, die Serverdaten werden Stück für Stück gelöscht. Auf der Webseite von *TV5* bekennt sich der «Islamische Staat» zum Cyberattentat. Vor dem Büro der Fernsehstation tauchen schwer bewaffnete Anti-Terror-Einheiten auf. «Wenn Sie die Leute in Paris auf der Straße fragen, wer hinter all dem steckte, werden Ihnen, glaube ich, 98 Prozent sagen: Das war das ‹Cyberkalifat› des ‹IS›. Und genau das ist das Ziel einer *False Flag Operation*: Falsche Informationen in die Köpfe zu setzen. Kein Mensch hat doch Zeit, um nach den Details dieser Cybergeschichten zu graben.» David Grout ist sich sicher, dass nicht der «IS», sondern staatliche russische Hackergruppen hinter dem Anschlag auf *TV5 Monde* stecken. Die Angreifergruppe hat viele Namen: «APT28» wird sie von *FireEye* genannt, andere nennen sie «Sofacy Group», «Sednit» oder «Pawn Storm». Grout und seine Kollegen entdecken, dass dieselben Eindringlinge auch die Aktionskünstler von *Pussy Riot* gehackt haben, in die Rechner der polnischen Regierung gelangt sind sowie in einige Computer der NATO (diese stellt allein von 2015 auf 2016 sechzig Prozent mehr verdächtige Cybervorfälle fest). Grout sieht die Handschrift von «APT28» auch beim Hack der Rechner der Bundestages und deutscher Parteien, außerdem beim Datenklau in den Computern der Welt-Anti-Doping-Agentur *WADA*. Das strategische Interesse des Kreml ist bei jedem dieser Ziele offensichtlich. Die auf diese Weise ergatterten Daten werden mehrmals zu politischen Zwecken – zur Manipulation der öffentlichen Meinung – eingesetzt.

Zum Beispiel, als es um russische Leistungssportler geht. Wie früher in der Sowjetunion wird Sport – besonders in der dritten Amtszeit Wladimir Putins – zunehmend zu einer Art Vorbereitung für den Krieg, zu einem Austragungsort politischen Wettbewerbs. Vor allem während der Olympischen Spiele im eigenen Land werden Sportler-Ruhm und Medaillen für den Kreml zur Staatssache: Russlands Sportministerium organisiert mit Hilfe des russischen Inlandsgeheimdienstes über Jahre hinweg systematisch institutionelles Doping. Die *WADA* veröffentlicht 2016 zwei Untersuchungsberichte über die Manipulationen, Russland darf mehrere internationale Sportveranstaltungen nicht austragen, russische Sportler dürfen zu einigen Wettbewerben nicht antreten. Wie lässt sich dieser Schaden reduzieren, wie kann der öffentliche Diskurs verändert und eine Story mit weltweiter Resonanz über betrügerisch errungene Siege umgedreht werden? Eine russische Hackergruppe öffnet die Mailaccounts von *WADA*-Mitgliedern, der US-Anti-Doping-Agentur und des Internationalen Olympischen Komitees und stiehlt Daten über Sportler, die sie anschließend im Internet veröffentlicht. Darin geht es um Ausnahmegenehmigungen, die deutschen und amerikanischen Sportlern erlauben, therapeutische Mittel einzunehmen. Die Enthüllungen sind weder skandalös noch mit verdecktem Staatsdoping zu vergleichen, doch Kremlmedien, russische Trolle und Blogger sowie die sozialen Medien von russischen Ministerien und Botschaften führen die gehackten und geleakten Datensätze – in einer koordiniert wirkenden Kampagne – als Beleg für die angebliche Doppelmoral und Heuchelei des Westens vor: Russland habe nichts anderes getan als andere Länder. Das Ziel der Kampagne: Mit der Verbreitung des zentralen Narrativs «Jeder dopt» die Glaubwürdigkeit der Institution *WADA* zu beschädigen. Therapeutische Drogen werden mit verbotenen Drogen gleichgesetzt. Zum Schluss wiederholt – und verstärkt – gar Wladimir Putin selbst öffentlich das Argument von der «Heuchelei des Westens»: Eigentlich unterstütze der Staat ja keine Hacker, aber dank der Hacker hätte man von den verbotenen Substanzen erfahren, die andere, vollkommen gesunde Sportler einnähmen. Dass nun nur russische Sportler von den Paralympischen Spielen ausgeschlossen seien, und dies auch noch aufgrund eines völlig «unverständlichen Verdachts», sei eine unehrliche Entscheidung, klagt der Präsident Russlands. Diese solchermaßen koordinierte Kommunikations-Maschinerie des Hackens, Leakens und Verstärkens einer Botschaft in Medien und Politik fällt auch auf beim Hack und bei der Verwertung von Daten aus der Parteizentrale der US-Demokraten 2016.[48]

Im April 2016 schicken Tausende Ukrainer eine Botschaft an die Niederländer: «Liebe holländische Freunde (...). Wir sind wie Ihr! Wir wollen glücklich sein, und dazu brauchen wir Eure Hilfe. Wir wollen ohne Krieg leben, ohne Korruption, ohne Grenzen. Die Ukraine war schon immer ein historischer Teil Europas. Wir wollen mit Euch sein!»

Was ist passiert? Der Assoziierungsvertrag der Ukraine mit der Europäischen Union soll bald Realität werden. Doch in den Niederlanden haben mehr als 400 000 Bürger Unterschriften gesammelt, um eine Volksbefragung über ein bereits angenommenes Gesetz zu beantragen: über die Zustimmung der Niederlanden zum Assoziierungsabkommen mit der Ukraine. Will Europa uns nicht mehr, fragen sich die Ukrainer. «Ich denke, die Niederländer haben nicht viel über die Ukraine mitbekommen. Wahrscheinlich ist siebzig Prozent von dem, was sie über uns hören, russische Propaganda. Die ist ja wirklich sehr aktiv in den letzten drei, vier Jahren. Die Niederländer wissen nicht, wer wir Ukrainer wirklich sind», sagt mir Oleg Blinow, ein Familienvater in der Westukraine. Von einer Assoziierung mit der EU hat er sich erhofft, dass die Korruption in der Ukraine endlich eingedämmt werden kann. Nun macht er sich Sorgen, dass eine niederländische Volksbefragung dazu führen könnte, der Ukraine jede europäische Zukunft zu verbauen. Genau jene europäische Zukunft, jene zivilisatorische Entscheidung, für die viele Ukrainer auf dem *Maidan* und später in der – de facto russisch besetzten – Ostukraine ihr Leben geopfert und einen Teil ihres Landes verloren haben.

Als die Niederländer ihr nicht-bindendes Referendum abhalten, stimmt nur ein Drittel der Wahlberechtigten ab. Von ihnen entscheiden sich mehr als 60 Prozent gegen die EU-Assoziierung der Ukraine. Ein Rückschlag für Kiew, und ein Sieg für Moskau. Was sind die Gründe? Eine Vereinigung lokaler, pro-russischer Russen und Ukrainer, geführt von einem linken holländischen Parlamentarier, hat Stimmung gegen die Ukraine gemacht und die Regierung in Kiew als «blutrünstige Kleptokratie» bezeichnet. Die Vereinigung griff in ihrer Kampagne auf russische Desinformation zurück: Verschwörungstheorien, die die Schuld am Abschuss der malaysischen Passagiermaschine MH17 vom Kreml ablenkten oder falsche Behauptungen über «Faschisten in Kiew» aufstellten. Sie stellten Präsident Wiktor Janukowitsch als rechtmäßigen Staatschef der Ukraine vor und leugneten, dass russische Soldaten in der Ukraine seien. Sie benutzten Propaganda-Videos der St. Petersburger Trollfabrik und verwendeten niederländische Regierungs-gelder, die für solche Volksbefragungen vergeben werden, um ihre Argumente auf Toilettenpapier zu drucken. Darauf die «Botschaf-ten», dass die Ukraine bekannt sei für Frauen- und Organhandel oder dass MH17 über der Ukraine abgeschossen wurde – so, als ob Kiew die ganze Verantwortung für den Tod von fast 300 über-wiegend niederländischen Passagieren trage. Diese Art Desinfor-mation über die Ukraine, wissentlich oder unwissentlich wieder-holt und vorgetragen, verstärkt eine EU-feindliche Strömung, die in den Niederlanden ohnehin bereits existierte. Die Ukraine wird für rechte und linke EU-skeptische Gruppen ein Vehikel, um Eu-ropa-Ablehnung und den Kampf gegen das «EU-Establishment» auszudrücken. Dabei nehmen sie für dieses Ziel bewusst oder un-bewusst in Kauf, im Namen des Kreml-Establishments gegen die Europäische Union zu sprechen.

WÄHLERBEEINFLUSSUNG IN DER EU UND DEN USA

Wahlen und Volksbefragungen – über die Zukunft der EU, über die eigene EU-Mitgliedschaft oder über die Abspaltung von Landes-teilen – sind für die Ideologieproduzenten in Moskau zur idealen Plattform der Informationsbeeinflussung geworden, zum idealen Mittel für ihren Angriff auf westliche Demokratien. Die Schwere des Angriffs und das Ausmaß der Konsequenzen sind kaum nach-weisbar, die Urheber verstecken sich, und Ermittlungen dauern zu lange, als dass Moskau schnelle und deutliche Antworten und Gegenangriffe erdulden müsste. «Es gibt viel Rauch, aber oft erst einmal keinen rauchenden Colt», fassen Experten diese Art der russischen Intervention zusammen. So auch beim britischen Re-ferendum zum Ausstieg Großbritanniens aus der EU: Falschmel-dungen und Lügen spielen dabei eine große Rolle, denn durch sie werden Wähler von den Vorteilen des Brexits überzeugt. Anti-EU-Stimmung durchzieht die Berichterstattung der englischsprachigen

Ableger des russischen Staatsfernsehens, *Russia Today* und *Sputnik*. Zwar ist ihr Publikum im Westen nicht besonders groß, aber ihre Meldungen werden oft auf westlichen rechtspopulistischen Seiten recycelt. Das Ausmaß der Wirkung ihrer Desinformationskampagne zumindest in den sozialen Medien ist umstritten: Man kann Reichweiten messen und Likes zählen, aber nicht, wie viele Menschen in ihrer politischen Einstellung tatsächlich beeinflusst werden – und wie weit sie beeinflusst werden.

Der für Medienpolitik und Digitales zuständige Ausschuss des britischen Unterhauses fängt erst ein Jahr nach dem Referendum an, eine mögliche Manipulation des Wählerverhaltens durch soziale Medien und Russlands Einfluss während der Brexit-Kampagne zu untersuchen. Die zwölf Abgeordneten des Ausschusses hören Experten an und finden heraus, dass soziale Netzwerke zu Waffen umgestaltet werden können, um Falschnachrichten, Propaganda oder parteiische Inhalte zu verbreiten – maximal wirksam, indem Userprofile psychologisch kategorisiert und einzelne Zielgruppen strategisch genau angesprochen werden. Sie erfahren, dass die Anti-EU-Beiträge von *Russia Today* und *Sputnik* im sozialen Netzwerk Twitter viel weiter verbreitet wurden als die Beiträge «klassischer» EU-kritischer Pro-Austritt-Gruppen wie Vote Leave. In seinem vierten Bericht hält der Ausschuss fest, dass russische Staatsmedien eine, so wörtlich, «unkonventionelle Kriegsführung» während der Brexit-Kampagne betrieben haben. «156252 russische Accounts twitterten über den #Brexit, diese posteten über 45000 Botschaften in den letzten 48 Stunden der Kampagne». Über ihre Aktivitäten auf Facebook, YouTube und Google liegen noch keine Erkenntnisse vor, doch es kristallisiert sich heraus, dass in den USA und in Großbritannien dieselben Trolle und Bots der St. Petersburger Trollfabrik den Brexit und den Präsidentschaftskandidaten Donald Trump mit ihren Botschaften gefördert haben. Ob darüber hinaus die Brexit-Kampagne der Austrittsbefürworter durch Geld aus Moskau finanziert wurde, und warum ein britischer Großspender sich vor der Abstimmung mehrmals mit russischen Amtspersonen traf, ist ebenfalls Gegenstand mehrerer, auch strafrechtlicher Untersuchungen. Verschiedene Akteure, wie zum Beispiel Russlands Botschafter in London, Alexander Jakowenko, oder der frühere Vorsitzende der europaskeptischen, rechten Unabhängigkeitspartei, Nigel Farage, tauchen sowohl in britischen Brexit-Ermittlungen als auch in amerikanischen Ermittlungen zu Donald Trumps möglichen Russland-Verbindungen auf.

Moskau investiert in ganz verschiedene Arten von Einflusskanälen. Persönliche Netzwerke mit westlichen Aktivisten, die gegen ihren eigenen Staat agieren, gehören zu den wichtigsten politischen Investitionen. Zwei Monate nach dem Brexit-Referendum heißt eine schillernde internationale Runde unweit des Kreml den Brexit willkommen und gratuliert dem britischen Volk. Sein Erfolg sei eine Inspiration für alle im Saal, sagt einer. Die «Russische Anti-Globalisierungsbewegung» hat Separatisten aus Europa, den USA und einigen Nachbarländern Russlands eingeladen, um zusammen über eine «multipolare Welt ohne amerikanische Hegemonie» zu sprechen, im Nobelhotel Ritz-Carlton, wo gewöhnlich Staatsgäste übernachten. Der Gastgeber, nach eigenen Angaben eine russische Nichtregierungsorganisation, hat mehrere Millionen Rubel staatliche Beihilfe bekommen, um ein Zeichen gegen die Globalisierung und für das Selbstbestimmungsrecht der Völker zu setzen. Eine Delegation der IRA, katalanische, kalifornische und texanische Separatisten und libanesische Anhänger des syrischen Präsidenten Baschar al-Assad sind zugegen, um über Selbstbefreiung durch das Allheilmittel der direkten Demokratie zu sprechen, das Volksreferendum. Tonfall und Themen sind die gleichen wie auf der Moskauer Premiere des «Dialogs der Nationen» ein Jahr zuvor. Der Veranstalter setzt Hoffnungen in seine internationalen Gäste, Moskau zitiert gerne westliche Separatisten, wann immer es die Krim-Abspaltung legitimieren will, zudem können die Gäste Moskaus Botschafter im Westen sein und dort für den Kreml ein gutes Wort einlegen. Über Russlands eigene Separatisten will die «Russische Anti-Globalisierungsbewegung» nichts wissen. Für sie sind Russland-kritische Krimtataren, Tschetschenen und andere Gruppen «US-Agenten» – eine Interpretation, die sich mit jener des Kreml deckt. Jedwede separatistische Aktivität in Russland kann mit bis zu fünf Jahren Gefängnis bestraft werden.

«Mit Trump haben wir's geschafft, mit Marine Le Pen nicht», sagt Konstantin Rykow, der Mann mit den halblangen blonden Haaren, dem rotblonden Bart und dem verschwitzten Gesicht. Wenn Stimmungen im Netz für den Kreml geschaffen werden müssen, ist Rykow nicht weit. Auch für die westlichen Lieblingskandidaten des Kreml habe er sich mächtig ins Zeug gelegt, behauptet er. Die Karriere des Konstantin Rykow begann in den 2000er Jahren als Blogger mit Kreml-Sympathien, seitdem wird er in russischen Medien wahlweise als Internet-Guru, Hacker, Kreml-Spindoktor, Kreml-Cheftroll oder als ehemaliges Mitglied der Putin-Partei und Duma-Abgeordneter bezeichnet. «Haben Sie irgendwas bekommen für den Sieg Donald Trumps?», fragt ihn der Radiomoderator. «Ja, einen großartigen Ertrag», sagt Rykow. Der Moderator hakt nach: «Erzählen Sie uns ein bisschen mehr». Rykow blickt nach unten, antwortet leise und fast schüchtern: «Wissen Sie, um was es heute in den Medien geht? Es geht doch um die Frage, was gerade mit Trump passiert. Was da drüben gerade passiert. Und das war der Grund, warum wir all das gemacht haben, warum wir die Lage zu unseren Gunsten verändert haben und die Amis in unsere Geschichte reingezogen haben. Und wir haben es geschafft, wir haben ein Ergebnis. Jetzt ist es vorbei, Trump ist Präsident geworden. Marine leider nicht. Ich werde an keinen weiteren Geschichten teilnehmen.»[49]

Es ist eines der wenigen Interviews mit dem Influencer Konstantin Rykow, aufgenommen im Sommer 2017, nach den Wahlen in den USA und nach den Wahlen in Frankreich. Rykow ist keiner, der sich vor die Kamera drängt, er bleibt lieber in den dunklen, zwielichtigen Ecken des Netzes, wo er mit zynischen Kommentaren und aufmerksamkeitserregenden Inhalten ein Vermögen macht. Sein Internetprojekt *fuck.ru* macht den obszönen Jugendslang im Netz populär, mit seinem Service *dosug.ru* erschafft er einen Online-Lieferservice für Prostituierte. Rykow wird zum Kopf der Digitalabteilung des Staatssenders Erster Kanal und Herausgeber des Online-Magazins *Vzgljad*, aufgebaut mit kräftiger Unterstützung aus dem Kreml. Mit 28 Jahren zieht er als Abgeordneter in die Duma ein, just dann, als der Kreml nach seiner Propaganda-Niederlage im Georgien-Krieg 2008 anfängt, sich dem Internet zuzuwenden – um auch dort um die Deutungshoheit zu kämpfen, und genau dafür werden Experten gesucht. Mit ultranationalistischen Parolen auf Twitter fällt der Abgeordnete Rykow während der Demonstrationen gegen die gefälschten Parlamentswahlen von 2011 auf («Ich frage mich, was die Liberalen tun werden, wohin sie flüchten, wenn wir morgen mit Waffen rausgehen. Ich werde morgen für Russland sterben. Habe die Patronen gezählt. Ich werde 30 Liberale mit mir nehmen.»). Nach Aussagen eines ehemaligen Journalistenkollegen schafft es Rykow, für den Kreml Meinungsartikel auf Porno- oder Humor-Portalen im Netz unterzubringen und eine dem Kreml nützliche Technik der Manipulation in sozialen Medien auszuarbeiten, mit Hilfe von Trollen und Bot-Armeen.

2012, nach Barack Obamas zweitem Wahlsieg, entdeckt Konstantin Rykow den amerikanischen Milliardär Donald Trump und ist offenbar begeistert von dessen direkter, militanter Art. Er beginnt, in Russland Unterstützer für «Präsident Trump» zu sammeln und bringt sie in seine Initiative «Die Freunde Trumps»[50]: «Anders als viele Experten habe ich Trump ernst genommen», schreibt Rykow. Ein Jahr vor den US-Wahlen kreiert er die Seite *Trump2016.ru*, die ständig Informationen zu Trump sammelt – denn der sei schließlich der erste US-Politiker der amerikanischen Elite, der Russland lobe, sagt Rykow. Kurz nach den US-Wahlen

2016 rühmt sich der Internet-Guru, für den Wahlsieg des Putin-Freunds Trump und dessen steigende Popularität in Russland mit verantwortlich gewesen zu sein. Er habe in Politik und Medien beständig PR für Trump betrieben. Mit «ein paar Hackergruppen, ein paar Bürgerjournalisten von *WikiLeaks*» und einem befreundeten politischen Strategen habe er Trump in einer «wahnsinnigen, aber realisierbaren Propagandakampagne» unterstützt[51], auch mit Hilfe von Psychologie und sozialen Medien. Es ist bemerkenswert, dass der Russe nur eine Woche nach Trumps Wahlsieg einen tiefen Einblick in die damals noch wenig bekannten Wahlkampf-Methoden Trumps zu haben scheint – das Sammeln und Analysieren von Wählerdaten über Facebook und die Beeinflussung von Wählern durch persönliche Botschaften bezeichnet Rykow als Trumps Wunderwaffe. «Für Europäer sind die US-Wahlen ein Beispiel dafür, was man versuchen kann und sollte, um sein Schicksal zu ändern», schreibt er. «2017 können die Franzosen Marine Le Pen wählen. So wie Trump ist sie keine Randfigur mehr, sondern die Vertreterin einer neuen Politikergeneration.»

Der Medienunternehmer organisiert am Tag der US-Wahl in Moskau eine Wahlparty für die russischen Fans von Donald Trump. Dort lässt der Trump-Fanboy erstmals das «Triptychon» aufstellen, das Gemälde dreier blonder Köpfe, die alle nach rechts schauen: Putin, Trump und Le Pen. Für Rykow sind die drei «die größten Politiker unserer Zeit, die eine neue Weltordnung erschaffen werden»[52]. Zur rechtsnationalen Marine Le Pen scheint Rykow bereits seit Jahren Kontakt zu haben. In einem geleakten, wahrscheinlich authentischen SMS-Chat wies er den Kreml darauf hin, für Le Pens frühe Anerkennung der russischen Krim im Gegenzug «einen Weg zu finden, ihr zu danken». Daraufhin wurden russische Millionenkredite an Marine Le Pen und ihren Vater bekannt.[53]

Die Kandidatin des Front National fliegt einen Monat vor den Präsidentschaftswahlen in Frankreich nach Moskau, um Wladimir Putin zu treffen, es ist ihre dritte Zusammenkunft. Moskaus Interesse, den Kandidaten Emmanuel Macron zu verhindern, ist klar erkennbar. Wieder geht es um Desinformation durch Verbreitung von Gerüchten, Falschmeldungen und gefälschten Dokumenten sowie die Veröffentlichung von mehreren Gigabyte Mails und Daten – zwei Tage vor der Stichwahl in Frankreich. So publiziert *Sputnik* mehrere Monate vor der Wahl einen Artikel über Macron als «US-Agent», der von einer «sehr reichen Schwulenlobby» unterstützt werde. Amerikanische *Alt-Right*-Trolle und die französische Rechte verstärken die Stoßrichtung dieser Botschaften und greifen Emmanuel Macron an: Er sei eine «Marionette der Globalisten», ein «Aristokrat», «Unterstützer von Islamisten» oder «reicher Banker». Falsche Dokumente über ein angeblich geheimes Offshore-Konto Macrons verbreiten sich in den sozialen Medien, seine politische Gegnerin, Marine Le Pen, nimmt sogar während einer Fernsehdebatte darauf Bezug. Als ein französischer Parlamentsabgeordneter in einem Interview mit Russlands Staatsmedium *Sputnik* behauptet, Kandidat Macron führe eine Scheinehe und sei in Wahrheit schwul, verbreitet sich das «Macron-ist-schwul»-Gerücht in Windeseile von den neuen in die «alten» Medien. Die persönlichen und beruflichen Mailkonten von Mitarbeitern der Macron-Kampagne werden gehackt, auch die seines Redenschreibers und seines Schatzmeisters. *WikiLeaks* hilft bei der Verbreitung der Inhalte, darunter auch gefälschter Mails. Paris hat die Angriffe bislang nicht offiziell einem Land zugeschrieben, Experten aber sehen viele Indizien, die auf den Kreml zeigen.[54] Anders als die USA, welche die russischen Einmischungsversuche lange ignorieren und zu spät deren ganzes Ausmaß erkennen, ist Frankreich Monate vor den Präsidentschaftswahlen im Mai 2017 gut vorbereitet. Auch deshalb wohl hat Russlands Versuch der Informations-Einmischung, bekannt unter dem Namen «Macron Leaks», nicht den gewünschten Effekt. Die großen, traditionellen Medien Frankreichs sind zu tief verankert im Land, die Hacker machen Fehler, die Cyber-Operation bringt keine politischen Fehler und Skandale zutage. In Gegenwart von Wladimir Putin wird dann der neue Präsident Frankreichs die russischen Staatsmedien als «Organe, die Einfluss, Propaganda und Lügen» gegen ihn verbreitet hätten, bezeichnen. Macron rechtfertigt damit, dass er *Sputnik* und *Russia Today* als einzigen Medien den Zugang zu seiner Wahlkampagne und später auch den Zutritt in den Elysée-Palast und zu Pressekonferenzen des Außenministeriums verwehrt.

«Was wir heute wissen, ist, dass vieles aus russischem Territorium kam (...) Das sind öffentliche und private Gruppen, die die Lage beeinflussen und Instabilität in Europa erzeugen wollen». Spaniens Verteidigungsministerin Maria Dolores de Cospedal und Außenminister Alfonso Dastis sprechen von eindeutigen «Beweisen», dass der russische Staat im Herbst 2017 das Unabhängigkeitsreferendum Kataloniens mit einer Kampagne in sozialen Medien massiv vorangetrieben habe, um die öffentliche Meinung zugunsten einer Abspaltung der Region von Spanien zu beeinflussen. Nur Monate vorher veröffentlicht Schwedens renommiertes Institut für Internationale Politik, die wichtigste außenpolitische Denkfabrik des Landes, eine Studie, die russische Einflussnahme in Schweden aufzeigt. Sie habe zum Ziel, so wörtlich, Schweden weiter von der NATO fernzuhalten und das Land daran zu hindern, öffentliche Unterstützung für seine Politik herzustellen. Zu den wichtigsten Maßnahmen Russlands gehörten gefälschte Dokumente und Falschmeldungen, zunächst aufgetaucht auf unbekannten Webseiten, dann vom schwedischen Ableger russischer Staatsmedien übernommen. Diese Berichte und Meldungen fokussierten sich auf Themenfelder wie «Die Aggression des Westens», «Risse in der westlichen Allianz» oder «Irrtümer westlicher Politik», sie seien NATO- und EU-feindlich geschrieben, und einige Argumente hätten es sogar bis in parlamentarische Debatten geschafft, so die Verfasser der Studie. Die Detailfülle lege nahe, dass die Urheber Zugang zu umfänglichen Geheimdienstinformationen über die schwedische Gesellschaft hatten. Einige Dokumente seien Briefe mit falschen Briefköpfen wichtiger Figuren gewesen, die das Land als Freund des Terrors framen sollten. Ein fingierter Brief vom schwedischen Verteidigungsminister an einen schwedischen Waffenhersteller thematisierte Waffenverkäufe an die Ukraine. Ein anderer falscher Brief beinhaltete konspirative Pläne Schwedens und der NATO, heimlich Waffen an den «Islamischen Staat» zu schicken.[55]

Manchmal verstecken sich Staatsmedien und kremlnahe Medienunternehmer hinter nicht-russischen Webseiten und fingierten Nachrichtenportalen, die sich «unabhängig» nennen, um nicht direkt erkannt zu werden. Im Baltikum fliegt so ein Versteckspiel auf: Die drei Nachrichtenseiten von *BaltNews* in Litauen, Lettland und Estland betreiben und finanzieren nicht etwa freie baltische Journalisten, die sich als authentische Stimme einheimischer Russen verstehen, sondern *Rossija Sewodnaja*, ein staatliches Medienunternehmen, das den Journalisten von Moskau aus die Grundzüge ihrer Geschichten diktiert, darunter zum Beispiel Artikel, die die angebliche Diskriminierung der polnischen Minderheit in Litauen thematisieren und die Beziehungen zwischen Litauen und Polen verschlechtern sollten.[56] Monate, nachdem dies bekannt wird, schließt Facebook 364 Seiten, die pro-russische, antiwestliche «Nachrichten» in dreizehn Ländern verbreiteten, von Osteuropa bis Zentralasien – sie alle betrieben von einem russischen Staatsmedium, das sich hinter den Gruppen und Konten verbarg und mit ihnen seine Reichweite vergrößerte.

DER «FALL LISA»: RUSSISCHE PROPAGANDA IN DEUTSCHLAND

Als Deutschland ins Visier russischer Desinformationsstrategen gerät, erleben deutsche Politiker zum ersten Mal, welche gesellschaftlichen Folgen eine Falschnachricht haben kann: sie beschädigt das innergesellschaftliche Vertrauen und das Vertrauen in den Staat, sie verbreitert soziale Risse und spielt geistigen Brandstiftern in die Hände – es sind die gleichen Szenarien, wie sie die Ukraine ab 2014 in verheerender Weise immer wieder erlebte.

In Berlin-Marzahn verschwindet im Januar 2016 das deutschrussische Mädchen Lisa F. Nach einem Tag taucht sie wieder auf und erzählt, sie sei von «Südländern» entführt und vergewaltigt worden. Eine Darstellung, die sich rasend schnell über soziale Netze bis in die russischen Medien verbreitet. Der russische Erste Kanal interviewt die Familie: Eine Tante der Dreizehnjährigen beschreibt Täter und Tat, ein Onkel beklagt die untätige Polizei. Das Fernsehen zeigt eine Demonstration, auf der ein Mann auf Russisch zu Gewalt aufruft, weil Frauen und Kinder vergewaltigt würden. Der Reporter hinterfragt die Geschichte nicht, sondern beschreibt Deutschland als zunehmend unsicheres Land. Das Fazit seines Stimmungsberichts: Er habe versucht, mit der deutschen Polizei zu sprechen, jedoch sei dort an einem Sonntag niemand erreichbar. Der kurze Film wird unter dem Titel «Dreizehnjährige 30 Stunden lang vergewaltigt» über russische Facebook-Gruppen weiter verbreitet, die Kommentare sprechen von «Staatsversagen» und einem «hochkriminellen Migrantenmob».

Doch Lisa war in der Nacht, in der sie verschwand, bei einem Freund gewesen. Für die deutsche Polizei ist nach der Vernehmung klar, dass sie weder entführt noch vergewaltigt wurde. Mehr als ein Jahr später wird ein deutscher Staatsangehöriger zu 21 Monaten Bewährung verurteilt werden – nach zwar einvernehmlichem, aber strafbarem Sex, da dieser mit einer Minderjährigen erfolgte und vom Täter gefilmt wurde, im August 2015 – nicht in der besagten Nacht, als Lisa kurz verschwand.

Während das Mädchen wieder aufgetaucht ist, verschiedene Versionen zum Tathergang erzählt und während die Polizei weiter ermittelt, sammeln sich in Berlin Russlanddeutsche vor dem Kanzleramt und rufen «Hände weg von meinem Kind», unterstützt von einer rechten deutschen Partei und rechten Bewegungen. In mindestens 42 weiteren Städten Deutschlands finden Demonstrationen gegen Angela Merkels Flüchtlingspolitik statt, bis zu 50 000 Menschen sammeln sich unter dem Motto «Wir sind gegen Gewalt», alle mit gelben Plakaten und gelben Luftballons mit schwarzem Schriftzug. Auf einigen dieser Treffen wird die Einrichtung von «Freiwilligeneinheiten» diskutiert, ein Begriff, der an die ersten Tage der Krise in der Ostukraine erinnert. Wie konnten Russlanddeutsche, die für gewöhnlich politisch wenig auffallen, derart zügig mobilisiert werden? Zweifelsohne verfolgt ein großer Teil dieser mindestens drei Millionen Menschen regelmäßig russisches Staatsfernsehen. Die russischen Staatsmedien sehen in der Aufnahme von Flüchtlingen in Deutschland einmal mehr einen «Beweis für den bevorstehenden Untergang des Westens», die Flüchtlingswellen seien eine verheerende Entwicklung, die vor allem Deutschland ins Chaos stürzen würde.

Diese Narrative bilden den Nährboden für den «Fall Lisa». In sozialen Netzwerken zirkuliert ein Appell, sich zu versammeln, er wird über geschlossene Gruppen geteilt: «ACHTUNG! DAS IST KRIEG! Ein 13jähriges Mädchen wurde in Berlin vergewaltigt. Die korrupten Behörden und ihre treuen Hunde, die Polizei, versuchen die Fakten so gut wie möglich zu vertuschen. Die Presse schweigt seit einer ganzen Woche. (…) Wir sind die letzte Bastion. Wenn wir uns nicht vereinigen und Deutschland retten, werden wir erstickt, wie Ratten in ihren Löchern.» Dann meldet sich Moskau. Außenminister Sergej Lawrow wirft deutschen Medien und der Bundesregierung Vertuschung vor, und er befeuert Gerüchte: «Ich hoffe, dass es keine Wiederholung von solchen Fällen gibt wie mit unserem Mädchen Lisa, nachdem die Nachricht, dass sie verschwunden ist, so lange aus irgendwelchen Gründen versteckt gehalten wurde. Jetzt arbeiten wir zumindest mit einem Anwalt, er arbeitet mit der Familie des Mädchens und mit unserer Botschaft zusammen. Es ist absolut klar, dass das Mädchen nicht freiwillig 30 Stunden lang verschwunden war. Ich denke, dass Wahrheit und Gerechtigkeit in dieser Situation gewinnen müssen.»

Wahrheit und Gerechtigkeit? Unser Mädchen Lisa? Für die deutsche Politik ist der «Fall Lisa» ein Weckruf, ein Exempel dafür, dass eine Lüge explosiv sein kann. Der deutsche Außenminister verbittet sich ungewohnt deutlich jede Einmischung, die Regierung weist den Bundesnachrichtendienst und das Bundesamt für Verfassungsschutz an, zu untersuchen, ob die Regierung in Moskau die öffentliche Meinung in Deutschland manipuliere. Eindeutige Beweise, heißt es später, seien nicht gefunden worden, dennoch bleibt der Untersuchungsbericht geheim. Die Berichterstattung von *Russia Today* Deutsch und *Sputnik* bewerten die Behörden allerdings als «feindselig».

Ein Jahr später berichtet die NATO, dass Politiker und Medien in Litauen Mails bekommen hätten, in denen behauptet wird, dort stationierte Bundeswehrsoldaten hätten eine Minderjährige vergewaltigt. Die litauische Regierung leitet Ermittlungen ein und findet schnell heraus, dass an den Vorwürfen nichts dran ist. Ein halbes Jahr später, als der «Fall Lisa» für die deutsche Justiz abgeschlossen ist, berichten einige russische Medien über die Verurteilung des Täters, indem sie ihre erste Fehlinformation noch einmal wiederholen: «Die Vergewaltigung von Lisa wurde bestätigt». Die Medien sehen sich im Recht, ihre eigene Berichterstattung damals habe gestimmt, in Deutschland herrsche antirussische Hysterie, schreibt etwa *RT* Deutsch: «Für die mittlerweile 14-jährige Lisa wäre es sicher auch wünschenswert, wenn deutsche Mainstream-Medien ihre Kampagne zu dem Fall endlich beenden. Seit über einem Jahr nutzen diese den Namen des missbrauchten Mädchens, um negative Stimmung gegen Russland zu schüren. Ein weiteres Trauma, das dem Opfer zugefügt wird.» Es ist klar, wer die (nicht existierende) Geschichte der Lisa F. für Propagandazwecke erfunden und die realen Personen missbraucht hat. Doch auch hier, ebenso wie in vielen anderen Fällen, dreht der russische Staat mit seinen Medien

327

den Spieß um: Alles, was er selbst getan hat und was ihm dann vorgehalten wird, wendet er gegen das Opfer oder gegen den Gegner und beschuldigt ihn des eigenen Verhaltens.

Im Vorfeld der Bundestagswahlen 2017 analysieren Forscher der *London School of Economics and Political Science* und des *Institute for Strategic Dialogue* die russische Einwirkung auf die Wahlen in Deutschland. Ihre Untersuchung zeigt «klare und koordinierte Bemühungen», vor allem drei deutsche Wählerschichten zu beeinflussen: die nationalistische Rechte, die Linke sowie die Russlanddeutschen.[57] Kremlmedien wie *RT* Deutsch und der deutsche Kanal von *Sputnik* favorisieren klar die AfD, angeblicher Wahlbetrug in Deutschland und immigrationsfeindliche Narrative prägen ihre Berichterstattung. Sie verschärfen somit jene Spannungen und Streitpunkte, die sich wie Keile zwischen verschiedene Gruppierungen treiben. «Freunde von Angela Merkel haben eine Massenschlägerei in Dortmund angezettelt», «Deutschland: Asylant onaniert vor jungem Mädchen im Schwimmbad» oder «Deutsche Soldaten vergewaltigen bei NATO-Einsatz in Litauen minderjähriges Mädchen» – mit solchen Schlagzeilen in Großbuchstaben versucht zum Beispiel die «Nachrichtenagentur» *NewsFront* mit Sitz auf der Krim Wählerstimmen in Deutschland zu beeinflussen. Auffällig ist auch ein koordiniertes Bot-Netzwerk – speziell programmierte Meinungsroboter – auf Twitter, das neben seiner Unterstützung für die AfD auch Angriffe auf den russischen Oppositionellen Alexej Nawalny, pornografische und kommerzielle Botschaften verbreitet.

Cyberangriffe hat die Bundesrepublik zu diesem Zeitpunkt bereits mehrmals erfahren. 2015, vor einem Besuch des ukrainischen Ministerpräsidenten in Berlin, fahren russische Hacker zwei Tage lang Angriffe gegen die Rechner der Bundesregierung – als der ukrainische Politiker aus Berlin abfliegt, hört der Cyber-Beschuss auf. Wenige Monate später erbeutet die russische Gruppe *Fancy Bear* mehrere Gigabyte Daten aus den Rechnern von vierzehn

Bundestagsabgeordneten, die Bundestags-IT muss ausgetauscht werden. Die nächsten Ziele der Angreifer sind unter anderem das Außen- und Verteidigungsministerium, aus denen sie weitere Daten klauen, indem sie das besonders geschützte gemeinsame Netz von Bundestag, Bundesrat, Bundeskanzleramt und Bundesministerien durchdringen.

Im Dezember 2018 beschließt die Europäische Union, vom Kreml gesteuerte Desinformation zu bekämpfen, um die anstehenden EU-Parlamentswahlen zu schützen. In Brüssel werden dafür neue Geldtöpfe geschaffen und Maßnahmen bekanntgegeben, nachdem in den vergangenen Jahren klar geworden ist, dass Russland sich seine «strategischen Lügen», die Konfliktlinien in Europa erzeugen sollen, umgerechnet mehr als 1,1 Milliarden Euro jährlich kosten lässt. Der Vizepräsident der Europäischen Kommission, Andrus Ansip, erklärt, dass Russland die erste Quelle von Desinformation in Europa sei. Die Kommission will den Mitgliedsländern nun etwas mehr als 1,8 Millionen Euro jährlich bereitstellen, um solche Desinformationskampagnen zu entdecken. Digitalfirmen will sie stärker als bisher dazu drängen, Falschnachrichten und die Auftraggeber digitaler Polit-PR zur Wählerbeeinflussung klar zu identifizieren und zu löschen. Die Ankündigung der Kommission kommt zu spät, um die Versäumnisse vergangener Jahre wettzumachen.

Jedes Mal, wenn ich gefragt werde, ob die Auswirkungen der Einmischung und der Desinformation in sozialen Medien im Westen denn nicht übertrieben, nicht dramatisiert werden, gerade in der amerikanischen Wahldebatte, antworte ich mit einer Frage. Ich bitte den Fragesteller, den Sachverhalt umzudrehen. Was würde passieren, wenn die Trollfabrik eines deutschen oder amerikanischen Unternehmers, wenn deutsche Medien mit Unterstützung der Regierung Falschmeldungen über die russischen Präsidentschaftswahlen ins russische Netz spülen würden? Es geht mir hier nicht um die Existenz einer *Smoking Gun*, den schlüssigen Beweis dafür, dass die russische Einflussoperation den Ausgang der US-Wahlen entscheidend beeinflusst hat. Diese Frage ist zu kurz gedacht. Es geht um die Motivation des Kreml, um die Frage, wie weit er bereit ist zu gehen, und welches Denken und Handeln er geopolitischen Rivalen spiegelbildlich unterstellt – in der Erwartung, dass andere genauso handeln wie er.

DER FALL SKRIPAL: VERRÄTER WERDEN VERRECKEN

Es ist zwei Wochen vor Wladimir Putins vierter Wahl zum Präsidenten, als in der englischen Stadt Salisbury ein ehemaliger Agent des militärischen Geheimdienstes und seine Tochter auf einer Parkbank bewusstlos aufgefunden werden. Sergej Skripal, der für den britischen MI6 arbeitete, war 2010 nach einer Gefängnisstrafe begnadigt und ausgetauscht worden. «Verräter werden verrecken», hatte Wladimir Putin damals gesagt, als Skripal und andere russische Überläufer gegen zehn in den USA aufgeflogene russische Spione ausgetauscht wurden. Putin, der ehemalige KGB-Agent, nahm damals den Geheimnisverrat persönlich: «Wie kann es sein, dass es Menschen gibt, die ihr Leben für das Vaterland opfern, bis irgend so ein Bastard daherkommt und diese Menschen verrät?»

Bereits vierzehn rätselhafte Tode auf britischem Boden bringt der amerikanische Geheimdienst mit Russlands Sicherheitsdiensten oder mit russischen Mafiagruppen (die oft staatlich gedeckt werden) in Verbindung. Die Briten aber bezweifeln diese Schlussfolgerungen lange und ermitteln nicht weiter. Zu den Toten zählt auch Boris Beresowski, der Oligarch und Politiker, der wegen Meinungsverschiedenheiten mit Wladimir Putin nach Großbritannien emigrierte und 2013 tot in seiner Wohnung aufgefunden wurde. Oder der übergelaufene Spion Alexander Litwinienko, der in London mit radioaktivem Polonium ermordet wurde. Oder Alexander Perepilichnij, ein russischer Geschäftsmann und Whistleblower, der 2012 in London beim Joggen bewusstlos wurde. Der heutigen

Premierministerin Theresa May wird vorgeworfen, als Innen-
ministerin belastende Belege für eine russische Handschrift dieser
Morde zurückgehalten zu haben – um die Beziehungen zu Russland nicht zu belasten und um das politische Risiko zu vermeiden,
das London eingegangen wäre, wenn es den Aktivitäten des russischen Staates und der russischen Mafia in Großbritannien entschieden entgegengetreten wäre.[58] Dieses Mal ist es anders: Theresa
May erklärt nur eine Woche nach dem Vorfall, Russland sei sehr
wahrscheinlich für den Giftanschlag auf Skripal verantwortlich.

Kann es sein, dass Wladimir Putin kurz vor seiner Wiederwahl und acht Jahre nach der Auslieferung des Überläufers Sergej
Skripal eine Botschaft an jene schicken will, die er nicht loyal genug wähnt? Dass die Täter den einst in einem russischen Militär-
labor entwickelten Nervenkampfstoff Nowitschok gegen Skripal
benutzen, das Gift auf der Türklinke seiner Wohnung anbringen
und dann ihre Waffe, eine Parfümflasche, achtlos wegwerfen – wodurch viele britische Staatsbürger theoretisch in Gefahr geraten
und wodurch schließlich auch eine unschuldige Britin stirbt –, löst
eine schwere diplomatische Krise aus. Westliche Staaten und die
NATO weisen 153 russische Diplomaten aus, Russland im Gegenzug 189 westliche Diplomaten. Die Anschuldigungen aus London
sind auf jeden Fall ein willkommenes Geschenk für den Kreml,
bringen sie doch Wählerstimmen. Der Präsident kann von schwer
einlösbaren Wahlversprechen wie strukturellen Wirtschaftsrefor-
men oder sozialen Verbesserungen ab- und die Aufmerksamkeit
der Wähler wieder auf die «umzingelte Festung Russland» lenken.
Das Land werde attackiert, die westliche «antirussische Hysterie»
erlebe einen neuen Höhepunkt, und in einer solchen gefährlichen
Konfrontation könne Russland eben nur vom starken Mann Putin
verteidigt werden, im Krieg wechsle man nicht die Führung aus.

Nachdem ich in den letzten Jahren in Interviews mit russischen
Bürgern zunehmend weniger scharfe antiwestliche Zurückweisun-
gen gehört hatte, werden in dieser Atmosphäre, die das Staatsfern-

sehen für eine neue «Kriegsberichterstattung» gegen den Westen nutzt, rüde Reaktionen auf der Straße gegenüber einem deutschen Fernsehteam wieder normal. Die Aussagen von Politikern, die Analysen und Berichte des Staatsfernsehens zum Fall Skripal erinnern mich an die wirre Kakophonie nach dem Abschuss von MH17 über der Ostukraine, an die vielen Theorien nach dem Mord an Boris Nemzow oder nach den Chemiewaffen-Angriffen von Baschar al-Assad. Eine Fülle widersprüchlicher Thesen und Erklärungsansätze wird präsentiert, um den drohenden Tod des Überläufers Skripal zu erklären. Der für Medien und Digitales zuständige Ausschuss des britischen Unterhauses zählt mindestens 38 Falschinformationen (wörtlich: Desinformationsnarrative), die vom russischen Staat rund um die Vergiftung Skripals absichtsvoll verbreitet worden seien. Das Stimmengewirr und die teilweise abstrusen Theorien wirken so wie andere staatliche Desinformationsoperationen, die Schuld von Moskau ablenken, Zweifel schaffen und die Diskussion über Moskaus Verantwortung umlenken sollten – im Innern und im Äußeren des Landes: «Die Vergiftung war Teil eines *False Flag*-Komplotts, um Russophobie anzufachen», «Das schlechte britische Klima tötete Skripal», «Skripal starb wahrscheinlich an einer Überdosis Drogen», «Skripal tötete sich selbst, weil er Reue über seinen Verrat spürte» – so lauten die ersten Erklärungen.

Während Skripal und seine Tochter um ihr Überleben kämpfen, warnt ein Nachrichtenmoderator alle, die «eine Karriere als Verräter» anstrebten: Der Beruf des Verräters sei der gefährlichste der Welt. Die russische Botschaft in London, bekannt für ihre zynischen und undiplomatischen Tweets, schreibt unter anderem, die Tschechen hätten das Nervengift Nowitschok produziert, oder das britische Waffenlabor in der Nähe von Skripals Haus sei verantwortlich für viele mysteriöse Tode. Die Nichte des ehemaligen Doppelagenten, Viktoria Skripal, taucht immer wieder im Staatsfernsehen auf, und verbreitet ihre Überzeugung, dass ihr Onkel und ihre Kusine an einer Fischvergiftung erkrankten. Sie gibt zu, dass sie für ihre Auftritte einen Arbeitsvertrag mit dem russischen Ersten Kanal abgeschlossen habe, zieht ihre Erklärung aber wieder zurück. Als die zwei mutmaßlichen russischen Täter von Großbritannien mit ihren Passnamen identifiziert und Bilder von Videokameras über deren Erkundungen in Salisbury gezeigt werden, spricht Putin von zwei unschuldigen Zivilisten. Mysteriöserweise kennt gar Skripals Nichte in Moskau die beiden Männer, und hält sie für harmlose russische Bürger. Einen Tag später behauptet das russische Staatsfernsehen, dass Salisbury bekannt für seine Schwulenszene sei, welche die zwei russischen Touristen angelockt haben könnte (Fakt ist, dass es zum Zeitpunkt des Mordes keine einzige Schwulenbar in der Kleinstadt Salisbury gab). In einem Interview, das grotesk und inszeniert wirkt, präsentiert *Russia Today* die zwei Verdächtigen als vermutlich schwule Touristen, die am zweiten Tag ihrer kurzen Reise die Kathedrale von Salisbury besuchen wollten, um, wie sie sagen, «die Sache zu vollenden». Dann enttarnen Rechercheure der Investigativgruppe *Bellingcat* und russische Journalisten die wahre Identität der beiden: Sie sind hochdekorierte, 2014 persönlich von Putin mit einem Orden als «Helden der Russischen Föderation» ausgezeichnete GRU-Offiziere. Putins bizarre Idee, die beiden von Großbritannien beschuldigten Männer als harmlose Zivilpersonen im Staatsfernsehen interviewen zu lassen, hatte weitere journalistische Recherchen angestoßen. Kollegen und Verwandte der verdächtigen Männer wurden aufgefunden und interviewt, die Enttarnung der Agenten so beschleunigt. Weiß Putin, was er tut? Am Ende sieht es so aus, als ob er die beiden Männer ihrem Schicksal überlassen hätte.

Russlands Präsident geht nun dazu über, Sergej Skripal öffentlich als «Dreckskerl» zu bezeichnen: «Er ist einfach nur ein Spion. Ein Vaterlandsverräter. Einfach nur ein Dreckskerl. Und um das alles herum gibt es eine ganze Informationskampagne, die künstlich aufgeblasen wurde.» Auf einem von den Spitzen der globalen

Energiebranche besuchten Forum in Moskau sitzt Wladimir Putin neben dem saudischen Ölminister und den Vorsitzenden westlicher Öl- und Gasfirmen, er zieht verächtlich die Lippe hoch, als er zu Skripal befragt wird: Skripal werde geradezu als Menschenrechtsaktivist dargestellt. Wie jeder wüsste, sei Spionage – wie die Prostitution auch – eines der wichtigsten Gewerbe der Welt, das niemand bislang habe beenden können. Als ihm die Argumente darüber ausgehen, dass eine unbeteiligte britische Bürgerin an den Konsequenzen des Giftanschlags starb, fragt er in die Runde: «Über was reden wir jetzt eigentlich? Über Öl, Gas oder Spionage? Was ist ihre Frage? Lassen Sie uns zu dem anderen ältesten Gewerbe der Welt übergehen und die letzten Entwicklungen in diesem Business diskutieren». Ein Vorschlag, der Gelächter im männlichen Publikum erzeugt.

Diese kurze Einlassung Putins zeigt, dass er die westliche Berichterstattung und die Äußerungen westlicher Politiker über den Fall Skripal als Informationsattacke auf Russland ansieht, ähnlich wie die Panama Papers, die internationale Journalisten 2016 auswerteten und veröffentlichten. Wer in einem schmutzigen Gewerbe arbeite, so seine Argumentation, habe mit schmutzigen Konsequenzen zu rechnen, so sei das eben – es ist Putins Rechtfertigung des Giftanschlags. Nicht Russland habe die Regeln gebrochen, indem es seine hochdekorierten Agenten offen einen Mordanschlag auf einen Überläufer verüben ließ, der seine Gefängnisstrafe in Russland längst abgesessen hatte. Sondern der Westen breche die Regeln, indem er auf einen gerechtfertigten Mord und auf die üblichen Operationen im Geheimdienstbusiness überreagiere.

Während in Großbritannien eine Passantin, die ahnungslos das Gift aus einer weggeworfenen Parfümflasche auf ihre Haut aufgetragen hatte, im Krankenhaus im Sterben liegt, bringt in Russland ein Unternehmer ein «Nowitschok-T-Shirt» zu Ehren des in der Sowjetunion entwickelten Kampfstoffes heraus, darauf ein Totenschädel mit roter Krone und einer Gasmaske auf dem Gesicht.

Ein Käseproduzent aus der Moskauer Region nennt seine neue Käse-Kreation für die Gäste des alljährlichen St.Petersburger Wirtschaftsforums «Nowitschok», mehrere Kilogramm seines neuen Käses überreicht er dem britischen Botschafter. Am Ende des Jahres verschickt *Russia Today* eine Schokoladenversion der Kathedrale von Salisbury, verpackt in grünen Schleifen, als Geschenk an Geschäftskunden und Kollegen, als Symbol für «eine der wichtigsten Stories des Jahres 2018». Dann geht ein Brettspiel an den russischen Markt. Es heißt «Unsere Männer in Salisbury» und zeigt die Route von zwei Männern in Schutzanzügen von Moskau über Umwege nach London. Fast ein Jahr nach dem Anschlag taucht an einem Morgen eine russische Flagge an der Kathedrale von Salisbury auf, von Unbekannten aufgehängt.

Ironie, Sarkasmus und politischer Humor sind oft keine Waffe gegen die Herrschenden mehr, sondern längst Teil der staatlichen Propaganda geworden. Dieses *Trolling*, an dem sich oft auch Russlands Botschaft in London beteiligt, ist mehr als nur typisch schwarzer russischer Humor. Es bedeutet, den Ernst der Lage nicht anerkennen zu wollen.

DIE GRENZEN DER RUSSISCHEN PROPAGANDA

«Solche Sachen werden nur mit Genehmigung des Staatsoberhauptes gemacht. So war es unter den Sowjets, und, soweit ich das verstehe, ist es auch heute so. Dass es jetzt aber so offen gemacht wird, ist mir neu. Ich denke, es ist eine Botschaft – nicht nur gerichtet an die ehemaligen Mitarbeiter des Auslandsspionagedienstes, der Hauptabteilung für Spionage oder anderer Dienste, die es in Russland gibt und die angefangen haben, für die CIA, den MI5 oder MI6 zu arbeiten. Ich glaube, diese Botschaft ist jetzt für alle Emigranten bestimmt, auch jene mit großen Namen und Geldern, die jetzt im Ausland leben und von dort versuchen, gegen Putins Regime zu kämpfen». Das sagt Jewgenija Albats wenige Tage nach dem Bekanntwerden des Skripal-Falls, kurz vor den Präsident-schaftswahlen im März 2018. Die Politikwissenschaftlerin ist Chefredakteurin und Herausgeberin der politischen Wochenzeitschrift *The New Times*. 1989 erhielt Albats die höchste journalistische Auszeichnung der Sowjetunion, 1991 kam ihr Buch «Geheimimperium KGB» heraus. Um den Deutschen zu vergegenwärtigen, was in Russland passiert, antwortet sie mir mit einem ungewöhnlichen Vergleich: «Stellen Sie sich vor, dass in Deutschland der BND oder die Stasi an die Macht gekommen wären. Und der Machtapparat nicht kontrolliert würde. Weder vom Parlament, noch von der Gesellschaft – sie tun einfach, was sie wollen. (…) Eine der wichtigsten Waffen des KGB war die Angst. Man muss nichts tun. Man muss nur die Angst unter den Menschen schüren. Und dann wird das zur Waffe, zu einer sehr erfolgreichen Waffe.»

An der Tür ihres Arbeitszimmers hängt ein einige Jahre altes Schaubild voller kleiner Details. Ein Überblick über die wichtigsten Akteure des politischen Systems und der großen Konzerne, allesamt Menschen aus den Sicherheitsdiensten und dem Militär, die mit Wladimir Putin an die Macht gekommen sind. «Wenn Sie so eine hohe Zahl dieser Menschen an der Macht haben – nach meinen Informationen sind es etwa 70 Prozent aller hohen Posten in der Nomenklatura, die von Leuten mit Arbeitserfahrung beim KGB besetzt sind – dann ist es unvermeidlich, dass diese Leute die Instrumente und Praktiken einsetzen, die sie einst gelernt haben. (…) Vergessen Sie nicht, Putin hat seine Tätigkeit in der Branche Nr. 5 des KGB angefangen, in St. Petersburg. Also bei der ideologischen Spionageabwehr, es ist die Abteilung, die sich mit Manipulationen von Menschen befasste. Putin kämpfte mit Dissidenten, mit Andersdenkenden, er suchte immerzu danach, wie man diese Menschen betrügen kann. (…) Diese Politik ist auf ständigem Betrug aufgebaut – das liegt im Herzen des Putin-Regimes. Sie alle sagen die ganze Zeit nicht die Wahrheit. Und sie wissen, dass sie nicht die Wahrheit sagen. Egal worum es geht – es kann darum gehen, dass der ganze Westen nur noch darauf warte, Russland zu zerstören. Oder dass die USA uns unsere sibirischen Bodenschätze wegnehmen wollten (...) – es sind unendliche Lügen. Etwas, woran die Spionageabwehr des KGB ständig gearbeitet hat, unter dem Begriff ‹Aktive Maßnahmen›. Es ist die Situation einer kranken Gesellschaft. Und einer absolut unmoralischen Macht.»

Jewgenija Albats' kremlkritisches Magazin *The New Times* hat vor kurzem seine Druckversion einstellen müssen: «Keiner hat uns direkt zugemacht. Nein, man hat zuerst die Zeitungskioske geschlossen, und denen, die die Zeitschrift verbreitet haben gesagt: ‹Nehmt das nicht, das ist eine Anti-Putin-Zeitschrift›. Sie sagten, wir seien verboten – was nicht stimmte. Es wurde unmöglich, noch Exemplare zu verkaufen.» Wenige Monate nach meinem Interview mit Jewgenija Albats wird ihr eine Strafe von fast 300 000 Euro auferlegt, weil sie angeblich ausländische Einkünfte nicht vorschriftsgemäß deklariert habe. Die Journalistin sieht eine klare politische Motivation in der Anklage. *The New Times* steht 2018 vor dem Aus, als russische Leser in einer beispiellosen Crowdfunding-Aktion den Strafbetrag zusammensammeln und damit eine der letzten unabhängigen Publikationen im Land vorläufig retten.

Der Fall Skripal ist die Geschichte der größten Fehlleistung eines russischen Geheimdienstes. Mit der Enttarnung der zwei Verdächtigen im Fall Skripal durch offen zugängliche Quellen belegen die Mitarbeiter der Investigativ-Plattform *Bellingcat* auch, wie schlecht der russische Staat seine Agenten schützt. Im Zuge ihrer Recherchen können sie über 300 weitere Geheimdienstler mühelos identifizieren. Ein beispielloses Desaster für den militärischen Geheimdienst Russlands. Die Recherchen von *Bellingcat* lösen höchstwahrscheinlich einen Fahndungserfolg westlicher Geheimdienste aus: Die Niederlande und Großbritannien legen offen, dass sie im Frühjahr 2018 vier Mitarbeiter des russischen Militärgeheimdienstes GRU in Den Haag gefasst und ausgewiesen haben. Sie waren mit ihren echten Namen eingereist. Ihr Hotel lag neben der Organisation für das Verbot chemischer Waffen *(OPCW)*, das gerade daran arbeitete, jene Substanz zu identifizieren, die bei der Attacke auf Sergej Skripal genutzt wurde, sowie eine weitere Substanz, die bei einem Chemiewaffenangriff in Syrien verwendet worden war. Die russischen Agenten hatten Laptops, Antennen und Spezialgerät dabei, um das WLAN-Netzwerk der *OPCW* zu hacken. Dabei wurden sie vom niederländischen Militärgeheimdienst gestört und noch am selben Tag nach Moskau zurückgeschickt. Die Ermittler hätten dabei festgestellt, dass auch Hackerattacken auf ein Chemielabor der *OPCW* in der Schweiz und auf die Untersuchungskommission zum Abschuss des Passagierfluges MH17 geplant waren. Außerdem habe Russland im März und April 2018 vergeblich versucht, das britische Außenministerium und ein Forschungszentrum der britischen Chemie- und Biowaffenforschung in Porton Down mit Cyberwaffen anzugreifen. Nur Stunden nach der Offenlegung dieser Ausweisung in Den Haag erhob das US-Justizministerium Anklagen gegen sieben russische Geheimdienstoffiziere. Sie sollen neben weiteren Zielen amerikanische und internationale Anti-Doping-Agenturen und Sportorganisationen gehackt und Daten über Drogentests von 250 olympischen Sportlern erbeutet haben. Diese Datensätze sollen teilweise verändert worden sein, bevor versucht wurde, sie an Dutzende Journalisten weiterzugeben. Die Operation der Hacker habe kurz nach der Veröffentlichung des McLaren-Berichts der Welt-Anti-Doping-Agentur über Russlands institutionelles Doping angefangen.

WIR UND RUSSLAND

«... wie leicht Russland, das den Zweiten Weltkrieg über-
lebte, und zuletzt den Schmerz und die Bitterkeit des sinn-
losen Afghanistan-Krieges und des ersten Tschetsche-
nien-Krieges, einen neuen Krieg angenommen hat ... Der
Krieg dient nun als Kulisse und bedeutendstes Argument
für den Wahlkampf um das Präsidentenamt. Ein Krieg als
Gewinnspiel. Und wie so oft ist die Lüge der Begleiter des
Krieges – die Lüge höchster Beamter und des amtierenden
Präsidenten daselbst.»

(Jelena Bonner, Ehefrau von Andrej Sacharow, 20. März 2000, vor der
Wahl Putins am 26. März 2000)

«Sie werden Putin ein Denkmal bauen – da bin ich mir sicher.
Wenn er seinen Plan für die neue Amtszeit durchbringt, dann wird
das Land erblühen, die Löhne werden steigen», sagt der Fahrer zu
mir. Ich bin nicht in Moskau, als ich diese Worte höre. Nein, ich
bin für einige Stunden in Berlin, zu Gast in der ARD-Talkshow
«Anne Will», als der freundliche ostdeutsche Herr B. mich zum
Flughafen fährt und am Steuer erzählt, dass er 1980 zum ersten
Mal Moskau besuchte, für ihn «die schönste Stadt der Welt». Dass
bei ihm zuhause nur russisches Fernsehen liefe. Ob er meine Worte
in der Talkshow gerade eben gehört hat, als ich sagte, dass Russlands Staatsfernsehen ein Sinnbild dafür sei, wie tief das Land
und sein Journalismus gesunken sind? Ich wünschte, ich hätte mit
Herrn B. live in der Talkshow diskutieren können. Aber was hätte es gebracht, frage ich mich später, wenn sein Standpunkt eine
Glaubensfrage für ihn ist? Ein Stück Identität, das er nicht auf-

geben möchte? «Glauben Sie mir, die Russen brauchen eine harte Hand», sagt er mir, bevor wir aussteigen.

Eine harte Hand. Als ich das höre, möchte ich Herrn B. die letzten Nachrichten erzählen, die garantiert nicht im Kreml-Fernsehen zu sehen sind. Zum Beispiel die über den Journalisten Maxim Borodin, der eine Geschichte über Russlands illegale Söldnerarmee in Syrien und deren Verluste dort veröffentlichte, dann auf seinem Balkon offenbar Besuch von maskierten bewaffneten Männern bekam und kurze Zeit später beim Sturz aus dem Fenster seiner Wohnung den Tod fand. Ich möchte, dass Herr B. weiss, dass die Unternehmer, die in Wolokolamsk bei Moskau gegen den Gestank und das Gift einer riesigen Müllkippe Bürgerproteste initiierten, dafür Polizeirazzien in ihren Häusern und Büros erleben mussten. Ich will Herrn B. fragen, ob die harte Hand auch für jene gilt, die bei dem Brand in einem Einkaufszentrum im sibirischen Kemerowo ihre Kinder verloren hatten, und – als sie in einem öffentlichen Protest die Verantwortlichen zur Rechenschaft ziehen wollten – von Amtsträgern als «Agenten des Westens» verunglimpft wurden.

Bislang bekommen wir Korrespondenten zwar meist problemlos eine Akkreditierung in Moskau. Aber wir sind verwundbarer geworden, weil wir von beiden Seiten, aus dem Berichtsgebiet und aus dem Zielpublikum, angegriffen werden. In Deutschland melden sich immer mehr Zuschauer, Politiker – und manchmal auch russische Diplomaten direkt – mit einer alternativen Wahrheit zu Wort. Obszöne, drohende, höhnische Zuschriften gehören zunehmend zum Alltag. In der Ukraine werde ich zuweilen als «zu Kreml-freundlich» wahrgenommen, und werden im Fernsehen Verdächtigungen gegen meine Arbeit ausgesprochen. In Russland bekomme ich nach dem Ausbruch der Ukraine-Krise immer wieder Anrufe aus dem Moskauer Außenministerium, mit der Bitte um ein Treffen, auf dem man endlich einmal über meine «falsche Berichterstattung» mit mir reden wolle. Ein Staatsbeamter erklärt mir, dass meine Arbeit seinen russischen Landsleuten in Deutschland zutiefst missfalle, ich solle andere Begrifflichkeiten benutzen und die ukrainischen Kämpfer in der Ostukraine klar und deutlich als «Nazis» bezeichnen (besonders jene Kämpfer, die ein jüdischer Ukrainer finanziert).

Später führt die Sprecherin des russischen Außenministeriums, Maria Sacharowa, die Sitte ein, gezielt ausländische, in Russland akkreditierte Korrespondenten direkt anzusprechen, ihnen angebliche «Fake News» vorzuwerfen und diese mit spitzen Stellungnahmen zu kontern. Die «Kommission des Föderationsrates zum Schutz der staatlichen Souveränität» veröffentlicht einen Bericht darüber, wie die BBC, die Deutsche Welle oder unabhängige russische Auslandsmedien sich in Russlands Präsidentschaftswahlen im März 2018 eingemischt hätten. Mit aus Verschwörungstheorien entlehnten Begriffen formuliert die Kommission ihre These, dass eine Gruppe westlicher Staaten unter Führung der USA Russland kontinuierlich durch Medien und Nichtregierungsorganisationen destabilisierten und für praktisch alle öffentliche Kritik an Wladimir Putin verantwortlich seien. Es ist nur noch eine Frage der Zeit, wann aus diesem Bericht weitere Gesetze gegen ausländische Medien folgen werden. Dabei gelten bereits neun US-Medien als «ausländische Agenten». Ein weiteres Gesetz wird sehr wahrscheinlich bald russische Mitarbeiter westlicher Medien zu «ausländischen Agenten» erklären. Der freie, unzensierte Austausch von Informationen missfällt dem Kreml so sehr, dass er nun plant, die Kontrolle über Internetprovider und User auszubauen, und das russische Internet vom globalen World Wide Web abzukoppeln, nach chinesischem Vorbild – ein Raum, der vor 2012, vor den Massenprotesten gegen Putins Wiederwahl, ein unzensierter Raum war. Die Chefredakteurin des Kreml-Auslandssenders *Russia Today* bringt es in aller Härte und Verachtung auf den Punkt: «Wir haben keinen Respekt mehr vor euch Westlern. Auch vor all jenen nicht, die ihr bei uns unterstützt und die bei uns euch unterstützen. Und schuld daran seid ihr selbst. Ihr westliche Politiker und Analytiker, Schreiberlinge und Geheimdienstler.»

Seit 2014 konkurriert der Kreml-Spin oder die «Parallel-Realität» der «alternativen Medien» diametral mit den Berichten von uns Auslandskorrespondenten in Moskau. Diese Parallel-Realität ist in unserem heimischen Zielpublikum angekommen. Deutsche Spitzenpolitiker geben *Russia Today Deutsch* Interviews oder retweeten wie selbstverständlich Berichte der Kremlmedien, ganz so wie meine eigenen Bekannten *Russia Today*-Artikel auf Facebook reposten – ob bewusst oder unbewusst. Die Krise in der Ukraine 2014, während der Verständnis und Parteinahme für den Kreml in der deutschen Öffentlichkeit sprunghaft zunehmen, ist für Kommunikationswissenschaftler «ein erstes markantes Beispiel für den Erfolg einer verdeckten russischen Kommunikationsstrategie in Deutschland»[1]. Die Augenzeugenberichte und Einschätzungen der Korrespondenten vor Ort werden in vielen Zuschauer- und Leserbriefen aus Deutschland scharf angegriffen, den langjährigen Korrespondenten wird die Urteilsfähigkeit abgesprochen. Das Völkerrecht und die Rechtsordnung, die sich nach dem Ende des Kalten Krieges entwickelt hat, ist offenbar relativ geworden, stattdessen folgen viele Europäer und Amerikaner, nicht nur jene am rechten und linken Rand, der Kreml-Desinformation. Hat überhaupt eine Invasion stattgefunden auf der Krim? Ist die Ukraine überhaupt ein Staat, ein richtiges Land, hat sie überhaupt eine Sprache und Geschichte? Hat die Ukraine es nicht verdient, angegriffen zu werden? Hat Syriens politische Opposition es nicht verdient, vernichtet zu werden? Sind die Attacken Russlands auf den Westen nicht gerechtfertigt? Hat der Westen nicht Russland versprochen, die NATO nicht weiter auszudehnen? Noch während viele im Westen solche Fragen stellen und hin- und herüberlegen, hat der Kreml das zentrale Deutungsmuster der Geschichte millionenfach verbreitet, und hat Desinformation den Kern der Erzählung über ein Ereignis verdreht. Mit Hilfe von Medien, von denen die wenigsten im Westen wissen, dass sie für Russland einen strategischen Stellenwert besitzen, weil sie genau wie zivile Flughäfen, eine nationale Fluglinie, Verteidigungsunternehmen, Chemiekonzerne und wissenschaftliche Forschungseinrichtungen für die Sicherheit des Staates und den «moralischen Schutz» seiner Bürger vor fremden geistigen Einflüssen sorgen sollen.[2]

Der Einzug der Parallel-Realität und die polarisierte Öffentlichkeit im Westen sind Anzeichen einer Verschiebung, eines Aufbrechens einer etablierten Ordnung und der Herausbildung neuer Allianzen und Annäherungen – im rechtskonservativen Lager, wie auch zwischen Links und Rechts. Symptome einer Destabilisierung, die angefangen hat mit der Finanzkrise 2008, spätestens aber mit der Krim-Annexion, mit dem Brexit-Referendum und mit der Wahl Donald Trumps. In vielen europäischen Ländern – von Österreich über Schweden, Italien, Ungarn, Dänemark, Schweiz bis Frankreich – sind Parteien oder Politiker, die die liberale Demokratie herausfordern, ihr liberales Element aufweichen und den Rechtsstaat aushöhlen wollen, wichtige oder gar führende Akteure geworden.

Die sozialen Medien, die im Westen erfunden worden sind, sind zunächst Demokratiebewegungen in Autokratien zugutegekommen. Bis die Autokraten selbst soziale Medien als Waffe entdeckten und bis die rechtspopulistischen und extremen Kräfte in westlichen Demokratien soziale Medien für Desinformation und Vernetzung nationaler und internationaler Gegner der liberalen Demokratie entdeckten. Ein Netz «alternativer Medien» im Westen, aus dem linken und rechten Spektrum, half mit, via soziale Medien die strategischen Narrative russischer Staatsmedien zu verbreiten. Vor den US-Präsidentschaftswahlen 2016 multiplizierten amerikanische Konservative die Botschaften russischer Trolle durch das Retweeten und Reposten ihrer Inhalte. Die meisten russischen Troll-Botschaften waren pro-Trump, unterstützten die sogenannte *Alt-Right*, die Alternative Rechte, und teilten ihre Ideen. Trump-Anhänger und amerikanische Rechtsextreme – für die Russland die «einzige weiße Macht auf Erden» ist – konsumierten und teilten Desinformation am häufigsten.[3]

Mit Hilfe sozialer Medien entwickeln sich amerikanisch-europäisch-russische Allianzen rund um einen gemeinsamen Nenner: das Thema des «Anti-Globalismus», die Feindschaft gegen die Globalisierung: ein Argwohn gegenüber der Idee des Freihandels, gegenüber globalen Institutionen, multinationalen Unternehmen und gegen jeden Interventionismus. Gemeinsam ist ihnen eine Abneigung gegenüber dem «liberalen Mainstream», gegenüber der Europäischen Union, den Vereinten Nationen, gegenüber Flüchtlingen und Einwanderern: Sie alle wollen die Mauern des Nationalstaates hochziehen. Anders als die «Globalisierung», die globale ökonomische Integration bedeutet, trägt der meist verächtlich gemeinte Begriff des «Globalismus» auch die Bedeutung einer «jüdischen Weltverschwörung», einer konspirativen Kabale angeblicher globaler Eliten – Juden, Banker, Politiker – in sich. Konservative und Reaktionäre in West und Ost treffen sich entlang gemeinsamer Abgrenzungslinien gegen die «liberale Weltordnung». In Putins Russland finden westliche Rechtskonservative die Betonung traditioneller Werte attraktiv, ebenso die «traditionellen» Geschlechterrollen, die Wahrung staatlicher Autorität und Souveränität. Der russische Präsident erscheint manchem amerikanischem Rechtskonservativen glaubhafter und vertrauter als der eigene frühere schwarze Präsident, als die eigene weibliche Präsidentschaftskandidatin. Die neuen Allianzen bilden sich mittels politischer und persönlicher Gesten – etwa wenn US-Präsident Trump die rechte französische Präsidentschaftskandidatin Marine Le Pen unterstützt – und mittels institutionalisierter Kooperation – etwa wenn Österreichs Freiheitliche Partei und Italiens Lega Nord mit Putins Regierungspartei «Vereinigtes Russland» einen Vertrag über Zusammenarbeit unterschreiben und für ihre Parteien Kredite aus Moskau bekommen oder versuchen zu bekommen. Dahinter steht ideologische Nähe und Vertrauen, sie verbindet Russlands rechte Vordenker wie zum Beispiel den Eurasien-Ideologen Alexander Dugin mit dem US-Neonazi David Duke, mit dem US-Verschwörungstheoretiker Alex Jones oder mit dem amerikanischen *White-Supremacy*-Aktivisten Richard Spencer, der die «Alternative Rechte» *(Alt-Right)* entworfen hat. Vertreter rechter europäischer Parteien werden von Moskau als Wahlbeobachter eingesetzt, um das Putin-Regime zu legitimieren – zum Beispiel beim Krim-«Referendum» im März 2014, als Russlands Staatsfernsehen den ehemals rechtsextremen Luc Michel als «OSZE-Beobachter» präsentiert – oder fungieren als Einflussagenten und Netzwerker im Westen, die sich vielfältig für die außenpolitischen Ziele des Kreml einsetzen, auch im Bundestag.[4]

Zuweilen ist es frappierend, wie ähnlich das Vokabular der russisch-amerikanisch-europäischen Rechtskonservativen ist.[5] Als US-Präsident Trump vor den Vereinten Nationen spricht, besteht er auf Unabhängigkeit statt überstaatliche Führung, auf der kulturellen Verschiedenheit der UN-Mitglieder, und verwendet den Begriff der «Souveränität» ganze 21 Male, meistens als ein Synonym für «Unabhängigkeit»: «Wir werden niemals Amerikas Souveränität an eine nicht gewählte, niemandem Rechenschaft schuldige, globale Bürokratie abgeben … Amerika wird von Amerikanern regiert. Wir lehnen die Ideologie des Globalismus ab, und begrüßen die Doktrin des Patriotismus». Kein anderer als Wladimir Putin hatte ein Jahr zuvor eine sehr ähnliche Vision von den Vereinten Nationen geäußert: dort müsse es bei aller globalen Offenheit auch um die einzigartige kulturelle Identität der Nationen gehen, und Respekt für die Souveränität als Grundlage aller internationalen Beziehungen. Für Putin sind in der Praxis nur die großen Länder der Welt uneingeschränkt souverän. Diese «uneingeschränkt Souveränen» verhandeln dann mit anderen «uneingeschränkt Souveranen» über ihre jeweiligen Einflusssphären auf der Welt.

Zusammenfassend lässt sich sagen, dass der Fokus beider Staatsmänner identisch ist: Statt einer globalen UN-Menschenrechtspolitik, die Einmischung in innere Angelegenheiten – ob in ihre eigenen oder in fremde – zulässt, betonen beide das Nationale, das Patriotische: staatliche Autorität und uneingeschränkte Souveränität. Beide vertreten zudem eine Identitätspolitik, die Menschen nicht mehr wie in der Erklärung der Menschenrechte als Individuen mit den gleichen universalen Rechten sieht, sondern als Teil von Kulturen und Völkern. Trumps politischer Grundsatz des «Patriotismus» wiederum findet sein Pendant in Putins Idee vom Patriotismus als einzigmöglicher Ideologie für Russland, einer Ideologie, in der Vaterlandsliebe und unbedingter Respekt für Regierung und Herrscher eins sind.

Auch der Wahlkampf der Ost-West-Konservativen weist Ähnlichkeiten auf. Beide setzen auf das *negative campaigning* oder die «schwarze PR», bei der mittels Angst- und Feindbildern der politische Konkurrent in ein schlechteres Licht gerückt wird, um das eigene Ansehen zu verbessern. «Liberal» ist ein gemeinsames Schimpfwort dieses weltweiten politischen Lagers, und der jüdischstämmige US-Milliardär und Spekulant George Soros, der Osteuropas Demokratiebewegungen und Amerikas demokratische Partei fördert, ist ein gemeinsames Feindbild, ob in Ungarn, in den USA oder in Russland, ob bei der CSU oder im US-Fernsehsender *Fox News*. Als im Sommer 2018 das Europäische Parlament über eine Resolution abstimmt, die Russland dazu aufruft, illegal inhaftierte ukrainische Staatsbürger in Russland und auf der Krim sofort und bedingungslos freizulassen, darunter auch den ukrainischen Filmregisseur Oleg Senzow, zeigt das Abstimmungsverhalten der Parlamentarier die neuen Allianzen und Linien, entlang derer Russland auf den Westen einwirken kann. Von 627 Abgeordneten sind 76 gegen die Freilassung von Gefangenen, 66 enthalten sich, unter den Gegnern sind Mitglieder der französischen, griechischen, italienischen, niederländischen und britischen Rechten sowie der deutschen, spanischen, portugiesischen, italienischen, französischen und griechischen Linken – nicht zufällig eine «rotbraune pro-Putin-Allianz», wie der Rechtsextremismus-Forscher Anton Schechowzow feststellt.[6] Für viele Kräfte in der westlichen Linken geht es in ihrer Außenpolitik nicht mehr um Menschen, Menschenrechte und Zivilgesellschaften, die gegen Unrecht und Diktatur kämpfen und folglich unterstützt werden müssen. Sondern um Staaten und Diktaturen, die gegen den Westen und gegen die USA kämpfen, und daher unantastbar sind, weil ideologisch nah, egal wie verheerend deren innenpolitische Bilanz aussieht. Mit dem nahezu obsessiven Hinweis auf die katastrophalen Folgen des Irak-Kriegs 2003 rechtfertigen und relativieren weite Teile der Linken den russischen oder iranischen Imperialismus oder lateinamerikanische Unrechtsregime.

Hat Donald Trump in seinen Treffen mit Wladimir Putin jemals das Schicksal der ukrainischen Gefangenen in Russland erwähnt, etwa den Fall des ukrainischen Filmregisseurs Oleg Senzow? Er wird das Unrecht, das Senzow angetan wurde, genauso wenig vor Putin erwähnt haben, wie er jemals vor der saudischen Führung über den ermordeten saudischen Journalisten Jamal Kashoggi gesprochen haben wird. «Wir sind nicht hier, um Lehren zu erteilen», sagt der US-Präsident, als er in den ersten Monaten im Amt Saudi-Arabien besucht. Sein Außenamt entzieht der renommierten finnischen Journalistin Jessica Aro, die jahrelang zu Russlands Informationsoperationen recherchiert und dafür persönliche Angriffe erduldet hatte, seine zuvor für sie angekündigte «Woman of Courage»-Auszeichnung – weil sie kritisch über Donald Trump getwittert hat. Der Präsident Amerikas bewundert offen auch andere Autokraten und verurteilt nur einige wenige unter ihnen. «Ich denke, Putin ist ein sehr starker Führer für Russland. Er ist viel stärker als unsere Führer», wiederholt Donald Trump immer wieder. Den Hass und die Verachtung auf ihm nicht genehme Journalisten teilt Trump mit den Autokraten. Der Kreml nimmt erleichtert zur Kenntnis, dass Trump sich von der alten Verpflichtung Amerikas, «ein Musterbeispiel der Freiheit und ein Fanal der Hoffnung» für die Unterdrückten der Welt zu sein, abwendet. Auch wenn in den USA immer eine große Lücke klaffte zwischen universalen Menschenrechts-Idealen und der Realität der amerikanischen Außenpolitik und Menschenrechte immer weiter aus dem Blickfeld gerückt sind – Trump ehrt die Ideale nicht einmal rhetorisch. Unter ihm werden Bürgerrechte im Innern beschnitten, Frauenrechte verletzt, viele Muslime aus dem Land ausgeschlossen, Flüchtlingsfamilien getrennt und bleibt das Gefangenenlager Guantanamo explizit offen. Unter Trump verlassen die USA den UN-Menschenrechtsrat. Für den Rechtspopulisten gelten nur sicherheitspolitische und wirtschaftliche «Interessen» und «Nutzen». Er relativiert Autokraten, indem er von deren Willkür mit einem *Whataboutismus* ablenkt, und diese mit Amerikas früheren Unrechtstaten vergleicht. Das sind Gesten, die Menschenrechtsverletzer weltweit ermutigen. Für jene Bürgerrechtler, die in einem immer schwierigeren Umfeld arbeiten und auf Unterstützung aus dem Westen angewiesen sind, sind die Folgen verheerend. «Die USA repräsentieren bestimmte Werte, seit vielen Jahren. Wenn sie diese Werte aufgeben, dann wird es schwierig für andere Länder. Präsident Putin und die russische Regierung haben ein Klima geschaffen, in dem Menschen verfolgt, umgebracht oder vergiftet werden können für ihre Ansichten. Das ist inakzeptabel. Es ist auch inakzeptabel, die USA und das gegenwärtige russische Regime moralisch gleichzusetzen», sagt mir Jewgenija Kara-Mursa, die Ehefrau des Oppositionellen Wladimir Kara-Mursa, als ihr Mann nach einer zweiten mysteriösen Vergiftung im Krankenhaus liegt. Der Gefährte des ermordeten oppositionellen Boris Nemzow verliert das Bewusstsein nur wenige Tage, nachdem Donald Trump die Merkmale des Putin-Regimes («Putin lässt Journalisten ermorden») mit einem Verweis auf die Untaten Amerikas relativiert («Wir haben auch eine Menge Mörder»). Ein äußerst populärer *False Balance*-Vergleich aus dem Standard-Repertoire des Kreml und der Populisten: Er stellt rhetorisch eine Gleichwertigkeit auf, stellt zwei Seiten als symmetrisch dar, obwohl sie es nicht sind. Kein Unrecht lässt sich mit dem Hinweis auf Unrecht anderer rechtfertigen, aufheben und reinwaschen. Trumps «Bothsidesism» ist faktisch und wissenschaftlich nicht haltbar, und doch hat er die Kraft, Wertedebatten zu beenden.

In Wladimir Putins dritter Regierungszeit hat Russland eine drastische Beschneidung der Bürgerrechte erlebt: Verletzungen der Meinungs- und Versammlungsfreiheit, Attacken auf und Entführungen von Menschenrechtlern, Angriffe auf Homosexuelle und ethnische Minderheiten. Seit Putins erstem Amtsjahr sind 28 Journalisten getötet worden. Laut Angaben der Organisation *Memorial* sind derzeit in Russland 50 politische Gefangene und 108 Gefangene aus religiösen Gründen inhaftiert, diese Zahl dürfte mit dem jüngsten Verbot von religiösen Gruppen wie «Zeugen Jehovas» schnell steigen.[7] Doch als eine US-Delegation republikanischer Senatoren im Sommer 2018 Moskau besucht, erwähnt sie kein einziges Mal öffentlich die Menschenrechtsverletzungen oder die Sorge um politische Gefangene. Es ist kein Zufall, dass Autokraten diese Ermutigung und Stärkung auch öffentlich zur Schau stellen. Keine Geste steht so sehr für das neue Selbstbewusstsein der «starken Männer» wie das breite Grinsen des russischen Präsidenten und des saudischen Kronprinzen Mohammed bin Salman, als Putin ihn Ende 2018 auf dem G20-Gipfel in Buenos Aires abklatscht. Keine Geste steht so sehr für das nach dem Kalten Krieg entstandene ost-westliche Band der Oligarchen und Kleptokraten in der Weltpolitik, wie US-Präsident Trumps öffentliche Ablehnung seiner eigenen Geheimdienste («Ich glaube Putin»).

Rechts- und Linkspopulisten verkennen gleichermaßen, dass Menschenrechte ja gar nicht als «Lehre» und Einmischung diktiert und aufoktroyiert werden können, weil sie eben eine gemeinsame Errungenschaft und Selbstverpflichtung der Menschheit sind. Darüber legt die 1949 verabschiedete «Allgemeine Erklärung der Menschenrechte» der Vereinten Nationen Zeugnis ab, ein Konsens, der sich nach der Barbarei des Zweiten Weltkriegs entwickelte, aber siebzig Jahre später, wo die liberale Weltordnung in eine Krise geraten ist, fatalerweise aufgeweicht ist. Dabei setzt die Idee der Menschenrechte per se eine Einmischung voraus: Denn die Rechte von Menschen in Unrechtsregimen sind auch unsere Rechte. Und unsere Rechte sind auch immer die Rechte der anderen: «Ein Land, das nicht die Rechte seiner eigenen Menschen respektiert, wird die Rechte seiner Nachbarn nicht respektieren», formulierte es der russische Bürgerrechtler Andrej Sacharow.

«Wie bitte schön hätten unsere Grenzsoldaten handeln sollen? Kriegsschiffe sind in Hoheitsgewässer der Russischen Föderation eingedrungen, und reagieren nicht, es ist unklar, was sie vorhaben. (Die Grenzer) haben nur ihre Dienstpflicht erfüllt.» Wladimir Putin sitzt bequem zurückgelehnt in einem Sessel, als er indirekt den Westen beschuldigt, der ukrainischen Führung – die er mit Kannibalen vergleicht – mittlerweile jeden noch so grausamen, grotesken Wunsch erfüllen zu wollen: «Wenn sie heute Babys zum Frühstück wollen, wird man ihnen wahrscheinlich sogar Babys servieren.» Es ist sein erster Kommentar nach einer Eskalation im Schwarzen Meer.

Bereits 2015 hatte die russische Küstenwache begonnen, von internationalen Handelsschiffen auf dem Weg in die Häfen im Südosten der Ukraine eine Durchfahrtserlaubnis zu verlangen. Mit dem Baubeginn einer Brücke vom russischen Festland bis zur Krim nimmt der Druck auf den kommerziellen Schiffsverkehr der Ukraine weiter zu. 2018 werden Handelsschiffe auf dem Weg zur Ukraine an der Meerenge von Kertsch stunden- und manchmal tagelang aufgehalten und inspiziert. Einige Inspektionen finden noch kurz vor der ukrainischen Küste statt, sprich: nach internationalem Seerecht in ukrainischen Gewässern. Eine Aktion, die der ukrainischen Wirtschaft Schäden in zweifacher Millionenhöhe zufügt.

Die Hafenstädte Mariupol und Berdjansk, über die bis dahin fünf Prozent des ukrainischen Außenhandels gelaufen sind, stehen still. Während die Annexion der Krim ein vom Westen akzeptierter Status Quo geworden ist, geht Moskau vier Jahre nach der Annexion einen Schritt weiter. Beobachter sprechen von der drohenden Annexion 2.0.: Der Kreml schickt immer mehr militärische Schiffe und Boote in das kleine Asowsche Meer zwischen Russland und der Ukraine und beansprucht nun das Asowsche Meer und die Meerenge von Kertsch faktisch für sich, als russisches Hoheitsgewässer. Im November 2018 rammt die russische Küstenwache vor der Krim eines von drei Patrouillenbooten der ukrainischen Marine und beschießt die Schiffe. Mehrere ukrainische Marinesoldaten werden dabei verletzt, 24 ukrainische Besatzungsmitglieder werden festgenommen und nach Moskau überstellt.

Auch wenn Russland in der Straße von Kertsch eine Brücke zur Krim gebaut hat – ein Prestige- und Legitimationsobjekt für Wladimir Putin –, bleibt die internationale Seerechtskonvention eindeutig: Ukrainischen Schiffen ist die Durchfahrt vom Schwarzen Meer in das Asowsche Meer ohne Weiteres erlaubt, und zwar ohne die Zustimmung der Anliegerstaaten, ohne irgendwelche Voraussetzungen. Seit dieser Eskalation hat sich die Lage nicht wirklich verändert: Russlands Blockade der Handelsschiffe an der Meerenge geht weiter, sie wird nur zeitweise zurückgefahren, wenn westliche Politiker gerade öffentlich Moskaus Politik kritisieren. Der ukrainische Handelsverkehr ist derweil stark zurückgegangen, und der Westen hat außer Verurteilungen der Aggression und Symbolik (wie die Absage eines zweiten Putin-Trump-Gesprächs, das dann doch noch zum Teil stattgefunden hat) keine nachhaltigen Maßnahmen beschlossen. Der Kreml benutzt die Meerenge und seine neue Brücke zur Krim faktisch weiter als Schlagbaum, als strategischen Engpass, um der ukrainischen Schifffahrt und Wirtschaft die Luft abzudrehen.[8]

Auch in diesem Fall wähnt sich der Kreml im Recht. Er sieht

sich ohnehin stets als Verteidiger der UN-Charta und des Völkerrechts. Ein Anspruch, der mit der Realität wenig zu tun hat: Wie andere Mächte auch betreibt der Kreml gerne Propaganda mit dem Völkerrecht. Dabei wird oft übersehen: Russlands Verständnis vom Völkerrecht unterscheidet sich von dem unsrigen. Das Recht stand in Russland historisch nie über dem Souverän, sondern ist immer dem Souverän unterworfen gewesen. Aus seiner steten Furcht vor territorialem Zerfall heraus interpretiert Russland das Völkerrecht immer so, dass es keine fremde Einmischung in innere Belange, keine überstaatlichen Prinzipien zulässt, sondern lediglich der eigenen Souveränität dient. Souveränität – ein Schlüsselwort, um Russland zu verstehen – kommt vor den individuellen Menschenrechten seiner Bürger und vor dem Selbstbestimmungsrecht der Völker in Russland. Den 1991 unabhängig gewordenen Nachbarstaaten gesteht Moskau nur eine bedingte Souveränität zu, entgegen der UN-Charta und entgegen der ständigen Beteuerungen Putins, gemäß der «souveränen Gleichheit aller Staaten» zu handeln. Und: Russland behält sich das Recht auf Gewaltanwendung vor zum Schutz russischer «Landsleute» im Ausland. Diese Idee der «Russischen Welt» steht ebenfalls im Widerspruch zur UN-Charta.[9] Diese Auffassung von Souveränität hindert den Kreml nicht daran, ein Prinzip, das es für sich selbst ablehnt, von innen auszuhöhlen und auf ein – in seiner Sicht eingeschränkt souveränes – Nachbarland anzuwenden: Im Sommer 2008 beruft sich Russland auf das UN-Prinzip der «Schutzverantwortung», um seine unverhältnismäßige militärische Intervention in Georgien zu rechtfertigen, dabei hatte es nicht-militärische Mittel gar nicht erschöpfend ausprobiert. Aber auch diesen Missbrauch hat der Kreml mit Verweis auf das westliche Handeln in Jugoslawien und dem Irak wiederum gerechtfertigt.

Auch die Annexion der Krim legitimierte der Kreml mit einem UN-Prinzip: Das Recht der Völker auf Selbstbestimmung. Ein Recht, das Russland seinen Völkern jedoch nie zugestanden hat. Seitdem zieht sich, mitten in Europa, ganz in unserer Nähe, in einem Land an der Grenze zu Polen, in der Ostukraine, ein Stellungskrieg, de facto zwischen Russland und der Ukraine, in sein sechstes Jahr. Jeden Monat kostet er das Leben von Soldaten und Zivilisten, nur sind die Opferzahlen oft zu niedrig, ist der Krieg schon zu «alt», ist die westliche Öffentlichkeit zu «müde», als dass er noch mediale Schlagzeilen erzeugen, geschweige denn wahrgenommen würde. Fünf Jahre sind vergangen, seitdem der Kreml die Entscheidung gefällt hat, die Krim zu besetzen und einen Teil der Ostukraine militärisch unter seine Kontrolle zu bringen. Seit fünf Jahren unterstützen, bewaffnen und trainieren russische Streitkräfte die Gegner der ukrainischen Regierung und des ukrainischen Staates, ohne dass sich Russland als Kriegspartei zu erkennen gibt. Die Kämpfe haben mehr als dreizehntausend Menschen das Leben gekostet, und mehr als zweieinhalb Millionen Ukrainer zu Vertriebenen gemacht – eine humanitäre Katastrophe. Ich blicke zurück und frage mich, wie es den Einwohnern geht im fünften Kriegsjahr, wie es den geflüchteten Ostukrainern geht, was aus jenen alten, verwahrlosten Menschen geworden ist, die in zerschossenen Dörfern allein ausharren und die ich einst kennenlernte. Mehr als drei Millionen Menschen in der Konfliktregion brauchen nach Angaben der Vereinten Nationen dringend humanitäre Hilfe. Die Ostukraine gehört zu jenen Regionen der Welt, die am stärksten von Minen verseucht sind. Die «Freiwilligen», die Söldner des «russischen Frühlings», sie sind längst wieder zurück in Russland. «Dreißigtausend Männer kamen illegal aus Russland in die Ukraine, als Freiwillige. Einige mit Waffen, sie töteten Menschen. Wir alle hatten damit zu tun. Nach russischem Gesetz können wir alle weggesperrt werden», gesteht heute, fünf Jahre später, der bekannte russische Schriftsteller Sachar Prilepin, einer jener rotbraunen, konservativ-patriotischen Intellektuellen, der in der Ostukraine kämpfte. Männer wie er verbüßten nie eine Strafe für ihre Taten.

«Es liegt in Russlands Interesse, den Krieg in der Ostukraine nicht zu beenden. Die Logik ist klar: In einem Land, in dem Krieg herrscht, geht es mit den politischen und wirtschaftlichen Reformen – die in der Ukraine nach westlichen Modellen ausgerichtet sind – nur langsam voran. Ebenso wird in dieser ungewissen Gemengelage niemand in der EU oder der NATO an Beitrittsverhandlungen mit der Ukraine denken», analysiert die Ukraine-Expertin Gwendolyn Sasse die innere Logik des Konflikts.[10] Der Kreml hält mit dem – de facto besetzten – Stückchen Land seinen Fuß in der Tür, und blockiert jede ihm nicht genehme Entscheidungsfindung. Der im russischen Staatsfernsehen propagierte Hass hat nie aufgehört: «Wir werden Nord Stream 2 fertig bauen, noch schneller, in einem Jahr – und dann die Ukraine abknallen», sagt Olga Skabeewa, die prominente Staatsfernsehen-Moderatorin, über die umstrittene Gaspipeline, die Russland direkt mit Deutschland verbindet, die Ukraine umgeht und diese Transitgebühren verlieren lässt. Seit 2014 ist die Entfremdung zwischen Russland und der Ukraine immer größer geworden, ist die Beziehung zwischen den beiden «ungleichen Brüdern» geradezu pathologisch geworden. «Russland wird aufhören zu existieren. Definitiv. Es ist den gleichen Weg gegangen wie die UdSSR, und dieser Weg wird zu seiner Auflösung führen», gibt sich Roman Switan heute überzeugt – jener ehemalige Luftwaffenpilot, der Sicherheitsberater des Gouverneurs der Region Donezk war und von Separatisten verschleppt und gefoltert wurde. «Mit der Russischen Föderation wird die Ukraine niemals gute Beziehungen haben. Mit den Republiken, die nach dem Zerfall Russlands übrig bleiben, werden unsere Beziehungen sehr gut sein.» Roman Switan ist wie viele andere Ukrainer der Ansicht, dass es für die «Befreiung» des eigenen Staatsgebiets keinen anderen Weg geben könne als eine militärische Operation. «Wir warten auf einen Befehl. Wenn der Befehl kommt, wird innerhalb von zwei Wochen der Donbass von Separatisten und russischen Truppen befreit. Diese Entscheidung ist unvermeidbar, aber sie sollte mit der Zustimmung anderer Staatschefs fallen. Es gibt keine andere Option. Das Gleiche gilt für die Krim.»

Der Informationskrieg Russlands, die russisch-ukrainische Entfremdung und die mit ihr einhergehende Hysterie geht so weit, dass westliche Medien auch in der Ukraine zunehmend Schwierigkeiten haben, als unabhängig und vertrauenswürdig wahrgenommen zu werden. Die Tatsache, dass viele dieser Medien ihr Osteuropa-Büro in Moskau haben und oft von dort aus über die Ukraine berichten, behindert immer mehr den Zugang der in Moskau lebenden westlichen Korrespondenten zu Interviewpartnern in der Ukraine. Der Vorwurf an uns lautet, pro-russisch zu berichten, das Kreml-Narrativ habe sich zu sehr in unsere Arbeit eingebrannt. Mit diesem Vorwurf und der zunehmenden Neigung, Gespräche zu verweigern, verbauen sich viele Ukrainer die Möglichkeiten einer größeren Berichterstattung im Westen. Vielleicht ist ihre Verhärtung aber auch nachvollziehbar: Sie befinden sich im Krieg.

Dialog. Dialog. Dialog: Kaum einen Begriff habe ich öfter gehört während meiner Jahre in Russland. Der Wunsch nach Kommunikation und Wahrnehmung wurde nicht gebetsmühlenartig vom Kreml vorgetragen, nein, der Wunsch, den Dialog zu «verstärken» tönte immer wieder aus Berlin in Richtung Moskau. Die «Süddeutsche Zeitung» rechnete nach und prüfte, ob denn Russland von der Bundesregierung übergangen, die Kommunikation mit Moskau gelitten habe in den vergangenen Jahren. Sie kam zu dem Ergebnis, dass der Dialog intensiv war: Über einen Zeitraum von fünf Jahren hätten Merkel und Putin mindestens 54 Mal miteinander telefoniert und sich persönlich 15 Mal getroffen und dabei manchmal stundenlang miteinander gesprochen. Besonders frappierend sind mir, am Ende deutsch-russischer Pressekonferenzen, die völlig gegensätzliche Haltung der Dialogpartner zum Dialog, die oft völlig unterschiedlichen Gesichtsausdrücke der Dialogpartner nach dem

Gespräch in Erinnerung geblieben: die sichtliche Erschöpfung auf der einen Seite, der sture Trotz auf der anderen. Während die eine Seite immer wieder «den Gesprächsfaden nicht abreißen lassen» will, verhöhnt die andere Seite die Dialogpartner als «grunzende US-Satelliten» (Wladimir Putin in seiner Rede an die Nation am 20. Februar 2019), entwürdigt sie in den *Memes* seiner staatlichen Trolle oder läßt sie in Filmen seines Staatsfernsehens genussvoll von Rechtspopulisten attackieren. Der Wunsch der einen Seite, sich auf den anderen einzulassen, in einer nüchternen Sprache der Diplomatie auf der Suche nach Entspannung, trifft auf der anderen Seite auf eine demonstrative Verachtung, eine emotionale Sprache des Ressentiments und der digitalen Schadenfreude. Der eine will Kontakt, der andere will eine Lektion erteilen, den Dialogpartner kleiner machen, oder vorführen, mit den Formeln «Hört uns jetzt zu!» oder «Schau mich gefälligst an!». Die eine Seite will unter allen Umständen «Frieden» haben, die andere spricht ständig von «Sieg» und ist konstant im Vergeltungskrieg, auf dem Schlachtfeld und im Geiste, weil sie sich in ihrer ganzen Historie in die Ecke gedrängt wähnt. Der russische Journalist Andrej Archangelski hat die Sprache der Aggression und zynischen Verachtung, die sich in Putins dritter Amtszeit in Diplomatie, Staatsfernsehen und Politik durchgesetzt hat, sehr präzise als «Kultur der Dialogverweigerung» seziert: «Unser Dialog ist die Abkehr vom anderen, und dass man ihm diese Abkehr auf jede erdenkliche Art und Weise vorführt, vor allem im Unterton. ‹Ich hör' dich nicht, ich huste dir was, du bist ein Niemand›», diese Art präge den Umgangston mit dem Westen. Wer Russland auf Humanismus und Moral verweise, treffe einen besonders wunden Punkt, eine besonders große Leerstelle. An deren Platz werde die «sowjetische Ethik aktiviert, wenn sie nützlich ist (‹wir haben immer Recht›), aber wenn notwendig kommt die negative Ethik zur Rettung (‹der eine ist so schlecht wie der andere›)».[11]

«Ich mache mir Sorgen, dass Moskau wieder dabei ist, Planungen anzustellen, einzelne Länder militärisch zu überfallen. Das macht sonst kein Land in Europa. Und das ist eigentlich ein Politikum, welches in der deutschen Politik überhaupt nicht thematisiert wird. … Aber wenn ein Land sich so gegen die Grundsätze europäischer Sicherheitspolitik und Sicherheitsordnung wendet, muss man das doch eigentlich mal thematisieren. Das tut leider kein deutscher Spitzenpolitiker.», analysiert Joachim Krause, Politikwissenschaftler an der Universität Kiel das deutsche Unvermögen, mit der «Realität der strategischen Konfrontation» umzugehen.[12] Während die alte Weltordnung mit Beginn des Jahres 2014 ins Wanken gekommen ist, während sich Deutschlands sicherheitspolitisches Umfeld destabilisiert, «wünschen sich die Deutschen ihr Land als eine Art große Schweiz», neutral, zurückhaltend, Verantwortung vermeidend.[13] Haben sie die letzten Erschütterungen nicht bemerkt, oder lieber nicht hinsehen, sich wegducken wollen? Eine Untersuchung der Friedrich-Ebert-Stiftung im Vorfeld der Münchner Sicherheitskonferenz 2019 fragt die Deutschen nach der Wahrscheinlichkeit neuer Kriege in Europa im Hinblick auf die zunehmenden Spannungen zwischen Russland und dem Westen. 75 Prozent der Befragten sehen nicht die Gefahr neuer Kriege ansteigen – während in Osteuropa eine ganz andere Gefahrenlage wahrgenommen wird, dort halten fast zwei Drittel der Befragten in der Ukraine und in Russland das Risiko neuer Kriege in Europa für realistisch. Im Vergleich zu Donald Trump erscheint Wladimir Putin zuweilen fast als ein vernünftiger, rationaler Staatslenker: Während 35 Prozent der deutschen Befragten dem russischen Präsidenten vertrauen, dass er aussenpolitisch das Richtige machen werde, trauen dies nur 10 Prozent der deutschen Befragten dem traditionellen Alliierten, dem US-Präsidenten Donald Trump zu. Die Vereinigten Staaten empfinden die Hälfte der deutschen Befragten als Gefahr für Deutschland. Russland hingegen empfinden nur dreißig Prozent der Deutschen als Gefahr.[14] Von verschärften

Strafmaßnahmen gegen Russland halten 75 Prozent der Deutschen nichts.

Zahlen, die vor allem eines zeigen: Über die innen- und außenpolitischen Vorgänge der USA wissen die deutschen Bürger weitaus mehr Bescheid als über Osteuropa und über die Politik des Kreml, dessen Handeln sich oft unter dem Mantel der «glaubhaften Abstreitbarkeit» versteckt, weil er wichtige Politikfelder durch «Outsourcing» unverdächtigen Playern überlässt und diese stellvertretend agieren lässt. Über politische Zusammenhänge in Russland und seinen Nachbarländern wird weniger berichtet, ist weniger bekannt. Außenpolitik-Berichterstattung ist in Deutschland traditionell Amerika-lastig, umso mehr in Zeiten des Reality TV-Stars Donald Trump. Russland ist vielen Deutschen weitaus fremder, sein Regierungssystem weitaus vielschichtiger und schwerer durchdringbar im Vergleich zu einem Land, dessen globale kulturelle Dominanz auch dessen Politik leichter begreifbar macht. Es sind vor allem diese Wissens- und Verständnislücken in Deutschland, die zu unverhältnismäßigen Einschätzungen in Umfragen führen. Die einflussreichsten Journalisten in Deutschland sind traditionell eher an den USA orientiert. Die Deutschen sind mit Englisch an der Schule und amerikanischen Referenzgrößen aufgewachsen, der Einblick in Amerika fällt um vieles leichter als der Einblick in ein Land, dessen Sprache nicht standardmäßig gelernt wird.

«Ganz am Anfang von Putins Herrschaft kamen die Deutschen zu uns in die Redaktion, und ich fragte sie: ‹Warum unterstützen Sie Putin? Erklären Sie es mir. Verstehen Sie etwa nicht, dass das ein KGB-Regime ist, und dass das für uns alle schlecht enden wird?›» Jewgenija Albats, die in der Wendezeit den wichtigsten Preis der Sowjetunion für ihre journalistischen Leistungen erhielt, erklärt mir das deutsch-russische Verhältnis vor allem mit dem historischen Schuldgefühl der Deutschen gegenüber Russland. «Das ist gerechtfertigt. Was Nazi-Deutschland auf dem Territorium der

Sowjetunion gemacht hat, kann man weder vergessen noch verzeihen.» Die deutschen Politiker, die Albats besuchten, hätten ihr gesagt, dass sie es sich – als Deutsche – nicht leisten könnten, gegen Russland zu sein. «Verstehen Sie, dieses Schuldgefühl, das ja begründet ist, diese historische Schuld Deutschlands gegenüber den Sowjets erlaubt den deutschen Politikern nicht, sich das Putin-Regime nüchtern anzuschauen. Sie verstehen alles. Sie haben nur Angst, es auszusprechen. Sie haben Angst, dass man ihnen sagt, ‹ihr Deutschen habt kein Recht, hier irgendwas zu sagen›.» Albats stimmt mir zu, als ich einwende, dass es in Deutschland und im Westen oft eine tiefe Fremdheit und Ahnungslosigkeit gegenüber den Gesellschaften und Kulturen Osteuropas gebe: «Ja. Und diese Leute, die Putin unterstützen, haben einen Blick aus der Höhe eines Vogelflugs auf uns. Ich verstehe, dass es sehr schwer ist für sie, sich an unsere Stelle zu versetzen, in der Regel wissen sie nur sehr oberflächlich, was hier passiert. Wie die Menschen hier in Angst versetzt werden, wie sie gezwungen werden, das Land zu verlassen, wie die Menschen ihre Arbeit verlieren.» Die Regeln, wann ein Kritiker, wann jemand, der Missstände zeigt, seine ganze Existenz verlieren könne, seien heute weitaus unklarer als zu Zeiten der Sowjetunion. «Diejenigen, die im Westen darüber schreiben, haben oft keine Ahnung. Es ist ein scheußliches Regime. Es ist so niederträchtig. Man weiß nie, wo es dich treffen kann, wo man ein Messer in den Rücken bekommt. Man hat immer mit dieser Niederträchtigkeit zu tun.»

Schuld und Angst. Es gibt noch weitere Faktoren, die das deutsch-russische Verhältnis zu einem besonderen machen – von einem beständigen Einwirken der Kreml-Narrative in die deutsche Gesellschaft und Politik durch Lobbyisten, durch Kreml- und alternative Medien einmal abgesehen. Oft habe ich den Eindruck, dass die alten Karten, die uns vor 1991 im Geografie-Unterricht begleiteten, und die historischen Karten Russlands aus dem Geschichtsunterricht immer noch in unserem Unterbewusstsein existieren und nachwirken. Sie begründen, warum Moskaus Anspruch auf ein Reich, auf ein Imperium, vielen in Deutschland heute vertraut erscheint und kaum Kopfzerbrechen bereitet. «Der Russe holt sich zurück, was seins ist.», erfahre ich in Zuschauerbriefen und -kommentaren: Wenn das, was 1991 auseinanderfiel, nun hier und da von Moskau wieder aufgesammelt werde, dann herrsche wieder «Ruhe», dann sei es «übersichtlich», dann würde die deutsche Sehnsucht, der Wunschtraum nach Stabilität endlich erfüllt.

Die angebliche Legitimität des Imperiums findet auch Entsprechung in einer gewissen deutschen Tradition, Russland als «Nachbar» zu betrachten, und die «Völker dazwischen» im Geiste wegzuwischen, ihnen ihre Mündigkeit abzusprechen, ja diese selbst aus dem historischen Schuldgefühl herauszufiltern: Die sowjetischen Opfer des deutschen Vernichtungsfeldzugs werden oft mit den russischen gleichgesetzt. Doch «die Verpflichtung, die Deutschland aus dem Zweiten Weltkrieg hat, besteht nicht nur gegenüber Russland, sondern auch gegenüber der Ukraine, Belarus und anderen Nachfolgestaaten der Sowjetunion», ruft die Deutsch-Ukrainische Historikerkommission den Deutschen in Erinnerung[15]: «Allein auf dem Gebiet der Ukraine fielen drei bis vier Millionen Menschen der deutschen Besatzungspolitik zum Opfer. Noch nicht eingerechnet sind dabei die Juden, die in der Shoah starben. 1,4 Millionen Rotarmisten aus der Ukraine fielen im Kampf gegen die Wehrmacht. Von den 2,8 Millionen sowjetischen Zwangsarbeitern, die nach Deutschland verschleppt wurden, stammten fast 2,3 Millionen aus der Ukraine.» Für viele Ukrainer und Polen weckt die Idee einer deutsch-russischen «Nachbarschaft», die es geographisch nicht gibt, historische Erinnerungen an deutsch-russisches Unrecht, an eine deutsch-russische Aufteilung Osteuropas sowie die Furcht, dass ein neuer deutsch-russischer «Deal» unter Umgehung Osteuropas anstehen könnte. Dabei müssten gerade aus diesen Zahlen, aus dieser Geschichte, deutsche Verpflichtungen gegenüber der Ukraine erwachsen.

Stattdessen überdauert das traditionelle Denken in «legitimen» Einflusssphären. Auch drei Jahrzehnte nach dem Ende der Sowjetunion findet die «besonnene» sozialdemokratische Ostpolitik der Koexistenz mit Diktatoren – eine Politik, die die autoritäre Entwicklung Russlands lange ausblendete, nur auf Moskau und kaum auf Deutschlands östliche Nachbarn blickte – noch viele Verfechter in Deutschland, selbst wenn die einstigen Koordinaten dieser Politik gar nicht mehr existieren. Ebenso hartnäckig hält sich der Anti-Amerikanismus, der besonders in Ostdeutschland verwurzelt ist. Eine Sicht, die Regeln, Recht und Selbstbestimmung vieler Länder beiseite wischt und es für selbstverständlich hält, dass die «beiden Großen» sich die Welt «aufteilen». Russland als Spiegelbild der USA, als ob man sich zwischen einem der beiden entscheiden müsste. Russland als Staat mit dem «Naturrecht», eine Einflusssphäre wie zu Zeiten des Warschauer Pakts zu halten, in die sich niemand einmischen solle – diese Vorstellungen sind besonders in Ostdeutschland weitverbreitet. Sie sind auch in einer mangelnden Akzeptanz der Demokratie begründet.

Das Aufbrechen des Konsenses der Nachwendezeit, die außenpolitische Destabilisierung, geht mit einer innenpolitischen Identitätskrise und Selbstsuche einher. Die Verschiebungen der deutschen und westlichen Parteienlandschaften sind wie ein Spiegelbild des Aufbrechens alter internationaler Allianzen, des Entstehens neuer, bislang oft für unmöglich gehaltener ideologischer Annäherungen wie etwa die der Ost-West-Rechtskonservativen. Es wird unübersichtlicher und unruhiger – und Deutschland muss sich positionieren. In einem Land, dessen Wirtschaft in so hohem Maße exportorientiert ist, in dem fast jeder vierte Arbeitsplatz vom Export abhängt, und das von der alten Ordnung so profitiert hat, mutet es seltsam an, dass sich seine Bürger oft in einen Provinzialismus flüchten. Sie wünschen auf keinen Fall mehr internationale Verantwortung und möchten von Weltpolitik, Weltereignissen und unbequemen Wahrheiten in Ruhe gelassen werden. Nur: «Deutschland ist keine Insel der Seligen, an der die Stürme der Welt vorüberziehen, und Sicherheit gibt es nicht zum Nulltarif»[16]. Kleine Notiz am Rande: Dem Anspruch, eine internationale Rolle zu spielen, entspricht auch mehr Interesse und mehr Neugier für die (ganze) Welt, die sich wiederum in einer Zunahme an Auslandsberichterstattung ausdrücken – und nicht in einem Abbau eben jener, wie es in einem Teil der öffentlich-rechtlichen Medien gerade passiert.

Die durch das europäisch-amerikanische Auseinanderdriften geschwächte NATO ist eines der Symptome eines aufkommenden internationalen Sturms, der nicht einfach an Deutschland vorüberziehen wird. Deutschland und Europa müssen Sicherheitsstrukturen neu denken. Sind ihnen Menschenrechte dabei weiter wichtig oder gar wichtiger? Es wäre gut, wenn sie dabei wie bisher Werte – demokratische und rechtsstaatliche Prinzipien und die Freiheit des Individuums – als schützenswert definierten und diese zur Grundlage einer neuen Sicherheitsstruktur machten. Wenn die NATO tatsächlich zunehmend zur Hülle wird, dann wird der Kreml mit Sicherheit eine mögliche Leerstelle in Europa besetzen wollen. Seinen Wunsch nach einem Kollaps der alten Ordnung und einer neuen europäischen Sicherheitsordnung unter russischer Führung sieht er nun in greifbarerer Nähe als im Jahre 2014.

Vor allem ab der dritten Amtszeit Putins haben die politischen Eliten in Moskau immer und immer wieder das transatlantische Sicherheitsbündnis der Provokationen und Drohungen beschuldigt, die teils Jahrzehnte zurückliegen sollen, doch ab 2013 mit plötzlicher Wucht neu formuliert wurden. Dieses Buch konzentriert sich ausschließlich auf die inneren Entwicklungen Russlands, die zu diesen Vorwürfen und der Ablehnung einer Partnerschaft mit dem Westen geführt haben. Einige deutsche und westliche Beobachter und Experten sehen die Politik des Kreml so, wie sie der Kreml selbst medial präsentiert: Alle sicherheitspolitischen Entscheidungen und Vorgänge in Moskau seien nur eine Folge, nur eine Reaktion, nur eine Verteidigung, nur eine Antwort auf die Geopolitik des Westens, auf die Expansion der NATO. Der Westen habe mit der Aggression angefangen, Russland sei lange nur passiv gewesen, oder bleibe passiver Beobachter. Um diese These im Westen weiter zu verbreiten, wurde und wird auch Desinformation über die NATO und über die sowjetisch-westlichen Debatten der Nachwendezeit eingesetzt. Die eigenen Sorgen und Ängste des Kreml vor westlicher Einmischung haben ihn dazu gebracht, eine Politik zu verfolgen, die mittlerweile spiegelbildliche Ängste (vor russischer Einmischung) in NATO-Staaten verursacht hat.

Nüchternes Denken, ein Blick auf die Fakten und eine Infragestellung russischer Narrative hilft. Die Krise in der Ukraine wurde nicht, wie viele russische Beschuldigungen nahelegen, durch die NATO ausgelöst, sondern durch ein europäisch-ukrainisches Assoziierungsabkommen – mit dem Russland eine völlige geopolitische Neuausrichtung der Ukraine befürchtete, in der russischen «Logik» von heute auf morgen.

Das vielbeschworene Argument, dass der Westen Russland mit der NATO-Erweiterungspolitik verraten und ein altes Versprechen gebrochen habe, ist faktisch falsch: Es gab keine gesetzliche Vereinbarung zwischen Moskau und Washington über die NATO-Erweiterung.[17]

Wenn die NATO Versprechen gebrochen haben soll, warum hat Wladimir Putin dann 2002 die Mitgliedschaft des Baltikums unkritisch gesehen – sie sei für ihn «keine Tragödie», sagte er damals, solange dort keine neue militärische Infrastruktur eingeführt werde?[18] Auch die EU-Erweiterung von 2004 sah Putin nicht als Bedrohung an und sprach lange positiv über eine mögliche EU-Mitgliedschaft der Ukraine.

Geht es Russland tatsächlich um die «Einkesselung» und «Umzingelung» durch die NATO-Erweiterung (wie sie fälschlicherweise oft in den Staatsmedien dargestellt wird), also um eine reale Sicherheitsgefahr? Meine Erfahrung zeigt mir, dass es den politischen Eliten eher um die schmerzvollen Verluste ging, unter denen besonders der laute imperial-nationalistische Flügel litt: um einen verlorenen Rang und eine verloren gegangene Führung. Aber: Keine Alternative zur NATO-Erweiterung hätte Russlands verlorenen Rang, seine verlorene Führung, seine verlorene Gefolgschaft zurückgebracht. «Mit oder ohne die NATO-Erweiterung: Solange der Westen darauf bestand, die neue internationale Sicherheitsordnung anzuführen, machte die russische Innenpolitik jede russische Partnerschaft mit dem Westen unhaltbar», schlussfolgert die amerikanische Politikwissenschaftlerin Kimberley Marten in einer detailreichen, fundierten Analyse: Russland hatte bereits an Rang und Status verloren, bevor die NATO überhaupt begann, an eine Erweiterung zu denken. Die Staaten Osteuropas wollten die russische Einflusssphäre verlassen, sie waren die ersten, die sich früh, bereits 1990, für eine NATO-Mitgliedschaft meldeten. Moskau wusste lange vor einer NATO-Erweiterung, dass es die Staaten des Warschauer Pakts verloren hatte. Seine Politik war zu lange ohne erkennbaren Gegenstoß und zu unklar, als dass der Westen von einer Erweiterung der NATO Abstand genommen hätte. Moskau verlautbarte in den frühen 1990er Jahren nicht, dass es sich von einem gegnerischen Block bedroht fühle – im Gegenteil, eher fühlte sich die Jelzin-Regierung von Ultranationalisten bedroht. Die Truppenzahlen und Ausrüstungsstärke in den westlichen und südlichen Militärbezirken des Landes, über die Russland andere Staaten jährlich informierte, zeigen eine kontinuierliche Reduktion – und zwar bis 2014. Ein Bedrohungsgefühl hätte ganz andere Konsequenzen gehabt.[19]

Im Grunde ist es sehr einfach: Eine Weltmacht hat einen Kampf um Macht und Einfluss verloren. Sie will ihren verloren gegangenen Rang zurück – und macht dabei die gleichen Fehler, die einst zum Zusammenbruch seiner Führung und Einflusssphäre führten. Der Westen «las» Russland viel zu lange falsch – aus Desinteresse, Bequemlichkeit, Ignoranz oder einem Gefühl des Triumphalismus und der Arroganz heraus –, indem er annahm, dass Russland sich irgendwann zu einer liberalen Demokratie entwickeln würde. Die Zeichen für eine solche Weiterentwicklung standen jedoch schon sehr früh eher schlecht.

«Der russische Staat hat den Vorteil über andere, dass er direkt von Gott regiert wird. Anders kann man nicht verstehen, wie er existiert.» Im Dokumentarfilm «Die Weltordnung», einer von mehreren Filmen des Staatsfernsehens über Wladimir Putin, die vor den Präsidentschaftswahlen 2018 ausgestrahlt wurden, zitiert der Präsident Russlands am Ende Burkhard Christoph von Münnich, Generalfeldmarschall und Politiker in russischen Diensten, der 1739 die Krim eroberte. Eingerahmt wird das Putin-Zitat vom Gottesstaat bildlich von einem klavierspielenden Putin vor einem Hollywood-Publikum (er spielt das sowjetische Lied «Womit fängt die Heimat an») und von Aufnahmen, wie Putin mit einer Menschenmenge marschiert, die die Fotografien ihrer im Krieg gestorbenen Verwandten hochhalten, zum «Tag des Sieges». Wenn eines in den zurückliegenden Kapiteln deutlich geworden ist, dann ist es die Zentralität der gottgewollten Macht im russischen Selbstverständnis: Das Streben nach einem besonderen Platz in der Welt, nach einem besonderen Status. Der Glaube, ein Instrument der Vorsehung zu sein. Ein Glaube, der seine Bürger nicht zu aktiver Eigenverantwortung anhält, sondern schicksalsergeben macht gegenüber den Härten ihres Landes.

Ist die Verachtung eines satten, ruhigen, und sicheren Lebens als «gottlos», ist der Wille, schlechter und unsicherer als andere zu leben, um Teil einer vaterländischen Mission zu sein, unabänderlich festgeschrieben im kulturellen Code des Landes? Das frage ich die Psychologin Ljudmila Petranowskaja. Die Expertin für politische und historische Psychologie, die sich mit dem postsowjetischen Trauma und sozialer Depression befasst, hilft mir, einen mit der Krim-Annexion reaktivierten Geisteszustand zu verstehen. «Wir sind sozusagen zu Hause angekommen, also dahin angekommen, wo alles ist, wie es sein sollte. Es gibt dieses sehr tiefe Bedürfnis, wie immer zu leben, im Vertrauten zu leben, sein eigenes Verhalten und das Bild, das man von der Welt hat, nicht zu verändern.» Dazu gehöre, bis auf die Knochen abzumagern für große Siege, und für den Staat nur ein Verschleißteil zu sein. Wollten denn alle Russen eine Mission erfüllen, frage ich die Psychologin. Wirke sich der seit 2013 gesunkene Lebensstandard denn nicht negativ auf den verordneten Patriotismus aus? Petranowskaja bejaht meine Frage. Die meisten Russen wachten nicht jeden Morgen mit dem Gedanken an Moskau als dem «Dritten Rom» auf. Die «Krim-Heimholung» habe sich schneller als erwartet propagandistisch abgenutzt, die Menschen erwarteten nun einen Zukunftsplan, und kein Mittelalter. Statt in die übliche zynische Apathie zu verfallen, statt jedem Idealisten und Aktivisten mit dem üblichen Misstrauen anderweitige Ziele zu unterstellen, schlägt sie vor, könnte jeder einzelne die russische Moderne einläuten: «Wir müssen das Vater-Kind-Verhältnis mit unserem Staat aufbrechen. Wir sind nicht die Kinder des Zaren, und der Zar ist nicht der gottgewählte Botschafter. Der Staat ist kein Vater mehr, sondern er ist nichts weiter als ein Angestellter.»

Die Zeit der Massenproteste des Winters 2011 und 2012, die größten Demonstrationen nach zwanzig Jahren, an denen auch Petranowskaja teilnahm, ist lange vorbei. Das Protestmilieu, das sich damals immer mehr als aktiver Akteur denn als «Stimmvieh» verstand, ist zum Teil ausgewandert. Der Prozess der gesellschaftlichen Selbsterkenntnis wurde jäh angehalten. Unter «Putin 4.0.» wird sich nichts verändern, nichts öffnen, wird Russland nicht mit sich selbst debattieren – dazu wird es nicht kommen nach 50 Gesetzen und Gesetzeszusätzen zur Einschränkung der Versammlungs- und Meinungsfreiheit, alle verabschiedet in der dritten Amtszeit Putins, 2019 gekrönt von einem neuen Strafgesetz, das Menschen einsperrt, die sich online gegenüber der Staatsführung nicht ehrerbietig genug zeigen, oder über sie Witze machen. Es ist zunehmend unklar, ob Wladimir Putin die Staatsspitze überhaupt verlassen kann, ob er irgendwann friedlich in den Ruhestand gehen kann, oder er mit Beginn der dritten oder vierten Amtszeit nicht einen Job auf Lebenszeit angenommen hat. Schließlich hat er sein Regime mit dem Staat und mit dem Land gleichsam verschmolzen, ist selbst zum Nationalsymbol geworden, etwa so, wie Baguette und Wein zu Frankreich gehören, eine Unterscheidung fällt schwer: «Während Putin da ist, ist Russland da, wenn Putin einmal geht, dann geht auch Russland», formulierte Wjatscheslaw Wolodin, ein ehemaliger Präsidentenberater und einer der wichtigsten Strategen des Systems, die fatale Symbiose. Wir müssen uns darauf einstellen, dass Russland sich über viele Jahre in Konfrontation mit dem Westen sehen wird. Es hat seine Identität überwiegend als «das Andere» definiert, also unter dem Aspekt, anders als die westlichen Völker zu sein. Das Land kann sich selbst nur reaktiv wahrnehmen, in Bezug auf den Westen, der ihm in seiner Sicht 1991 (wenn nicht schon öfter in Russlands Historie) eine Unterlegenheit und Untergeordnetheit aufgezwungen habe. In dieser Hinsicht erinnert mich Russlands Nationalismus geradezu an den Nationalismus ehemaliger Kolonien, ein Land, das mit dem Westen abrechnen will, und in seinem Streben nach Unabhängigkeit ein gefesselter «kolonisierter Geist» bleibt.[20]

Was bleibt uns, hier in Deutschland? Wie wollen wir uns verhalten zu dem, was in Russland passiert? Was können wir überhaupt tun? Die wichtigste Aufgabe muss sein, in uns selbst zu schauen, uns mit uns selbst zu beschäftigen, denn es gilt, einen – den Osten und Westen umspannenden – «autoritären Kapitalismus» als letzte Konsequenz des kalten Krieges zu verhindern[21], das Einschleppen kleptokratischer Sitten aus Staaten wie Russland in den Westen konsequent zu verfolgen, das Geld russischer Oligarchen nicht mehr im Westen zu parken, und das zu retten und zu pflegen, was uns immer noch voneinander unterscheidet: den Rechtsstaat, die liberale Demokratie, die offene Gesellschaft und soziale Gerechtig-

keit. Je mehr wir diese Werte pflegen, je wachsamer wir Missver-
hältnisse instandsetzen, umso eindeutiger haben wir bereits Position bezogen gegenüber jedweder Autokratie. Die zweitwichtigste
Aufgabe: Uns mehr mit dem geistigen Milieu zu beschäftigen, das
Russlands Politik prägt.

Ich persönlich zehre von den Hunderten Begegnungen in Russ-
land, die mein Leben bereicherten und meine Sicht öffneten, ich
zehre von diesem Eintauchen in die Geschichte, ohne die ich die
russische Gegenwart nicht hätte verstehen können. Zurück bleibt
Verbundenheit – und Trauer über die Entwicklung, die ich beobachten durfte. Das Erlebte zu teilen, bleibt mir ein wichtiges
Anliegen. Als Patin einer «Schule ohne Rassismus – Schule mit
Courage» bin ich an meinem ehemaligen Gymnasium in Baden-
Württemberg gefragt worden, welche Erfahrungen ich meiner
Schule weitergeben möchte und welche vergangenen Erlebnisse
mich geprägt hätten. Den Schülerinnen und Schülern habe ich
von der Nachwendezeit erzählt, von diesem Gefühl, Geschichte
«live» mitzuerleben, vom Schulausflug nach Berlin, als die Mauer
durchlässig wurde, aber noch DDR-Polizisten unter den Linden
standen, und von einer Russisch-AG, in die sich 1991 ein tapferes
halbes Dutzend Schüler trauten, weil sie an die Chancen der neuen
Zeiten glaubten. Ich machte die Schüler- und Lehrerschaft auf die
«Bürgerdiplomatie» aufmerksam: Jeder habe das Recht, mit den
Menschen eines anderen Landes zu kommunizieren, einen Austausch zu organisieren, gemeinsame Projekte anzustoßen. Ein star-
kes Zeichen der Ermutigung könnten die Bürgerdiplomaten erhalten, wenn eine Begegnung mit der breiteren Bevölkerung möglich
wäre: wenn Russen endlich ohne Visum nach Deutschland reisen
könnten. Seit meinem Anstoß ist die Russisch-AG nach zwei Jahrzehnten wieder an mein Gymnasium zurückgekehrt, und hat der
erste Schüleraustausch mit einer Moskauer Schule stattgefunden.

QUELLENVERZEICHNIS IN AUSWAHL

Einführung

1 Galeotti, Mark (29 November 2018): *(Mis)Understanding Russia's two ‹hybrid wars›.* In: EUROZINE, 29.11.2018

2 Fetter, Steve & Wolfsthal, Jon: *No First Use and Credible Deterrence.* In: Journal for Peace and Nuclear Disarmament, Volume 1, Issue 1, 9.4.2018

3 Grigorij Jawlinskij über ein Treffen mit Militärexperten am 22.2.2018, veröffentlicht am 1. März 2018, in: https://www.youtube.com/watch?v=INiyDutO-lo

4 Morozov, Alexander: *Politika globalnogo revansha.* In: The New Times, 26.11.2018

5 Savina, Sofia: *Inoi Russkii Mir. Issledovanie o tom, skolko Rossiyan uezzhayut iz strany.* In: PROEKT, 16.1.2019

6 Lenta.ru: *Shoigu nazval paranoyey obvineniya Kievskih vlastei.* In: Lenta.ru, 17.4.2014

7 Plattner, Marc F. : *Liberal Democracy's fading allure,* in: Fish, Steven M.: *What is Putinism?* In: Journal of Democracy, Volume 28, Number 4, October 2017

Kapitel Eins

1 Gaddy, Clifford and Hill, Fiona: *Putin's next move in Russia: Observations from the 8th Annual Valdai International Discussion Club,* in: Brookings On the Record, 12.12.2011

2 Pawlowski, Gleb: *Putin's world outlook. Interview by Tom Parfitt, conducted in January 2012.* In: New Left Review 88, July–August 2014.

3 International Crisis Group: *Patriotic Mobilisation in Russia.* Report no. 251/Europe & Central Asia, 4.7.2018

4 Pain, Emil: *The imperial syndrome and its influence on Russian nationalism.* In: The New Russian Nationalism: Imperialism, Ethnicity and Authoritarianism 2000–2015. Edinburgh University Press, 2016, S. 46–74

5 Cannady, Sean & Kubicek, Paul: *Nationalism and legitimation for autho-*

ritarianism: A comparison of Nicholas I and Vladimir Putin. In: Journal of Eurasian Studies Volume 5, Issue 1, January 2013, Pages 1–9

6   Ennker, Benno: *Russlands außenpolitische Wende. Innere Voraussetzungen 2011–2013,* in: Osteuropa, 9–10/2017

7   Shekhovtsov, Anton: *Putin's brain?* In: Eurozine, 12.9.2014

8   Kaminskij; Konstantin: *Auszeichnung für Syriens Diktator Assad: Russlands letzte Kolonie,* SZ, 8.8.2012

Kapitel Zwei

1   Hagemeister, Michael: «‹Der Nördliche Katechon› – ‹Neobyzantismus› und ‹politischer Hesychasmus› im postsowjetischen Russland». In: Erfurter Vorträge zur Kulturgeschichte des Orthodoxen Christentums, 12/2016

2   Umland, Andreas: *Petition to journalists, commentators and analysts writing on Ukrainian protest movement EuroMaidan.* In: Change.org, 2014 https://www.change.org/p/to-journalists-commentators-and-analysts-writing-on-the-ukrainian-protest-movement-euromaidan-kyiv-s-euro maidan-is-a-liberationist-and-not-extremist-mass-action-of-civic-dis obedience

3   Shekhovtsov, Anton: *Pro-Russian network behind the anti-Ukrainian defamation campaign.* In: http://anton-shekhovtsov.blogspot.com/2014/02/ pro-russian-network-behind-anti.html, 3.2.2014

4   Applebaum, Anne: *Red Famine. Stalin's War on Ukraine,* Doubleday / Penguin Random House LLC, 2017, New York

5   Snyder, Timothy: *Warum Deutschland Lehren aus seinen Verbrechen in der Ukraine ziehen muss.* In: Ukraine Verstehen, 9.11.2017

6   Umland, Andreas: *Analyse: Der ukrainische Nationalismus zwischen Stereotyp und Wirklichkeit.* In: Bundeszentrale für Politische Bildung, 9.10.2012

7   Jilge, Wilfried: *Wer war Stepan Bandera? Zum historischen und politischen Hintergrund einer Symbolfigur.* In: Katharina Raabe (Hg.): Gefährdete Nachbarschaften. Ukraine, Russland und Europa, Göttingen: Wallstein 2015

8   Höller, Herwig G.: *Wann die Krim-Annexion wirklich begann.* In: Zeit Online, 16.3.2015. Zhegulyov, Ilya: «*Esli by nas ne podderzhal Patrushev,*

v Krymu stoyal by Amerikanskyi flot». Interview krymskogo politika Leo-nida Gracha o tom, kak FSB pomogala Krymu s 2005 goda. In: Meduza, 21.03.2017

9 Surnacheva, Elizaveta: *Kak kovalas pobeda v Krymu i pomogala li Rossiya provedeniyu referenduma.* In: Republic, 10.5.2014

10 Sovyet pri presidentye rossiskoi federatsi po razvitiyu grazhdanskogo obshestvo i prava chelaveka, blogi chlenov sovyeta, problemi zhiteley kryma, 22.4.2014
http://president-sovet.ru/members/blogs/bobrov_e_a/problemy-zhite ley-kryma

11 Grach, Leonid: Krym. *Ex-glava parlamenta L.Grach otkrovenno o zhizni v Krymu, vyborah i vlasti.* In: Youtube, 18.3.2018
https://www.youtube.com/watch?v=lHWWjO9ePL8
Grach, Leonid: *Grach o zhizni v Krymu.* In: Gordonua.com, 16.3.2018

12 Sytin, Alexander: *Anatomiya provala: O mehanizme prinyatiya vneshne-politicheskikh resheniy Kremlya.* In: Bramaby, 5.1.2015

13 Kashin, Oleg: *Die Anführer der Separatisten in Donezk und Luhansk.* In: Bundeszentrale für politische Bildung, 2.6.2014

14 The Insider: *Dukhovnik Putina – svyaznoi separatistov i Kremlya.* In: The Insider, 25.7.2014
Taratuta, Yulia: *Konstantin Malofeev: ‹Ne vizhu nichego plokhogo v pravos-lavnom chekizme›.* In: Forbes Russia, 25.6.2015

15 Kirtoka, Violetta: Alexander Khomchenko: *«Kogda vyveli na rasstrel k yame, zapolnennoi ubitymi, pered glazami proletela vsya zhizn.»* In: Fakty, 8.4.2016

16 *Ursprung von Artillerieangriffen auf Stellungen der ukrainischen Streit-kräfte in der Ostukraine im Zeitraum 14. Juli 2014 bis 8. August 2014.* In: bellingcat.com, 2.2016

17 Kanygin, Pavel: *Golos Hmurogo. Rassledovanie sbitogo Boinga zaversheno. Pavel Kanygin nashyol sosluzhivtsa Rossiiskogo polkovnika, kotorogo schi-tayut otvetstvennym za perevozku «Buka», sbivshego «Boing» MH-17.* In: Novaya Gazeta, 26.4.2017

18 *Bellingcat Investigation Team: MH17 – Russian GRU Commander ‹Orion› Identified as Oleg Ivannikov.* In: Bellingcat, 25.5.2018. *The Insider: Ego vydal zhenskyi golos. Opoznan general GRU, klyuchevoi figurant dela o sbitom «Boinge 2017».* In: The Insider, 25.5.2018

19 Racheva, Elena: *Drugoi raboty-to net. Kak okazalsya na voine i pogib 20-letnii Anton Tumanov, zhitel Kozmodemyanska Respubliki Marii El. Rasskaz mamy.* In: Novaya Gazeta, 1.9.2014

20 Riseproject.ro: *Controlorul de Trafic.* In: Riseproject, 14.3.2018. Radio Free Europe Radio Liberty: Catch Carlos If You Can. In: RFERL, 14.3.2018

21 Voswinkel, Johannes: *Zynismus mit journalistischem Antlitz. Russlands Medien, die Macht und die Ukraine.* In: Osteuropa Nr. 5–6, 1.5.2014, S.175

22 Gabuev, Alexander: *Net nikakoi ob'ektivnosti. Glavny redaktor Russia Today Margarita Simonyan ob'yasnila zamestitelyu glavnogo redaktora «Vlasti» Alexandru Gabuevu, zachem nalogoplatelschiki dolzhny finansirovatj proekty gosudarstva po razvitiyu rossiiskikh inoyazychnyh SMI.* In: Kommersant, 7.4.2012

23 Azar, Ilya: *Ne sobirayusj delatj vid, chto ya ob'ektivnaya.* Interviews Margaritoi Simonyan. In: Lenta, 7.3.2013

24 Franke, Ulrik: *War by non-military means. Understanding Russian information warfare*, Försvarsanalys, Totalförsvarets forskningsinstitut (FOI), 2015

25 Latynina, Yulia: *Georgievskaya lenta – eto vam ne flyer.* In: Novaya Gazeta, 12.5.2014

26 Natalya Potapova: *Rossiskaya istoria v shkole: Kak menyalis uchebniki istorii ot stalinskikh vremyon do nashikh dnei.* In: http://sakharov.gaidarfund.ru/articles/2846/tab2, 17.5.2017

27 Pushkarev, Igor: *Shkolnikam rasskazhut pro «uplyvshii Krym» i «Anntirossiysskiy front».* In: Znak, 25.8.2016

Kapitel Drei

1 Bellingcat Investigation Team: *What Russia's Own Videos and Maps Reveal About Who They Are Bombing In Syria.* In: Bellingcat, 26.10.2015

2 al-Maghafi, Nawal: *How chemical weapons have helped bring Assad close to victory.* In: BBC, 15.10.2018

3 Porter, Lizzie: ‹*Beaten into confession›: Missing Syrian rescuer filmed denouncing White Helmets.* In: Middle East Eye, 13.1.2017

4   Atai, Golineh: *Angst ist unser Lebensgefühl*. In: Neue Gesellschaft. Frank-furter Hefte. Heft 7/8, 2016

5   Schwanitz, Mirko: *Tschetschenien-Krieg. Unheilvolle Spuren bis in die Ge-genwart*. In: Deutschlandfunk, 18.12.2014

6   Barabanov, Ilya, Soshnikov, Andrei, et al: *Syria, Africa, Ukraina. Kuda i kak ChVK Vagnera verbuet lyudei i gde ich pominaet*. In: BBC Russkaya Sluzhba, 23.11.2018

7   Inform Napalm: *Raskryt rossiiskiy razvedchik, smenivshiiy terrikony Don-bassa na peski Syrii*. In: Inform Napalm, 20.7.2017

8   Malkova, Irina, Baev, Anton, et al: *A Private Army for the President: The Tale of Evgeny Prigozhin's Most Delicate Mission*. In: The Bell, 31.1.2019. Avramov, Kiril & Trad, Ruslan: *An experimental playground: The foot-print of Russian private military companies in Syria*. In: The Defense Post, 17.2.2018

9   Korotkov, Denis: *Operative for «Putin's Chef» Shares Secrets, Vanishes – Then Reappears and Retracts*. In: OCCRP, 17.12.2018. Zhegulev, Ilya: *Evgeny Prigozhin's right to be forgotten What does Vladimir Putin's favorite chef want to hide from the Internet?* In: Meduza, 13.6.2016

10 Treisman, Daniel (Ed.): *The New Autocracy: Information, Politics, and Policy in Putin's Russia*, Brookings Institution Press, 6.2.2018

11 Trudolyobov, Maxim: *Dva gosudarstva Vladimira Puzina. Obychnoe i oprichnina*. In: Republic, 20.2.2018

12 Tumakova, Irina: *Oni tam byli*. In: Novaya Gazeta, 24.6.2018

13 DFR Lab: *Breaking Down the Surkov Leaks. What the leaked inbox of the Kremlin's «Grey Cardinal» tells us about the war in the Donbass*. In: Me-dium, 25.10.2016

14 Grozev, Christo: *The Kremlin's Balkan Gambit*: Part I. In: Bellingcat, 3.4.2017. Dobrokhotov, Roman: *Kremlyovsly sprut. Kak Moskva ustanav-livaet kontrol nad Vostochnoi Evropoi*. Chast 1. In: The Insider, 3.3.2017

15 Bohnsack, Günter & Brehmer,Herbert: *Wie die Stasi Politik im Westen machte*, Carlsen Verlag, Hamburg, 1993

16 Snyder, Timothy: «Ukraine: From Propaganda to Reality», Chicago Hu-manities Festival, Nov 9, 2014

17 Pynnöniemi, Katri & Racz, Andras: *Fog of Falsehood, Russian Strategy of Deception and the Conflict in Ukraine*. In: Finnish Institute of Interna-tional Affairs, 5.10.2016

18 Atai, Golineh: *Ukraine: Straflager im Rebellengebiet?* In: Europamagazin. SWR / Das Erste, 30.7.2017

19 Galeotti, Mark: *Heavy Metal Diplomacy: Russia's Political Use of its Military in Europe since 2014.* In: ECFR, 19.12.2016

20 Dornblüth, Gesine: *Stalins Schergen.* In: Deutschlandfunk, 22.12.2016

21 Medinsky, Vladimir & Starikov, Nikolai: *Mify o Rossii. 200 let vmeste s Zapadom.* In: Youtube, 24.3.2009. https://www.youtube.com/watch?v=n5LukFt4dHQ

22 Gutionov, Pavel: «*Lozj dayot kratkovremennyi effekt, a potom razrushaet.*» *Interview istorika Kirilla Alexandrova, lishonnogo doktorskoi stepeni za rabotu o vlasovskom dvizhenii.* In: Novaya Gazeta, 12.1.2018

23 Yasaveev, Iskender: *Militarization of the «National Idea.» The New Interpretation of Patriotism by the Russian Authorities.* In: Russland-Analysen, 16.9.2017, S. 12

24 Shenkman, Yan: *Doktora! Minobrnauki lishil doktorskogo zvaniya istorika Kirilla Alexandrova.* In: Novaya Gazeta, 7.10.2017

Kapitel Vier

1 Anin, Roman: *Banking on influence.* In: OCCPR Panama Papers, 9.6.2016. Anin, Roman & Shmagun, Olesya: *The secret caretaker.* In: OCCPR Panama Papers, 3.4.2016

2 Novokmet, Filip & Piketty, Thomas: *From Soviets to oligarchs: Inequality and property in Russia,* 1905–2016. In: VOX, 9.11.2017

3 Borogan, Irina & Soldatov, Andrey: *The Red Web: The Struggle Between Russia's Digital Dictators and the New Online Revolutionaries,* 22.8.2017, PublicAffairs HBG

4 Sasse, Sylvia: *In den Niederungen der Desinformation. Ein Selbstversuch mit RT.* In: Geschichte der Gegenwart, 11.1.2017

5 Dugin, Alexander: *Osnovy Geopolitiki,* 1997. https://www.e-reading.club/chapter.php/20827/31/Dugin_-_Osnovy_geopolitiki.html

6 Goldman, Russell: *Russia's RT: The Network Implicated in U.S. Election Meddling.* In: The New York Times, 7.1.2017

7 Nemtsova, Anna: *Russian General Denies He's Behind the U.S. Election Plot.* In: The Daily Beast, 16.11.2017

8 The United States Department of Justice: *Russian National Charged with Interfering in U.S. Political System*. In: Justice.gov, 19.10.2018

9 Philip N. Howard, Bharath, Ganesh, et al: *The IRA, Social Media and Political Polarization in the United States, 2012–2018*. In: Working Paper 2018.2: Project on Computational Propaganda, Oxford, 17.12.2018. DiResta, Renee, Shaffer, Kris, et al: *The Tactics & Tropes of the Internet Research Agency*. In: New Knowledge Disinformation Report White Paper, 17.12.2018. Rusyaeva, Polina & Zakharov, Andrei: *Rassledovanie RBK: kak «fabrika trollei» porabotala na vyborakh v S SH A*. In: RBK, 17.10.2017

10 Shane, Scott, & Mazzetti, Mark: *The Plot to Subvert an Election*. In: The New York Times, 20.9.2018

11 The National Cybersecurity and Communications Integration Center's (NCCIC): *Alert (TA18-074A) Russian Government Cyber Activity Targeting Energy and Other Critical Infrastructure Sectors*. In: CISA, U.S. Department of Homeland security, 15.3.2018

12 Stanovaya, Tatiana: *The First World Cyberwar*. In: Riddle, 8.8.2018

13 Reshetnikov, Leonid: *«Balkany v ogne», chast 1, «Pochemu Rossii nuzhny Balkany?»*. Videoblog Tsargrad media, 20.7.2015 https://www.youtube.com/watch?v=KFbX7k5SUpw

14 Parkinson, Joe & Kantchev, Georgi: *Document: Russia Uses Rigged Polls, Fake News to Sway Foreign Elections*. In: The Wall Street Journal, 23.3.2017

15 Grozev, Christo: *Balkan Gambit: Part 2. The Montenegro Zugzwang*. In: Bellingcat, 25.3.2017. Bondarev, Nikita: *Budushchee Chernogorii: tri veroyatnykh szenariya*. In: Rossiiskii Institut Strategicheskikh Issledovanii, 25.1.2016

16 Rossiyskiy Institut Strategicheskikh Issledovaniy: *V Belgrade s uspekhom proshla presentatsiya knigi direktora RISI*. In: RISI, 28.5.2016

17 Deliso, Chris: *Exclusive: Germany's BND Investigating Migration Risks and Russian Influence in Greece*. In: Balkanalysis, 7.3.2016

18 Grozev, Christo: *Balkan Gambit: Part 2*

19 Wilson, James: *All Quiet on the Eastern Front?* In: EU Observer, 12.11.2018

20 Borger, Julian & MacDowall, Andrew et al: *Serbia deports Russians suspected of plotting Montenegro coup*. In: The Guardian, 11.11.2016

21 Galeotti, Mark: *Controlling Chaos: How Russia manages its political war in Europe.* In: European Council on Foreign Relations, 1.9.2017

22 Reshetnikov, Leonid (2016): *Turetskaya delegatsiya. (Russkiy otvet).* Tsargrad TV. In: YouTube, 24.11.2016 https://www.youtube.com/watch?v=AOg-skmkT_4
   Reshetnikov, Leonid (2016): *Politicheskiy krisis (Russkiy otvet).* Tsargrad TV. In: YouTube 7.11.2016 https://www.youtube.com/watch?time_continue=417&v=7yF4tPTRdF8

23 Malofeev, Konstantin: *Konsolidirovatj vsekh nastoyaschchih patriotov, nastoyashchikh monarkhistov.* In: Tsargrad TV, 6.11.2018

24 Erzhenkov, Sergei, Pushkarev, Vladislav: *Kto on – «dukhovnik Putina», cho ego na samom dele svyazyvaet s prezidentom, i kak s ego podachi moglo nachatjsya delo Serebrennikova.* In: TV Rain, 15.11.2017

25 Ahmirova, Rimma: *Kto znaet vse tainy dushi prezidenta?* In: Radonezh, 14.1.2013

26 Arkhimandrit Tikhon (Shevkunov): *O razvodakh svyashchennikov, sovetskikh pesnayh i ruhnuvshem obrazovanii.* In: Pravoslavie i Mir, 23.5.2012

27 Credo Press: *Pri Kathedralnom Sobore RPTs MP poyavilsya venny klub dlya podrostkov.* In: Portal-Credo, 17.12.2018

28 Erzhenkov & Pushkarev, ibid.

29 Barbashin, Anton & Thoburn, Hannah: *Ivan Ilyin and the Ideology of Moscow's Rule.* In: Foreign Affairs, 20.9.2015

30 Barbashin & Thoburn, ibid.

31 Barbashin, Anton: Ivan Ilyin: *A Fashionable Fascist.* In: Intersection, 13.4.2017

32 Soldatov, Alexander: *Netikhiy Tihon.* In: Novaya Gazeta, 6.12.2018

33 Portal-Credo.ru: *«My sovershili tolko dve oshibki i izvinilis», – episkop Tikhon (Shevkunov) ne soglasen s kritikoi professionalnymi istorikami ego parka «Rossiya – moya istoriya».* In: Portal-Credo, 14.12.2017

34 Arkhimandrit Tikhon (Shevkunov): ibid.

35 Svetova, Zoya: *Episkop Tikhon (Shevkunov): «Ya lish nemnogo znayu Putina.» Interview.* In: Pravoslavie i Mir, 16.11.2017

36 Elsner, Regina: *«Proteste gegen ‹Mathilde› im Namen der Orthodoxie».* In: Pressemitteilung, Zentrum für Osteuropa- und internationale Studien, 24.10.2017

37 Shulman, Ekaterina: *«V RPTs estj vliaynie grupp, bolee radikalnykh po*

otnosheniyu k patriarhu. Oni boryutsya s nim raznymi metodami.» In: TV Rain, 6.10.2017

38 Roth, Winfried: *Juden als Feindbild. Die Geschichte des Mythos der Weltverschwörung.* In: Deutschlandfunk Kultur, 21.11.2018

39 Roth, ibid.

40 Kaluzhsky, Mikhail: *Humanism is out of fashion.* In: Open Democracy, 5.12.2017

41 Dmitriev, Jurij: «*Sag die Wahrheit und habe vor nichts Angst.» Ein Gespräch mit dem aus der Untersuchungshaft entlassenen Leiter von Memorial, Karelien.* In: OSTEUROPA 11–12/2017, S. 147 151

42 Tumakova, Irina: *Estj gipoteza karelskih istorikov.* In: Novaya Gazeta, 8.9.2018

43 Lebedev, Sergei: *Dmitriev. Pisatel Sergey Lebedev o cheloveke, kotoroi spasaet vsyekh nas.* In: Colta, 27.9.2017

44 Institut Sozialnogo Analyza i Prognozirovaniya, RANHiGS: *Ezhemesyachnyi monitoring sozialno-ekonomicheskogo polozheniya i samochuvstviya naselenia 2015 – oktyabr 2018.* In: Ranepa, 20.11.2018

45 Dmitriev, Mikhail, et al: *Priznaki izmeneniya obshchestvennykh nastroenii i ih vozmozhnye posledstviya.* In: Komitet Grazhdanskikh Initsiativ. [https:// drive.google.com/file/d/1GHISKMNUGeSfjrAb24N71q01VhnB_3hv/ view, 2018]

46 Interfax-Russia: *Tretj byudjeta RF ukhodit na oboronu i bezopasnostj – Siluanov.* In: Interfax Rossiya, 17.10.2017

47 Popescu, Nicu & Secrieru, Stanislav (Ed): *Hacks, Leaks and disruptions. Russian cyber strategies.* In: Challiot Papers, European Union Institute for Security Studies, October 2018, S. 118

48 Nimmo, Ben: *#PutinAtWar: WADA Hack Shows Kremlin Full-Spectrum Approach.* In: Medium, 14.10.2018

49 Rykov, Konstantin: *Informatsionnye voiny : bitva mozgov ili zagolovkov.* In: Informbyuro, Radio Mediametrics, 25.7.2017

50 Lenta.ru: *Trump – ne Zhirinovsky. On iz drugoi sredy.* In: Lenta, 15.11.2016

51 Rykov, Konstantin : *Chast vtoraya. V chem zaklyuchalas nasha ideya s Donaldom Trumpom.* In: Facebook Konstantin Rykov, 14.11.2016

52 Lenta.ru : *Trump ne Zhirinovsky,* ibid.

53 Duparc, Agathe, Laske, Karl et al : *Crimea, Russian loans and the Le Pens: the Kremlin's intriguing SMS messages.* In: Mediapart, 4.4.2015

377

54 Jean-Baptiste Jeangène Vilmer: *Lessons from the Macron leaks*. In: Popescu, Nicu & Secrieru, Stanislav (Ed): Hacks, Leaks And Disruptions, S. 75

55 Kragh, Martin, Åsberg, Sebastian: *Russia's strategy for influence through public diplomacy and active measures: the Swedish case*. In: Journal of Strategic Studies Volume 40, 2017 – Issue 6. S. 773–816

56 Roonemaa, Holger & Springe, Inga: *This Is How Russian Propaganda Actually Works In The 21st Century*. In: BuzzFeedNews, 29. 8. 2018

57 Applebaum, Anne, Pomerantsev, Peter, et al: *«Make Germany Great Again» Kremlin, Alt-Right and International Influences in the 2017 German Elections*. In: Institute for Strategic Dialogue, Institute of Global Affairs, 2017

58 Blake, Heid, Warren, Tom et al: *From Russia With Blood*. In: BuzzFeedNews, 15. 6. 2017

Schluss

1 Dierks, Benjamin: *Soziale Medien und das Brexit-Referendum. Propaganda, Lügen, Fake News*. In: Deutschlandfunk, 18. 10. 2018

2 President Rossiiskoi Federatsii V. Putin: *Ukaz Prezidenta Rossiiskoi Federatsii ot 04. 08. 2004 N 1009 (red. ot 27. 02. 2019) ob utverzhdenii perechnya strategicheskikh predpriyatiyi i strategicheskikh aktsionernykh obschestv*. In: Grazhdanskii kodeks Rossiiskoi Federatsii, 4. 8. 2004

3 Narayanan, Vidya, Kollanyi, Bence, et al: *Polarization, Partisanship and Junk News Consumption over Social Media in the US*. In: The Computational Propaganda Research Project (COMPROP) Data Memo, 6. 2. 2018. Badawy, Adam, Ferrara, Emilio, et al: *Analyzing the Digital Traces of Political Manipulation: The 2016 Russian Interference Twitter Campaign*, 12. 2. 2018

4 Shekhovtsov, Anton: *Putin i evropeiskie kraine pravye legitimiziriyut drug druga*. In: Dom Svobodnoi Rossii, 17. 3. 2018. Mueller-Töwe, Jonas & Wienand, Lars: *AfD-Netzwerker kämpft für ein russisches Europa*. In: T-Online, 31. 1. 2019

5 Holm, Minda & Schou Tjalve, Vibeke: *Visions of an Illiberal World Order? The National Right in Europe, Russia and the US*. In: Norwegian Institute of International Affairs, 2018

6 Shekhovtsov, Anton: *Full list of Members of the European Parliament who*

voted against the resolution on political prisoners in Russia. In: Tango Noir, 16.6.2018

7 Committee to Protect Journalists: *28 Journalists Killed in Russia between 2000 and 2018*
Pravozaschitnyi tsentr Memorial: *Spisok lits, priznannykh politicheskimi zaklyuchennymi Pravozaschitnym tsentrom Memorial (za isklyucheniem lits, presleduemykh v svyazi s realizatsiei prava na svobodu veroispovedania) po sostoyaniyu na 14 iyunya 2018 goda.* In: memohrc.org, 14.6.2018

8 Laurenson, Jack: *Russia still interfering with freedom of navigation in the Azov Sea and Kerch Strait.* In: Kyiv Post, 5.2.2019

9 Mälksoo, Lauri: *Russland und das Völkerrecht. Einige Widersprüche.* In: Russland Analysen Nr. 362, S. 2–5, 16.11.2018

10 Kuleßa, Peter: Russland will keinen Frieden in der Ostukraine – Interview mit Prof. Gwendolyn Sasse. In: Theorie und Praxis der sozialen Arbeit, Dezember 2018

11 Arkhangelskiy, Andrey: *The Black Hole Where Russia's Ethics Should Be.* In: Carngie Moscow Centre, 12.7.2016. Archangelski, Andrej: *Schau mich gefälligst an.* In: Quelle: Colta, Übersetzung gekürzt: декoder, 25.4.2017

12 Joachim Krause im Gespräch mit Mario Dobovisek: *Russland sucht die strategische Konfrontation.* In: Deutschlandfunk, 5.2.2019

13 Müller, Nora: *Den Schuss nicht gehört.* In: Zeit Online, 22.1.2019

14 Munich Security Report 2019: *The Great Puzzle: Who Will Pick up the Pieces?,* S. 7

15 Deutsch-Ukrainische Historikerkommission: *Deutsch-Ukrainische Historikerkommission kritisiert einseitiges Geschichtsbild von Altkanzler Gerhard Schröder.* In: Historikerverband.de, 19.6.2016

16 Müller, Nora: *Den Schuss nicht gehört,* ibid.

17 Thomas, Timothy: *Russia's military strategy and Ukraine: Indirect, Asymmetric – and Putin-Led.* In: Journal of Slavic Military Studies, 28: 445–461, 2015

18 Marten, Kimberly: *Reconsidering NATO expansion: a counterfactual analysis of Russia and the West in the 1990s.* In: European Journal of International Security, Vol. 3, issue 2, 2.6.2018, S. 135 161

19 Marten, ibid.

20 Sen, Amartya: *Die Identitätsfalle. Warum es keinen Krieg der Kulturen gibt.* München, C.H. Beck Verlag, 2007. Morozov, Viatcheslav: *Russia's*

Postcolonial Identity: A Subaltern Empire in a Eurocentric World. Palgrave Macmillan UK, 2015

21 Sarasin, Philipp: *Es gab nur einen Kalten Krieg. Aber es gab zwei Sieger.* In: Geschichte der Gegenwart, 25.4.2018